Pays basque

Ce guide a été établi et mis à jour par **Christine Legrand**.
Illustrations : **Emmanuel Guillon**, architecte.
Première édition : **Françoise Dupont et Marie-Pia Verguin** ; mise à jour établie par **Alice Breuil**.
Conception graphique et réalisation : **Dominique Grosmangin**.
Cartographie : **Fabrice Le Goff**, **Cyrille Suss**.
Fabrication : **Maud Dall'Agnola**.
Correction : **Pascale Gueret**.
Remerciements à **Sonia Houck** et **Élodie Lefèvre** pour leur précieuse collaboration.

Crédits photographiques :
Michel Angulo : 251 ; 252 ; 297 b ; 357. **Musée Bonnat, Bayonne** : 105 b. **Caisse nationale des monuments historiques et des sites** : 101 c, b. **Alex Cholet** : 7 ; 14 b ; 16 ; 18 h ; 23 h ; 26 ; 28 b ; 29 ; 30 ; 37 ; 40 ; 42 ; 43 ; 44 ; 48 ; 59 ; 60 ; 61 ; 110 h ; 113 b ; 114 h ; 117 ; 118 ; 120 ; 121 ; 122 h ; 138 h, b g ; 140 h ; 142 ; 145 ; 150 b ; 152 h ; 155 d ; 156 b ; 158 h d ; 162 b ; 163 ; 166 h ; 167 h ; 169 ; 170 ; 176 h ; 177 h ; 188 b ; 202 b g ; 203 ; 209 ; 283 ; 326 ; 367 c ; 368. **Jacques Debru** : 285. **Follet visuels/Étienne Follet** : 8 ; 52 ; 54 ; 55 ; 56 ; 66 h ; 194 ; 197 ; 198 ; 199 ; 200 b ; 201 ; 202 b d ; 204 ; 205 ; 207 ; 210 ; 211 h ; 214 ; 215 ; 216 ; 219 ; 226 ; 227 ; 232 ; 233 ; 242 ; 246 ; 247 ; 248 ; 257 ; 264 ; 270 ; 279 ; 280 ; 281 ; 292 ; 293 ; 300 ; 305 h, b ; 306 ; 313 ; 314 ; 315 b ; 318 ; 319 ; 320 ; 322 ; 332 ; 338 ; 354 ; 355 ; 371. **Hémisphères Images/F. Guiziou** : 224 ; 236 ; 238 ; 240 ; 249 ; 266 ; 267 ; 268 ; 294. **Christine Legrand** : 15 b ; 18 b ; 159 ; 172 ; 182 ; 196 ; 200 h ; 212 ; 244 ; 269, 316 b ; 317 c ; 336 ; 338 ; 339 d ; 341 ; 351 ; 352 b. **Jean Malburet** : 84 b ; 85 b ; 86 ; 87 ; 88 ; 89 ; 275 ; 276 ; 296 ; 297 h ; 298 ; 299 ; 307 ; 316 h ; 324 ; 325 ; 329 ; 330 ; 334 ; 335 ; 337 ; 339 g ; 346 h ; 347 ; 349 ; 350 ; 352 h ; 358 ; 359 ; 360 ; 361 ; 366. **Office de tourisme d'Espagne** : 64 ; 66 c, b ; 206 ; 211 b ; 222 ; 223 ; 228 ; 234 ; 237 ; 240 ; 254 ; 255 ; 256 ; 263 ; 286 ; 287 ; 302 h ; 304 ; 311 ; 315 h ; 323 ; 346 b ; 348. **Hachette Livre/Bibliothèque nationale** : 68 ; 69 ; 70. **RMN- R.-G. Ojeda** : 104 h, c ; 105 h. **Ivane Thieullent** : 10 ; 12 ; 13 ; 14 h ; 15 h ; 17 ; 19 ; 20 ; 22 ; 23 b ; 24 ; 25 ; 26 ; 27 ; 28 h ; 32 ; 34 ; 35 ; 36 ; 38 ; 39 ; 46 ; 49 ; 50 ; 51 ; 53 ; 57 ; 58 ; 62 ; 67 ; 72 ; 75 ; 76 ; 77 ; 78 ; 81 ; 82 ; 83 ; 84 h ; 85 h ; 90 ; 92 ; 96 ; 97 ; 98 ; 99 ; 100 ; 101 h ; 102 ; 103 ; 106 ; 107 ; 108 ; 109 ; 110 c ; 113 h ; 114 b ; 115 ; 116 ; 119 ; 122 b ; 124 ; 125 ; 126 ; 127 ; 128 ; 129 ; 130 ; 132 ; 133 ; 134 ; 135 ; 136 ; 137 ; 138 b d ; 139 ; 140 b ; 141 ; 143 ; 144 ; 146 ; 148 ; 149 ; 150 ; 151 ; 152 ; 153 ; 154 ; 155 b g ; 156 h ; 157 ; 158 h g, c ; 160 ; 161 ; 162 h ; 163 h ; 164 ; 165 ; 166 b ; 167 b ; 171 ; 174 ; 175 ; 176 b ; 178 ; 179 ; 180 ; 181 ; 183 ; 184 ; 185 ; 188 h ; 189 ; 190 ; 191 ; 202 h ; 302 b ; 303 ; 305 c d, c g ; 317 h, b ; 326 h ; 327 ; 363 ; 364 ; 367 b ; 369 ; 370 ; 371 g ; 372 ; 374 ; 378. **Visa Image/W. Louvet** :6.
Avec l'aimable autorisation du **musée Guggenheim** de Bilbao pour les photographies des pages 350, 351 et 352.

Aussi scrupuleusement établi soit-il, ce guide n'est pas à l'abri des modifications de dernière minute, des erreurs ou omissions. Ne manquez pas de nous faire part de vos remarques. Informez-nous aussi de vos découvertes personnelles : nous accordons la plus grande attention au courrier de nos lecteurs.

Conformément à une jurisprudence constante (Toulouse, 14.01.1887), les erreurs ou omissions involontaires qui auraient pu subsister dans ce guide, malgré nos soins et les contrôles de l'équipe de rédaction, ne sauraient engager la responsabilité de l'Éditeur.

Contact lecteurs : bleus@hachette-livre.fr
Contact partenariat : amagniez@hachette-livre.fr

Hachette Tourisme, 43, quai de Grenelle, 75905 Paris Cedex 15.

Pays basque

GUIDES BLEUS

sommaire

SOMMAIRE

Pour faciliter votre voyage dans la partie espagnole du Pays basque, reportez-vous aux pages 192-193. Des renseignements concernant les formalités administratives, l'hébergement, les horaires d'ouverture en Espagne, etc., sont indiqués.

mode d'emploi

MODE D'EMPLOI

Découvrir

Chaque section de la partie **Découvrir** est représentée par une couleur différente.

Les onglets ■ et ■ se rattachent ainsi aux sections **Cadres de vie** et **Histoire**.

Visiter

La carte régionale du Pays basque des pages de garde se découpe en différentes petites régions reprises dans la partie **Visiter**.

À chaque petite région est attachée une couleur définie pour tout l'ouvrage. Les onglets des pages concernées par ces régions reprennent ces mêmes couleurs. Ainsi, les onglets ● et ● se rattachent aux petites régions « La Soule » et « La Navarre » définies sur la carte générale de la page de garde.

Dans la partie **Visiter**, les pages **Comprendre** ● racontent l'histoire d'un site ou d'un monument important, présentent un terroir, un savoir-faire ou un espace naturel :

Un pays sans frontières

Devenu synonyme d'identité culturelle et de revendications souvent violentes, le Pays basque est une région de caractère, définie d'abord par sa langue, *euskara* en basque. Son nom, Euskal Herria, signifie « le pays où l'on parle le basque ». C'est la langue qui délimite les contours d'une région divisée artificiellement par la frontière franco-espagnole et par les clivages administratifs. Au-delà des partitions politiques, le Pays basque est une entité réelle, unie par un patrimoine commun.

▲ *Signe de l'importance de la langue basque, les panneaux de signalisation sont écrits en euskara et, suivant le côté de la frontière, en français ou en espagnol.*

■ Sept provinces

Géographiquement, le Pays basque s'étend sur un vaste triangle délimité par l'Adour au nord, le pic d'Anie à l'est, Bilbao et la vallée du Nervión à l'ouest, la chaîne Cantabrique et le bassin de l'Èbre au sud. Administrativement, les choses sont plus compliquées. Du côté français, le Pays basque réunit trois anciennes provinces : le Labourd autour de Bayonne et le long de la côte, la basse Navarre (Saint-Jean-Pied-de-Port) et la Soule, sauvage et montagneuse, autour de Mauléon. Elles sont intégrées au département des Pyrénées-Atlantiques qui englobe également le Béarn. Les revendications sont d'ailleurs de plus en plus nombreuses pour la constitution d'un véritable département Pays-Basque traduisant mieux la forte identité culturelle (près de 65 % des maires se déclarent en faveur d'une telle mesure, largement suivis par une partie de la population). Du côté espagnol, trois autres provinces forment Euskadi, la Communauté autonome basque : le Guipúzcoa avec le littoral de Donostia (San Sebastián), la Biscaye et Bilbao, et l'Álava centrée sur Vitoria (Gasteiz), la capitale de la Communauté. À cela, il faut ajouter une dernière province, la Navarre, foyer historique de la langue basque, qui a opté pour une autonomie séparée. Sa capitale Iruña (Pampelune) reste pourtant l'un des hauts lieux de la tradition culturelle et une étape majeure sur le chemin de Compostelle au travers du Pays basque.

Quelques chiffres

Superficie
19 967 km², dont plus de 85 % en Espagne.
Population
2 875 000 habitants, avec près de dix fois plus d'habitants du côté espagnol que français.

Le royaume de Navarre

C'est l'ancien royaume de Navarre qui a, entre les IXe et XVIe s., le mieux symbolisé l'existence d'un peuple basque. C'est la seule période de l'histoire durant laquelle les Basques des deux côtés des Pyrénées ont été réunis sous un même pouvoir politique. Ce petit royaume est né de la résistance aux envahisseurs arabes. Pampelune est alors le centre de ce noyau irréductible autour duquel viennent se rassembler les montagnards basques des Pyrénées. Au début du XIe s., le roi de Navarre réussit à fédérer sous sa bannière les provinces du nord, le Labourd, la basse Navarre et la Soule, ainsi qu'au sud de la chaîne montagneuse l'Álava et la Biscaye, puis le Guipúzcoa. Le contrôle des cols pyrénéens lui confère un pouvoir accru, mais il doit rapidement composer avec ses rivaux castillans et aragonais et redevenir un petit royaume pyrénéen. À partir du XIVe s., le royaume est à nouveau écartelé entre les liens avec la couronne de France et l'attraction de la Castille. Finalement, en 1530, Charles Quint, qui redoute de voir la totalité du petit royaume basculer vers la France, rattache fermement à la Castille la partie au sud des Pyrénées. La partie nord revient définitivement à la France en 1589, lorsque son roi, Henri II de Navarre, devient roi de France sous le nom d'Henri IV.

▲ *Une croix basque tissée sur un linge. Ce motif décoratif est devenu le symbole du Pays basque. Son nom basque,* lauburu, *signifie « quatre têtes ».*

La langue et la culture

L'originalité du Pays basque est d'avoir conservé une réalité au-delà des frontières. La géographie elle-même ne délimite pas une région évidente : à cheval sur une partie des Pyrénées, s'étendant de la côte atlantique au désert des Bárdenas. La frontière franco-espagnole n'est pas, en tout cas, une barrière et les Basques préfèrent l'appellation Pays basque du nord et du sud plutôt que français et espagnol. Le facteur essentiel de son identité, c'est sa langue. Avec l'accession du Pays basque espagnol à l'autonomie, la langue a repris ses droits dans les écoles, les occasions officielles et les médias. Il s'ensuit un très fort dynamisme culturel auquel les Basques du nord ont emboîté le pas. La créativité musicale et littéraire en témoigne. Depuis les années 1970, la langue basque s'est unifiée, par-delà les dialectes. Les deux parties se réclament du drapeau basque : fond rouge barré d'une croix de Saint-André verte surmontée elle-même d'une croix blanche. Les traditions sont demeurées vivantes, centrées sur le pastoralisme, les danses, les grandes fêtes religieuses et les sports traditionnels, tels la pelote basque ou les concours de force.

Découvrir

SOMMAIRE

◀ *Balmaseda (Biscaye). Les patios espagnols demeurent le reflet d'un art de vivre méridional.*

Les paysages

Saint-Jean-de-Luz p. 122
Les falaises s'estompent ici pour laisser la place à un port de pêche, joyeusement coloré.

Biarritz p. 111
La reine des plages, admirablement située sur la côte atlantique, au pied des Pyrénées.

Hendaye p. 131
Un site magnifique et un climat agréable en font une station réputée.

Les gorges de Kakouetta p. 183
L'un des plus beaux canyons de France.

La Rhune p. 133
Du sommet, le panorama s'étend sur tout le Pays basque, l'Océan et les Pyrénées.

Bayonne p. 94
Sur ses rives se sont toujours côtoyées les activités portuaires, industrielles et touristiques.

Bilbao p. 342
Un port actif, à vocation industrielle.

Saint-Jean-Pied-de-Port p. 159
Cette ancienne petite place forte est située dans une cuvette encadrée de montagnes.

Bermeo p. 338
La ria de Guernica a été décrétée « réserve de la biosphère » par l'Unesco.

◀ *Entre Saint-Jean-de-Luz et Hendaye, les rouleaux de la mer semblent répondre aux plissements des falaises.*

CARTE P. 11

La côte

Trois provinces bordent le littoral du Pays basque : le Labourd côté français, le Guipúzcoa et la Biscaye côté espagnol. Partagée entre pêche et industrie, la région a conservé une forte identité maritime qui bat au rythme de Bayonne et de Bilbao, ses deux poumons économiques.

■ Là où finit la montagne

Au fond du golfe de Gascogne, la côte basque est le point de rencontre entre l'Atlantique et la chaîne montagneuse des Pyrénées. À l'exception d'un court segment de longues plages, entre l'estuaire de l'Adour et le nord de Biarritz, la côte est rocheuse et découpée, composée d'une succession de falaises de 30 à 50 m de hauteur et de plages de dimensions modestes.

▲ *Falaises de flysch de Saint-Jean-de-Luz, dites aussi « falaises plissées ».*

Au nord, le pays de l'Adour, avec ses collines rondes et sa vallée fluviale, marque la transition entre le plateau landais bordé d'interminables dunes de sable et le front pyrénéen au relief accidenté grimpant très vite au-dessus de l'Océan. C'est à la Chambre d'Amour, à Anglet, que l'on quitte définitivement le paysage landais pour aborder celui des falaises. Leur composition géologique est très variée : grès calcaires à la pointe Saint-Martin, marnes (mélange d'argile et de calcaire) bleues sur la côte des Basques, dalles calcaires au-delà de Saint-Jean-de-Luz ou encore flysch (alternance en couches successives de sédiments calcaires, schisteux et argileux, formant de larges plaques caractéristiques) vers Bidart, dans la baie de Loya, à Hendaye ou encore à Zumaya, près de Donostia. Certaines falaises de nature calcaire connaissent une érosion importante et rapide due à des pluies abondantes. L'eau s'infiltre dans la moindre faille, dissolvant la roche et causant parfois de spectaculaires effondrements, comme c'est régulièrement le cas aux environs de Biarritz. Au fil des ans, la côte change de visage, comme le montrent d'anciennes photographies. Plus à l'ouest, du côté espagnol, les Pyrénées se prolongent par les sierras de la cordillère Cantabrique, moins élevées, mais qui forment également un arrière-pays escarpé.

■ Une attachante variété

Par endroits, comme le long des crêtes du Jaizkibel, entre Hondarribia (Fuenterrabia) et Donostia (San Sebastián), la montagne semble plonger directement

◀ *Côté mer, Biarritz égrène d'impressionnants rochers sur lesquels viennent se briser les vagues.*

dans la mer. Dans ces zones intermédiaires, la flore et la faune atlantiques laissent très vite la place à celles de la montagne. Au cœur de ce paysage tourmenté, les plages, presque toujours encaissées, sont assez rares, parfois composées de galets. L'étroite juxtaposition de végétations luxuriantes signe le charme particulier du Pays basque. Très fréquenté – surtout du côté français –, le littoral est hélas progressivement envahi par les constructions et aménagements touristiques (moins de 5 % reste libre de construction). Le tourisme y a désormais supplanté la pêche. En revanche, le Conservatoire du littoral a heureusement contribué à sauvegarder la Corniche basque, magnifique portion sauvage entre Ciboure et Hendaye. Du côté espagnol, si le développement est moins important et laisse de larges zones préservées, la qualité de l'urbanisation héritée de la période franquiste est malheureusement déplorable. La pêche y demeure prépondérante et les ports se succèdent de la frontière jusqu'à Bilbao.

■ Douceurs d'estuaires

Les embouchures des fleuves côtiers signent un paysage particulier, plus domestiqué. Relativement peu nombreuses, les rivières côtières forment à leur embouchure des abris très recherchés sur une côte ventée et par ailleurs peu hospitalière. Chaque estuaire constitue ainsi un havre pour les pêcheurs, mais aussi pour les oiseaux qui y font étape lors de leur migration. Ces zones sont également devenues les centres privilégiés de l'urbanisation, et la côte est une succession de ports actifs. Les plus importants, à vocation industrielle, sont Bayonne, sur l'Adour, au nord, et Bilbao, sur le Nervión, au sud. Parmi les autres estuaires, on peut citer l'embouchure de la Nivelle à Saint-Jean-de-Luz, de la Bidassoa entre Hendaye et Hondarribia ou encore de la Ria de Guernica à Bermeo, qui se concentrent plus sur la pêche. Cette dernière zone possède d'ailleurs une diversité et une richesse naturelle telles que l'Unesco l'a décrétée « réserve de la biosphère d'Urdaibai ». C'est

Le rythme des marées

Partie intégrante du charme de l'Atlantique, les marées imposent leur rythme au littoral basque. Deux fois par jour, la mer monte et descend, en raison de l'attraction qu'exerce la Lune sur la masse océanique. Chaque jour, le phénomène se décale de 50 mn. L'annuaire des marées (généralement disponible dans les offices de tourisme) indique l'heure exacte des basses et hautes eaux, ainsi que leur coefficient (de 0 à 120). Pour les coefficients élevés (au-dessus de 90 et surtout de 100), on parle de grande marée ou vives-eaux. La mer découvre alors une grande portion du rivage, l'« estran ». Les plus petits coefficients (entre 35 et 50) correspondent aux mortes-eaux, lorsque la mer monte et descend peu. Les grandes marées ont lieu tous les quatorze jours, lors de la pleine lune et de la nouvelle lune; les plus fortes se produisent lors des équinoxes et des solstices.

► *À Hendaye, au niveau de l'estuaire de la Bidassoa, la marée montante transforme la baie de Txingundi en un petit lac fort apprécié des vacanciers… et des oiseaux migrateurs.*

l'un des grands sites d'étape des oiseaux migrateurs lors de leur voyage annuel vers les côtes d'Afrique.

■ L'influence atlantique

L'arc de cercle formé par la chaîne montagneuse oriente naturellement le Pays basque vers l'océan Atlantique. Le littoral bénéficie de l'influence du Gulf Stream, courant chaud qui baigne les côtes et garantit un climat tempéré et des températures clémentes, grâce à la proximité de l'Océan (température moyenne annuelle de 13 °C).

L'eau descend rarement en dessous de 12 °C et avoisine les 20 ou 21 °C en été (températures moyennes mensuelles). Les vents dominants viennent de l'Atlantique, approchant la tempête au printemps, à l'automne et en hiver. La côte est battue par les grandes houles du golfe de Gascogne qui font de la côte basque le spot de surf le plus célèbre d'Europe, avec des vagues bien formées atteignant sans mal les 5 ou 6 m de haut. Tout aussi fréquent, le vent du sud qui vient d'Espagne, appelé localement *haize hegoa*, permet à Biarritz de bénéficier d'une douceur et d'une luminosité exceptionnelles, même en hiver. Malgré une latitude similaire à celle de Marseille, les étés restent très supportables en raison de la douceur atlantique. L'automne et l'hiver sont cléments et agréables, mais le printemps est pluvieux, ponctué d'averses violentes. L'évaporation au-dessus de l'Océan charge en eau les nuages que le vent d'ouest pousse sur les flancs de la chaîne pyrénéenne. Il en résulte des pluies abondantes (1 200 mm à Biarritz, plus de 2 000 mm dans la région de Sare) et une végétation riche et verdoyante, même en été.

■ Une flore variée

Bien que menacée par le développement touristique, la nature reste présente pour ceux qui la cherchent. La flore est abondante en raison du climat. Sur les falaises et à l'arrière des plages, la végétation est adaptée aux contraintes maritimes (vent et salinité) ; il s'agit principalement de la lande et de la prairie maritime. Les plantes les plus courantes y sont l'ajonc d'Europe, épineux à fleurs jaunes très parfumées, et la bruyère vaga-

▲ *Vue de la baie de Saint-Jean-de-Luz.*

bonde, qui se plaît dans les terrains calcaires. À leurs côtés, on trouve la salsepareille, aussi appelée liseron épineux, et la sérapia langue, une orchidée sauvage rose. Le crithme marin se plaît sur les marnes des falaises et s'accommode des embruns et du vent (on le prépare au vinaigre, un peu comme les cornichons). Pour fixer les dunes ou couper le vent, on a procédé à un reboisement en pins maritimes et en tamaris ; sur la côte espagnole, notamment en Biscaye, l'eucalyptus complète ces plantations, donnant de vastes étendues odorantes.

■ Un paradis pour les oiseaux

La faune est très variée. En dehors des lapins de garenne, innombrables sur la lande, les oiseaux (rouge-queue noir, troglodyte ou chardonneret) sont aussi très présents. Plus près des falaises niche l'hirondelle des rochers, qui se distingue par sa couleur brune. Parmi les oiseaux nicheurs, on recense l'océanite-tempête, devenu très rare. Plus fréquent, le petit tourne-pierre à collier se reconnaît sur les plages et les rochers, lorsqu'il court sans répit à la recherche de quelque ver de sable. En hiver, d'innombrables grands cormorans se regroupent sur les rochers et les îlots de la côte. Également familiers du littoral, les goélands leucophée, les mouettes rieuses, les huîtriers pies, ou même le rare grand corbeau, qui délaisse parfois les montagnes pour les falaises ou les collines du bord de mer… Enfin, la côte basque est l'un des relais essentiels des oiseaux migrateurs sur leur route entre l'Europe du Nord et l'Afrique (on les observe à l'automne et au printemps) et un lieu d'hivernage pour certaines espèces – macareux moine, pingouin torda, guillemot de Troïl, plongeon imbrin…

◄ *Non loin de Bakio, en Biscaye, l'ermitage de San Juan de Gaztelugache semble défier l'Océan.*

CARTE P. 11

La montagne

Pour plus de la moitié de sa superficie, le Pays basque se compose de collines ou de montagnes d'une altitude supérieure à 400 mètres, globalement de moins en moins élevées en s'approchant de la côte. Du nord au sud et du littoral aux plus hauts sommets, autour du pic d'Anie, une large palette de paysages se déroule, des collines rondes et herbues aux sierras espagnoles, des plus épaisses forêts comme celle d'Iraty aux landes subalpines propices à l'élevage.

■ Des paysages contrastés

▲ *Les spectaculaires gorges de Kakouetta témoignent du patient travail de l'eau dans un sous-sol calcaire : un modeste ruisseau s'est peu à peu encaissé entre deux vertigineuses murailles de pierre.*

Le Pays basque est occupé en son centre par l'extrémité occidentale des Pyrénées, qui en forment l'axe majeur et servent de frontière naturelle avec l'Espagne. Le point culminant est le pic d'Orhy, en Soule, à 2 017 m. La frontière orientale du Pays basque avec le Béarn est dominée par l'imposant sommet du pic d'Anie (2 504 m). En règle générale, dans cette partie de la chaîne pyrénéenne, les plus hauts sommets suivent la ligne de frontière avec l'Espagne. Les paysages sont ponctués de canyons vertigineux où planent les vautours, qui alternent avec les forêts denses et les pâturages d'altitude.

À l'ouest, la chaîne montagneuse décline en étages vers l'Océan. Les sommets moins élevés, plus arrondis, dominent des bassins intérieurs fertiles qui drainent les rivières et où se sont installées les plus grosses bourgades. Le plus important est celui de Saint-Jean-Pied-de-Port, vers lequel convergent les étroits couloirs de plusieurs vallées.

Au nord, la montagne décroît doucement vers le bassin de l'Adour en une succession de collines rondes séparées par des vallées verdoyantes. La lande à ajoncs y alterne avec la prairie, les champs de maïs ou les petits bois, lorsque la terre ne se prête pas à la culture. Près de l'Adour, le relief meurt en plaines alluviales marécageuses – les barthes –, havre bienvenu pour les oiseaux migrateurs.

Le versant sud, vers l'Espagne, connaît d'est en ouest le même type de relief. Depuis le pied de la Pierre-Saint-

◄ *La montagne de la Rhune est l'un des symboles du Pays basque français. Elle offre une vue exceptionnelle sur l'Océan, la plaine de la Bidassoa, la chaîne des Pyrénées et la région du Labourd.*

Martin, à l'est, jusqu'au pic d'Orhy en passant par Roncesvalles (Roncevaux), c'est encore un paysage de haute montagne, de crêtes et de pics acérés, de forêts touffues. Puis, en longeant la frontière vers l'Océan, on retrouve les vertes vallées tapissées de fougères et les villages typiques du Pays basque océanique.

En Espagne, la chaîne pyrénéenne s'étire parallèlement à la côte, à la rencontre de la cordillère Cantabrique, en direction de Bilbao. Une succession de sierras intérieures les réunit – sierras d'Aralar, d'Urbasa ou d'Andia –, qui offrent un autre type de paysages montagnards, encore très sauvages, mariant plateaux et crêtes calcaires arides et désolés, falaises grises et vertigineuses, pâturages peuplés de moutons, épaisses forêts de chênes et villages isolés. L'ensemble perd progressivement de l'altitude vers le sud et la fertile vallée de l'Èbre. En s'éloignant de la côte et en se rapprochant de la rivière, le paysage est de plus en plus affecté par l'influence méditerranéenne et un climat de nature presque continentale : hivers secs et froids, végétation de plus en plus désertique.

■ Une géologie complexe

La formation de la chaîne pyrénéenne remonte au Tertiaire (entre 65 et 40 millions d'années) ; elle serait un épais bourrelet formé par la rencontre des plaques européenne et ibérique. À l'origine, l'Europe formait un socle beaucoup plus compact, la Galice étant alors accolée à la Bretagne. Il y a environ 230 millions d'années, une faille s'est ouverte entre ces deux régions, créant le golfe de Gascogne. Sur une durée de 165 millions d'années, la plaque ibérique, devenue une île, est partie à la dérive en décrivant un arc de cercle pour entrer finalement en collision avec son socle d'origine le long de la rive méridionale. Sous l'impact des deux masses, la ligne de rencontre s'est surélevée, constituant les Pyrénées. Tout le long de la chaîne, on retrouve donc ces îlots successifs de roches anciennes (gneiss et granit), composant de plus petits massifs à l'est et à l'ouest. À des altitudes de plus en plus modestes vers l'ouest, ils forment les massifs du Labourd, des Aldudes et des Arbailles, qui émergent des sédiments calcaires. Ces sédiments furent ensuite sculptés par l'érosion en gorges étroites ou en grottes souterraines.

Le pays des bergers

Le berger est la figure emblématique de la montagne. L'élevage bovin étant minoritaire, c'est le mouton qui donne à la montagne tout son caractère et en façonne les modes de vie. Transhumance, partage et entretien des pâturages ont dès le Moyen Âge conditionné l'organisation des communautés. Du nord au sud, l'orientation générale des vallées a favorisé les échanges « au sommet » entre les populations des vallées françaises et espagnoles. Tout un système juridique et social régissait le partage des terres, le droit de fauche et de passage. Ainsi, des deux côtés de la chaîne, dans les vallées communicantes, les montagnards entretenaient souvent des liens plus forts avec leurs voisins frontaliers qu'avec la population de leur pays. Ceci explique en grande partie la survivance d'une culture régionale très affirmée. Aujourd'hui, le berger basque représente une tradition bien vivante ; ses moutons et ses fromages sont devenus de véritables atouts touristiques.

► *Avec le recul de la forêt, l'élevage du pottok en semi-liberté s'est peu à peu limité aux zones montagneuses.*

Ces deux natures géologiques conditionnent des paysages très différents.
En haute Soule, les calcaires dominent. En abordant le col de la Pierre-Saint-Martin, les pentes sont « percées » de gouffres et les eaux se perdent en rivières souterraines. Dans les Aldudes, au contraire, le profil abrupt des massifs de grès se décline en crêtes acérées et en pentes raides dominant les vallées. En basse Navarre, la ligne des sommets suit grossièrement la ligne de la frontière. Les montagnes y sont plus basses, séparées par de petits bassins. Près d'Itxassou, l'Artzamendi (926 m) et l'Ursuya, par exemple, sont de lourds massifs de gneiss et de granite entre lesquels la Nive se faufile au niveau du Pas de Roland. La plus grande partie du Labourd appartient au piémont pyrénéen. Ce pays peu élevé (moins de 200 m) doit son caractère accidenté aux affluents de l'Adour, de la Nive et de la Nivelle, qui l'ont profondément ciselé.

■ Une végétation variée

► *Paysage de haute Soule.*

La diversité des reliefs, l'altitude, la distance de l'Océan déterminent les variations de la végétation. Près de l'Océan, la lande domine, alliée sur les premiers contreforts aux chênes et aux pins maritimes. Là où l'altitude augmente rapidement, les flores littorale et montagnarde peuvent coexister, mais, généralement, la végétation varie selon les étages de la montagne. Principalement plantée d'ajoncs et

◄ *Au sud-est de Saint-Jean-Pied-de-Port, la chapelle romane de Bascassan s'élève dans un paysage déjà montagnard.*

de bruyères, la lande occupe aussi l'étage des collines (jusqu'à 700 m), un milieu consacré à l'élevage. Pour éviter que les ajoncs ne soient trop envahissants, les bergers y pratiquent l'écobuage, qui consiste à mettre le feu à la végétation. La fougère, qui repousse particulièrement bien sur les terres brûlées, colonise alors peu à peu la lande, au point de faire partie intégrante du paysage basque. Les agriculteurs l'utilisent comme litière pour le bétail. Quelques chênaies subsistent encore, mais elles se font rares. C'est aussi une zone de terres cultivées.

Entre 500 et 1 800 m, c'est l'étage montagnard : lande et prairies laissent peu à peu la place aux forêts de chênes et surtout de hêtres. Dernier héritage des forêts primitives, cette espèce forme les plus somptueuses forêts de la montagne pyrénéenne : citons notamment celles des Arbailles et d'Iraty, la plus grande hêtraie d'Europe. À côté, des conifères (le plus souvent des épicéas) ont été plantés artificiellement. Parmi les arbustes, on recense les prunelliers et les genévriers; les sous-bois sont plantés d'ifs et de buis chargés de lichen.

■ À la découverte des rapaces

Ces forêts denses et sauvages étaient jadis le domaine de l'ours brun des Pyrénées, aujourd'hui disparu du Pays basque. Elles sont encore peuplées de cerfs, de chevreuils, de sangliers, de renards... Dans les airs, vous commencerez à observer le vol des rapaces, du milan au vautour fauve. Entre 1 800 et 2 400 m, c'est l'étage subalpin, où la végétation doit résister au froid intense et à la neige une bonne partie de l'année. La forêt y cède la place à un boisement plus épars et à la lande subalpine, pâturage estival pour les troupeaux. Rhododendrons sauvages et myrtilles en sont des arbustes caractéristiques. Les grands rapaces y sont nombreux. En s'éloignant de la côte vers la Soule, on aborde l'étage alpin (plus de 2 400 m) et ses paysages de haute montagne, herbe rase et sommets acérés, comme au pic d'Orhy ou, au-delà, au pic d'Anie.

La période hivernale

Les grandes dépressions hivernales venues de l'Atlantique nord donnent des précipitations neigeuses dès la fin octobre au-dessus de 1 000 m, à partir de 500 m s'il s'agit d'un front froid. Les chutes de neige peuvent être extrêmement abondantes au cœur de l'hiver. La proximité de l'Océan entretient cependant un climat tempéré et la neige fond rapidement, notamment sous l'effet du fœhn. Pour la même raison, elle ne résiste guère au printemps. Les versants méridionaux, eux, sont plus affectés par les dépressions méditerranéennes dont les énormes précipitations entraînent un enneigement parfois spectaculaire. Bien que sujettes à des crues parfois violentes (débits multipliés par huit ou dix en 24 h), les rivières basques ne s'avèrent pas aussi dangereuses que celles du pays méditerranéen, car leur bassin ne collecte que peu de neige.

Les cadres de vie

La Bastide-Clairence **p. 144**

Un très beau village qui a gardé sa place à arcades et ses maisons navarraises.

Hondarribia **p. 302**

Une vieille ville fortifiée et un port de pêcheurs aux maisons à colombages.

Saint-Pée-sur-Nivelle **p. 134**

De superbes maisons des XVIIe et XVIIIe s. font de ce village une étape incontournable.

Espelette **p. 138**

Dès septembre, les maisons labourdines sont décorées de guirlandes de piments mis à sécher.

Garris **p. 167**

Un village ancien aux opulentes maisons navarraises.

Mauléon **p. 174**

La capitale de la Soule est une ancienne bastide, au pied d'une colline surmontée d'un château.

Nay **p. 29**

Une excursion en Béarn, non loin d'Oloron-Sainte-Marie, permet de visiter le musée du Béret, le plus célèbre des accessoires basques.

◄ *Une rue à Hondarribia (Guipúzcoa).*

CARTE P. 21

La maison basque

Dès que l'on pense au Pays basque, l'image de la vaste maison blanche au toit asymétrique et aux boiseries rouges vient à l'esprit. Si elle est conforme à une certaine réalité, elle est loin de représenter toute la variété de l'habitat traditionnel. Du nord au sud, des ports de pêche de la côte des Basques aux villages montagnards de la Soule, celui-ci prend des formes très différentes.

■ Le siège de la famille

Avant même d'être un abri, la maison est le symbole de la famille. Dans une société rurale isolée et principalement montagnarde, la cellule familiale élargie est la seule garantie de stabilité. Plusieurs générations cohabitent, y compris les frères ou sœurs non mariés. Pour préserver l'intégrité des terres et de la maison, l'héritage est intégralement transmis à l'aîné de la famille, qu'il soit homme ou femme. Les générations se partagent strictement le pouvoir, un couple étant le maître de chaque génération. Chaque maison *(etche)* porte un nom qui se confond souvent avec celui de la famille (Etchegaray, par exemple), qu'elle conserve même si elle revient à une fille. Autrefois, un fils cadet qui épousait une héritière prenait même le nom de son épouse et de sa maison. Cette égalité stricte entre les hommes et les femmes est l'une des originalités de la société basque ; dans les actes notariés, le nom de la femme figurait d'ailleurs toujours à côté de celui du mari. Au sein du foyer, les responsabilités morales ou matérielles sont strictement partagées par les époux et l'héritier est ainsi responsable à la fois du patrimoine et du bien-être de toute la famille ; il a la responsabilité des parents âgés ou malades, et c'est lui qui organise les cérémonies.

▲ *Autrefois passés au sang de bœuf pour les préserver des insectes et de l'humidité, les colombages en ont gardé la sombre teinte. Ici, à La Bastide-Clairence.*

Lors des assemblées paroissiales, chaque maison donnait droit à une voix. Les maîtres de maison délibéraient régulièrement pour réglementer la vie communautaire ou les détails administratifs, et les héritières célibataires ou veuves y siégeaient avec les hommes. Celles qui étaient mariées pouvaient s'y faire représenter par leur mari, mais elles restaient titulaires du droit de vote. Ces délibérations revêtaient autrefois une importance capitale : dans un pays d'élevage, on y décidait des droits vitaux de pacage, de fauche et de transhumance.

■ La forme des villages

▲ *Au bord des pâturages, accompagnés d'enclos pour le troupeau et d'une annexe pour la fabrication du fromage, les cayolars abritent les bergers en période estivale.*

L'aspect des maisons dépend du lieu d'implantation. Dans cette société essentiellement rurale, il s'agit le plus souvent de fermes. Les collines sont les zones les plus habitées, mais de manière « dispersée ». Chaque maison est entourée de ses terres, et les villages sont éclatés sur les pentes. Un noyau central se constitue autour de l'église et du cimetière, et, quand l'agglomération est plus importante, une école s'y associe, de même que l'incontournable fronton de pelote basque. En parcourant les routes de campagne, on remarque des villages aux noms composés : il s'agit d'une association de plusieurs hameaux, regroupés pour constituer une commune; la mairie est située dans l'un d'eux.

Dans la montagne, l'agriculture cède la place à l'élevage : les maisons sont plus regroupées, et les terres et pâturages rejetés à l'extérieur du hameau. Les paysans possèdent souvent des granges dans les prairies de moyenne montagne, qui servent de remise pour le fourrage ou d'abri pour les bergers et les bêtes. À partir du Moyen Âge, le développement du commerce et de l'artisanat a entraîné la création de villages très structurés : les bastides. Elles suivent un plan géométrique strict en carré, autour d'une place à arcades. Accueillant foires et marchés, elles constituent un centre commercial; ainsi en est-il de La Bastide-Clairence. Elles peuvent aussi suivre un plan en longueur, le long d'une rue unique, et sont alors un lieu de passage ou une étape : Ainhoa en est le plus bel exemple.

◄ *Les vieilles maisons d'Hondarribia (Fuenterrabia) affichent un alignement fantaisiste et de jolis balcons fleuris.*

■ La maison du Labourd

C'est la plus typique et la plus connue des maisons basques. Son style a inspiré un peu partout en France le genre néo-basque, très en vogue à partir de l'entre-deux-guerres. Grosse bâtisse de base carrée, elle est coiffée d'un toit de tuiles peu incliné, à deux pentes. Traditionnellement, le toit de tuiles canal roses est symétrique, mais l'ajout progressif d'extensions sur un côté lui donne son allure caractéristique, avec un pan de toit nettement plus long que l'autre, descendant très bas sur un côté de la façade. En principe, il s'agit d'une maison à structure de bois dont le premier niveau, en pierre, épouse les dénivellations. Un réseau de poteaux arrimés sur des socles de pierre forme l'armature des murs. Le premier étage, en encorbellement sur la façade, présente parfois un balcon de bois. Les pans de bois, laissés apparents, sont peints dans les couleurs traditionnelles, le rouge sang de bœuf ou le vert de sulfate de cuivre. Entre les colombages, on monte les murs en torchis ou en briquettes, le tout blanchi à la chaux.

▲ *Situé sur l'ancienne voie de passage qui reliait Arbonne à Sare, Ibarron est le plus ancien quartier de Saint-Pée-sur-Nivelle. On peut encore y voir des fermes labourdines traditionnelles.*

Comme le mauvais temps et la pluie viennent surtout de l'Atlantique, les maisons sont en général orientées à l'est, vers le soleil levant, et n'ont pas, ou peu, d'ouvertures à l'ouest.

À l'origine, le rez-de-chaussée abritait la cuisine, les pièces de travail et l'étable, et les étages tous les membres de la famille. Traditionnellement, et encore aujourd'hui dans les campagnes, le rez-de-chaussée comporte une grande pièce centrale, l'*eskaratz*, qui sépare des appartements distincts pour les parents et les enfants.

Dans les villes et les gros bourgs, les maisons blanches à colombages rouges ou verts sont mitoyennes, hautes et étroites, sans les pièces nécessaires aux bêtes ou aux travaux agricoles. Ce profil traditionnel se retrouve aussi sur le versant espagnol de la frontière, en Guipúzcoa et en Biscaye, avec cependant plus de pierres apparentes. Les balcons sont aussi plus nombreux, toujours très colorés ; le quartier des pêcheurs de Hondarribia en donne un bel exemple. Au bord de la mer, les couleurs varient davantage car les pêcheurs utilisent les mêmes peintures que pour leur bateau. Le bleu rejoint ainsi le vert et le rouge.

■ L'habitat navarrais

En basse Navarre, la maison reste massive et carrée ; la façade blanche est encore de rigueur, mais la pierre, nettement moins chère qu'ailleurs, est beaucoup plus utilisée. D'énormes blocs de granit gris ou d'un beau grès rosé ornent ainsi les angles des murs et les encadrements

► *À partir du mois de septembre, les murs des maisons d'Espelette accueillent les piments mis à sécher.*

de portes et de fenêtres. Majestueuses, les portes sont encadrées de lourds claveaux et surmontées d'un linteau sculpté au-dessus duquel l'appareil de pierre monte parfois jusqu'à l'étage pour entourer dans un même ensemble la fenêtre centrale. Les inscriptions précisent en général la date de construction et le nom de la maison. Les pans de bois sont rares, mais le balcon du premier étage est plus fréquent qu'en Labourd. Par rapport à la façade, l'auvent du toit avance largement au-dessus des murs latéraux. Souvent considérée comme moins attrayante que sa sœur labourdine, la maison navarraise témoigne de la plus grande richesse des familles. En Navarre, certains hameaux sont d'une opulence étonnante, tel Urdazubi, au sud d'Ainhoa, avec ses superbes bâtisses de crépi blanc et de grès rose.

▼ *Le village de Garris a conservé d'anciennes maisons navarraises aux pierres apparentes.*

■ L'influence espagnole

En Navarre, dès que l'on quitte les vallées pyrénéennes pour descendre vers le bassin de l'Èbre, les influences castillane au sud et aragonaise à l'est se font sentir. Toujours carrées et massives, les maisons prennent une allure tout espagnole : toit à quatre pentes, tuiles canal aux teintes délavées, murs de pierre blonde ou recouverts de crépi ocre, pavages de galets, lourdes portes de bois clouté, balcons de fer forgé témoignent de l'influence méridionale. Au-dessus des portes, les familles faisaient graver leurs armoiries – ainsi les nombreux écussons des maisons de Zugarramurdi, dans la vallée du Baztán. La région a connu aux XVIIe et XVIIIe s. une richesse très supérieure à celle des provinces du nord, notamment grâce à l'or rapporté des expéditions aux Amériques par de nombreux Basques. On est ainsi étonné de voir l'opulence de certaines demeures, même dans des villages très reculés comme Cirauqui, non loin de Puente la Reina.

Une maison de montagne

En arrivant en Soule, le contraste est total. Plus rien à voir avec le cliché touristique basque. Ici, on aborde un pays de montagne et l'influence est nettement pyrénéenne : la maison souletine ressemble beaucoup à celle du Béarn voisin. Le toit d'ardoises à quatre pans, très pentu et légèrement incurvé, est conçu pour résister à la neige. La pierre grise ou les galets de rivière sont les matériaux de base. La maison n'est plus carrée mais rectangulaire, avec des ouvertures en pierres de taille, peu nombreuses et étroites en raison des intempéries. Les bâtiments agricoles sont nettement séparés. Cette caractéristique des toits pointus et des murs de pierre se retrouve dans les vallées du versant espagnol, à Roncal, Roncevaux ou Valcarlos.

CARTE P. 21

Des symboles et des rites
mobilier, costumes et coutumes

La maison tient une place prépondérante dans la société basque. Aussi est-elle l'objet de toutes les attentions. Les coutumes qui veillent à sa mise en valeur sont nombreuses. Les coquettes façades reflètent fidèlement les aménagements intérieurs et le choix du mobilier.

► *Le* manka, *mi-buffet, mi-coffre, est un exemple des croisements ingénieux utilisés au Pays basque.*

■ Le mobilier

Jusqu'au XVIe s., c'est une partie intégrante de l'architecture de la maison rurale, surtout s'il s'agit d'une habitation modeste. En raison de l'espace restreint, les murs de la pièce unique sont utilisés pour le rangement et le couchage : lits et placards sont fixes et occupent toute la surface disponible. L'intimité du lit est garantie par des portes ou des rideaux qui ferment l'alcôve. Seuls les tables, les bancs et les coffres sont mobiles. Les familles les plus pauvres se contentent du strict minimum et vivent dans une grande promiscuité. Dans les milieux aisés, on possède des meubles plus élaborés, comme les lits, les armoires, les vaisseliers. Très typé, le mobilier basque est largement influencé par le style Louis XIII, massif et carré, le plus souvent en chêne ou en châtaignier. La banquette à haut dossier, ou *züzülü*, placée au coin du feu, est réservée aux parents âgés. Parmi les ornements fixes, les cheminées et leurs plaques ont des motifs similaires à ceux des meubles. De même, le fourneau encastré dans l'embrasure d'une fenêtre est constitué de deux dalles de pierre, l'une verticale, l'autre horizontale, qui peuvent être sculptées et peintes de couleurs contrastées. Enfin, l'armoire-commode ou *manka*, croisement de buffet, de coffre et d'armoire, associe portes, tiroirs et abattant.

■ Motifs et décors

Mais c'est surtout son ornementation à base de thèmes géométriques qui fait toute l'originalité du mobilier basque. Les motifs les plus répandus sont les croix, les rosaces, rosaces tournoyantes, cœurs surmontés d'une croix, étoiles, motifs en éventail, roues et, plus rarement, la pointe de diamant – plus répandue en Béarn. La virgule, plus ou moins arrondie, en frises, bouquets ou croix, est le motif le plus populaire. Elle est à la base de la croix basque, le *lauburu*, emblème du Pays basque que beaucoup ont rapproché de la svastika. On remarque la construction très précise de ces motifs, toujours élaborés sur une base de cercles et de quatre carrés. Les outils de dessin des artisans menuisiers et des tailleurs de pierre étaient le compas et la règle, et l'on peut noter que toutes les formes utilisées déclinent l'ensemble des figures autorisées par ces deux outils. Quelle que soit leur origine, ces motifs sont omniprésents, du bois du berceau jusqu'à la pierre de la tombe, en passant par le coffre de la cuisine et les balustrades des chapelles. On leur prête souvent un rôle protecteur et un sens symbolique, lié notamment à la mort.

■ Vers la dernière demeure

Les rites de la mort et les cimetières font partie intégrante de la vie basque et sont directement liés à l'organisation de la maison. Comme dans toutes les sociétés rurales et isolées, les rapports de voisinage sont très

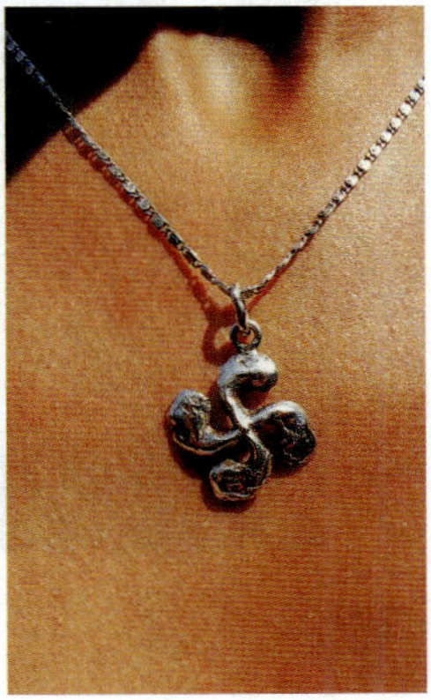

▲ *Parmi différentes interprétations symboliques, la croix basque représenterait le soleil en mouvement.*

Les rites du foyer

En lisant le fuero *de Navarre (sorte de charte réglementant la vie quotidienne), on apprend que chaque maître de maison devait en permanence s'assurer qu'il avait trois tisons dans la maison pour être à même de fournir du feu à tout voisin dans le besoin – le refus de donner du feu était sanctionné par une amende. Nombre d'ethnographes ont vu là des rites issus de l'ancienne religion domestique des premiers Euskadiens. Bien que fortement christianisé, le Pays basque a gardé le souvenir des divinités païennes et autres génies familiers. La sorcellerie y fut largement pratiquée et, au* XVII*e s., des centaines de sorcières furent brûlées lors de procès spectaculaires.*

▼ *Comme sur le mobilier, l'ornementation parfois complexe des stèles est élaborée à partir de rosaces, de croix ou d'étoiles.*

importants. Le voisin le plus proche, ou premier voisin *(auzo)*, est le soutien principal de la famille dès que survient un problème; il a un devoir d'assistance en cas de besoin ou lors d'un décès. C'est lui qui mène les processions funéraires et porte la croix. Ce sont les voisins qui portent le cercueil suivant un chemin réservé, le *hilbidea*, qui relie directement la maison à l'église. Initialement, les morts étaient enterrés dans l'église même, sous des dalles familiales – durant la messe, la famille se tenait sur sa dalle gravée *(jarleku)*, comme pour faire le lien entre les morts et les vivants. Selon la tradition, les femmes du voisinage font brûler de longues bougies, les *ezkua*, qui se consument durant toute la cérémonie, symbolisant la continuité entre la vie et la mort et intercédant pour le défunt. Lorsque la place a manqué dans les églises, les dalles se sont étendues au porche, puis au terrain alentour qui est devenu le cimetière. C'est alors que sont apparues les premières stèles pour marquer l'appartenance d'une tombe à une maison : c'est en effet le nom de la maison qui figure plutôt que celui de la famille. Deux types de stèles caractérisent les cimetières basques : en basse Navarre, les croix tombales sont décorées et peintes en noir et blanc, et, dans la plupart des villages, on peut voir des stèles discoïdales. Si on en trouve ailleurs dans l'ouest de l'Europe (Lauragais, Portugal...), la concentration rencontrée au Pays basque est unique. Les plus anciennes, en général les plus petites, datent du début du XVIe s. Plus elles sont hautes, plus elles sont récentes. Les interprétations divergent quant à leur origine.

■ Le costume

Jusqu'au XVIIe s., les femmes basques portaient de curieuses coiffes à corne dans lesquelles on a vu un symbole phallique – les femmes mariées la portant dressée, tandis que les veuves la rabaissaient... Peu à peu, ces coiffes ont évolué vers un simple turban relevé très haut, puis vers un foulard simplement noué à la paysanne. La tenue traditionnelle des femmes, portée aujourd'hui lors des fêtes, comporte une large jupe rouge, une chemise blanche, un gilet noir avec son fichu coloré et un foulard blanc sur la tête. Les costumes,

souples et pratiques, autorisent une grande liberté de mouvement, requise pour les nombreuses danses.
Les hommes portent un pantalon ou une culotte de couleur blanche ou sombre qui s'arrête sous le genou, une chemise blanche, un gilet sombre avec une large ceinture et un foulard rouges. Les espadrilles, avec leur semelle de chanvre et leur empeigne de toile, ont remplacé les anciennes sandales de cuir au XVIIIe s. Légères et souples, idéales pour le terrain de collines, elles sont retenues à la jambe par des courroies qui se croisent sur le mollet, au-dessus de bas blancs.

■ La gourde et le bâton de berger

La gourde de cuir enduite de poix, la *chahakoa*, sert à emporter du vin. Elle est l'un des emblèmes de la vie pastorale basque. Le *makila* est un bâton de berger sculpté fabriqué en bois de néflier sauvage. Le pommeau vient se visser sur le bâton, dont l'extrémité est équipée d'un aiguillon métallique plombé pour l'équilibrer. Réalisé en métal argenté, voire en argent massif pour les makilas d'apparat, il est finement gravé du nom de l'artisan, de la date de fabrication et de la devise du propriétaire. Également utilisé comme une arme dans les conflits entre bergers ou avec les bandits, le bâton est un objet particulièrement précieux, très personnel, qui peut durer toute une vie. Il symbolise le caractère du berger. Par la suite, il a été adopté par les pèlerins en route vers Compostelle.

▼ *Depuis Oloron-Sainte-Marie, on peut faire une excursion à Nay, où se trouve un musée du Béret.*

Un couvre-chef légendaire

Le plus célèbre des accessoires basques, le béret, n'a fait son apparition que vers le XVIIe s. Initialement répandu en Soule et dans le Béarn voisin, le béret était au départ la coiffe des bergers de montagne. Les deux grands centres de fabrication sont Oloron et Mauléon. À l'origine tricoté à la main avec de la laine sombre ou rouge, on lui donne sa forme en l'arrondissant sur le genou avant de le laver et de le fouler pour le feutrer. Ensuite, on le gratte avec des têtes de chardon et on le rase. Enfin, on coud en son centre une petite queue. Le béret basque est encore très largement porté ; pour les grandes fêtes traditionnelles, on le préfère rouge, couleur dominante du costume basque.

◄ *Plus facile à travailler et d'entretien moins délicat, le coton a peu à peu remplacé le lin dans la fabrication du linge basque.*

La société

Irouléguy p. 155

Le seul vignoble du Pays basque nord produit rouges et rosés.

La Rioja p. 292

De grandes étendues de vignes ponctuées d'abris de vignerons et de murets de pierres sèches.

Bayonne p. 94

Chaque année, pour Pâques, s'y déroule la Foire au jambon.

Saint-Jean-de-Luz p. 122

L'un des ports de pêche les plus importants de France, où s'alignent encore des bateaux traditionnels.

Bermeo p. 338

Un musée de la Pêche rappelle que Bermeo fut le premier port de toute l'Espagne au XVIIe s.

Bilbao p. 342

Véritable « tête de pont » vers les Amériques et l'Europe du Nord.

Anglet p. 110

Le pôle Bayonne-Anglet-Biarritz concentre l'essentiel de l'activité du Pays basque français.

Biarritz p. 111

Bains de mer, thalassothérapie, surf... La ville a toujours su tirer parti de sa situation exceptionnelle.

◄ *Atelier de tissage Ona Tiss à Saint-Palais. Ces grosses bobines de fil sont appelées des ensouples.*

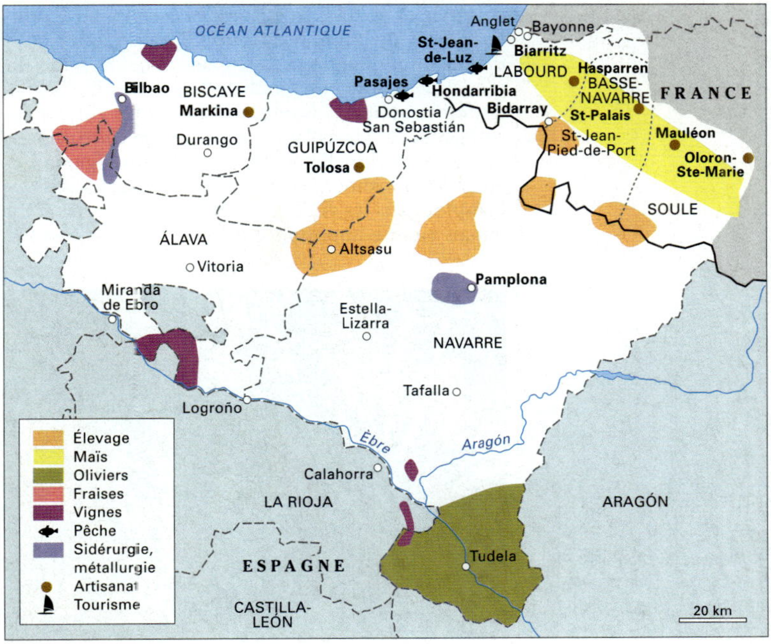

CARTE P. 31

La production agroalimentaire
des cultures variées

À l'exception du littoral qui concentre les deux tiers de la population et presque toutes les richesses économiques, le Pays basque est une région rurale pour 90 % de son territoire, avec, cependant, des différences importantes entre les versants nord et sud de la chaîne pyrénéenne.

■ La spécialisation des cultures

L'urbanisation intensive du littoral a une double conséquence : elle grignote peu à peu les terres agricoles et elle entraîne une demande différente de la part des consommateurs. Autrefois, comme partout dans les zones rurales, la polyculture prévalait, pour des raisons de survie mais aussi en raison de l'absence de débouchés pour une monoproduction. La géographie accidentée impliquait la nécessité de l'autarcie, selon un modèle d'exploitation familiale de petite taille. Depuis quelques années, l'exode massif vers les villes a été compensé par l'installation de jeunes agriculteurs pour des raisons culturelles – retour à l'identité régionale et aux valeurs traditionnelles – et économiques – crise de l'emploi dans les villes. Les cultures n'ont cependant jamais eu une importance majeure dans l'économie

► *Importé d'Amérique du Sud au XVIIe s., le piment est depuis cultivé dans les règles de l'art à Espelette.*

rurale basque en raison du terrain montagneux, de l'omniprésence des forêts et des pâturages. C'est l'élevage qui a toujours dominé.
La production variait autrefois considérablement en fonction des régions. Sur le versant nord humide, le pommier était abondant et alimentait les nombreuses cidreries, tandis que les versants sud, et surtout le bassin de l'Èbre, accueillaient les céréales et l'olivier. Jusqu'au XVIe s., on cultivait toutefois partout quelques céréales de subsistance comme l'orge et le millet, réservant le blé pour payer les impôts. Bien que plus répandue au sud, la vigne était présente dans tout le Pays basque, car le ravitaillement difficile imposait la production du vin sur place. Aujourd'hui, seuls quelques terroirs demeurent. Les plus célèbres sont le vin d'Irouléguy, seul AOC du Pays basque nord, les vins de La Rioja, dont les rouges sont très prisés des amateurs, et le plus confidentiel txakoli de Navarre. Le sud de la Navarre est également une région de production de légumes d'excellente qualité.

■ Une graine exotique

Tout changea avec l'arrivée en Europe de la graine de maïs, importée des Amériques au XVIe s. Alors produit exotique, elle va apporter des changements considérables et améliorer l'alimentation de la population. Le maïs a permis de changer les modes de culture, notamment d'abandonner des jachères peu rentables. En revanche, il a causé une rupture entre les cultivateurs et les éleveurs, en raison des querelles croissantes sur le droit de passage des troupeaux ou l'augmentation des superficies de culture. Ce phénomène s'est surtout imposé au nord, où le maïs est devenu le principal produit de l'agriculture (le département des Pyrénées-Atlantiques tient actuellement le deuxième rang national), notamment pour la production de maïs de semence. Mais la baisse des cours, la concurrence internationale et les débats sur l'introduction de nouvelles espèces mettent gravement en péril l'équilibre de ce type de production. Pour échapper à cette situation, de plus en plus de jeunes agriculteurs se tournent aujourd'hui vers des productions plus sélectives et de qualité, comme le piment aux environs d'Espelette ou de Lodosa, la cerise à Itxassou, les pommes à cidre, les kiwis ou les produits biologiques.

▲ *La culture du maïs a profondément modifié la carte agricole du Pays basque.*

De la tradition à l'industrie

Si l'agriculture s'est orientée vers la monoculture, les industries agroalimentaires ont su garder la richesse du terroir et pérenniser les savoir-faire traditionnels. Ainsi, l'élaboration des vins reste déterminante, surtout dans La Rioja, au sud. Conséquence directe de l'importance de l'élevage, la production industrielle de fromages est devenue une activité prépondérante. Plusieurs grandes laiteries fabriquent des fromages des Pyrénées et des fromages de brebis. On peut citer celle de Larceveau, exploitée par la société Roquefort, celle de la société Chaumes, à Mauléon, ou encore les laiteries Berria, à Macaye.

La charcuterie et la transformation du porc, avec l'IGP (indication géographique protégée) « Jambon de Bayonne », font partie des spécialités. Ici, on s'éloigne de la production semi-traditionnelle pour aborder l'industrie à part entière. Sous cette appellation sont regroupés des jambons préparés à grande échelle sans rapport avec le savoir-faire des charcutiers de campagne, et des jambons de qualité mais que rien ne permet plus de distinguer de la fabrication industrielle. L'objectif est la conquête du marché de la grande distribution, à des prix compétitifs. Les contraintes de fabrication imposent des bêtes élevées dans le Sud-Ouest (très largement hors du pays de Bayonne) et un séchage de quatre mois minimum dans le bassin de l'Adour. Le gavage des canards en vue de la production de foie gras et autres produits du canard gras a également permis la naissance de petites usines agroalimentaires. Enfin, les liens étroits tissés par les Espagnols avec l'Amérique du Sud et l'activité portuaire de la ville de Bayonne à travers l'histoire ont amené une industrie du chocolat encore très dynamique à Bayonne, Donostia ou Tolosa.

► *Les vignobles d'Irouléguy, en basse Navarre, produisent un vin corsé fort apprécié avec la gastronomie locale.*

L'élevage

CARTE P. 31

C'est de loin la première des activités agricoles de la région, devenue l'un des emblèmes de la tradition séculaire, l'une des caractéristiques du massif pyrénéen. Les ovins en constituent la part principale, mais il faut y ajouter la vache et le porc et, dans une moindre mesure, la chèvre.

■ Une longue histoire

Les plus anciennes sociétés basques accordaient déjà un rôle prépondérant à l'élevage. Dans un pays de montagne et de forêt, il a modelé le paysage et conditionné l'évolution de la vie rurale. Son importance croissante a entraîné la déforestation progressive pour laisser la place aux pâturages, à la prairie et à la lande, où ajoncs, bruyères et fougères sont utilisés pour servir de litière aux animaux. Le recul de la forêt a aussi influé sur l'élevage du cheval pottok, qui y trouvait son principal habitat naturel. La transhumance a imposé un aménagement des parcelles cultivées pour laisser un droit de passage, de pacage et de pâture. Toute l'organisation sociale, administrative et politique des vallées, ainsi que les relations entre voisins en ont été affectées. Avec l'irruption de la culture du maïs, les choses ont progressivement changé. Cette nouvelle céréale a permis de nourrir les troupeaux à l'étable, et donc de les augmenter. En revanche, l'accroissement des surfaces cultivables a modifié les droits de passage, ne les autorisant qu'après les récoltes.

▼ *Les fameuses brebis* manech *à tête noire s'adaptent bien au climat de montagne. On les reconnaît à leurs longues cornes en forme d'arabesques.*

■ Vache ou brebis ?

La brebis est la grande vedette de l'agriculture basque. À l'ouest, de la basse Navarre à la Biscaye, on trouve surtout la race *manech* à tête noire. En Soule, on préfère l'*ardi xuri*, une brebis blanche. Autrefois, la viande de mouton et d'agneau représentait une part importante du régime alimentaire ; elle a été peu à peu supplantée par la viande de bœuf, plus appréciée des populations citadines, mais elle est restée populaire du côté espagnol. La production s'est donc orientée vers le lait, utilisé pour les fromages des Pyrénées ou le roquefort, entraînant un déséquilibre des troupeaux en faveur des brebis. La création d'un fromage d'appellation d'origine contrôlée, l'Ossau-Iraty, a permis depuis les années 1980 de trouver à cette production un débouché local.

Sur les versants nord, l'élevage bovin s'est considérablement développé depuis le XIXe s. Outre la viande, il permet d'approvisionner en lait et en beurre les populations des villes. La race privilégiée est la race pyrénéenne, qui s'adapte bien aux conditions de la montagne. Dans les bassins et en plaine, on trouve des races croisées plus diverses.

L'élevage de la chèvre n'est plus guère pratiqué dans les zones montagneuses car elle cause trop de ravages. À l'ouest, en revanche, notamment dans le Guipúzcoa et en Biscaye, il connaît un renouveau important. Dans les zones sèches du sud, à la différence de la vache, la chèvre s'accommode très bien des pâturages semi-désertiques.

Les agriculteurs des vallées se concentrent plutôt sur l'élevage des porcs, qu'ils engraissent à la ferme. En zone forestière, où les jeunes troupeaux sont laissés en semi-liberté, les glands des chênes et les faines des hêtres constituent des aliments de choix qui donnent à l'animal une chair plus savoureuse ; les charcutiers traditionnels en font d'ailleurs de délicieuses spécialités.

■ Être berger

Dans un pays de montagne plus que nulle part ailleurs, le berger vit au rythme des saisons. Si les grandes transhumances ont perdu de l'ampleur en raison du maintien des troupeaux à l'étable, celle de Navarre vers le désert des Bardenas demeure une tradition bien vivace. Très surprenante, la présence des bergers et des troupeaux sur ces terres inhospitalières remonte à plus de mille ans, lorsque les montagnards y reçurent un droit de pacage en remerciement de leur soutien contre les musulmans. Depuis, chaque automne, les bergers de Navarre descendent vers le bassin de l'Èbre pour y passer les mois d'hiver avec leurs troupeaux, principalement des moutons accompagnés de quelques chèvres. Aujourd'hui encore, quelque cent mille bêtes sont concernées. La *cañada real* est le chemin traditionnel, le long duquel les bergers ont construit des cabanes pour faire étape. Il faut compter une semaine pour le trajet, que seules dix mille bêtes font encore à pied (les autres sont transportées par camions). Durant tout l'hiver, jusqu'en mai, les bergers y mènent une existence austère et solitaire, loin de la maison familiale.

▲ *Montagnes et collines constituent les principales zones d'élevage de brebis. Ainsi la vallée des Aldudes, en basse Navarre, accueille de nombreux troupeaux.*

La pêche

CARTE P. 31

Grâce aux nombreux ports qui s'égrènent tout le long de la côte, du Labourd à la Biscaye, la pêche constitue aujourd'hui encore une part importante de l'économie du Pays basque. Mais si les pêcheurs basques conservent leur réputation d'excellence, le temps de la fortune est loin.

◀ *Le port de Saint-Jean-de-Luz permet aux amateurs et aux visiteurs de voir de nombreux bateaux de pêche traditionnels.*

■ La dure vie des baleiniers

Lors de leurs invasions du littoral basque, les Vikings ont apporté leurs techniques de pêche. Alors qu'ils pratiquaient surtout la pêche côtière et la pêche au filet, profitant de la remontée des poissons dans les rivières avant la ponte, les Basques ont appris avec eux l'utilisation du harpon. Ce fut le début de la chasse à la baleine, une activité florissante qui nourrit la population durant des siècles. Outre la viande, on utilisait la graisse pour faire de l'huile et du savon. Le squelette servait à fabriquer des objets, voire des pièces de charpenterie de marine. Jusqu'au XVIIe s., les passages de baleines franches noires étaient fréquents au fond du golfe de Gascogne. Des postes de guet sur les falaises permettaient d'avertir les chasseurs au harpon de la présence des bancs. Les hommes s'embarquaient alors sur les traînières, embarcations légères propulsées par dix rameurs. L'exercice était pénible et dangereux dans une mer agitée par la houle et les déferlantes. Ce type de pêche a fait la réputation des baleiniers basques. La raréfaction de l'espèce les a poussés vers des eaux plus riches et surtout plus lointaines, au Groenland, en Islande et jusqu'à Terre-Neuve. Vaincus par la concurrence acharnée des Anglais et des Hollandais – qui les estimaient tellement qu'ils les embauchaient pour leurs campagnes –, les Basques se sont repliés sur la pêche à la morue, très répandue jusqu'au XIXe s.

Pêcheurs préhistoriques

Les fouilles effectuées sur les sites préhistoriques ont révélé que les premiers hommes pratiquaient déjà la pêche. On a ainsi retrouvé des outils, harpons, lances, hameçons en os et en bois.

■ De rivalité en rivalité

Une autre rivalité maritime va les opposer aux Bretons, qui ont pour eux le bénéfice des nombreuses conserveries. La sardine puis le thon finissent cependant par prendre la relève et Saint-Jean-de-Luz redevient un port très actif, dont les quais grouillent de poissonnières venues chercher leurs produits pour les marchés des environs. Mais cette fois, c'est la rivalité entre Basques français et espagnols qui va détériorer les conditions de travail. Les réglementations européennes, puis la concurrence des poissons des mers du Sud et de la pisciculture provoquent des crises successives qui mènent la profession au bord du gouffre. On a tenté de trouver une solution avec la grande pêche sur les côtes d'Afrique, au large du Sénégal et de la Côte-d'Ivoire, en affrétant pour cela d'énormes bateaux-usines, munis de congélateurs et de tout l'équipement nécessaire à la préparation du poisson en mer. À Saint-Jean-de-Luz, on a encouragé l'apparition d'un véritable pôle de la pêche, avec une école, une fabrique de glace, des plates-formes de négoce et de transformation du poisson. Les pêcheurs ont su s'organiser en coopératives (très courantes dans toutes les branches de l'économie basque) et résister tant bien que mal à la crise générale. Mais, même si la pêche reste l'une des activités emblématiques de la région, le secteur semble connaître un déclin inexorable. En 1950, Saint-Jean-de-Luz, premier port thonier et sardinier de France, était déjà largement dépassé par ses homologues du Pays basque du sud, en Guipúzcoa et en Biscaye. À Pasajes, par exemple, on débarquait près de dix fois plus de thon.

▲ *Arrivée de la pêche à Ciboure.*

■ Une société organisée

Tout comme celui des agriculteurs, le milieu des pêcheurs est régi par des coutumes très précises, intimement liées à la structure de la famille. Les femmes ont un rôle très important, et gèrent l'entreprise familiale lorsque leur mari est en mer. Elles fournissent également la main-d'œuvre pour les entreprises de transformation du poisson, autrefois dans les saloirs, puis dans les conserveries, et désormais dans les industries agroalimentaires. Jadis, elles assuraient aussi la commercialisation du poisson. Cette tâche était surtout assurée par les femmes gitanes que l'on voyait dans les rues avec de lourds paniers d'osier portés sur la tête. Le système de coopérative, très dynamique aujourd'hui, trouve son origine dans les anciennes confréries de pêcheurs. Autrefois, chacune de ces associations caritatives se réclamait de la protection d'un saint patron et se plaçait sous l'autorité du clergé local. Elles organisaient les activités professionnelles mais avaient aussi un rôle de contrôle, de sanction ou de secours en cas de besoin. Devenues laïques, ces associations, les *kofradias*, existent toujours. Si elles ont chacune droit à une fête religieuse annuelle, elles sont devenues de véritables sociétés de gestion, s'occupant du fonctionnement des quais, des chantiers de réparation et de la criée. Celle de Bermeo en Biscaye, par exemple, est toujours en activité depuis 1353 !

■ Espèces et techniques

Aujourd'hui, les pêcheurs exploitent de nombreuses espèces, dont sept représentent plus de 75 % de la production : le thon rouge, le thon blanc, l'anchois, le merlu, le maquereau, le bar et la sole. Pour la pêche au thon – en juin et juillet pour le rouge, d'août à octobre pour le blanc –, on utilise des appâts vivants pour le faire monter en surface. On le pêche ensuite à la canne en accrochant ces mêmes appâts à l'hameçon. Un thon rouge peut mesurer jusqu'à 1,20 m et peser plus de 30 kg. La sardine en hiver et l'anchois au printemps sont capturés à la bolinche (sorte de filet tournant). Le chalut, grand filet traîné par les bateaux, est plutôt utilisé pour les daurades, grondins, soles et merlus… Pour la pêche côtière des merlus, lieus et daurades, on emploie aussi la palangre, une longue ligne à laquelle sont attachées d'autres lignes plus petites et munies d'hameçons.

▼ *Le bateau est rattaché à la maison, symbole et siège de la famille. Ainsi, le chef de famille est plus le « gestionnaire » que le propriétaire du bateau : il engage les matelots, organise l'activité et gère la production du bien commun.*

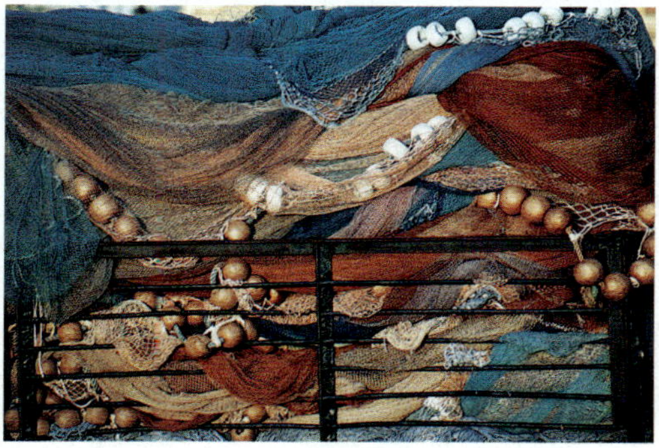

◀ *Filets empilés dans un casier à Hondarribia.*

CARTE P. 31

L'industrie

Le contraste entre l'arrière-pays agricole et le littoral très urbanisé se retrouve dans la répartition des zones industrielles, qui se concentrent pour l'essentiel sur la bande côtière. Nettement plus affirmées du côté espagnol – en Guipúzcoa et surtout en Biscaye –, les industries sont, pour le versant nord des Pyrénées, essentiellement implantées autour de Bayonne.

▼ *Au-delà d'une spécialité locale, le linge basque tient une place importante dans l'artisanat régional ; ici, une boutique à Saint-Jean-de-Luz.*

■ De l'artisanat aux chantiers navals

Dès le Moyen Âge, une petite industrie dérivée de l'artisanat se développe : le travail du cuir, avec les tanneries et les cordonneries, celui de la laine et du lin, et celui du bois avec les sabotiers et les fabricants d'ustensiles, tel le *makila*. Pratiqués dans de petits ateliers, ces savoir-faire vont évoluer vers des industries de qualité, qui ont survécu sous une forme ou sous une autre : espadrille à Mauléon, cuir à Hasparren, bérets, linge de table, textile (la marque Quiksilver à Saint-Jean-de-Luz), bois et ameublement en Guipúzcoa et en Biscaye… Mais la véritable richesse industrielle vient du sous-sol (minerai, charbon). Le fer, surtout, a conditionné le profil économique de la région. À partir du Moyen Âge, la présence du minerai en abondance, des immenses forêts et des rivières de l'arrière-pays a permis l'ouverture de nombreuses forges. Mais au XVIIIe s., la déforestation a peu à peu entraîné leur fermeture. La métallurgie ne meurt pas pour autant. Au XIXe s., les mines de fer de Biscaye assurent 1/10 de la production mondiale et Bilbao est une capitale de la sidérurgie.

La construction navale

À partir du XVe s., la suprématie espagnole sur les mers assure le succès des chantiers navals du Pays basque. Cet atout majeur s'accentuera encore avec la vapeur et les bateaux en fer. La riche Bilbao est le poumon économique de l'Espagne. Après la Première Guerre mondiale, à laquelle l'Espagne n'a pas participé, les chantiers navals se placent au premier rang pour la reconstitution des flottes. Dans les années 1970, la crise aura raison de cette industrie.

■ Entre commerce et contrebande

L'économie basque repose largement sur le commerce. Autrefois réglementé par des chartes, un peu à l'image des accords passés entre les habitants des vallées montagnardes, le cabotage côtier est très actif entre tous les ports des deux côtés de la frontière. Le grand commerce, en revanche, concerne surtout Bayonne, Saint-Jean-de-Luz, San Sebastián et Bilbao. Ces deux dernières sont les

« têtes de pont » vers les Amériques et l'Europe du Nord. Des banques telles la Banco de Bilbao ou la Banco de Vizcaya ont fait de la capitale biscayenne la deuxième place financière d'Espagne. Bayonne souffre évidemment de cette concurrence. En marge du commerce légal, la contrebande constitue une véritable économie parallèle. Les frontaliers y voient un moyen rentable de défier les autorités et de passer outre à la partition arbitraire du Pays basque.

■ Deux pôles et une alliance

Bilbao et Bayonne demeurent les deux grands pôles industriels. La première, malgré la terrible crise de la sidérurgie des années 1970, connaît un renouveau impressionnant, à l'image de celui de l'Espagne. San Sebastián et le Guipúzcoa ne sont pas en reste : les industries y sont plus petites mais très diversifiées, dans la métallurgie et la mécanique, mais aussi dans la papeterie et l'imprimerie. En France, c'est le pôle Bayonne-Anglet-Biarritz (« BAB ») qui concentre le plus gros de l'activité industrielle. Depuis les années 1990, le port de Bayonne s'est fortement développé et diversifié, avec environ 1 200 mouvements de navires par an. Il assure le transit du soufre et du pétrole brut de Lacq (le port est relié au gisement par des pipe-lines), mais aussi du maïs, du bois, des engrais et des produits chimiques. Il est devenu la plate-forme européenne de distribution des véhicules Ford et General Motors fabriqués en Espagne et au Portugal. Une ligne de ferries vers la Grande-Bretagne augmente encore les débouchés. La région prévoit en outre de relever le défi du ferroutage pour soulager l'intense trafic des camions et assurer le transport des marchandises entre la France et l'Espagne. En 1995, une aciérie ultramoderne s'est délocalisée du Guipúzcoa vers les berges de l'Adour. À Anglet, l'unité de Dassault Aviation emploie plus de 1 200 salariés ; enfin, la technopole Izarbel se positionne sur l'électronique et l'informatique.

■ Par-delà la frontière

La communauté d'identité et d'intérêt économique a conduit les collectivités locales de part et d'autre de la frontière à s'unir dans des sortes de syndicats de communes transfrontaliers. Ainsi, depuis 1993, l'Eurocité basque est une tentative originale et inédite de réunir le pôle urbain côtier, qui relie sur près de 100 km Bayonne et San Sebastián. Des fonds communs sont gérés par une instance binationale pour améliorer les infrastructures et favoriser le développement économique d'un ensemble de 600 000 habitants. Plus récemment, le Consorcio transfrontalier Bidassoa-Txingudi a réuni dans un projet similaire les villes d'Irún, Hondarribia et Hendaye, avec la création d'un parc international d'expositions et des opérations de formation des jeunes.

Une ville renaissante

La fin du protectionnisme de la période Franco a obligé Bilbao à reconvertir son industrie dans la pétrochimie et les technologies de pointe. La création du musée Guggenheim, outre le pari culturel qu'elle implique, a permis de créer plus de 3 800 emplois et de placer la ville sur la carte touristique. Alors qu'au pire de la crise, tout condamnait cette vieille cité ouvrière, elle est sortie de l'impasse, investissant dans un aéroport, un port réaménagé et des infrastructures ultramodernes. Le taux de chômage qui frisait les 30 % a rejoint celui, moyen, de l'Espagne. Enfin, la fusion de la Banco de Bilbao et de la Banco de Vizcaya a donné naissance à l'une des premières banques européennes.

CARTE P. 31

Avec le renouveau spectaculaire du pèlerinage de Compostelle, des visiteurs d'un genre nouveau empruntent les anciens chemins de Saint-Jacques. Plus festifs, les amateurs de tradition et de folklore apprécient les nombreuses fêtes, comme la célèbre Saint-Firmin à Pampelune, les carnavals ou les pittoresques championnats de force basque.

Le tourisme

Lancée au XIXe siècle, la mode des bains de mer a amené une nouvelle clientèle au Pays basque, qui est venue s'ajouter à celle des stations thermales des Pyrénées. C'est aujourd'hui l'une des richesses de la région, surtout au nord, où elle représente 20 % du PIB. Au sud, le poids de l'industrie maintient la proportion à un petit 4 %, mais l'essor de Bilbao et le renouveau du pèlerinage de Compostelle annoncent une évolution favorable.

■ Villégiature impériale

▲ *En 1854, Napoléon III et son épouse installent leurs quartiers d'été à Biarritz et y font bâtir l'imposante villa Eugénie. L'actuel hôtel du Palais fut édifié à son emplacement à la suite d'un incendie en 1903.*

Dès le début du XIXe s., la côte basque attire les pionniers du tourisme. Certains sont célèbres, comme Hortense de Beauharnais ou Victor Hugo, mais c'est l'arrivée du chemin de fer à Bayonne, en 1855, qui ouvre la voie aux riches citadins, de plus en plus nombreux à découvrir les bienfaits de la mer, à 12 h de trajet de Paris. Dans cette région frappée par la fermeture des forges et le déclin du grand commerce, c'est une nouvelle manne économique. Hôtels, palais, splendides villas, casinos se construisent à mesure qu'arrivent les familles fortunées de toute l'Europe. Les séjours d'Eugénie de Montijo, future épouse de Napoléon III, contribuent à la renommée de la ville. En 1893 sont créés les premiers Thermes salins, qui vont indirectement bénéficier de la réputation thermale des Pyrénées toutes proches. Cambo-les-Bains accueille les poitrinaires, mais aussi les têtes couronnées qui y viennent en excursion – le couple impérial français, le roi Édouard VII d'Angleterre –, et des artistes comme le compositeur espagnol Albeñiz ou l'écrivain Edmond Rostand. Dans les années 1920, le Tout-Paris se donne rendez-vous à Biarritz. Tous les grands couturiers s'y disputent la vedette, Jean Patou, Coco Chanel, Paul Poiret... L'architecture des villas est à l'image de ces visiteurs, exubérante et folle. La clientèle anglaise, déjà importante avant la guerre, devient prédominante.

■ Les bienfaits de l'eau

Deux facteurs ont participé au renouveau touristique de la côte basque du nord. La thalassothérapie, très prisée des citadins stressés, est depuis les années 1980 un phénomène de mode. En 1979, le champion de

Maison de l'Aquitaine : 21, rue des Pyramides, 75001 Paris. ☏ 01 55 35 31 42. http://maison.aquitaine.fr
Pariseko Eskual Etxea : 59, avenue Gabriel-Péri, 93400 Saint-Ouen. ☏ 01 40 10 11 11. www.eskualetxea.com

cyclisme Louison Bobet, qui connaît déjà le succès en Bretagne, crée un institut de thalassothérapie à Biarritz. La qualité des vagues le long de la côte attire également une clientèle de sportifs. Un centre d'entraînement pour surfeurs de haut niveau, le Pôle France de la fédération française, est créé. Un projet de Cité du Surf et de l'Océan est à l'étude, pour familiariser le public avec la mer et ses milieux, avec le surf et sa culture.

■ Les riches Espagnols

De l'autre côté de la frontière, si le phare économique de Bilbao sait désormais attirer les touristes avec son musée Guggenheim, la belle des vacanciers reste San Sebastián (Donostia en basque), ville élégante et raffinée bordant une baie superbe. Sa vocation touristique remonte au XIVe s., lorsque les souverains espagnols commencèrent à la fréquenter. Au XIXe s., le patronage de la reine d'Espagne relance la station qui rivalise d'élégance avec Biarritz. La grande bourgeoisie madrilène vient y chercher la fraîcheur de l'Atlantique et la proximité de la ville française où se retrouve le gotha européen. Aujourd'hui, le charme de la vieille ville et de ses églises baroques, de sa *plaza de toros* et de ses innombrables bars à tapas opère toujours, attirant une clientèle très cosmopolite.

■ Tourisme nature

L'attrait de la région tient essentiellement à la qualité de ses traditions, de ses fêtes et de son cadre naturel. C'est le prétexte à un autre tourisme que celui du littoral, misant sur la douceur de vivre, la gastronomie et la découverte de la nature. La pêche et la chasse sont des activités ancestrales désormais relayées par la randonnée, le VTT, l'escalade, le rafting ou le kayak. Les amoureux de la nature viennent y observer les oiseaux migrateurs de passage vers l'Afrique ou les rapaces nichant au flanc des hautes falaises. Côté espagnol, une politique de préservation des espaces naturels est à l'origine de la création de parcs naturels encore à l'écart des grandes invasions touristiques. Les gastronomes y suivent les routes du fromage, y goûtent la charcuterie traditionnelle, les piments ou les cerises.

La Glissicon Valley

C'est sous cette appellation évocatrice que se fait peu à peu connaître le bassin de l'Adour, aux abords de Bayonne et Biarritz. On évalue à trois mille les emplois liés à la glisse et à sa culture. Du textile aux réalisations nettement plus techniques, les produits « sports de glisse » ont le vent en poupe, grâce au succès qu'ils remportent auprès des jeunes. Un DESS « ingénierie projets et produits sports de glisse » a même été ouvert à l'ESTIA (École supérieure des technologies industrielles avancées), à Bidart.

◄ *Biarritz accueille plusieurs compétitions durant l'année, le « clou » étant le Biarritz Surf Festival, début juillet.*

▼ *Le Pays basque attire de nombreux vacanciers épris de nature et de sports à sensations comme le canoë.*

BERET
NIEBLA
Imperméable
PURE LAINE

L'identité

Pampelune p. 218
À la Saint-Firmin, la capitale de la Navarre est en fête.

Espelette p. 138
Les célébrissimes piments sont séchés en guirlandes sur les maisons puis réduits en poudre avant d'être utilisés en cuisine.

Saint-Jean-de-Luz p. 122
Le marché qui s'y tient plusieurs fois par semaine est l'un des plus beaux de la région.

Ituren p. 197
Beau village aux maisons anciennes et au carnaval typique.

Hélette p. 165
Tout le village revêt de fabuleux costumes pour la procession de la Fête-Dieu.

Altsasu p. 249
L'un des carnavals les plus animés et colorés du Pays basque.

Saint-Palais p. 166
L'étonnant Festival de force basque s'y tient tous les ans au mois d'août.

Bayonne p. 94
Les fêtes de Bayonne animent la ville début août et s'achèvent par un corso lumineux.

Biarritz p. 111
Une ville mythique qui évoque à la fois la Belle Époque et le surf…

◄ *Les fabricants de bérets se distinguent aussi par le soin accordé à leur étiquette, véritable signature.*

CARTE P. 45

La langue et la littérature
l'expression d'un peuple

La réalité du Pays basque repose sur une langue commune, l'euskara. D'ailleurs, en basque, un Basque est « celui qui parle la langue » plutôt qu'un habitant d'une zone géographique précise. Malgré un renouveau certain, le basque subit un déclin progressif.

► *L'euskara demeure une langue très parlée, et la meilleure façon d'exprimer ses passions.*

■ Une origine mystérieuse

Les plus folles suppositions entourent l'origine de la langue basque. C'est la plus ancienne langue vivante en Europe de l'Ouest; on la parle depuis la fin du Quaternaire, mais elle ne ressemble à aucune autre langue connue. On a évoqué une parenté avec les langues indo-européennes et le sanskrit, avec les Celtes qui ont laissé des traces de leur passage et les Ibères qui étaient les proches voisins. On y a vu un cousinage avec les langues d'Afrique du Nord, comme le berbère, voire avec les langues caucasiennes. Certains linguistes ont suggéré un rapprochement avec des langues aussi variées que le finnois ou l'estonien. Ce qui ressort en tout cas est la grande mobilité des peuplades de la protohistoire et les multiples échanges culturels entre l'Europe de l'Ouest, l'Afrique, l'Asie et le Caucase. La parenté avec les langues caucasiennes, comme le géorgien, est cependant la plus troublante. On y trouve des ressemblances de mots, mais surtout une similarité dans la construction des phrases et la conjugaison des verbes. Parmi les coïncidences étonnantes, qui évoquent des échanges avec ces contrées lointaines, on remarque que les anciens nommaient Ibérie le territoire du Caucase correspondant à l'actuelle Géorgie.

Pour une approche du peuple basque et de sa civilisation, on pourra lire *Les Basques* de Jacques Allières (PUF, Que sais-je n° 1668). Cet universitaire récemment disparu a beaucoup œuvré pour l'enseignement de l'euskara. Son ouvrage, publié la première fois en 1977, reste une référence.

■ Une structure complexe

Si l'on voulait traduire mot à mot une phrase basque, elle n'aurait aucun sens en français tant la construction en est différente. La syntaxe de l'euskara est très originale. Les mots (nom, pronom, adjectif et infinitif) se déclinent tous : leur terminaison varie en fonction de leur rôle dans la phrase. Ils peuvent aussi additionner plusieurs terminaisons successives et atteindre des longueurs impressionnantes, mais qui affinent beaucoup leur sens. Selon qu'un mot est sujet, complément d'objet ou destinataire, il aura une forme différente. Il y a un singulier, un pluriel, un indéfini, mais ni masculin ni féminin pour les noms ; le genre est donné par le verbe, qui se conjugue différemment selon que le sujet est masculin ou féminin.

Ainsi, le mot homme, *gizon*, s'écrit *gizona* s'il est objet (comme dans : j'ai vu un homme), *gizonak* s'il est sujet du verbe (comme dans : l'homme a vu), *gizonari* s'il est destinataire (comme dans : envoyer à l'homme), *gizonarekin* pour l'accompagnement (avec l'homme), etc. La forme même du mot donne une indication et une grande souplesse puisque les prépositions ne sont pas nécessaires. Ainsi, des compositions plus complexes resteront très simples tout en donnant des précisions, comme *etxerako bidea* (le chemin qui permet d'aller à la maison) ou *etxetikako bidea* (le chemin qui permet de venir depuis la maison). Le participe indique le temps et l'auxiliaire renseigne sur le sujet, l'objet ou le destinataire. L'ordre de la phrase est très différent des autres langues d'Europe. L'adjectif suit le nom, le complément précède le sujet et le verbe termine la phrase. À titre d'exemple, « l'homme de la maison a pris le grand pain » se dit *etxeko gizonak ogi handia hartu du* (mot à mot : maison de la homme le pain grand le pris a).

■ Le basque à l'école

Le basque est une langue vivante, parlée plus ou moins couramment par plus de 750 000 personnes dans les provinces espagnoles et 40 000 (plus de 20 %) des Basques français. La pratique et l'enseignement sont vécus de façon différente au nord et au sud de la frontière. Dans la Communauté autonome basque (Euskadi), elle est la langue officielle au même titre que le castillan. Il en est de même dans une partie de la Navarre, le nord-ouest et autour de Pampelune. Au sud, 99 % des enfants sont scolarisés dans des écoles basques et de très nombreux médias officient dans cette langue, qui bénéficie d'une véritable politique de remise à l'honneur, avec d'importants moyens financiers à la clé. En France, en revanche, le basque est considéré comme une langue régionale minoritaire. Le Conseil constitutionnel a refusé la ratification de la charte européenne des langues minoritaires et moins de 20 % des

L'étude des groupes sanguins révèle une autre originalité basque : on note une très grande fréquence du groupe O, peu de groupe A et pratiquement pas de B ; les Basques ont également la fréquence la plus élevée au monde de rhésus négatif. Ces caractéristiques se retrouvent curieusement, entre autres, chez les Berbères et les Caucasiens.

Les langues basques

Il existe un certain nombre de dialectes, qui correspondent à peu près aux anciennes provinces. Le guipúzcoan est celui qu'utilisaient les littéraires du côté espagnol. En France, ils écrivaient plutôt en bas navarrais ou en labourdin. Le souletin est influencé par le gascon, tandis que le biscayen présente assez de différences pour être souvent traité à part par les linguistes. Aujourd'hui, on a élaboré une langue unifiée, appelée euskara batua *(basque unifié), à mi-chemin entre labourdin et guipúzcoan. C'est celle qui est utilisée dans l'administration, les médias, la littérature et l'éducation.*

▲ *L'ancien corps de garde de Saint-Jean-Pied-de-Port.*

Au XVIIe s. déjà, nombre d'ouvrages linguistiques ou grammaticaux soulignent l'attachement des Basques à leur langue.

enfants vont dans des écoles basques. L'enseignement repose donc largement sur les structures associatives et la mobilisation des parents, de plus en plus conscients de la nécessité de sauvegarder ce patrimoine. Le mouvement des écoles basques – les *ikastolak* – fut lancé voici un peu plus d'un quart de siècle, dans des conditions précaires, par Claire Noblia.

Aujourd'hui, il s'agit d'un mouvement de fond, reconnu officiellement et soutenu par le gouvernement depuis 1989. Chaque agglomération a son *ikastola*. À la maternelle, l'enseignement est dispensé en basque, et le français est introduit peu à peu en primaire ; dans l'enseignement public comme dans l'enseignement privé catholique, on propose l'enseignement bilingue. Enfin, certains établissements proposent d'apprendre l'euskara sous la forme d'un cours hebdomadaire. Mais malgré ces différentes formules, on peine à atteindre les 25 % des enfants scolarisés. Au niveau du secondaire, l'offre est encore plus restreinte : on décompte trois collèges (Ciboure, Cambo-les-Bains et Saint-Just-Ibarre) et une section de type *ikastola* au lycée Benat Etchepare de Bayonne. Enfin, l'université de cette ville propose un cursus allant jusqu'au niveau du Capes.

■ Aux origines de la littérature

Le basque n'apparaît dans les textes qu'assez tard, vers le IXe s. Dans un premier temps, l'écriture étant l'apanage des hommes d'Église, la langue basque est donc surtout utilisée dans les textes sacrés et les proverbes à destination d'un public populaire, mais cède le pas au latin ou au castillan pour les textes érudits. La littérature populaire est relativement peu importante durant plusieurs siècles, car les contes et légendes sont plus volontiers transmis oralement. Ils marient des mythes très anciens et des emprunts au christianisme, et les histoires de sorcières y tiennent une place importante. Très populaires aussi, les pastorales sont des pièces de théâtre en vers rimés, jouées en plein air, typiques de la Soule. Les épopées médiévales, telle la *Chanson de Berterretx* ou la *Chanson de la rencontre d'Urréjola*, racontent les hauts faits et les conflits de la société de l'époque. En règle générale, les écrits en basque, qu'ils soient religieux ou profanes, témoignent toujours de la fierté des auteurs à l'égard de leur langue et de leur culture. Ainsi, au XVIe s., le poète Bernard Dechepare exprime ce sentiment dans ses vers écrits en bas navarrais. Les premières traductions de la Bible en basque se font en 1571. À la même époque, Esteban de Garibay produit un recueil de proverbes biscayens. Le siècle suivant voit l'émergence d'une littérature plus personnelle. On reste dans des écrits à visée morale, on conserve l'orgueil de la langue basque, mais on découvre un style élégant, passionnant pour les linguistes. Ainsi Axular, qui écrit en labourdin et dont le livre *Guero* est considéré comme l'un des monuments de la littérature basque, Etcheberri et ses poésies religieuses, Oihenart et son recueil de proverbes et de poèmes ou encore le poète Gasteluzar.

■ Vers la modernité

À partir du XVIIIe s., quand on se satisfait souvent de traduire au nord, la véritable création littéraire arrive à maturité au sud, en Guipúzcoa et en Biscaye. Parmi les personnalités marquantes, on compte Larramendi, Mendiburu, Lizarraga ou le dramaturge Barrutia, qui ne se contentent pas d'écrire en basque mais fournissent aussi de nombreux manuels de grammaire, de rhétorique ou des dictionnaires. Parmi les incontournables de ce siècle, Juan Antonio Moguel y Urquiza, sorte de « Jean-Jacques Rousseau du Pays basque », nous a laissé avec *Peru Abarca* un « mythe du bon sauvage » accommodé à la sauce biscayenne.

Au XIXe s., les cultures régionales sont très en vogue en France ; ce phénomène est accentué par la passion que voue Louis-Lucien Bonaparte (neveu de Napoléon) à la langue et à la littérature basques. Il encourage les efforts de traduction et la mise en valeur des écrivains bascophones. C'est le temps des poètes romantiques, Hiribarren, Iparraguirre (auteur de l'hymne *L'Arbre de Gernica*), Vilinch, Elissamburu ou des dramaturges modernes, Soroa et Alzaga, qui posent les bases de la création du siècle suivant.

Le XXe s. voit l'affirmation de l'identité basque qui va accompagner les mouvements politiques nationalistes. L'Académie de la langue basque est fondée en 1919 ; à partir de 1940, on s'attache à définir une langue littéraire élaborée, puis arrive le basque unifié dans les années 1960-1970. Les parutions en euskara sont de plus en plus nombreuses, des *Légendes du Pays basque* de Jean Barbier aux poèmes de José María de Aguirre, Nicolás de Ormaechea ou Mikel Lasa. Jon Mirande ou Gabriel Aresti ont également laissé une marque forte.

En 1989, l'écrivain Bernardo Atxaga a obtenu le prix national des Lettres pour son recueil de nouvelles *Obabakoak*. Plusieurs de ses livres ont été traduits en français chez Christian Bourgois.

◄ *Régulièrement, murs et palissades se font les porte-parole des mouvements indépendantistes. Le slogan que l'on peut lire ici signifie : « Le pays doit vivre. »*

CARTE P. 45

Musique, chants et danses

Les chants, la musique et les danses sont parmi les traditions les plus vivantes et les plus pittoresques. Partie intégrante du patrimoine, loin d'être des spectacles à seule destination des touristes, ils perdurent dans toutes les fêtes. Le chant choral, notamment, très populaire, prend toute sa signification lors des grandes fêtes religieuses.

De façon fort originale, le *txistulari* est un musicien qui joue en même temps du *soinu* et du *txistu*, en tenant celui-ci dans la main gauche.

■ Instruments et mélodie

À la base de tout le répertoire musical basque, on trouve deux instruments : le *txistu*, flûte en bois à trois trous de taille variable, et le *soinu*, sorte de tambourin fait d'une caisse de bois allongée de forme trapézoïdale percée de deux trous et équipée de six cordes. Le musicien le porte en bandoulière, appuyé sur l'épaule gauche et le frappe de la main droite avec une petite baguette. Le *soinu* peut être remplacé par un petit tambour joué en double avec la flûte. La *gaïta* est un autre instrument à vent, qui ressemble à un hautbois et produit un son qui rappelle la flûte arabe. Enfin, le *trikitixa* est une sorte d'accordéon diatonique. Martelés par les tambours sur des mesures à cinq temps, les rythmes musicaux sont d'un genre plutôt endiablé et se prêtent à la danse. À l'opposé, la musique chantée, même profane, suit un rythme caractéristique, toujours très lent et régulier.

▲ *Les Basques sont dans leur grande majorité très attachés à leurs traditions et à leur culture.*

■ Les chants

La tradition du chant basque remonte au début de l'histoire du pays. Les chants anciens se partagent en deux genres. Les poèmes épiques chantés ressemblent à d'interminables complaintes; ils sont exécutés par un ou plusieurs chanteurs, qui se succèdent et racontent de véritables histoires, basées sur les épisodes de la vie quotidienne ou politique. On les chante à chaque occasion festive, lors des banquets, des mariages ou des fêtes. Le chant choral, sans doute le plus émouvant, est le privilège des hommes. Héritage des anciens chants liturgiques, on peut l'écouter lors des messes en basque ou des fêtes religieuses. Les chorales profanes sont nombreuses et comptent de huit à quatre-vingts hommes. Si les paroles peuvent être humoristiques, la musique et le rythme sont ceux de la mélopée, héritage des chants sacrés. Enfin, il faut souligner que la musique est loin

de rester figée dans le passé. Même si une collecte du patrimoine chanté est organisée pour en sauvegarder l'originalité, la jeune génération n'hésite plus à se lancer dans une démarche créative de qualité. À côté d'artistes qui s'inspirent du folk, comme Oskorri, nombre de chanteurs à thème utilisent la langue basque pour exprimer leur attachement à leur héritage, leur pays et leur engagement politique (Beñat Achiary, Amaia Zubira, Benito Lertxundi...). De même, le rock a trouvé un terrain d'élection dans les sonorités mêmes de la langue. Les groupes et les manifestations sont nombreux et souvent de qualité, avec cependant plus de dynamisme du côté espagnol

■ Les danses

Très spectaculaires, les sauts sont à la base des danses basques. Ils sont exécutés par les hommes en début de fête, les bras ballants et le corps très droit. Seules les jambes bougent avec une grande agilité suivant une vingtaine de figures différentes. Chaque village a sa propre variation et chaque province possède ses danses spécifiques, d'où un impressionnant répertoire. En Guipúzcoa, par exemple, on pratique pas moins de trente-six danses différentes ! Les fêtes et festivals sont autant d'occasions de danser des figures liées aux métiers ou aux saisons, sans compter les danses des diverses catégories sociales (les maîtresses de maison, les jeunes garçons, les cordonniers...) ou utilisant des accessoires (la danse de la chaise ou des épées), ou encore mobilisant une seule partie du corps (la danse des mains ou même celle du derrière !). Variés et de couleurs chatoyantes, les costumes ajoutent encore à la diversité.

Traditionnellement, une fête commence par la danse des hommes. Ainsi, l'*aurresku*, danse très solennelle, ouvre souvent les fêtes religieuses. Un grand nombre de danses sont exécutées en cercle : un premier groupe, au centre, interprète des figures tandis qu'une seconde ronde d'hommes et de femmes danse autour d'eux en se tenant par la main. Une autre catégorie concerne plutôt les cavalcades, le carnaval et les processions religieuses. Enfin, on trouve les danses de combat, qui miment les affrontements avec l'ennemi : ce sont celles qui utilisent les bâtons, les épées ou les poignards.

▲ *La fête du piment d'Espelette est l'occasion de chants et de danses traditionnels.*

◄ *À Bayonne, la foire au jambon s'accompagne de bandas.*

Duel d'improvisation

À mi-chemin entre le chant et la littérature, les bertsolari *sont des poésies chantées par des improvisateurs, le plus souvent en duo. Le cadre est fixe et contraignant (mélodie, nombre de vers...) et l'échange prend la forme d'une joute chantée où les participants font assaut de rimes et d'adresse à manier les mots, un peu à la manière des troubadours d'autrefois. Le* XVIII*e s. fut l'âge d'or de ce type de chant typiquement basque, qui reste aujourd'hui l'objet de fréquents concours.*

Souvent associé au Pays basque, le *fandango* mis à la mode par Luis Mariano est en fait une danse d'origine espagnole, qui n'a pas grand-chose à voir avec la tradition ancestrale.

Le premier dimanche de mai, *Dantzari Eguna* (le jour du danseur) réunit plus de trois mille danseurs de tout le Pays basque. Il a lieu dans chacune des provinces à tour de rôle.

CARTE P. 45

Fêtes et festivals

Trois facteurs sont à l'origine des très nombreuses fêtes basques : une vie longtemps essentiellement rurale, un catholicisme fervent mâtiné de mythes et de rites ancestraux, et le renouveau culturel encouragé par une forte fréquentation touristique. Tout au long de l'année, les occasions se multiplient, celles des fêtes sacrées, des moments forts de la vie agricole et des grands festivals d'été.

■ Mascarades délirantes

Dès le mois de janvier, l'année débute avec les carnavals. La Soule se distingue par de nombreuses mascarades organisées dans différents villages. Les participants donnent une première représentation le premier dimanche de janvier. Particulièrement élaboré, le spectacle n'est jamais organisé deux années de suite par un même village. À l'origine, les participants étaient des hommes célibataires, qui se partageaient en deux groupes de danseurs, les rouges et les noirs, à l'image de l'opposition entre les bons et les méchants. La mascarade se présente d'abord à l'entrée du village, empêchée par une barricade. Dans le premier groupe, les danseurs doivent faire preuve de leur talent dans de multiples figures pour qu'on lève ce premier obstacle. Différents rôles sont attribués aux participants – celui du berger, du *gatüzain* avec sa grande paire de cisailles, du *zamalzaïn*, qui caracole en costume de cheval, de la femme de mauvaise vie… En face, le second groupe, celui des noirs, rassemble un mélange hétéroclite et bigarré de personnages costumés et baragouinant, figurant les étrangers, les bohémiens… Leurs contorsions sont un mariage de danses désordonnées et de farces plus ou moins grossières, suivant la meilleure coutume carnavalesque. Ensuite, une gigantesque farandole réunit tout le monde avant la seconde partie de la fête, où l'on se livre à plus de démonstrations de danses, de jeux et de farces, en général sur la place du fronton de pelote. Le tout est copieusement arrosé et se termine par un grand bal pour toute la population des alentours. Enfin, les « mascaradeurs » repartent du village au milieu d'un nouvel assaut de danses. La saison des mascarades s'achève le premier jeudi de Carême avec un grand rassemblement de toutes les équipes à Tardets, capitale de la haute Soule.

▲ *À Pampelune, le 6 juillet est le coup d'envoi d'une semaine complètement folle durant laquelle on s'applique à faire le plus de bruit possible, au son des tambours et des cuivres, en dansant, chantant et buvant…*

En basse Navarre, la cavalcade est un peu l'équivalent de la mascarade souletine, mais elle n'est pas liée au carnaval. En général vers la fin août, des groupes de danseurs, des sapeurs et d'élégants cavaliers défilent dans certains villages, autour de Saint-Jean-Pied-de-Port.

La folie du carnaval

Partout dans les campagnes, la période du carnaval est l'occasion de défilés étranges et colorés, manifestement inspirés par des rites païens. En héritage des anciennes chasses aux sorcières, on brûle parfois leur représentation au lieu de celle du roi Carnaval. À Ciboure, une « nuit de la sorcière » précède le carnaval, fin janvier (les sorcières sont très présentes dans le Pays basque, témoin, la fête des sorcières de Zugarramurdi, fin juin). La période s'étend de la Chandeleur au début du Carême (parfois jusqu'à Pâques pour les besoins du tourisme !). En Labourd, le carnaval d'Ustaritz est resté fidèle aux anciennes traditions. Le défilé y compte les *kaskarrots*, danseurs tout de blanc vêtus avec la traditionnelle ceinture rouge et le béret, et les *pompierrak*, exubérants personnages en culottes courtes à clochettes et rubans, contrastant les uns avec les autres comme le bien et le mal. Au milieu, le *kotilun-gorri* est habillé tout en rouge et reste masqué, portant aussi des grelots et des rubans. Mais les carnavals les plus spectaculaires et les plus authentiques sont ceux de Navarre. À Lantz, le spectacle est assuré par les *ziripot* : de jeunes hommes vêtus de sacs bourrés de paille sont transformés en créatures grotesques et difformes symbolisant les méchants, que l'on peut maltraiter à souhait. La fête est patronnée par un géant rouge et enrubanné que l'on tue et que l'on brûle au soir de la fête. Altsasu se distingue par ses *momotxorroak*, des hommes-vaches affublés de coiffes à cornes, vêtus de peaux et aspergés de sang, qui s'ingénient à effrayer les assistants. Zubieta et Ituren sont le fief des *yoaldunak*, les hommes-cloches. Annoncés par le bruit des grelots qu'ils suspendent à leur costume, ils sont censés chasser les mauvais esprits. Dans les deux villages, on multiplie les sorcières, les fous grimés et les exhibitions plus ou moins scatologiques, pour le plus grand plaisir des villageois et des nombreux touristes.

▲ À Espelette, lors de la fête du piment, ce petit fruit s'invite à la messe et trône au milieu des défilés des confréries.

◄ La fête de la Saint-Jean est à Saint-Jean-de-Luz l'occasion de nombreuses festivités : « toro de fuego », bal populaire, bataille de confettis…

■ Les fêtes religieuses

Elles sont célébrées le jour du saint patron ou lors des grandes fêtes annuelles, comme la Fête-Dieu. Le 20 janvier, la ville de Donostia (San Sebastián) fête son saint patron par la *tamborrada*, un gigantesque défilé dans les rues, au son des tambours. Curieusement pour une fête patronale, elle est prétexte à un festival du vacarme et du bien-manger où toutes les confréries gastronomiques se retrouvent pour faire assaut de dégustations et de ripailles. À Irún, c'est la Saint-Martial que l'on célèbre le 30 juin, dans un étonnant cocktail de fougue militaire et de piété populaire. Un défilé militaire gigantesque (plus de cinquante mille soldats) et désordonné se rend en procession à l'église, puis à l'ermitage du saint, tout en tirant des coups de fusil en l'air. Après la messe, la compagnie organise un joyeux pique-nique suivi de danses et de festivités. Dans une ambiance un peu machiste, ces parades pseudo-militaires sont un hommage aux exploits passés des milices basques.

▲ *À Ituren, le carnaval s'organise autour de l'exhibition de l'ours, un homme recouvert de peaux de bête et affublé de cornes. Ce personnage a la réputation de foncer sur les filles avec fougue dès qu'il sort de son sommeil hivernal – emblème évident des rites de la fécondité.*

La plus célèbre des fêtes patronales est sans conteste la Saint-Firmin de Pampelune. Spectacles, concerts basques, défilés se succèdent dans toute la ville. Une corrida a lieu chaque jour, le « clou » restant le lâcher de taureaux dans les rues, suivant un parcours marqué jusqu'à l'arène. Le défi consiste à attirer l'attention des bêtes affolées en courant devant elles, au risque de se faire encorner ou piétiner. L'atmosphère est électrique et l'excitation populaire totalement indescriptible. Le saint patron n'est pas oublié et la statue de Firmin est portée en procession dans la ville, parenthèse de ferveur chrétienne pour le moins surprenante au milieu de toute cette effervescence païenne.

Quinze jours après la Pentecôte, les plus belles Fête-Dieu ont lieu aux Aldudes, à Bidarray, Ciboure, Mendionde, Iholdy, Hélette ou Oñati. Là encore, le mélange entre la procession quasi militaire, les danses et les rites religieux est étonnant. Des groupes de danseurs entrent dans l'église et y exécutent leurs figures au son des instruments de musique et des clochettes. Durant le défilé, les sapeurs les accompagnent, impressionnants avec leurs hauts bonnets de poil rappelant les armées napoléoniennes.

Pour clôturer l'année, les fêtes de Noël sont, elles aussi, teintées de l'ancien paganisme. En Labourd, elles sont

Moment fort de l'année liturgique, la Pentecôte est l'occasion de multiples processions dans toutes les provinces.
Par exemple, des pénitents cagoulés de noir montent de la vallée en pèlerinage jusqu'à Notre-Dame-de-Roncevaux, où le culte de la Vierge est étrangement mélangé à des rites plus anciens autour de la figure du cerf et de la fontaine miraculeuse.

animées par le bonhomme Olentzaro, personnage bourru qui descend par la cheminée. Maquillé de noir, tel un charbonnier, il défile dans les villages, accompagné de son âne et suivi d'une procession aux flambeaux. Il symboliserait une ancienne légende basque selon laquelle un personnage étrange serait descendu de la montagne pour annoncer l'arrivée de Jésus. La coutume de la bûche, que l'on fait brûler dans la cheminée et que l'on conserve à demi-consumée pour protéger la maison, perdure encore aujourd'hui.

▲ *Formant une véritable procession aux alentours des villages (ici près d'Ituren), les hommes-cloches ont pour mission de chasser les mauvais esprits…*

■ Les fêtes rurales

Comme dans toutes les sociétés rurales, les Basques sont restés attachés aux fêtes agricoles. Héritage des anciens rites liés aux solstices, la plupart des fêtes ont un rapport avec les cycles de la nature. D'autres portent l'image d'un terroir, comme la fête de la cerise d'Itxassou en juin, grand marché rural et véritable hommage au fruit rouge. Non loin de là, à Espelette, la fête du piment rassemble près de dix mille visiteurs le dernier dimanche d'octobre. Pour la Sainte-Catherine, le 25 novembre, Hélette accueille la foire aux pottiok, ces petits chevaux robustes typiques des pentes basques. C'est le moyen d'assister aux échanges animés des maquignons, les marchands de chevaux, qui ont lieu le plus souvent en basque. Les amateurs ne manqueront pas les marchés aux fromages, pittoresques et très fréquentés, notamment ceux de Saint-Jean-Pied-de-Port les vendredis de juillet et août, ou de Tardets le jeudi suivant le 15 août.

Plus fascinant mais tout aussi rural, le championnat d'*irrintzina*, à Hasparren, a remis au goût du jour l'ancien cri des bergers basques. Utilisé par les montagnards et les bergers, sans doute à l'origine pour communiquer d'un versant à l'autre des vallées, ce cri puissant, lent et modulé, parfois suraigu, peut exprimer toutes sortes de sentiments.

◄ *Avec ses déguisements sauvages et sanglants, le carnaval d'Altsasu, en Navarre, est l'un des plus impressionnants.*

La force des Basques

La force légendaire des hommes basques est prétexte à des championnats des plus spectaculaires. Il existe plusieurs « contestes » dans toutes les provinces, les plus belles finales ayant lieu à Saint-Étienne-de-Baïgorry et Saint-Palais. Sept épreuves se succèdent, opposant différents villages : le tir à la corde (entre deux équipes de dix), le port de sacs (lourds de 76 kg !), le lever de la botte de paille (monter une botte de 45 kg avec une poulie autant de fois que possible en 2 mn), le lever de charrette (356 kg...), le lever de pierre et deux épreuves de bûcherons. Dans le même esprit, les jeux de bergers (course, saut, lancer de hache...) allient adresse, force et rapidité. La force des bêtes revêt autant d'importance pour la vie rurale : les concours d'attelage couronnent une longue préparation durant laquelle on nourrit et on entraîne les bœufs comme de futurs champions.

Culture et langue basques

Malgré leur nom, les pastorales de la Soule sont des fêtes populaires du théâtre et de la culture basques. Initialement spectacles religieux visant à éduquer les fidèles, elles sont devenues des manifestations théâtrales et poétiques de plein air dont les thèmes et les personnages demeurent teintés de morale chrétienne : les bons, les méchants, les chrétiens, Satan. Mais le message général véhicule surtout la fierté basque et les valeurs nationalistes... La danse et le chant sont venus peu à peu s'ajouter aux représentations et aux déclamations.
Enfin, chaque année, début mai, Saint-Pée-sur-Nivelle est le siège d'« Herri Urrats », fête de la langue basque, qui prend de plus en plus d'importance. Il s'agit, tout au long d'une marche, de collecter des fonds pour financer les *ikastolas*, écoles en langue basque. Des animations en tous genres allient le chant, la danse et les festivités à cette démarche culturelle.

Courses de traînières

Sur le littoral, les compétitions sont inspirées des traditions maritimes ; le Guipúzcoa, province d'élection, reçoit la plus belle finale à Donostia en septembre. Le principe est celui d'une régate avec un aller-retour entre deux bouées distantes de 5,5 km. Quatorze hommes embarquent à bord d'une traînière, longue de 12 m et large de 1,80 m. En Labourd, de tels défis entre pêcheurs étaient la règle. Tombés en désuétude, ils sont revenus à la mode depuis quelques années et font l'objet de concours colorés, notamment à Saint-Jean-de-Luz.

Le dieu taureau

À l'exception des fêtes de Bayonne, qui allient danses, défilés, courses de vaches et corridas, le culte du taureau est pratiquement absent du versant français. En revanche, au sud, c'est une véritable religion qui enflamme les foules de façon spectaculaire. Les grandes villes comme Donostia (San Sebastián) ou Pampelune

► *Dans chaque port, des équipages de rameurs s'entraînent toute l'année en vue des courses de traînières, ces barques de bois longues et effilées.*

◀ *Opposant deux équipes, le tir à la corde connaît une grande popularité dans les épreuves de force basque.*

ont toutes une *plaza de toros*, et chaque fête est l'occasion de célébrer la lutte avec l'animal, comme lors de la Saint-Firmin. Mais c'est surtout en Navarre que ce phénomène atteint les proportions les plus importantes : c'est là qu'a été inventée la corrida, et chaque village possède son arène. Pour assister à une « corrida d'intérêt », il faut chercher celles où seront produites les plus belles bêtes, car c'est là que se retrouvent les meilleurs toreros. Les villes les plus recherchées sont Bayonne, Donostia et Bilbao, mais les petites corridas des villages de Navarre, beaucoup moins chères, peuvent réserver des émotions tout aussi fortes. Le spectacle de la foule, lui, sera toujours pittoresque. Typiques de la Navarre, les *encierros* sont les lâchers de taureaux dans le village ou la ville pour les guider vers l'arène. Quand le village ne peut s'offrir de véritable corrida, on se contente de lâcher des vaches qui courent dans les rues, garantissant un spectacle haut en émotions et parfois en dangers…

■ La pelote basque

Un peu à part mais tout aussi populaires, les rencontres de pelote basque font partie du patrimoine local. Chaque village possède son fronton, souvent financé par les collectes de la paroisse au moyen de kermesses ou de rallyes divers. La pelote se joue avec une chistera, sorte de gant d'osier, ou à main nue, pour projeter la pelote contre le fronton. Les championnats et les jeux sont très nombreux; les plus beaux tournois ont lieu à Biarritz (le Gant d'or), à Saint-Jean-de-Luz ou à Bayonne. Pour les parties à main nue, l'épreuve reine pour les Basques et sans doute la forme la plus pure de ce sport, les lieux les plus courus sont Bayonne et, au sud, Guernica, Tolosa, Azpeita…

▲ *Jouée dans un espace réduit, la cesta punta est la forme la plus spectaculaire des jeux de pelote.*

CARTE P. 45

Gastronomie

à la découverte des produits du terroir

Agriculture et ports de pêche permettent au Pays basque d'offrir des produits riches et variés. La gastronomie occupe une place prépondérante dans l'art de vivre, et diffère beaucoup entre le nord et le sud. Du côté français, les influences gasconne et landaise se font sentir, tandis que sur le versant sud, c'est l'Espagne qui est à l'honneur avec l'huile d'olive, l'ail, les poivrons et les tomates. Il existe cependant des plats authentiquement basques, qui varient suivant les régions.

▲ *Le* marmitako *est une spécialité basque à base de ragoût de thon avec des pommes de terre, des tomates et des poivrons.*

■ La cuisine de la mer...

La première chose à savoir avant de goûter aux produits de la mer concerne les spécificités liées aux saisons et aux lieux de pêche. La saison du thon s'étend en général de mai à octobre ; on le mange souvent grillé, servi avec de la piperade, traditionnelle compote basquaise de tomates, poivrons, ail et oignons. Tout aussi populaire, la morue à la biscayenne est également cuite avec ces ingrédients emblématiques. Parmi les autres poissons fréquemment proposés, on trouve le merlu *koxkera*, sauté dans l'huile d'olive avec des oignons, des piments, des petits pois frais et autres légumes de saison. On aime la daurade d'Oihartzun, grillée et arrosée d'une sauce pimentée à l'huile d'olive et au vinaigre. Le *ttoro*, grande spécialité de Saint-Jean-de-Luz, est une soupe de poisson traditionnelle. Autrefois, elle ne comptait qu'une seule espèce et était épaissie à la pomme de terre. Désormais plus raffinée, elle s'agrémente de moules, voire de langoustines. Bien aillée et pimentée, elle se déguste avec des croûtons frits. Anchois et sardines, abondants d'avril à août, sont meilleurs grillés tout simplement et savourés avec du pain frais ou un filet de vinaigre et d'huile d'olive. Omniprésents du côté espagnol, les *chipirons* sont de petits encornets souvent servis en sauce avec leur encre, mais délicieux juste sautés à l'huile d'olive et à l'ail. Le *txanguro* est un crabe farci apprécié en Guipúzcoa, que l'on dégustera dans de « vrais » restaurants de poissons. Enfin, les civelles ou pibales, jeunes anguilles remontant les rivières en hiver, sont considérées comme l'un des mets les plus raffinés. À Noël, on les sert en cassolettes

D'une manière générale, pour déguster et apprécier toutes les saveurs des produits de la mer, rendez-vous dans les marchés, où vous aurez du poisson de saison, et frais... ou dans des restaurants un peu plus « haut de gamme ». Évitez les établissements bon marché ou de type « tourisme balnéaire », où vous risquez fort de manger du surgelé. Dans tous les cas, préférez commander le poisson de la saison.

à l'ail et au piment. Il est à noter que les gambas, proposées sur beaucoup de menus, ne sont pas pêchées dans la région, mais en Méditerranée ou dans des mers lointaines. Les crabes et les araignées de mer sont fréquents sur les côtes de Biscaye, rares et chers ailleurs. Les palourdes sont à peu près le seul coquillage local, les grosses moules provenant de la Galice.

■ ... et de la terre

L'agneau est une viande très prisée des Basques du sud qui le préfèrent grillé ou servi avec une piperade. Aux environs d'Espelette, on confectionne l'*axoa*, ragoût d'agneau ou de veau coupé en dés avec des piments. Le porc reste cependant la viande la plus consommée. On est bien sûr loin des viandes des grandes surfaces : ici, on consomme la viande du cochon-pie (rose et noir), élevé en semi-liberté et nourri de châtaignes et de glands. Sa chair est plus sèche et plus parfumée que celle des bêtes élevées au grain. Dans les Aldudes, l'élevage de canards gras a donné naissance à une petite conserverie artisanale de qualité, proposant, outre les traditionnels jambons de porc et saucisses à l'ancienne, des confits et des foies gras dignes des meilleures maisons. La chasse à la palombe est une institution au Pays basque; en saison, on la mange rôtie ou en salmis. Parmi les plats courants, l'incontournable poulet basquaise n'est pas, en réalité, la « recette nationale » mais plutôt une viande parmi d'autres, toujours accommodée avec de la piperade. Une autre recette très appréciée, sorte de « ratatouille » basque, réunit dans une casserole poivrons, tomates, oignons et ail longuement mijotés et agrémentés d'œufs brouillés et de tranches de jambon.

Vu l'importance des forêts, les champignons sont légion, et le roi cèpe accompagne de nombreuses recettes. Auprès des rivières, dans les vallées de montagne, comme du côté de Roncal, on consomme la truite grillée (sauvage, elle se mange au printemps) avec une tranche de jambon frit. Partout, le piment est la règle et assaisonne les sauces. Réduit en poudre, celui d'Espelette s'utilise en condiment. Du côté espagnol, les *pimientos* sont de petits poivrons allongés préparés comme un légume ou cuisinés farcis de poisson ou de viande d'agneau hachée. Omniprésente au sud, comme l'ail, l'huile d'olive donne une saveur prononcée très particulière à l'agneau ou au poisson grillé.

▼ *Les marchés basques sont l'occasion de goûter aux spécialités fromagères de la région, notamment aux diverses variétés de brebis.*

■ Le fromage

Le véritable fromage basque est un fromage de brebis fait avec du lait cru. Il est fabriqué industriellement, mais la meilleure façon de le goûter est de partir à la découverte de ses terroirs. Une visite à la foire aux fromages de Saint-Jean-Pied-de-Port ou de Tardets-Sorholus donne une idée de la variété des goûts, qui repose à la fois sur la race de la brebis, la qualité des alpages et le savoir-faire du berger. Trois appellations contrôlées se dégagent du lot. Sur le versant nord, le fromage d'Ossau-Iraty se découvre le long d'un parcours fléché de ferme en ferme. Quand il sèche, il devient plus aigre et on le sert avec une confiture de cerises d'Itxassou, mariage étonnant mais absolument délicieux. Au sud, le fromage de Roncal est produit dans la vallée du Salazar, en Navarre. Mais le meilleur est le fromage d'Idiazabal, fabriqué aux confins de la Navarre et du Guipúzcoa. Il est plus fin lorsqu'il est encore frais, à partir de la fin août. Lorsqu'il est plus sec, on l'adoucit, comme au nord, mais avec de la pâte de coings.

■ Cochonnailles

La réputation du jambon de Bayonne n'est plus à faire, même si l'appellation recouvre désormais des réalités et des qualités gustatives très différentes. Comme pour les fromages, il est cependant possible de chercher chez

▼ *Les épiceries traditionnelles et les boutiques de traiteurs n'ont souvent rien à envier aux plus beaux étals de marché…*

Les tapas

De plus en plus populaires en France, les tapas n'en demeurent pas moins une habitude alimentaire typiquement espagnole. Cette infinie variété d'amuse-gueules se consomme dans les bars en lieu de dîner. Les horaires des repas étant nettement plus tardifs en Espagne, le déjeuner, pris jusqu'à 16 h, est le plus copieux. Le soir, on préfère se retrouver dans les cafés où les comptoirs se couvrent de petites cassolettes ou d'assiettes garnies de petits cubes, croquettes, omelettes miniatures, tartelettes, chipirons frits… Pratiquement toutes les spécialités gastronomiques y sont reproduites à la taille d'une bouchée, idéale à savourer en tenant son verre. La mode, née en Andalousie, se prête à la rencontre après une journée de travail. Hommes et femmes se retrouvent le long des comptoirs pour discuter pendant des heures tout en grignotant.

les artisans des jambons longuement séchés et assaisonnés à l'ancienne. Le meilleur est le *jabugo*, fabriqué à partir de viande de cochon sauvage ou de sanglier. Ensuite vient le *bellota*, issu de cochon nourri de glands et de châtaignes. Le *serrano* est un jambon de montagne espagnol. En musardant le long des routes d'altitude, ne manquez pas de guetter, à l'abri des balcons de bois, les rangées de jambons qui sèchent, emmaillotés dans leur torchon. Pour déguster les meilleurs, rendez-vous à Bayonne, à Pâques, à la foire au jambon. Parmi les spécialités locales, les *chichons* sont des sortes de rillons. La *ventrèche* est de la poitrine séchée et pimentée, servie en fines tranches.

■ Vins et alcools

Des quatre grandes appellations, une seule concerne le versant nord : le vin d'Irouléguy, rosé ou rouge bien charpenté. Au sud, le txakoli, vin blanc très sec, est produit autour de Getaria et de Bakio. En Navarre, des rouges riches et âpres caractérisent les régions de Tudela, Tafalla et Estella. Mais la palme revient aux vins de La Rioja, au sud de la province d'Álava. Forts en alcool, ils sont riches en tanin et très fruités. Leur cépage typique, le *tempranillo*, est laissé en buisson pour résister aux vents et à la sécheresse. Les meilleurs riojas d'Espagne sont produits dans la région de Labastida. On présente souvent l'izarra comme la liqueur basque par excellence. Inventée par un distillateur de Hendaye au XIXe s., elle n'est plus fabriquée localement et est beaucoup moins consommée qu'autrefois. Plus traditionnel, le patxaran est une liqueur de prunelles, mais vérifiez bien l'étiquette car ce fruit se fait rare et l'on utilise parfois de l'essence aromatique à la place.

▲ *En raison du climat humide et de l'abondance des pommiers sur les versants atlantiques, le cidre est une spécialité locale très populaire, surtout en Guipúzcoa. Plutôt que de l'acheter en boutique, allez visiter une cidrerie où la dégustation, à la saison hivernale, reste une expérience pittoresque et conviviale.*

■ Chocolat et douceurs

On doit l'arrivée du chocolat sur les tables européennes au commerce avec les Amériques. Grâce à ses ports, le Pays basque est devenu l'une des portes d'entrée et le négoce est important. Des fabriques ont été fondées et se perpétuent à Bayonne, Biarritz, Cambo, Donostia ou Tolosa. À Bayonne, les amateurs retrouveront un chocolat noir et amer, très riche en cacao, tel que le défendent les puristes. Pour découvrir les secrets de sa fabrication, c'est à Biarritz, au musée du Chocolat, qu'il faudra se rendre... Côté douceurs, le gâteau basque est une galette sablée fourrée de crème d'amandes ou de cerises noires. À goûter aussi, les macarons de Saint-Jean-de-Luz qui firent craquer Louis XIV venu se marier dans la cité…

L'histoire

Agurain **p. 279**
Une vieille ville que sa position stratégique a transformée en château fort.

Roncevaux **p. 205**
Une route impressionnante et le site d'une bataille mythique en 778.

Pampelune **p. 218**
Une ville d'histoire, mi-castillane, mi-basque : navarraise avant tout.

Puente la Reina **p. 230**
Le pont sur le rio Arga est le symbole de la ville : là se rejoignaient les chemins de Saint-Jacques.

Guernica **p. 337**
Une ville-symbole à laquelle Picasso a magnifiquement rendu hommage.

Vitoria **p. 272**
La petite ville fut choisie en 1976 comme capitale de la Communauté autonome basque.

Saint-Jean-de-Luz **p. 122**
Louis XIV y a épousé l'infante Marie-Thérèse en 1660.

Hendaye **p. 131**
Son île de la Conférence reçut nombre de rois et de diplomates.

◄ *Le fort de Socoa défendait autrefois la baie de Saint-Jean-de-Luz.*

CARTE P. 63

Du Paléolithique aux Romains

Dès la préhistoire et à travers les millénaires, malgré les invasions successives, on retrouve une remarquable continuité dans la population, qui, dans le même temps, se montre très réceptive aux innovations venues de l'extérieur.

► *Le dolmen de Sorginexte (la « maison de la sorcière ») se dresse non loin d'Agurain, en Álava. Ce type de mégalithe était répandu à l'époque du Paléolithique supérieur (entre 20 000 et 10 000 ans avant notre ère).*

■ La préhistoire

On ne trouve pas en Pays basque de traces d'occupation humaine aussi anciennes qu'à l'autre extrémité de la chaîne pyrénéenne. Les premiers vestiges remontent au Paléolithique, environ 100 000 ans avant notre ère. Les époques suivantes (à partir de – 35 000 ans) sont mieux représentées, notamment avec les grottes d'Isturitz ou d'Ekain, dans lesquelles on a retrouvé de belles peintures rupestres. À cette époque, les hommes sont nomades, vivent de la chasse, de la cueillette et consomment les coquillages de mer. Le type morphologique pyrénéen s'établit, pour ne pratiquement plus changer jusqu'à nos jours. C'est au Néolithique (vers – 4000) que les hommes découvrent un nouveau style d'existence. Ils se sédentarisent, commencent à pratiquer l'élevage et la culture des céréales, fabriquent des poteries et observent des rites funéraires, sans doute appris des envahisseurs venus du nord et de l'est. De nombreux dolmens des Pyrénées datent de cette période. À l'époque, on évalue à moins de dix mille habitants la population du Pays basque. À partir de – 2000, introduite par des marchands venus de la Méditerranée, la métallurgie fait son apparition.

L'invasion romaine

Les Romains sont au départ beaucoup plus intéressés par la péninsule Ibérique que par les terres au nord des Pyrénées. Ils arrivent donc d'abord en Álava et en Navarre. Ils fondent alors Jaca, puis plusieurs autres villes, dont Pompaleo (d'après le nom de Pompée), qui deviendra Pampelune. La conquête de cette plaine s'achève en 76 av. J.-C. Au nord des Pyrénées, les Romains soumettent les populations aquitaines, occupent les plaines, la côte et les vallées. Ils fondent les camps de Bayonne, Hasparren et Saint-Jean-le-Vieux. Sur la côte, ils utilisent les ports et pratiquent les salaisons. Les derniers Vascons (l'ethnie basque la plus importante) résistent dans les montagnes : à cette époque, les textes romains montrent bien l'existence en Aquitaine d'un peuple particulier parlant une langue différente des Gaulois (ou Celtes). De nombreux auteurs latins, dont César lui-même, délimitent la grande région initiale à un triangle inscrit entre la Garonne, les Pyrénées, l'Océan et une partie du bassin de l'Èbre. Durant six siècles, l'occupation romaine va moduler l'organisation du Pays basque, au nord comme au sud. Pour relier l'Aquitaine à la péninsule Ibérique, des routes sont construites, dont celle de Bordeaux à Astorga. Les Romains introduisent la vigne et l'olivier, et commencent l'exploitation du minerai basque. Le commerce prospère. La région connaît une période de paix, si l'on en croit le petit nombre de soldats employés à la défendre et la bonne intégration des Vascons dans l'armée romaine.

À la chute de l'Empire

Mais la paix romaine est compromise par les invasions successives des Vandales, des Suèves et surtout des Wisigoths, au début du Ve s. Ceux-ci font de Toulouse la capitale de leur empire, qui s'étend bien au sud des Pyrénées. La région vit dès lors sous un régime qui marie les lois romaines et germaniques. Au siècle suivant, les Francs, menés par Clovis, les refoulent vers le sud et reprennent Pampelune en 541. Par la suite, un statu quo s'installe entre les Wisigoths repliés en péninsule, et les Francs au nord des Pyrénées. Entre les deux s'étend le territoire des Vascons. Tout en rendant hommage aux rois francs, ils ne se soumettent pas totalement et ne se privent jamais de descendre des montagnes pour piller les villes, au nord comme au sud. La particularité basque se dessine dès ce moment-là : société indépendante et très égalitaire, fondée sur l'organisation familiale originale qu'elle a conservée à travers les siècles.

Les Celtes

Pendant l'âge du fer (à partir de – 800), les Celtes traversent le Pays basque pour gagner la péninsule Ibérique. Ils refoulent les tribus indigènes dans les montagnes et apportent l'industrie du fer. Les nouveaux outils vont améliorer les techniques de l'agriculture, qui profite de la découverte de la traction animale et du développement de l'élevage. De nouvelles graines sont expérimentées. On commence à concevoir un habitat stable et une organisation en villages fortifiés (les oppida*). Les hommes se mettent à ériger des cromlechs, comme ceux de la Rhune, et incinèrent les morts. Sur le plan culturel et spirituel, les échanges sont évidents. Les envahisseurs celtes n'occupent guère les montagnes, laissées aux populations autochtones, mais se fixent dans les plaines comme le bassin de l'Èbre. Bien que la langue locale ait existé avant leur arrivée, elle s'enrichit de nombreux emprunts linguistiques.*

CARTES P. 63 ET 231

Tous les chemins mènent à Compostelle

► *Les églises du chemin vers Compostelle se reconnaissent à divers attributs et symboles, le plus courant étant la coquille. Elle est souvent utilisée pour les bénitiers, comme ici à Segura, dans le Guipúzcoa.*

Le pèlerinage de Compostelle connaît depuis quelques années un renouveau exceptionnel. En faveur chez les catholiques depuis onze siècles, ses chemins ont été inscrits au patrimoine mondial de l'humanité par l'Unesco en 1993. Plusieurs des principales voies de passage des Pyrénées traversent le Pays basque et offrent des étapes majeures, comme celle d'Oloron, de Roncevaux ou de Pampelune.

■ Un saint tueur de Maures

Les pèlerinages sont en vogue très tôt dans l'histoire du christianisme, souvent liés à la présence en certains lieux de reliques rapportées de Terre sainte. L'apôtre Jacques fut décapité à l'épée en 44 de notre ère. La légende veut que ses disciples aient emmené son corps dans une barque de pierre; guidés par des anges, ils accostèrent en Galice où ils l'inhumèrent, puis oublièrent la tombe… Au début du VIIIe s., les Arabes prennent Tudela et une bonne partie du bassin de l'Èbre, mettant Pampelune à sac, puis empruntent la voie romaine pour envahir l'Aquitaine. La légende raconte alors que saint Jacques, armé de l'épée de son supplice, aurait secouru le roi chrétien des Asturies dans un combat contre les Maures; on le surnomme alors « Santiago Matamoros » – saint Jacques tueur de Maures. La découverte miraculeuse du tombeau anonyme fournit le site pour cristalliser ce nouveau culte. Il sera le symbole de la Reconquista, la reconquête des terres chrétiennes prises par les musulmans. À cette époque, au IXe s., la lutte contre les invasions arabes mobilise toute la chrétienté, qui y voit le mal et l'hérésie personnifiés, et le Pays basque est l'un des théâtres de la résistance contre les infidèles. Lorsque Charlemagne s'attaque aux bastions arabes de Navarre,

▲ *Des croix de pierre balisaient le chemin pour les pèlerins. Bon nombre d'entre elles sont encore visibles aujourd'hui (notamment en Navarre), relayées par des panneaux plus modernes…*

il laisse de larges privilèges aux seigneurs basques pour s'assurer de leur soutien. Ceux-ci en profitent pour établir leur premier petit royaume en détenant la clef des cols pyrénéens.

◄ *Commanderie des Templiers à Issary. L'ordre des chevaliers s'implante dans les villes et les villages susceptibles d'accueillir les pèlerins.*

Avec la naissance du culte de saint Jacques à Compostelle, le Pays basque devient un lieu de passage obligé et connaît un véritable essor économique.

■ Les bâtisseurs

Pour honorer le saint et magnifier son tombeau, une basilique est édifiée à Compostelle. Les miracles s'y multiplient et la renommée du pèlerinage gagne la France, puis le reste de l'Europe du Nord. Les pèlerins arrivent en masse, par la terre ou par la mer. Mais en ce Moyen Âge troublé, la route est longue et semée de dangers. Le premier pèlerin français connu est un évêque de Cluny, qui vient à pied et trace le chemin. Le passage des Pyrénées est compliqué : il faut emprunter les cols les plus accessibles et éviter le bassin de l'Èbre, occupé par les Arabes. On peut choisir la route de la côte, mais dans tous les cas il faut compter avec le racket des populations locales mal christianisées – les Basques ont à l'époque une réputation effroyable ! Tout le long de la route s'élèvent des monastères qui servent à la fois de relais et d'étapes spirituelles pour les pèlerins ; les bénédictins de Cluny fondent des établissements jusqu'en Espagne.

■ Un chapelet de villes nouvelles

Pour confirmer la reconquête sur les infidèles, on construit des villes nouvelles tout le long du chemin. Des familles chrétiennes de Bourgogne ou d'Aquitaine, liées aux grandes abbayes, vont s'allier à des familles espagnoles par mariage pour prendre souche en Espagne. Le scénario est le même partout : un simple établissement d'accueil et de prière d'abord, puis bientôt des auberges, des commerces et des maisons pour héberger les nouveaux venus et ceux qui s'installent définitivement. Beaucoup de ces villes, telle Puente la Reina, adoptent un plan caractéristique tout en longueur, suivant une rue principale (on parle d'ailleurs de villes-rues). Lorsque la ville existe déjà, un quartier nouveau lui est parfois ajouté : c'est le cas d'Estella, fondée à côté d'un bourg existant pour héberger les Francs qui vivent du pèlerinage. Un peu partout, des quartiers sont réservés et des privilèges accordés pour fidéliser les hôtes. À l'apogée du pèlerinage, des dizaines de milliers de pèlerins parcouraient les chemins vers Compostelle… Cela donne une idée de l'ampleur du phénomène.

Les premiers relais

Dès le Xe s., les ordres monastiques hospitaliers et militaires s'organisent et ouvrent des hospices, sortes d'auberges pour les pèlerins de passage. Une bulle du pape leur donne le droit de porter la croix rouge et le titre de croisés en raison de leur lutte contre les infidèles. Certains sont des ordres riches, comme celui des Hospitaliers de Saint-Jean-de-Jérusalem (à Sangüesa) ou les Chevaliers de l'ordre du Temple (les templiers). Ayant fait fortune en finançant les pèlerinages en Terre sainte, ils offrent aux voyageurs, outre une assistance matérielle et morale, un véritable service de banque, prêtant de l'argent, organisant des voyages… Au Moyen Âge, les pèlerins sont surtout issus des classes aisées de la société, de la noblesse ou du clergé. Un véritable commerce apparaît autour du pèlerinage ; s'ils ont été bien accueillis, les visiteurs lèguent souvent aux ordres une partie de leurs biens ou de leurs terres, renforçant ainsi leur puissance.

▲ *Charlemagne retrouve le corps de Roland à Roncevaux ; en arrière-plan, la bataille fait toujours rage… (enluminure de Jean Fouquet pour* Les Grandes Chroniques de France, *vers 1460).*

Chronologie

■ **Vers 100 000 av. J.-C.**
Paléolithique ou âge de la pierre taillée. Des outils trouvés près de Cambo-les-Bains et en Álava attestent une occupation humaine.

■ **De 35 000 à 9000 av. J.-C.**
Les vestiges découverts témoignent de l'existence de chasseurs nomades et de leur sens artistique.

■ **De 5000 à 2000 av. J.-C.**
Néolithique ou âge de la pierre polie. Les Basques découvrent l'élevage et l'agriculture, pratiquent la transhumance, observent des rites funéraires et se sédentarisent.

■ **De 2000 à 1000 av. J.-C.**
Âge du bronze. Les techniques de métallurgie sont importées de la Méditerranée. Nombreux dolmens.

■ **800 av. J.-C.**
Les envahisseurs celtes apportent la maîtrise du fer, l'urbanisation…

■ **202 av. J.-C.**
Les Romains commencent à soumettre l'Espagne et arrivent au Pays basque par le bassin de l'Èbre.

■ **76 av. J.-C.**
Pompée fonde Pampelune.

■ **56 av. J.-C.**
Jules César conquiert l'Aquitaine.

■ **27 av. J.-C.**
Messala achève la conquête de l'Aquitaine. Les populations basques sont refoulées dans les montagnes. La *pax romana* s'établit, le réseau routier se développe.

■ **ve siècle**
Début des invasions barbares ; les Vandales et les Suèves passent par le Pays basque pour envahir la péninsule Ibérique. Ils sont chassés par les Wisigoths qui étendent leur empire sur toute l'Espagne.

■ **507**
Clovis bat les Wisigoths près de Poitiers. En 541, les Francs les refoulent vers le sud de l'Espagne où ils font de Tolède leur nouvelle capitale.

■ **711**
Douze mille Arabes gagnent une bataille décisive à Guadalete et atteignent le bassin de l'Èbre l'année suivante.

■ **732**
Charles Martel arrête les Arabes à Poitiers.

■ **778**
Bataille de Roncevaux. L'arrière-garde de l'armée de Charlemagne est attaquée dans le défilé par les Basques, qui n'hésitent pas à s'allier aux musulmans.

■ **824**
L'armée envoyée par Saint Louis est vaincue par les Basques. Le royaume de Navarre voit le jour.

■ **924**
Après le saccage de sa capitale par les Arabes, le roi de Navarre s'allie aux autres royaumes du nord de l'Espagne (Asturies, León, Castille) pour refouler l'envahisseur. Le pèlerinage de Compostelle attire des fidèles.

■ **1000-1035**
Règne de Sanche le Grand et début de la Reconquista, reconquête des territoires occupés par les musulmans.

■ **XIIe siècle**
Le royaume de Navarre éclate mais conserve la basse Navarre. Biscaye, Guipúzcoa et Álava rejoignent la Castille. Le Labourd et la Soule passent sous la domination des ducs d'Aquitaine puis sous contrôle anglais après le mariage d'Aliénor d'Aquitaine et d'Henri II Plantagenêt, roi d'Angleterre, en 1152.

■ **1212**
Le roi de Navarre, Sanche le Fort, s'allie à la Castille pour battre les musulmans à Las Navas de Tolosa.

■ **1234**
Par le jeu des successions, la Navarre revient à Thibaut de Champagne et se rapproche de la France.

■ **1284**
Jeanne Ire de Navarre épouse Philippe le Bel, qui devient alors roi de France et de Navarre.

■ **1330**
Signature du premier *fuero general* de Navarre.

■ **1337**
Début de la guerre de Cent Ans. Le Pays basque est écartelé, mais reste à l'écart des grands champs de bataille.

■ **1453**
Fin de la guerre de Cent Ans. La France a récupéré le Labourd et la Soule.

■ **1479**
Le mariage d'Isabelle de Castille et de Ferdinand d'Aragon réunit les deux royaumes rivaux de la Navarre.

■ **1512**
Ferdinand d'Espagne envahit la Navarre, de peur qu'elle ne bascule vers la France ; ses souverains s'y réfugient.

■ **1530**
Charles Quint sépare formellement la Navarre en deux. La basse Navarre revient à la France.

■ **1589**
Henri de Navarre devient roi de France. Les provinces du Nord deviennent définitivement françaises.

■ **1659**
Signature entre la France et l'Espagne du traité des Pyrénées à Hendaye. Louis XIV épouse l'infante Marie-Thérèse à Saint-Jean-de-Luz un an plus tard.

■ **1700**
La maison des Bourbon accède au trône d'Espagne : faute d'un héritier dans la lignée des Habsbourg, c'est le petit-fils de Louis XIV qui est choisi sous le nom de Philippe V.

▲ *Jeanne d'Albret, reine de Navarre et mère d'Henri IV.*

Les fueros

Tout au long de leur histoire troublée, les Provinces basques ont souvent basculé d'une domination à une autre. Pourtant, elles ont toujours manifesté une grande indépendance. S'attachant au système espagnol des *fueros*, elles ont très tôt adopté un modèle politique et administratif étonnamment moderne. Chaque ville, village ou vallée signait avec le roi des contrats détaillés régissant tous les aspects de la vie publique. La Navarre est jusqu'à ce jour restée le meilleur exemple de ce système original.

L'originalité de la Navarre tient à son système de *Fuero general*, édicté en 1330, qui assure la synthèse de tous les *fueros* particuliers et régit ainsi l'ensemble du royaume. Lorsque le roi arrive au pouvoir, il doit jurer de le respecter et prêter serment dans chaque ville ou vallée. Peu à peu, le pouvoir central a tenté de limiter ces *fueros*, mais la Navarre, à ce jour, se définit toujours comme une communauté gérée par ce système.

■ Le prix de la conquête

Après la Reconquista, l'organisation des provinces libérées et leur fidélité au roi sont d'importance vitale. Pour assurer leur pérennité, il faut encourager l'installation de familles catholiques. L'instauration des *fueros*, chartes accordant aux populations des privilèges et des libertés, va les inciter à y vivre. Outre des avantages fiscaux, certains *fueros* garantissent même l'impunité aux condamnés. Issus d'une synthèse entre les droits romain et wisigoth, ces contrats sont conclus entre le roi d'une part, et une ville, un village, une vallée ou un groupe de familles d'autre part. Les premiers *fueros* sont signés dès le VIIe s., mais la plupart prennent forme entre le XIe et le XIVe s. Chaque nouveau roi accédant au pouvoir doit s'engager à les respecter.

■ L'exemple de la Navarre

Au Pays basque, le Moyen Âge est dominé par la prééminence du royaume de Navarre. À son extension maximale, sous Sanche le Grand au XIe s., il déborde même les sept provinces et s'étend jusqu'en Aquitaine au nord et à l'Aragon à l'est. Au moment des guerres contre les musulmans, Pampelune et la Navarre avaient formé un pôle de résistance et d'indépendance, sachant parfois s'allier à l'ennemi d'hier pour contrer celui du moment. Une rivalité

► *C'est sous Sanche III le Grand (1001-1035) que la Navarre connaît sa plus grande extension ; c'est alors le plus important des royaumes chrétiens d'Espagne.*

de plusieurs siècles oppose en effet la Navarre à la Castille, au León et à l'Aragon. Le petit royaume finit par éclater au XIIe s., mais chaque province conserve ses anciens *fueros*. Ceux-ci ont un but essentiellement pratique, et les règles qu'ils édictent varient en fonction du profil de la société locale, de l'importance d'une classe par rapport à une autre ou de l'économie principale (villages d'artisans, de commerçants ou à forte proportion de nobles).

■ Un territoire convoité

Au nord des Pyrénées, si le régime des *fueros* existe aussi, la situation politique est encore plus contrastée. La basse Navarre reste rattachée à la Navarre, mais la Soule et le Labourd qui reviennent finalement à l'Aquitaine, tombent sous la domination anglaise lors du mariage d'Aliénor d'Aquitaine avec le roi d'Angleterre. Durant la guerre de Cent Ans, le Pays basque est écartelé entre la France et l'Angleterre. Les tentatives anglaises de restreindre les libertés et les privilèges des Provinces basques suscitent tout de même un vent de rébellion. Les rivalités franco-espagnoles, qui n'ont jamais vraiment cessé, reprennent. Après de nombreux retournements, le traité des Pyrénées, signé en 1659 à Hendaye, partage définitivement la Navarre entre la France et l'Espagne. Durant tout ce temps, les Provinces basques sont restées sous le régime des *fueros*. Ainsi, en basse Navarre, ils garantissent une société presque démocratique : les maîtres de maison élisent des assemblées locales, qui se font à leur tour représenter dans des assemblées provinciales, qui codifient la vie administrative et économique sans l'intervention ni de la noblesse ni du clergé. Ces libertés exceptionnelles pour l'époque seront balayées à la Révolution française, lorsque la centralisation absolue deviendra la règle.

■ Les guerres carlistes

Au XVIIIe s., les *fueros* sont remis en cause au sud par des économistes qui y voient un frein au développement. Mais c'est au XIXe s., à l'occasion d'une guerre de Succession au trône d'Espagne entre Isabelle II, héritière désignée, et son oncle Carlos qui revendique lui aussi le pouvoir, que la question des *fueros* va éclater. Isabelle veut les abroger, tandis que Carlos, comptant sur leur importance pour s'assurer la fidélité des provinces, décide de les garantir. Les guerres carlistes déchirent l'Espagne à plusieurs reprises, entre 1833 et 1876. Les Basques, qui y voient le moyen de préserver leurs droits et leurs particularités, mènent une véritable guérilla au service de don Carlos. Lorsque celui-ci est définitivement vaincu, le roi d'Espagne réagit brutalement pour affirmer le pouvoir central. Les *fueros* sont suspendus en juillet 1876 ; seules la Navarre et l'Álava les conservent partiellement.

L'étendue des fueros

À l'intérieur des villes, les fueros *assurent le respect mutuel des différentes couches de la société. Tout ce qui concerne la vie politique, économique et sociale est soigneusement consigné par écrit. Les chartes garantissent le droit d'élire les assemblées locales, d'avoir une milice, de fixer les budgets et de réglementer le commerce (foires et marchés), l'industrie, la propriété, les droits agricoles, etc. La décentralisation avant la lettre, en quelque sorte…*

XIXe-XXe siècles : les nouvelles frontières

▲ *Dominant la Bidouze, confluent de l'Adour, le donjon de Guiche (XIIIe ou XIVe s.) témoigne de la position-clé qu'occupait autrefois ce village.*

■ 1789
La Révolution française entraîne la perte des derniers vestiges d'autonomie des trois provinces du nord du Pays basque.

■ 1792
Proclamation de la République française et découpage du territoire en départements. Le Pays basque est englobé dans les Basses-Pyrénées avec le Béarn. C'est le début de la centralisation. Lors de la conscription en 1793, un grand nombre de Basques choisissent l'exil et partent vers le sud.

■ 1807-1813
Napoléon décide de conquérir l'Espagne. Il annexe la Navarre et une partie du Guipúzcoa, dont Donostia.

■ 1833
Début de la lutte de succession pour le trône d'Espagne entre Isabelle II et son oncle, don Carlos. Les guerres carlistes se succèdent jusqu'en 1876. À la fin de ces guerres, les *fueros* sont suspendus.

■ 1853
Napoléon III épouse l'Espagnole Eugénie de Montijo. Le tourisme se développe à Biarritz et Donostia.

■ 1895
Fondation du Parti national basque, création du drapeau.

■ 1931
Les élections municipales en Espagne donnent la victoire à la gauche, qui réclame l'abdication du roi et la proclamation de la république. Le Front populaire *(Frente Popular)* se constitue en 1935. Les nationalistes basques se rangent du côté républicain.

■ 1936
Le *Frente Popular* remporte les élections mais les fascistes et l'armée menée par Franco s'insurgent. C'est le début de la guerre civile. Franco reçoit le soutien des Allemands et des Italiens. Les républicains sont soutenus officieusement par les Russes et une partie des Français ; pour que les Basques se rallient à eux, ils acceptent la proclamation de l'autonomie. La Navarre reste franquiste.

■ 1937
Franco lance l'offensive sur le Pays basque. Le 26 avril, jour de marché, l'aviation nazie de la légion Condor bombarde Guernica. Malgré une résistance acharnée, les Basques capitulent. L'exode vers la France est massif.

■ 1959

Création de l'ETA (Euskadi Ta Askatasuna) au sud.

■ 1963

Création d'Enbata (mouvement nationaliste) au nord. Au sud, les actions basculent dans la violence.

■ 1973

Assassinat à Madrid du bras droit de Franco. La répression se durcit encore ; les militants du sud s'appuient sur les bases arrière du nord.

■ 1975

Mort de Franco et intronisation de Juan Carlos Ier.

■ 1978-1979

Référendum sur la nouvelle constitution d'un État social et démocratique. Les Basques s'abstiennent à 50 %. Création de la coalition nationaliste de gauche Herri Batasuna. Les trois provinces de Biscaye, Álava et Guipúzcoa signent les statuts de la Communauté autonome basque.

■ 1980

Constitution du premier parlement basque et élection du président.

■ 1981-1982

Arrivée des socialistes au pouvoir en France, puis en Espagne. Début des exactions du GAL (Groupe antiterroriste de libération). Le terrorisme ne désarme pas. En France, les promesses électorales d'un département basque ne se concrétisent pas.

■ 1996

Victoire en Espagne de José Maria Aznar, qui cherche à négocier avec les nationalistes et s'engage à sanctionner le GAL. Les procès ne répondent pas à l'attente des nationalistes.

■ 1997

Assassinat par l'ETA d'un jeune conseiller municipal. La population descend massivement dans la rue. Les terroristes sont de plus en plus isolés.

■ 1998

Une trêve est signée à Lizarra ; on accepte le principe d'une participation des extrémistes au gouvernement. Les nationalistes demandent le rapprochement des prisonniers.

■ Décembre 1999-2003

Le cessez-le-feu est rompu. Les attentats visent même les intérêts touristiques dans le reste de l'Espagne. Malgré l'immense lassitude de la population, aucune trêve n'est envisageable. En février 2003, le quotidien en langue basque *Egunkaria* est fermé par la justice espagnole. En mars, le parti indépendantiste Batasuna, vitrine politique de l'ETA (10 % de l'électorat), est interdit à son tour.

Le nationalisme

une langue, un drapeau, un pays

Devenu presque synonyme du Pays basque, le nationalisme repose sur un profond rejet de l'interférence des pouvoirs centraux et de leurs tentatives visant à mettre la culture basque « en veilleuse ». Directement inspiré par les anciens *fueros*, il revendique le droit aux particularités, qu'elles soient sociales, culturelles ou politiques. Ses dérives violentes ont marqué les dernières décennies et le spectre du terrorisme est désormais associé à la province.

Du carlisme au nationalisme

Si le mouvement carliste a reçu un tel soutien populaire au Pays basque et en Catalogne, c'est bien parce qu'il flattait les revendications des militants pour les particularismes régionaux. Le système des *fueros* les garantissait quand le système centralisateur les noyait dans la masse de la nation espagnole. Le même sentiment de menace sur l'identité culturelle se fait sentir au nord, sous le poids des lois jacobines. La langue basque (l'euskara), emblème de cette identité, est directement menacée. L'attachement aux *fueros* est si fort que le premier mouvement nationaliste basque, fondé en 1895, prend pour devise « Dieu et les antiques lois ». Il se radicalise rapidement et réclame la restauration des *fueros*, écartant toutefois l'idée d'indépendance, à laquelle il préfère l'autonomie. Dans le même temps, l'uniformisation culturelle au nord réveille le sentiment d'unité basque et de fraternité avec les autonomistes du sud. Au moment de la guerre de 1914, au moins huit mille Basques français désertent et se réfugient au sud. On assiste durant les années 1930 à l'émergence de la gauche et du Front populaire (mouvements similaires au nord et au sud). L'assemblée provinciale de Navarre vote le statut d'autonomie pour les quatre provinces basques du sud, mais la république est proclamée en Espagne en 1931, avant que cette autonomie ne soit consacrée. Le Parti nationaliste basque lui apporte son soutien, mais sa constitution laïque divise le mouvement autonomiste. La Navarre, très religieuse et profondément carliste,

Un électorat déboussolé

Malgré sa victoire écrasante aux élections parlementaires de 2001, le PNV, parti nationaliste modéré, peine à trouver sa voie entre les plus radicaux dont il condamne la violence et le soutien au gouvernement espagnol qui semble tout aussi impossible. Début 2003, emboîtant le pas au gouvernement américain qui classe ETA au même rang qu'Al Qaeda, le gouvernement Aznar interdit le quotidien en langue basque Egunkaria *et le parti Batasuna, achevant de déboussoler les Basques et de radicaliser certains nationalistes. Lors des élections municipales de mai 2003, le PNV reste prépondérant, grâce au soutien de certains anciens de Batasuna, mais perd les trois capitales, Bilbao, Donostia et Vitoria.*

▲ *Après la guerre civile de 1936, sous Franco, tout possesseur du drapeau basque s'exposait à des peines de prison.*

refuse de prendre le parti des républicains et la coalition autonomiste éclate. Dans les trois autres provinces, les autonomistes, marqués à gauche, continuent d'œuvrer, en vain car la droite a pris le pouvoir. Cependant, le mouvement commence à donner des idées aux Basques du nord, qui réclament une décentralisation, la remise à l'honneur de la langue et des liens avec le Pays basque du sud. De ce côté-ci de la frontière, ce mouvement est ancré à droite.

■ La tourmente de 1936

En 1936, Franco et l'armée stationnée au Maroc s'insurgent et débarquent en Espagne. C'est le début de la guerre civile. Des quatre provinces, la Biscaye et le Guipúzcoa restent aux côtés des républicains. Pour s'assurer du ralliement des Basques, le pouvoir républicain approuve enfin l'autonomie et un gouvernement basque autonome est proclamé. La Navarre, anti-républicaine, bascule du côté des franquistes. Après la prise de Vitoria par les armées de Franco, l'Álava fait de même. Excédé par la résistance, Franco lance l'offensive sur le Pays basque et ses richesses. En avril 1937, le bombardement de Guernica, symbole des *fueros* et de la culture basque, fait des milliers de victimes parmi les civils. L'indignation internationale est immense, mais les exactions continuent, et Bilbao est occupée en juin. Le gouvernement autonome s'exile à Bayonne. En août, l'armée basque capitule. Sur 800 000 personnes, on dénombre 45 000 morts, 85 000 prisonniers et 150 000 exilés, en majorité vers le Pays basque du nord. Ces exilés, que la victoire finale de Franco en 1939 condamne à militer depuis l'étranger, vont s'engager dans la résistance et continuer leur combat pour l'autonomie depuis la France, l'Angleterre ou même les États-Unis, où ils sont nombreux.

Tout un symbole

En langue basque, on l'appelle ikurrina. *Son existence est relativement récente puisqu'il fut créé à Bilbao en 1895, au moment de la fondation du Parti nationaliste basque. Ses couleurs et symboles sont soigneusement choisis. Le fond rouge reprend la couleur de la Biscaye. La croix de Saint-André verte évoque à la fois l'ancien symbole des* fueros *et le chêne de Guernica, tandis que la croix blanche vient par-dessus pour rappeler que la foi chrétienne prime sur tout le reste. Pour l'anecdote, le drapeau basque figure dans l'angle supérieur gauche du drapeau de Saint-Pierre-et-Miquelon, avec ceux de Bretagne et de Normandie, les régions de France d'où ont émigré la plupart des habitants.*

La fuite en avant

À l'automne 2002, le président basque Itbarretxe propose la modification du statut d'autonomie et un référendum d'autodétermination, ouvrant la porte à une véritable sécession du Pays basque (en règle générale, 60 % des Basques sont favorables à la position nationaliste contre 40 % de constitutionnalistes opposés à toute modification). Le gouvernement Aznar s'est juré de faire avorter le processus. Dans les milieux économiques, tout ce qui ressemblerait à une sécession sème un vent de panique mais apparaît à d'autres comme une possible sortie de l'impasse…

■ Renouveau et radicalisation

Immédiatement après la guerre, la chape franquiste semble trop lourde pour un quelconque retour de l'autonomisme. Mais deux mouvements voient le jour : au sud, l'ETA (*Euskadi Ta Askatasuna*, « Pays basque et liberté ») en 1959, et en 1963, Enbata au nord. La répression franquiste est terrible : interdiction de parler en basque, de posséder un drapeau, condamnation à mort des militants… Très vite, l'ETA se radicalise et appelle à l'insurrection violente. Des attentats sont lancés contre la police franquiste et le mouvement bascule dans le terrorisme. Les militants du sud prennent appui sur des bases arrière au nord, où ils ont toute leur logistique. Parallèlement, la prise de conscience d'une unité culturelle entre le sud et le nord devient très nette, même chez ceux qui refusent la violence. En 1973, le bras droit de Franco est assassiné en plein Madrid. Personne n'imagine que le retour à la monarchie avec Juan Carlos, choisi par Franco, pourrait changer les choses. C'est pourtant ce qui arrive très rapidement après son accession au trône. Parmi les premières mesures, les langues régionales, dont le basque, sont promues langues nationales. Une nouvelle Constitution prévoit l'autonomie du Pays basque et de la Catalogne, mais les Basques n'y adhèrent pas et s'abstiennent à plus de 50 % lors du référendum sur cette Constitution, qui selon eux ne leur donne pas assez de garanties. Un clivage s'opère entre les modérés, prêts à prendre ce qu'on leur donne pour commencer, et les extrémistes qui réclament l'indépendance pure et simple. Le mouvement Herri Batasuna, une coalition indépendantiste de gauche, naît en 1978. En 1979, les trois provinces du Guipúzcoa, de Biscaye et d'Álava signent

▼ *Les murs du Pays basque espagnol sont souvent les premiers lieux d'expression des indépendantistes.*

les statuts de la Communauté autonome basque – Euskadi –, et Vitoria est choisie comme capitale. La Navarre, qui refuse de s'y joindre, négocie un statut à part.

■ L'impasse

Herri Batasuna, qui finit par être reconnu légalement comme l'aile politique de l'ETA, peut désormais avoir des représentants élus. L'arrivée des socialistes au pouvoir en 1981 en France et en 1982 en Espagne éveille l'espoir d'un nouvel élan culturel. En France, ces espoirs sont vite déçus, rien ne se passe. Au contraire, le changement marque le début d'une alliance entre les deux États pour éradiquer définitivement le terrorisme. Le GAL (Groupe antiterroriste de libération) est créé à l'instigation de la police espagnole et n'hésite pas à venir assassiner des réfugiés politiques en Pays basque français. Malgré les tentatives de pacification mises en place plus tard par le gouvernement Aznar (notamment des sanctions contre le GAL), les extrémistes continuent leurs assassinats. Les partis indépendantistes ont malgré tout le droit de siéger au parlement, et même au gouvernement. Ils acceptent de signer une trêve à une condition : le rapatriement des prisonniers basques dans les prisons proches du Pays basque. Les gouvernements français et espagnol perçoivent mal à quel point cette question touche la population basque (chaque village a son ou ses prisonniers au loin) et ne leur donnent pas satisfaction. La trêve est rompue en 1999 et les assassinats reprennent. Impuissante et bouleversée, la population descend dans la rue pour refuser la violence. Les autonomistes, de plus en plus isolés, s'enferment dans une nouvelle spirale de violence…

▼ *L'une des revendications des nationalistes concerne les prisonniers, souvent détenus loin de leur famille. À Pasajes, un mur entier leur est dédié, où s'alignent les noms et les dates d'arrestation.*

G·D·PELEGRI
ETGVE·DAR·A
MOVBER 1654

Le patrimoine

Roncevaux **p. 205**
Les pèlerins de Saint-Jacques s'arrêtaient au monastère et priaient dans la superbe collégiale.

Pampelune **p. 218**
Le point de départ idéal pour visiter les nombreuses cités médiévales de la région, étapes sur le chemin de Compostelle.

L'Hôpital-Saint-Blaise **p. 175**
L'église de son hôpital accueillait les pèlerins de Saint-Jacques-de-Compostelle.

La Bastide-Clairence **p. 144**
Un superbe patrimoine urbain et de nombreux ateliers d'artisans.

Lekeitio **p. 335**
L'église Santa María de la Asunción conserve de très beaux retables.

Tudela **p. 266**
Un art de vivre et une gastronomie reconnus dans toute l'Espagne du Nord.

Bilbao **p. 342**
Second port d'Espagne et l'un des plus grands ports d'Europe ; aujourd'hui haut lieu de la culture grâce au musée Guggenheim.

◀ *Les façades des maisons basques traditionnelles arborent encore leurs nom et date de construction.*

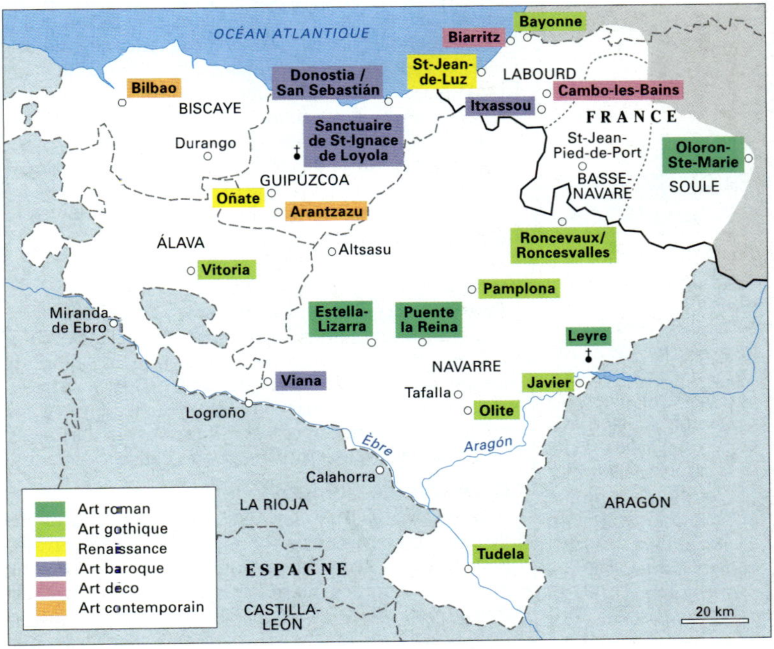

L'art roman

Au début du Moyen Âge apparaît un nouveau courant artistique qui va se développer à travers l'Europe jusqu'au XIIe siècle, l'art roman. Dans le Pays basque, son originalité tient notamment à l'importance qu'y a pris le pèlerinage de Compostelle.

■ Des influences variées

Au-delà de la barrière géographique, les Pyrénées constituent dans l'histoire de l'art et de l'architecture une zone de rencontre des styles. Au sud, dès le VIIe s., les invasions arabes amènent avec elles un art dont la richesse marquera durablement toute l'Espagne. Plus discrète en Navarre, cette influence y laisse malgré tout le goût des riches décors de stucs ouvragés, des coupoles à nervures et des arcs en fer à cheval. Dès l'époque préromane, le goût des fresques et des miniatures se manifeste, héritage à la fois du passage des Celtes, de l'occupation romaine et du raffinement arabe. Il en résulte un courant créatif original propre au littoral du nord-ouest de l'Espagne. Au nord du massif pyrénéen, l'art roman prend son essor grâce à la protection des rois francs qui soutiennent l'Église et concèdent des terres aux monastères. À l'apogée des Carolingiens, les styles aquitain et languedocien s'étendent au-delà des Pyrénées. L'influence arabe reste beaucoup plus visible au sud, comme à l'église en rotonde de Torres del Rio, dont les voûtes à nervures rappellent la mosquée de Cordoue. Cette inspiration mauresque se retrouve néanmoins en France à L'Hôpital-Saint-Blaise ou à l'église Sainte-Croix d'Oloron, en Soule.

Dans l'ensemble, les édifices romans sont beaucoup moins nombreux et élaborés à l'ouest qu'à l'est des Pyrénées, où, avec le rayonnement de l'Italie et de la Provence, les monastères se multiplient. Le Pays basque reste longtemps à l'écart de ce fantastique courant qui baigne les bords de la Méditerranée. Tout va changer avec l'essor du pèlerinage de Compostelle, puisque ses chemins le traversent : un grand nombre de chapelles et d'hospices sont construits pour accueillir les pèlerins.

■ Le rôle de Compostelle

Avec les débuts du pèlerinage, un grand nombre de visiteurs vont passer par la région. Ainsi, Roncevaux peut accueillir jusqu'à trente mille pèlerins par an. On améliore les routes, on balise le chemin, on construit des ponts, tel celui de Puente la Reina. Dans ce domaine, le roi Sanche le Grand de Navarre va jouer

Une architecture adaptée

En règle générale, les églises de pèlerinage ont une conception un peu particulière car elles doivent s'accommoder du passage de nombreux visiteurs. Elles possèdent souvent des reliques (de saints ou de la sainte Croix). Pour faciliter la circulation autour de ces reliques, on ajoute autour du chœur un déambulatoire, qui peut s'ouvrir sur des chapelles rayonnantes dédiées à différents saints.

◄ *L'église romane de Bascassan abrite d'étonnantes fresques naïves, peintes par un artiste local – peut-être le curé de la paroisse. Datant sans doute du* XV*e s., elles seraient bien postérieures à la construction de l'édifice.*

un rôle prépondérant : restée à l'écart des axes empruntés par les musulmans et plus sûre que les provinces voisines, la Navarre représente le meilleur choix pour franchir les Pyrénées. Il faut préciser qu'au début du XIIe s., l'Espagne était la « province » la plus florissante de l'ordre de Cluny hors de France. L'abbaye mère va donc y favoriser l'expansion de l'art français.

Dans la première moitié du XIe s., le monastère de Leyre est l'un des premiers témoins de cet art roman. Les techniques y sont encore mal maîtrisées et le décor est rudimentaire. L'influence de Compostelle n'y est pas encore visible, sauf sur la façade de l'église, plus tardive. À Pampelune en revanche, où la cathédrale fut commencée au début du XIIe s., on note la marque de l'un des maîtres de Compostelle, visible sur les chapiteaux conservés au musée de Navarre – feuilles fendues recourbées en crochets, entrelacs en réseau mêlés de marguerites, oiseaux ou lions affrontés... –, et la présence du style français, instillé par son évêque, un moine venu des environs de Moissac. À l'époque, maçons et sculpteurs travaillent dans des

L'engouement pour le pèlerinage de Compostelle entraîne une affluence de capitaux, notamment de la part des grandes abbayes. Ainsi les bénédictins de Cluny, en Bourgogne, ouvrent-ils des établissements tout le long de la route jusqu'à Compostelle. Cluny met en avant la culture et les arts. Son immense richesse et son goût du beau sont à l'origine de la profusion des églises romanes.

ateliers itinérants et se déplacent au gré des commandes, véhiculant ainsi les nouveaux styles et recopiant ce qu'ils ont vu en chemin. À cet égard, la route du pèlerinage est une mine d'informations : des sculpteurs nordiques, en route vers Compostelle, ont ainsi exécuté à Sangüesa des motifs vus à Chartres ou en Bourgogne. Ceux de l'est, eux, sont visiblement passés par la cathédrale de Jaca, en Aragon. Eunate, pour sa part, a bénéficié de l'art mozarabe.

■ Une révolution technique

En matière d'architecture sacrée, la période romane marque une évolution d'importance : l'apparition des voûtes de pierre. Auparavant, les églises étaient couvertes d'une charpente en bois. Plusieurs raisons ont présidé à cette évolution : la résistance aux incendies, la solidité, mais surtout la mise en valeur de l'espace liturgique. La voûte peut être peinte comme un firmament ou ornée de fresques. Elle symbolise mieux le ciel auquel aspirent les fidèles et dote l'édifice d'une meilleure acoustique pour les chants sacrés, qui prennent de plus en plus d'importance. Enfin, elle témoigne de la richesse des paroisses ou des seigneurs dont elle dépend. Techniquement, pour supporter le poids et la poussée de la voûte, les murs doivent être plus épais, moins hauts, et les ouvertures rester étroites. Les premières églises romanes ont gardé cet aspect massif, sombre et sobre, qui rappelle l'architecture des forteresses. Le « modèle de base » comporte le plus souvent des arcs en plein cintre reposant sur de puissants piliers. Seul le décor des chapiteaux et des portails vient animer l'édifice.

▼ *Le magnifique portail roman de la cathédrale d'Oloron-Sainte-Marie a été protégé des intempéries par son porche du XIIIe s. On dit aussi que les restaurations du XIXe s. ont causé plus de dégâts que la Réforme ou la Révolution…*

Peu à peu, les progrès de l'architecture vont permettre d'élever la hauteur de la voûte et d'augmenter la taille des ouvertures en ajoutant des contreforts ou des vaisseaux latéraux. Le profil même de la voûte change : au départ en plein cintre et en berceau (demi-cylindre simple), elle évolue vers une intersection de deux demi-cylindres, donnant naissance à la voûte d'arêtes ; enfin, la demi-coupole évoque l'héritage oriental.

◄ *L'église de L'Hôpital-Saint-Blaise (XIIe s.) arbore un style romano-byzantin sans équivalent dans la région. La sculpture du tympan et des chapiteaux du portail, en revanche, est d'une sobriété qui rappelle la première sculpture romane.*

■ Décor et arts mineurs

Le décor des églises romanes remplit en fait une fonction précise : enseigner aux fidèles, qui ne savent généralement pas lire, les grandes lignes de la doctrine et leur donner une vision spirituelle du monde. Les sculptures romanes offrent donc une profusion de scènes racontant tel ou tel épisode de la Bible : Adam et Ève et le péché originel, le sacrifice d'Abraham, Salomon et la reine de Saba (à Sainte-Engrâce), le supplice de Job… L'enseignement s'adapte selon les cas, et il faut avouer que le souci premier est souvent d'impressionner – voire de terroriser – les malheureux fidèles avec des images de l'enfer toutes plus fantastiques et effrayantes les unes que les autres. Ainsi, vers Compostelle, les représentations de saint Jacques prennent le pas sur celles de l'apôtre Pierre. Partout, plus que par la prouesse technique, on est touché par l'émotion qui se dégage des sculptures. Bien que commanditées par les donateurs, elles portent bien la marque de la foi ou de l'imagination de l'artiste : attitudes implorantes, jeu des drapés, expression des visages, grimaces et contorsions des diables et des méchants… L'abondance des figures fantastiques montre la rupture avec l'art très réaliste des Romains. Les poses des personnages, les animaux imaginaires, les dragons soulignent que l'art roman se dégage du réel pour privilégier les symboles. Les arts dits « mineurs » – orfèvrerie, enluminure, émail – sont aussi largement explorés durant cette période. Le culte des reliques et les processions nécessitent des objets particuliers, souvent splendides : reliquaires de bois, d'argent et d'or, évangéliaires richement enluminés, croix finement ouvragées, coffres d'ivoire, statuettes composent ainsi les trésors des églises. À Roncevaux, par exemple, on peut admirer le bel évangéliaire des rois de Navarre. À San Miguel de Aralar se trouve un magnifique retable en argent doré et émaillé, sans doute l'œuvre d'un atelier limousin…

► La Bastide-Clairence fut fondée en 1314. Les deux cloîtres de l'église ont conservé les dalles funéraires des plus anciennes familles du lieu.

Si l'église romane, solide et intime, était un refuge qui apportait la doctrine aux fidèles, sa sœur gothique, plus grandiose et plus vaste, est un appel à la spiritualité dématérialisée qui mène le croyant vers l'Au-delà.

▲ Étonnant mariage d'une structure massive et d'éléments élancés, l'église de Lekeitio, en Biscaye, fut édifiée au XVe s.

L'art gothique

Beaucoup moins présent dans la région que l'art roman, l'art gothique doit beaucoup à l'influence française. Les premières églises gothiques sont étonnamment sobres et solides, inspirées de l'architecture cistercienne. Les édifices civils, en particulier les châteaux, sont en revanche nettement plus nombreux.

■ La transition cistercienne

L'abbaye de Cluny, la plus impliquée des grandes abbayes françaises dans le pèlerinage de Compostelle, commence à décliner au XIIe s. Son opulence attire les critiques, et un mouvement va prendre naissance pour un retour à davantage de sobriété dans la vie des communautés et dans la liturgie. Né à Cîteaux en réaction aux abus des grands monastères, l'ordre des Cisterciens prône la pauvreté, le travail manuel et la contemplation. Une grande place est donnée au chant, et une intense dévotion est portée à la Vierge et aux saints. En matière d'architecture, ces facteurs vont se révéler d'une importance majeure. Par souci de sobriété, on simplifie le plan de l'église, on rejette les courbes jugées « distrayantes », et on refuse le décor, les peintures, les sculptures qui détournent l'attention des fidèles.
Le goût des cisterciens pour le chant leur fait rechercher les qualités acoustiques. L'ogive va leur permettre techniquement de surélever la voûte tout en suivant des lignes élancées et épurées, symboles d'une spiritualité retrouvée. En ce sens, même s'il est encore roman, l'art cistercien amorce la transition vers le gothique. Dès le déclin de Cluny, l'ordre pénètre en Espagne le long des routes de pèlerins et y diffuse cette nouvelle vision architecturale. Le monastère d'Iranzu à Estella, ou la cathédrale de Tudela, à la sobriété toute cistercienne déjà teintée de premier gothique, sont parmi les meilleurs exemples de cette transition.

■ Une nouvelle architecture

Comme l'annonçait déjà l'évolution cistercienne, le parti pris gothique sera celui de l'élévation et de la lumière. On cherche à ouvrir largement les édifices en multipliant les fenêtres pour matérialiser l'idée que « Dieu est Lumière ». Il s'agit désormais de rejeter la voûte encore plus haut et de percer les murs de nombreuses ouvertures, sans compromettre la solidité de l'ensemble. Le sens du sacré ne repose plus sur les images ou les sculptures de pierre, mais sur la hauteur et les vitraux. Les architectes romans avaient déjà ébauché des solutions avec les contreforts et les voûtes d'arêtes. Les croisées d'ogives vont plus loin et reportent le poids vers les supports latéraux, qui sont consolidés avec les arcs-boutants, dérivés du principe des contreforts. Appliqués uniquement là où s'opère la poussée, ils sont rejetés à l'extérieur et très haut, au niveau de la voûte. Dès lors, rien n'empêche d'atteindre des hauteurs impressionnantes. L'élégance des structures, piliers et ogives est soulignée par des nervures qui accentuent l'impression de finesse et de légèreté. Car la grande innovation est que, grâce à ces croisements en diagonale et à ces arcs-boutants, les piliers suffisent à supporter la voûte. Les lourds murs de pierre peuvent céder la place à une armature légère et aérienne dont les ouvertures, garnies de rosaces et de vitraux colorés, deviennent l'essentiel du décor. Né dans le nord de la France, l'art gothique s'étend peu à peu à une bonne partie de l'Europe.

▲ *Église Saint-Jean-Baptiste, à Saint-Jean-de-Luz. La statue de l'ermite est surmontée d'un dais caractéristique du gothique flamboyant.*

■ Le gothique sacré

Dans le nord du Pays basque, le gothique est mal représenté, à l'exception de la cathédrale de Bayonne, inspirée du gothique de Champagne. Massive, trapue et sobre, elle est loin de ressembler aux merveilles du nord de la France, mais elle a contribué à répandre cet art nouveau vers le sud par la route de Compostelle. Du côté espagnol, les cathédrales gothiques ont aussi cet aspect austère et robuste. Celle de Pampelune, aux fenêtres délicatement ouvragées d'une dentelle de pierre, révèle le meilleur du gothique local. À Roncevaux, l'influence française est très affirmée. L'église, qui abrite un mobilier superbe du même style, est d'ailleurs l'un des premiers édifices gothiques d'Espagne.

■ Le gothique civil

Si, pour le sacré, l'architecture vise la hauteur et la légèreté, de nombreux châteaux et manoirs édifiés durant cette période prouvent que l'équilibre et l'élégance ne nuisent pas à la robustesse. Le plus bel exemple en la matière est le château d'Olite, en Navarre. À Javier, également en Navarre, le château où naquit saint François-Xavier a conservé son enceinte polygonale et ses tours crénelées. Un peu partout, dans les villes et les villages, on trouve de solides maisons seigneuriales, percées de rares ouvertures. Simples et cubiques, couronnées de mâchicoulis, elles témoignent de la nécessité de se défendre contre les agresseurs.

▲ *L'église fortifiée d'Ondarroa, en Biscaye, est agrémentée dans sa partie supérieure d'une corniche ajourée.*

Le baroque

Passé l'élan spirituel du gothique, l'épanouissement économique et artistique de l'Europe amène le renouveau architectural de la Renaissance, initié par l'Italie. Nobles, riches marchands et artistes rapportent de leurs voyages idées et projets. Pourtant, la Renaissance prend relativement peu au Pays basque, même si les architectes espagnols en reprennent certains principes.

▲ *Défiant le temps et traversant les siècles, la casa de Jaúregui (XVIe s.), à Bergara, a conservé sa belle façade sculptée.*

■ Changement de style

En premier lieu, on note un retour aux formes courbes, puis aux arcs en plein cintre, aux colonnades classiques et aux frontons qui ont caractérisé les édifices de l'Antiquité. La coupole refait son apparition et les façades se rythment de colonnes, de corniches, de frontons et de volutes. En Espagne, les artistes ne sont guère sensibles à la rigueur classique. Plus mystiques et plus intenses, ils préfèrent allier aux dessins gothiques la richesse du décor italien, élaborant un style chargé et finement ciselé comme une pièce d'orfèvrerie, que l'on appellera plateresque.

■ Trente et la Contre-Réforme

La Réforme protestante va bouleverser l'Europe chrétienne. Cette nouvelle religion prône la sobriété, l'austérité et condamne les idoles. Les progrès scientifiques réfutent les dogmes soutenus par l'Église, les théories humanistes gagnent du terrain, et l'Église catholique perd un pouvoir considérable. Pour lutter contre la fuite des fidèles, elle réunit un concile à Trente. De 1545 à 1563, plusieurs sessions réaffirment les principes fondamentaux de la doctrine catholique. Parmi ceux-ci, le culte des images, visant à encourager la foi et à matérialiser les dogmes, apparaît bien comme un moyen d'aider à la prière et à la spiritualité. Pour combattre le protestantisme, une grande campagne d'enseignement des doctrines est lancée : la Contre-Réforme. En matière d'architecture et de décor, ces décisions ont des conséquences fondamentales. Elles correspon-

► *Le maître-autel du sanctuaire de Saint-Ignace-de-Loyola, non loin d'Azpeitia, arbore un baroque grandiose, d'une richesse extrême : marbre sculpté, statue en argent…*

dent en outre à une période d'opulence en Italie, en France et en Espagne. Partout où l'on avait simplifié et épuré les lignes, on réintroduit les courbes et les sinuosités, on surcharge le décor. Églises, palais et bâtiments administratifs s'habillent avec exubérance d'une profusion de dômes, colonnes, lanternons, volutes, pilastres et frontons. La symétrie des édifices héritée de la Renaissance existe toujours, mais elle est noyée sous le flot des ornements. On apporte un soin théâtral à la peinture, à la sculpture et au mobilier, comme à l'incroyable chapelle Santa Anna de la cathédrale de Tudela. L'extérieur des églises est complètement dominé par la façade. Citons par exemple le portail de Santa María à Donostia, influencé par le baroque espagnol de la famille Churrigera, qui donna son nom au style churrigeresque.

◀ *Ornée d'une profusion de statues, la façade de l'université d'Oñate illustre à merveille le style plateresque.*

■ L'art du retable

C'est surtout dans le mobilier sacré que l'on trouve les plus belles manifestations du baroque basque. De part et d'autre du massif pyrénéen, les retables en sont l'expression la plus spectaculaire. En marbre, en pierre ou en bois, cette pièce de mobilier est placée au-dessus de l'autel. Les plus beaux sont inspirés de l'art du nord de l'Europe, surtout la Flandre, qui s'exporte partout à partir du XVe s. Leur rôle est d'illustrer les doctrines enseignées par l'Église. Placés au centre de l'espace liturgique, ils inspirent la prière des fidèles, qui y voient le Christ, la Vierge ou les saints patrons. Parmi les scènes couramment représentées, on trouve les épisodes de la Passion, l'Ascension, la vie de Marie ou du saint local sous forme de petits tableaux en relief (église d'Itxassou). Le retour de l'opulence dans les églises est la marque du baroque et la conséquence de la Contre-Réforme. Le ruissellement de lumière, la débauche de dorures, les draperies, par opposition à la pauvreté de la vie humaine, sont censés symboliser l'élévation et la plénitude qu'offre le spirituel. En règle générale, on a recours à la couleur, qui envahit le moindre détail, et au trompe-l'œil, pour imiter le marbre là où les finances ne l'autorisent pas. Du côté espagnol, la couleur cède souvent la place à la dorure, qui peut recouvrir presque totalement le retable. Les colonnes torses, très utilisées dans l'art baroque, sont couvertes de dorures et envahies de feuillages et de fruits marquant l'abondance. Les anges sont partout, leurs joues gonflées symbolisant le souffle divin.

L'urbanisme espagnol

L'Espagne a subi durant le XXe siècle plus de changements que la plupart des pays occidentaux. Hésitations entre république et monarchie, épisode douloureux de la dictature franquiste, crise économique et renouveau de la dernière décennie ont façonné un « paysage urbain » à part, où les styles et les époques se mêlent et se heurtent. Folies de l'Art nouveau, exubérance de Gaudí, puis alignements sinistres des villes d'après-guerre et bétonnage des côtes cèdent désormais le pas à une nouvelle architecture.

■ Les belles de la côte

En matière d'urbanisme, le modèle de Donostia (San Sebastián), station balnéaire chic en vogue au XIXe s., représente bien les ambiguïtés des villes espagnoles. Enserrée entre deux promontoires, la baie de la Concha aligne ses immeubles, ses places ombragées et ses villas Belle Époque. Baignée par l'atmosphère de luxe des riches villégiateurs, la promenade qui la longe est l'une des plus belles du littoral. La vieille ville aux ruelles étroites jouxte le « quartier XIXe », ses avenues élégantes et ses édifices Art nouveau. Pourtant, Donostia est aussi une ville universitaire et ouvrière dont les faubourgs interminables rappellent les pires moments du franquisme. De même, les nombreuses stations qui parsèment la côte jusqu'à Bilbao n'ont pas toujours su conserver le charme des édifices du XIXe s., quand les riches Madrilènes venaient passer l'été sur la côte basque pour fuir la chaleur écrasante de la capitale. Apparu dans les années 1960, l'essor du tourisme de masse, s'il a épargné la côte atlantique par rapport au littoral méditerranéen, a laissé par endroits un bétonnage mal maîtrisé où la nécessité de construire beaucoup et vite a entraîné un urbanisme désordonné, mal planifié et peu esthétique.

▲ *Créée en 1911, la vaste plaza Nueva de Bilbao s'étend au milieu d'un lacis de ruelles anciennes et pittoresques.*

■ L'héritage du franquisme

Constructions de brique sombre et de béton gris répétitives et austères, quartiers surpeuplés, mal entretenus et sans âme sont les tristes vestiges de la dictature franquiste. La surprise est totale aux abords des villes. Là où l'on attend un patrimoine raffiné et exubérant, tout est morne et rectiligne. L'histoire de l'Espagne depuis la guerre civile nous éclaire sur cet aspect surprenant de la part de l'un des pays les plus dynamiques d'Europe. Au sortir de la Seconde Guerre mondiale, le pays ne bénéficie pas du plan Marshall et la reconstruction y prend de ce fait un retard quasi irrattrapable. Le régime de Franco impose au pays une autarcie totale, doublée d'un protectionnisme des plus rigoureux. Les conséquences sont très lourdes : plus d'investissements, un appareil de production démodé et inadapté, une économie asphyxiée. En 1959, une nouvelle orientation permet la libéralisation des échanges extérieurs, l'ouverture des frontières et autorise l'émigration. Parallèlement, la nécessité de survivre provoque l'exode massif de la population, qui commence à quitter les campagnes pour travailler dans les villes. Il s'ensuit une concentration sauvage aux abords des cités. Au Pays basque, surtout autour de Bilbao, une politique de soutien et de développement de l'industrie accentue encore ce phénomène.

À partir de 1962, trois plans de développement vont se succéder, tous plus inefficaces les uns que les autres. La croissance urbaine se fait sans contrôle, sans objectif et surtout sans prendre en compte les demandes et les besoins locaux. Il en a résulté une multitude de villes sans plan perceptible, construites à la va-vite, au moindre coût, pour héberger un maximum d'habitants. Avec la création des communautés autonomes, en 1979, l'urbanisme est replacé sous tutelle régionale, mais les problèmes créés par l'urbanisation sauvage ne sont pas simples à résoudre. Le chômage élevé et la crise qui ont longtemps pénalisé l'Espagne ont encore ajouté aux difficultés. Avec l'embellie des dernières années, on peut espérer que les crédits débloqués tous les ans pour l'aménagement des régions contribueront à redonner un visage avenant aux villes espagnoles.

◄ *En 1950, la construction de la nouvelle basilique d'Arantzazu donna lieu à de nombreuses polémiques. Son style avant-gardiste la place aujourd'hui parmi les réussites de l'architecture contemporaine.*

L'exemple de Bilbao

Sans doute la plus décriée des villes espagnoles, Bilbao a longtemps souffert de sa réputation de ville ouvrière et populeuse, laide et mal conçue. Pourtant, elle réserve d'excellentes surprises au visiteur et se révèle un parfait résumé des difficultés rencontrées et des solutions ébauchées. Certes, elle est entourée de faubourgs disgracieux. Oui, son centre historique a été défiguré par des immeubles inesthétiques. Mais elle conserve malgré tout un superbe héritage de sa splendeur passée, de la grande époque du commerce, des banques et de la construction navale. Une promenade le long des avenues révèle un étonnant patrimoine urbain couvrant quasiment toutes les époques de l'architecture. Tous les styles des XIXe et XXe s. sont représentés. Et l'ère nouvelle y est encore plus marquante qu'ailleurs : l'image de la ville a plus changé en dix ans que durant le siècle écoulé. Bilbao n'héberge-t-elle pas le prestigieux musée Guggenheim, symbole d'un renouveau affirmé et volontaire ?

Visiter

SOMMAIRE

Le Labourd

◄ *Matin d'hiver à Saint-Jean-de-Luz.*

Le Labourd borde le littoral basque français. Biarritz et Saint-Jean-de-Luz l'ont rendu célèbre, mais ses charmes les plus authentiques se révèlent à l'intérieur des terres, où l'on découvre les grosses maisons traditionnelles et les églises à galeries. Sous tutelle anglaise au Moyen Âge, la province sera le fief des pêcheurs de baleines, des corsaires et enfin des marchands. Revenue dans le giron français, elle accueille le mariage de Louis XIV en 1160. Depuis l'essor du tourisme balnéaire, le Labourd conjugue les fastes des casinos et des hôtels de luxe avec l'invasion des adeptes du surf.

Bayonne
une ville d'eaux

CARTE P. 93
À 185 km de Bordeaux par l'A 63 et la N 10. À 24 km de Saint-Jean-de-Luz par la D 932, l'A 63 et la N 10.
Office de tourisme : place des Basques. ☏ 05 59 46 01 46. www.bayonne-tourisme.com

À la frontière nord du Pays basque, Bayonne est située au confluent de l'Adour et de la Nive, au cœur d'une plaine marécageuse et à 6 kilomètres de l'Océan. Grâce à d'importants travaux d'assèchement, elle est vite devenue un port actif et sûr, principal foyer économique du Pays basque français. Son ouverture sur la mer et sa situation charnière entre les Landes et les premières collines des Pyrénées lui ont fait jouer un rôle majeur dans l'essor de la région.

Le temps des invasions

Lors de leur conquête de l'Aquitaine fin IIIe-début IVe s., les Romains établirent à l'emplacement d'un village celte un campement militaire baptisé Lapurdum. D'un intérêt stratégique évident, le site servait à surveiller les populations locales insoumises, ainsi que la route vers l'Espagne. Un castrum et des remparts furent construits – dont on peut voir quelques vestiges –, mais ils ne suffirent pas à protéger les habitants des invasions successives des Vandales, Wisigoths ou même Normands, qui détruisirent en partie la ville. À partir du Xe s., elle prend le nom de Baïona (« bonne rivière » en basque). La situation se normalise peu à peu. Durant le XIe s., la province est sous l'autorité du roi de Navarre, mais revient aux ducs d'Aquitaine au début du XIIe s.

Naissance d'une ville

C'est aux ducs que Bayonne et son port doivent leur essor. Accordant un certain nombre de libertés aux habitants, ils réglementent la pêche et le commerce. Le quartier du castrum (devenu Château-Vieux) reste le noyau central, mais une zone franche de l'autre côté de la Nive, le Bourg-Neuf, est accordée à l'évêque. Ce nouveau quartier va très vite prospérer et se ceindre à son tour de remparts. Les deux parties de la ville sont reliées par plusieurs ponts. Enfin, sur la rive nord de l'Adour, face au confluent, le futur quartier Saint-Esprit voit le jour. L'édification d'une cathédrale romane consacre l'importance de la cité.

Anglaise par mariage

Le destin de la ville bascule lorsque Aliénor, duchesse d'Aquitaine, épouse le roi d'Angleterre en 1152. Cette alliance prestigieuse confère à Bayonne un intérêt particulier pour les Anglais, tant pour le commerce que comme base stratégique sur le continent. Aussi font-ils tout pour fidéliser les habitants, leur accordant moult privilèges commerciaux. C'est le début d'un âge d'or qui va durer près de trois siècles. Au-delà de leur monopole du transport des vins de Bordeaux, les Bayonnais sont les fournisseurs privilégiés des territoires anglais. Ils y vendent les produits du Sud-Ouest, le cidre, la résine des Landes, les jambons, le pastel du Languedoc… D'Angleterre et d'Europe du Nord, ils rapportent des tissus, du blé, du poisson salé… Mais surtout, Bayonne est une base militaire précieuse ; ses marins et ses chantiers navals, qui fabriquent des bateaux modernes et fiables, sont des atouts supplémentaires. La Castille revendique le Labourd, tente de le prendre par la force et incendie la ville. Peine perdue, celle-ci reste fidèle à l'Angleterre, même lors de la guerre de Cent Ans.

INCONTOURNABLES

La cathédrale Sainte-Marie	**p. 100**
Le Musée basque	**p. 103**
Le musée Bonnat	**p. 104**

A
B
Citadelle
Quai de Lesseps
Rue Sainte Ursule
PLACE SAINTE-URSULE
Saint-Esprit
R. Maubec
R. Hughes
R. des Graouillats
PLACE DE LA RÉPUBLIQUE
N 10 BORDEAUX
Adour
Sous-Préfecture
PONT SAINT-ESPRIT
A 63, PAU, N 117
BIARRITZ, D 260
Av. du Maréchal Leclerc
Jardin public
Av. L. Bonnat
PLACE DU GÉNÉRAL DE GAULLE
Allées Paulmy
PL. DES BASQUES
Hôtel de ville/ Théâtre
Rue Bernède
R. J. Labat
Rue du 49e
R. Albert 1er
Rue Thiers
Rue Lormond
PLACE DE LA LIBERTÉ
PLACE DU RÉDUIT
Allées Boufflers
PONT MAYOU
Av. du 11 Novembre
SQ. P. SIMONET
Jardin botanique
Château-Vieux
PLACE J. PORTES
R. du Port Neuf
R. Victor Hugo
Q. A. Dubourdieu
R. Bourg-Neuf
Q. des Corsaires
Rue Laffitte
Square L. Pouzac
Rue Bastiat
Musée Bonnat
BIDACHE, D 936
Porte du Réduit
All. de la Poterne
Rue Orbe
R. Argenterie
R. Port-de-Castets
PONT MARENGO
Musée basque et de l'Histoire de Bayonne
Rue Marengo
Saint-André
R. des Gouverneurs
Cathédrale
PLACE PASTEUR
Rempart Lachepaillet
Rue des Faures
R. de la Salie
Halles
Quai Galuperie
R. Trinquet
R. des Lisses
PLACE PAUL BERT
Château-Neuf
Cloître
R. Luc
PLACE MONTAUT
R. de la Poissonnerie
PONT PANNECAU
R. Pannecau
R. des Cordeliers
R. Pelletier
SAINT-JEAN-DE-LUZ, N10
R. Vieille Boucherie
Rue d'Espagne
R. des Augustins
R. des Basques
Q. Jauréguiberry
Quai A. Chao
Boul. du Rempart
R. Passemillon
Av. de Pampelune
Rue Tour de Sault
PT DU GÉNIE
BORDEAUX, A 63 PAU, N 117
Lamarque
Av. Chanoine Pras
Nive
Avenue de l'Aquitaine
Av. F. Forgues
Av. A. Grimard
PONT BAILEY
R. P.
100 m
1
2
3

▲ *Construits ou remaniés du temps de Vauban, les remparts de Mousserolles sont aujourd'hui aménagés en promenade.*

▲ *Maisons traditionnelles sur le quai de la Nive.*

Au XVIIIe s., le développement des colonies et l'arrivée des produits exotiques marquent une ère de prospérité. Sucre, café et surtout cacao vont servir à financer le renouveau architectural de la ville. Les fabriques de chocolat sont réputées dans tout le pays.

▲ *Érigé au lendemain de la guerre de Cent Ans pour surveiller la cité de sa hauteur, le Château-Neuf marque le pouvoir du roi de France.*

Une place forte française

Il faut attendre 1451 pour que Bayonne retombe définitivement dans le giron français, reprise au nom de Charles VII. Le roi de France se méfie cependant de ces bourgeois qui ont longtemps soutenu son ennemi. La ville occupant un emplacement de choix face au nouveau danger espagnol, les rois successifs continuent de la fortifier. Mais l'âge d'or s'achève au XVe s. avec la perte des débouchés anglais et le fâcheux déplacement du cours de l'Adour vers le nord, qui provoque l'ensablement du port. Au siècle suivant, les ingénieurs du roi sont dépêchés sur place pour réaménager la rivière et creuser l'estuaire qu'on lui connaît aujourd'hui. Bayonne se découvre dès lors une solide fidélité au roi, qu'elle va confirmer lors des guerres de Religion et des troubles de la Fronde. Le traité des Pyrénées signé en 1659, suivi du mariage de Louis XIV avec l'infante Marie-Thérèse en 1660, entérine la paix avec l'Espagne ; la ville renoue avec le succès. Vauban, chargé de la fortifier, y construit un fort et une citadelle.

Vers de nouveaux débouchés

Au XVIe s., le lit de l'Adour étant définitivement fixé, le port qui avait été délaissé reprend des couleurs. La pêche à la baleine, puis à la morue assure la richesse des pêcheurs et des armateurs. Mais c'est surtout le grand commerce qui va consacrer la réussite des Bayonnais au XVIIIe s. Au XIXe s., deux bouleversements modifient à nouveau le profil de la ville. En 1854, le chemin de fer arrive de Paris avec son lot de riches touristes, qui viennent goûter aux bains de mer de Biarritz, dans le sillage de l'empereur. À l'écart de cette agitation mondaine, Bayonne mise plutôt sur la sidérurgie, avec la création des Forges de l'Adour. Le port prend une allure industrielle, mais connaît un déclin inexorable au milieu du XXe s. La découverte du gisement de Lacq lui redonnera un débouché (acheminement du soufre). De nouvelles entreprises s'installent (cimenteries, engrais, et même une unité de Dassault Aviation), notamment grâce à la création du district Bayonne-Anglet-Biarritz. Le port a aujourd'hui renoué avec l'activité (plus de 4,2 millions de tonnes de trafic annuel, pour plus de mille navires).

La présence juive

L'Inquisition menée en Espagne et au Portugal chasse des milliers de Juifs qui viennent trouver refuge au nord des Pyrénées. Bayonne la commerçante est la cité rêvée pour y implanter un réseau de banques et de négoce. Au XVIIe s., près du quart des habitants est juif. Le quartier Saint-Esprit, situé à l'extérieur des murs de la cité, accueille cette communauté, sa synagogue, ses bains rituels et son cimetière, l'un des plus importants de France.

◄ *Inauguré en 1842, le théâtre accueillit le compositeur Franz Liszt deux ans plus tard. Le bâtiment abrite également la mairie.*

▷ Le Grand Bayonne

La ville originelle

Situé sur la rive gauche de la Nive et délimité par le confluent avec l'Adour, ce quartier correspond au bourg où les Romains édifièrent leur castrum. C'est le centre-ville actuel et le quartier commerçant.

Au niveau du confluent, la **place de la Liberté**, où se tenait la Bourse au XVIe s., est l'une des plus anciennes de la ville. Au sol, le dallage reproduit les blasons de l'Aquitaine, du Labourd et de Gascogne, ainsi que les armes de la ville et sa devise, « *Nunque polluta* » (« Jamais violée »).

■ Balade dans la vieille ville

Pénétrez dans le vieux centre par la rue du Port-Neuf. PLAN A2

Jusqu'au XVIIe s., la ville basse était parcourue de voies d'eau qui servaient au commerce. La **rue du Port-Neuf** doit ainsi son nom à un ancien canal aujourd'hui comblé; devenue piétonne, c'est l'une des plus jolies de la ville, avec ses hautes maisons à arcades bâties sur pilotis.

- Avant les comblements, la Nive pénétrait jusqu'à la **rue Orbe**, qui a pris la place au XIIe s. de l'ancien fossé asséché de la ville. Louis XIV séjourna au n° 9 lors de sa venue dans la région.

- Elle mène droit au **carrefour des Cinq-Cantons**, haut lieu bayonnais à travers les siècles : c'est ici, en plein air, à l'une des entrées de l'ancienne enceinte romaine, qu'officiaient les banquiers et les changeurs. La rue Argenterie (autrefois rue des Argentiers) nous rappelle les orfèvres dont c'était le quartier. Au XVIIIe s., l'argenterie poinçonnée à Bayonne était parmi les plus prestigieuses.

- En prenant la **rue de la Salie**, on suit toujours le tracé des anciens fossés. C'était avant la Révolution la rue des marchands de tissu et des épiciers.

Bonnes adresses

Chocolat Cazenave, 19, rue du Port-Neuf. ☏ 05 59 59 03 16. Pour déguster un délicieux chocolat chaud dans l'une des plus célèbres maisons de la ville...

Chocolats Daranatz, 15, rue du Port-Neuf. ☏ 05 59 59 03 55. L'un des meilleurs chocolatiers de la ville, pour ses tablettes multicolores aux assemblages subtils.

L'Atelier du chocolat, rue des Carmes. ☏ 05 59 25 72 95. Goûtez le délicat chocolat froissé, veiné de rouge ou de blanc, au piment d'Espelette ou au gingembre.

▼ *Au n° 8 de la rue de la Salie, l'hôtel de Belzunce est l'un des rares hôtels particuliers du XVIe s. La façade sur la cour et l'escalier monumental sont remarquables.*

▶ Les arcades de la rue du Port-Neuf abritent les meilleurs chocolatiers de la ville.

Sous la halle du quai Jauréguiberry, le marché du dernier samedi de chaque mois accueille, à 11 h, les pittoresques chœurs basques du Baiona Kantuz. Chanteurs et acheteurs reprennent ensemble les airs traditionnels. Convivial et pittoresque.

Bonheur en chocolat

Ce sont les Juifs qui rapportèrent d'Espagne le goût du chocolat venu des colonies sud-américaines. Réputé pour ses vertus reconstituantes, voire aphrodisiaques, on le dégustait sous forme de breuvage chaud, additionné d'épices. La marquise de Sévigné le décrit ainsi : « Il vous flatte, puis vous allume tout d'un coup d'une flamme. » Pour contourner l'interdiction espagnole d'exporter le cacao, les négociants juifs de Saint-Esprit allaient le chercher directement en Amérique du Sud. Les chocolatiers de Bayonne, réunis en corporation dès 1661, travaillaient le cacao à la pierre et se déplaçaient chez les clients pour le fabriquer.

Tout près de la place Montaut, 37, rue Vieille-Boucherie, Gérard Léoncini est l'un des derniers fabricants de *makilas* à l'ancienne, dans une échoppe rescapée d'un autre siècle…

■ Les quais de la Nive

PLAN A2/A3

Près de la place de la Liberté, à l'angle entre le quai Dubourdieu et la rue Victor-Hugo, se dresse la **maison de Léon Brethous**. Construit en 1730 par ce riche marchand, cet hôtel particulier de style rocaille – on notera le galbe, les balcons et les mascarons – crée un fort contraste avec les demeures environnantes.

- En remontant la Nive, le **quai Jauréguiberry** donne une idée de l'ancien Bayonne grouillant d'activité, où l'on débarquait le poisson et toutes sortes de marchandises exotiques.

- Au bout du quai, à droite, la **rue Tour-de-Sault** a conservé deux tours (bien restaurées) de l'enceinte romaine. Celle du bas de la rue, avec sa base carrée, servait de tour de guet : chaque soir, on y attachait les lourdes chaînes qui barraient la rivière. En face, une maison à colombages, très basse (initialement un grenier à grain), a servi de raffinerie de sucre au XVIIIe s.

- Un peu plus haut, à droite, des escaliers mènent à l'étroite **rue des Augustins**, où l'on voit d'autres vestiges du mur d'enceinte, ainsi qu'une jolie petite place et un passage voûté. Au bout de la rue, en tournant à gauche dans la rue Poissonnerie, puis encore à gauche, on se retrouve dans la **rue d'Espagne**, l'une des plus pittoresques du centre, bordée de maisons typiques. Hautes et étroites, celles-ci ont souvent deux fenêtres seulement, et arborent des balcons de fer forgé, des colombages et de beaux heurtoirs de portes. À droite, la rue Vieille-Boucherie permet de rejoindre la **place Montaut**.

- Gagner ensuite le **boulevard du Rempart-Lachepaillet** qui a pris, au XVIe s., la place de l'ancien fossé défensif de la ville. Cette promenade permet de comprendre les différentes étapes des fortifications. En suivant le rempart construit sous François Ier et réaménagé par Vauban, vers le Château-Vieux, on a une belle vue sur l'ensemble

◄ *Vue de la rue d'Espagne.*

> **Bonne adresse**
>
> **Restaurant *El Asador*, place Montaut.** ☏ **05 59 59 08 57. Ambiance espagnole et dégustation de *planchas* dans un cadre typique et typé.**

des maisons bâties sur l'**enceinte romaine**. Depuis le boulevard, on peut rejoindre le square Pierre-Simonet et le **jardin botanique**, qui expose plus de mille variétés de plantes vivaces sur 3 000 m².

■ Le Château-Vieux

◄ *Autrefois au confluent de l'Adour et de la Nive, la porte du Réduit a été reconstruite en contrebas du jardin du Château-Vieux. L'une des sept anciennes portes de la cité, elle conduit au jardin botanique et à une rafraîchissante enclave de verdure.*

PLAN A2

Occupé par le 1er RIMA, mais on peut pénétrer à l'intérieur de la cour.

Cette massive forteresse médiévale de 50 m de côté est incorporée à l'angle nord du castrum romain, dont elle a réutilisé trois tours et deux courtines. Elle était à l'origine entourée de fossés. Les plus petites pierres, carrées, sont celles des vestiges antiques tandis que les plus grosses signent la partie médiévale (XIIe s.). Le donjon hexagonal qui s'élevait au milieu de la cour intérieure fut abattu par Vauban lors du réaménagement des fortifications. La construction carrée aux toits en poivrière qui protège, côté ville, la porte du château date du XVIIe s. Sa conception fut perçue par les habitants comme une défiance à l'égard d'une ville qui avait amplement prouvé sa fidélité au roi. Sous la domination anglaise, le gouverneur de la ville y logeait et Du Guesclin y fut retenu prisonnier. Ses murs abritèrent d'autres visiteurs de marque, dont Louis XI, François Ier, Charles IX, Louis XIV, sans compter les rois de Navarre et une reine d'Espagne…

En ressortant, remonter la rue des Gouverneurs jusqu'à la cathédrale, construite sur la partie la plus haute de la ville.

> **Les forgerons de Bayonne**
>
> *En gascon,* faure *signifie forgeron. La rue des Faures était donc celle des métiers du fer : forgerons, cloutiers et armuriers. Les couteliers de cette rue seraient à l'origine de l'invention de la baïonnette. Au départ, cette arme était un simple couteau à manche de bois et à lame très pointue, « longue d'un pied et large d'un bon pouce ». On l'appelait couteau bayonnais.*

La cathédrale Sainte-Marie

Également dénommée Notre-Dame de Bayonne, la cathédrale est très différente des édifices gothiques méridionaux. D'apparence sobre et massive, sa construction fut malgré tout influencée par le gothique du nord de la France, notamment de Champagne. Cette particularité s'explique par la diffusion des innovations architecturales et artistiques le long des chemins de Compostelle.

■ L'extérieur

Commencez par la place Pasteur. PLAN A2

Les dimensions sont relativement modestes : 80 m de long, 33 m de large et 26,50 m de hauteur sous la nef, et une flèche s'élevant à 88 m. Admirez le chevet, depuis la place Pasteur. Bien équilibré par ses arcs-boutants, ses pinacles, ses fenêtres et sa balustrade ajourée, il correspond à la première phase de la construction, au XIIIe s. À l'opposé, la façade ouest fut construite en dernier, avec le porche principal et la tour sud, à la fin du XVe s. La tour nord et les deux hautes flèches, bien que de style gothique, ne datent que du XIXe s., conçues par un disciple de Viollet-le-Duc qui avait travaillé aux restaurations de la Sainte-Chapelle de Paris ou de la cathédrale de Chartres. La différence d'époque se remarque à la variation du style et de la couleur de la pierre.

■ L'intérieur

Entrez par le porche ouest.

Le plan intérieur est classique, en forme de croix, avec trois nefs, un chœur et un déambulatoire ouvrant sur sept chapelles rayonnantes, comme on le voit dans les églises de pèlerinage (→ *p. 80*). Bien que les travaux aient duré plusieurs siècles, l'ensemble est harmonieux et représentatif de toutes les périodes de l'art gothique. Le chœur et l'abside datent du XIIIe s., suivis, au long du XIVe s., du transept, de la nef et du cloître, puis, au début du XVIe s., de la sacristie et de la salle capitulaire.

- Par le portail principal, vous entrez dans la partie la plus récente de la nef. Rythmée par sept travées, elle élève ses arcades en ogive sur trois étages. Les colonnettes en faisceaux et les piles en amande signent le style gothique rayonnant du XIVe s. Les **clefs de voûte** portent, pour la plupart, des armoiries évoquant l'histoire de la

À l'heure médiévale...

La première cathédrale du XIIe s., de style roman, fut détruite par un incendie et remplacée par l'édifice gothique actuel dès le XIIIe s. Au centre de la ville médiévale, elle accueillait les pèlerins de Compostelle venus s'y recueillir. Face à l'entrée ouest, le palais des évêques – aujourd'hui bibliothèque municipale – fut transformé au XVIIe s. Derrière le chevet de la cathédrale, la place Pasteur était la principale place publique de la cité, celle de l'hôtel de ville médiéval. C'est là que se tenaient les marchés et où s'élevait le sinistre pilori, poteau sur lequel on attachait les condamnés pour les exposer au public. Il a laissé son nom à la fontaine du Pilori.

cité sous la domination anglaise. La plus belle se trouve dans le transept sud (à droite, à la hauteur de la sacristie) : elle s'orne de la « nef bayonnaise », embarcation symbole du savoir-faire maritime de la ville, avec à son bord les quatre évangélistes.

- Les **vitraux** des fenêtres hautes datent de la Renaissance (début XVIe s.). Sur la droite figurent des scènes bibliques, depuis la création d'Adam et Ève jusqu'au sacrifice de Jésus ; sur la gauche, la vie de la Vierge, de l'Annonciation au Couronnement.

- Du côté nord de la nef, tout de suite à gauche en entrant, se trouvent les fonts baptismaux et une belle fresque de la Crucifixion (fin XVe s.). La plus intéressante des chapelles latérales nord est l'avant-dernière, la **chapelle de Saint-Jérôme**. Son vitrail (1531) est le plus beau de la cathédrale et représente la guérison de la fille de la Cananéenne : au centre, la mère prie devant Jésus ; sur la gauche, un démon ailé sort de l'enfant.

- À droite de la nef, côté sud, ne manquez pas le **double portail de la sacristie**. Daté du XIIIe s., c'est le plus bel exemple de sculpture de l'édifice, tout à fait dans le style champenois. Le tympan de droite représente le Jugement dernier avec, dans les voussures, des scènes de la fin du monde, morts ressuscités, damnés partant en enfer... Le tympan de gauche est orné d'une Adoration de la Vierge. Les grandes statues sont celles des apôtres. Celle de saint Jacques, avec son bâton de pèlerin et son panier à coquilles, évoque la route de Compostelle.

- Le **chœur** et le **déambulatoire** sont les parties les plus anciennes de la cathédrale. Leur petite taille laisse penser que le projet initial était plus modeste que ce qui a été réalisé. La conception des voûtes communes au déambulatoire et aux chapelles rayonnantes rappelle la cathédrale de Soissons, tandis que les piliers à crochets et à feuillages autour du chœur évoquent celle de Reims.

■ Le cloître

Accès par la place Pasteur.

Ouv. de juin à sept. de 9 h à 12 h 30 et de 14 h à 18 h; d'oct. à mai de 9 h à 12 h 30 et de 14 h à 17 h.

De style gothique flamboyant, construit au XIVe s. le long du flanc sud de la cathédrale, c'est l'un des plus spacieux de France. Au Moyen Âge, il ne servait pas seulement au recueillement, c'était aussi le lieu de réunion des assemblées de quartiers ou de corporations. Il a perdu sa galerie nord lors de la restauration de la cathédrale au XIXe s.

- La galerie occidentale est plus ancienne que les autres (certaines fenêtres bouchées appartiendraient même à un cloître antérieur), mais l'ensemble dégage une grande élégance architecturale, avec de jolies baies ajourées de rosaces. Les tombeaux et dalles funéraires étaient ceux de notables de la ville (XIVe-XVIIIe s.).

▲ *La porte gauche du portail nord a conservé son magnifique heurtoir en bronze du XVe ou XVIe s.*

▲ *Bras nord du transept. À droite et à gauche, on voit nettement les trois niveaux d'élévation : arcades, triforium, fenêtres hautes ; au centre, voûte d'ogives, liernes et tiercerons.*

▲ *Galerie du cloître.*

▷ Le Petit Bayonne

PLAN B2

« L'autre quartier »

Sur la rive droite de la Nive, ce quartier très populaire fut concédé aux évêques comme zone franche en 1125. Vauban, dépêché pour fortifier Bayonne, l'engloba dans ses fortifications.

▲▼ *Ici, les maisons sont hautes et étroites, arborant volets et pans de bois colorés.*

■ Le refuge des exilés

Tout comme ceux du Grand Bayonne, les quais alignent de pittoresques maisons anciennes, quai Galuperie ou quai des Corsaires. C'est là que se réfugièrent un grand nombre de Basques espagnols chassés de leur pays par le franquisme. Les nationalistes basques y sont nombreux. Les murs en portent les fresques et les slogans.

- Il faut flâner dans les vieilles rues, celle des Tonneliers bordée d'arcades, ou la **rue du Trinquet**, qui a conservé, au n° 8, le plus ancien trinquet du Pays basque (Louis XIV y aurait disputé une partie de jeu de paume). Au Moyen Âge, nombre de ces rues étaient des canaux, comme de l'autre côté de la rivière.

- À l'**église Saint-André** (XIXe s.) sont célébrées des messes chantées en basque. En face, la forteresse du **Château-Neuf** fut construite entre 1460 et 1489, sous le règne de Charles VII, juste après la guerre de Cent Ans. Conçue et orientée pour surveiller la ville, elle dresse la masse imposante de ses énormes tours rondes, typiques des constructions médiévales. On peut faire un détour par les **remparts** et la **porte de Mousserolles**, aménagés en promenade. Ils donnent une idée de l'impressionnant dispositif défensif installé autour de la cité par Vauban.

La place Saint-André est un haut lieu des fêtes de Bayonne : c'est là que l'on procède, chaque année, début août, aux lâchers de vaches.

Le *Trinquet Saint-André* est ouvert de 8 h 30 à 22 h, sauf le dimanche. D'octobre à juin, chaque jeudi, à 16 h 30, on peut y assister à des parties de pelote à main nue.

▷ Le Musée basque

37, quai des Corsaires. PLAN B2

Ouv. de nov. à mars de 10 h 30 à 12 h 30 et de 14 h à 18 h ; d'avr. à oct. de 10 h à 18 h 30. F. lun. et j. fériés. Gratuit le 1er dim. du mois. ☏ 05 59 46 61 90. www.musee-basque.com ou www.euskal-museoa.com

Une idée ancienne

En 1897 naît l'idée d'ouvrir un musée ethnographique pour sauvegarder la mémoire des traditions basques. Il faut attendre 1922 pour que la ville de Bayonne propose de l'héberger dans la maison Dagourette. Des problèmes de structure du bâtiment et de sécurité entraînent sa fermeture pour travaux en 1989. Ce n'est qu'en 2001 que le nouveau concept se révèle au public.

▲ *Construite au XVIe s. pour un riche marchand, la maison Dagourette (à droite) fut occupée par un couvent puis un hôpital, avant d'abriter le Musée basque en 1922.*

■ Mémoire d'une identité

Officiellement nommé « Musée basque et de l'histoire de Bayonne », ce lieu a pour ambition de donner un aperçu de l'évolution culturelle, sociale et économique du Pays basque. À travers vingt salles thématiques, on découvre l'organisation de la société basque, ses traditions, le rôle du port de Bayonne et les particularités de sa population.

■ Les thèmes de la visite

Le rez-de-chaussée, outre la collection de stèles discoïdales, se consacre à la **vie rurale**. Après un diaporama et une ambiance sonore, des vitrines exposent des outils agricoles liés à la montagne, à l'agriculture et à l'alimentation. On y voit par exemple les instruments servant à fabriquer le chocolat.

- Au premier étage, trois autres aspects sont abordés. La **vie domestique** est présentée à travers le mobilier, l'agencement de la maison et les artisanats traditionnels : fabrication des espadrilles, des *makilas*, tissage… On mesure l'importance des costumes, des foires, des marchés. La **vie maritime et fluviale** est évoquée grâce à la pêche, la navigation, la construction navale et les aménagements successifs du port de Bayonne, illustrés par une passionnante maquette. Enfin, la **vie économique** recouvre le commerce et l'histoire des armateurs.
- Le deuxième étage aborde la **vie religieuse**, les chapelles, les processions et les rites particuliers, comme ceux qui entourent le deuil. La **vie sociale** est retracée par la musique, la danse et toutes les variantes de la pelote basque. Objets, peintures et films permettent de comprendre comment on joue, mais aussi comment on fabrique une pelote ou un chistera. Enfin, une dernière section est dévolue à l'**histoire régionale** et ses particularités : les *fueros*, l'apport de la communauté juive et la renaissance de l'identité basque.

Bonnes adresses

François Miura, 24, rue Marengo. ☏ 05 59 59 49 89. Ici l'on peut goûter aux saveurs basques et découvrir les fantaisies culinaires d'un chef qui prépare à merveille le pigeon ou les coquilles Saint-Jacques.

Pierre Ibaïlde, 41, rue des Cordeliers. ☏ 05 59 25 65 30. Il faut visiter l'atelier et le séchoir à jambon de cet artisan conservateur-salaisonnier, spécialisé dans la préparation du célèbre jambon de Bayonne et du foie gras. On peut même déguster gratuitement…

Le musée Bonnat

Construit à la fin du XIXe siècle par l'architecte Planckaert pour héberger les collections de peinture de la ville, ce musée a pris le nom de son plus généreux donateur, Léon Bonnat, né à Bayonne en 1833. Cinq mille œuvres y sont conservées, issues de toutes les écoles européennes. Les artistes espagnols et français sont particulièrement bien représentés.

5, rue Jacques-Lafitte. PLAN B2

Ouv. de mai-juin à sept.-oct. de 10 h à 18 h 30, sauf mar. et j. fériés; en juil. et août t.l.j. de 10 h à 18 h 30, nocturne gratuite le mer. de 18 h 30 à 21 h 30; de nov. à avr. de 10 h à 12 h 30 et de 14 h à 18 h, sauf mar. et j. fériés. Cabinet de dessins sur demande écrite préalable. ☏ 05 59 59 08 52. Gratuit le 1er dim. du mois.

▲ *Le point fort du musée est le cabinet de dessins, inestimable collection de 1 800 esquisses de toutes les écoles du XVe au XIXe s. Michel-Ange y côtoie Léonard de Vinci ou Watteau. Ici,* La Famille Guille *de J. A. D. Ingres.*

Les antiquités égyptiennes, grecques et romaines sont présentées au sous-sol.

■ Un esthète reconnaissant

Portraitiste attitré des hommes de pouvoir de la IIIe République, apprécié des milieux riches et influents de la capitale, Léon Bonnat décide de consacrer une partie substantielle de sa fortune à former une collection d'objets d'art. Celle-ci réunit près de 400 tableaux, plus de 600 sculptures et 1 800 dessins, pour la plupart de très grande qualité. Très tôt, il décide de les léguer à sa ville, qui avait financé ses études aux Beaux-Arts. À ces collections se sont ajoutés d'autres legs et donations au cours du XXe s. Les œuvres sont présentées par thèmes.

■ Les primitifs

La salle regroupe des œuvres de l'école aragonaise (*Saint Martin* de la fin du XVe s.) et de l'école de Valence (*Adoration des Mages*, du XVe s.), ainsi que plusieurs beaux primitifs italiens dont un triptyque de la Vierge, du XIVe s., par un atelier de Florence. Cet ensemble est complété par une plaque en émail champlevé d'un atelier de Limoges, du XIIe s., et un ensemble d'ivoires du XIIIe s.

▲ *J. A. D. Ingres,* La Baigneuse *(1807).*

L'école anglaise n'est pas en reste, avec Joshua Reynolds, Thomas Lawrence, William Etty ou John Constable.

■ L'Europe aux XVIIe et XVIIIe siècles

On pourra admirer une collection unique d'esquisses de **Rubens**, peintes en préparation de plusieurs tapisseries sur la vie d'Henri IV, ou des allégories pour le roi d'Espagne, comme celle d'*Élie recevant de l'ange du pain et de l'eau*. Chacune des esquisses travaille un thème tiré des *Métamorphoses* d'Ovide et met en scène deux personnages (Psyché et l'Amour, Apollon et Daphné…).

Van Dyck est bien représenté par cinq tableaux, notamment des études en grisaille. Pour l'école française, on remarque une étonnante toile ronde de Simon Vouet figurant la *Charité romaine* et surtout une trentaine de **sculptures en terre cuite** du XVIIIe s., marquant le goût pour le néoclassique, comme *Le Retour du chasseur* par Clodion ou *L'Amour adolescent* par Julien.

La peinture espagnole

De Goya, ne manquez pas le portrait saisissant de *Don Francisco de Borja*, un *Autoportrait* et une esquisse pour la *Dernière communion de San José de Calasanz*. À voir aussi, les portraits du *Duc de Benavente* ou du *Cardinal don Gaspar de Quiroga* du **Greco**, ou encore les œuvres de **Murillo**, **Ribera**. Après avoir passé une partie de sa jeunesse à Madrid, où il avait débuté ses études artistiques au musée du Prado, Bonnat est resté particulièrement sensible à la peinture espagnole, et ses choix ont été profondément influencés par cette éducation.

Le XIXe siècle

De son siècle, Bonnat retint surtout l'œuvre de Jean Auguste Dominique **Ingres**, qui le passionna au point d'acquérir une dizaine de tableaux et 95 dessins. La plus célèbre des œuvres conservées au musée est certainement *La Baigneuse* (1807), prélude à la série des scènes des bains turcs.

Il ne négligea pas pour autant les études de **Géricault** *(Tête de négresse, Quatre jockeys, Cheval alezan doré...)*, ni des peintres comme Delacroix, Corot, Degas, ou Puvis de Chavannes. On verra également des œuvres des **impressionnistes** et des Nabis (Eugène Boudin, Armand Guillaumin, Maurice Denis...). L'œuvre de Bonnat lui-même occupe naturellement une place de choix. On distingue deux périodes. Les œuvres de jeunesse, conservées dans la **galerie Bonnat**, sont celles qui lui valurent la bourse de la ville pour aller étudier à Paris – *La Résurrection de Lazare*, notamment, obtint le 2e grand prix de Rome en 1857. L'époque de ses succès parisiens est représentée par quelques-uns de ses plus saisissants portraits – *Madame Stern, Madame Cahen*, le sculpteur *Barye* ou même *Job*...

▲ *Francisco Goya,*
Autoportrait.

Dans la salle des panneaux réserves coulissants qu'il pourra tirer pour voir les œuvres de près, ou dans le cabinet des miniatures où il pourra ouvrir les tiroirs, le visiteur est invité à découvrir par lui-même tous les secrets du musée.

▼ *Le mur des portraits permet au visiteur de comparer les techniques et les styles adoptés par les différents artistes au cours des siècles.*

Les murs « réserves »

Une nouvelle organisation du musée a permis de présenter trois fois plus d'œuvres qu'auparavant, en les exposant de façon très rapprochée : les nus et les académies, les allégories, les scènes de genre, les figures d'études et les portraits, les animaux, l'histoire du Christ, de la Vierge et des saints, les scènes de la Bible et la mythologie. Sur les cinq mille œuvres conservées, 1/10 est présenté sur trois niveaux. Celles en réserve sont exhibées lors d'expositions temporaires ou prêtées à d'autres musées, et toujours accessibles aux chercheurs et étudiants qui en font la demande.

▼ *En hiver, Bayonne bénéficie d'une lumière exceptionnelle.*

▷ Le quartier Saint-Esprit

PLAN B1

Un quartier cosmopolite

Campé sur la rive nord de l'Adour, ce faubourg créé au XIIe s. est depuis toujours le quartier populaire de la ville, celui qui accueillait traditionnellement les étrangers ou les immigrants. Il a conservé une atmosphère cosmopolite et colorée grâce à ses nombreux restaurants espagnols, marocains ou chinois.

Depuis la fermeture des anciennes arènes de Saint-Esprit, les arènes municipales se trouvent à l'ouest du centre-ville, avenue des Fleurs. De style mauresque (1923), elles méritent une visite, même si vous n'êtes pas adepte de la corrida. Il faut savoir que les corridas de Bayonne sont parmi les plus prestigieuses du monde tauromachique.
Du lun. au ven. de 9 h à 12 h et de 14 h à 17 h, sauf en juil. et août, saison des corridas, gratuit.

■ Des moines aux Juifs portugais

Les moines de l'ordre hospitalier du Saint-Esprit furent les premiers à s'installer dans ce quartier pour ouvrir un **hospice** sur la route de Compostelle. Le XIIe s. marque l'apogée du grand pèlerinage, et les visiteurs sont nombreux à faire escale à Bayonne avant d'affronter le périlleux passage vers l'Espagne (les montagnards basques ont alors une terrible réputation !). L'hospice était une étape sur le chemin des Anglais qui longeait le littoral des Landes – certains pèlerins venus du nord arrivaient en effet par la mer. À cette époque, le faubourg résonne déjà de multiples langues. À partir de 1550, les Juifs chassés de la péninsule Ibérique arrivent à Bayonne. Comme ils n'ont pas le droit de s'installer dans la ville même, qui est sous la protection de la Vierge, on les oriente vers ce quartier. La désignation de « nation portugaise » vient du fait qu'une grande partie d'entre eux arrive du Portugal. Le nom leur restera jusqu'à leur reconnaissance comme citoyens, après la Révolution. Ils s'intègrent très bien, introduisent la chocolaterie et les boutiques d'apothicaires. Beaucoup sont banquiers et financent les armateurs ; d'autres, négociants, entrent dans le grand commerce.

Les peñas bayonnaises

Sortes d'associations festives régies par la loi de 1901 et dédiées à l'organisation des fêtes, les peñas *(une soixantaine à Bayonne) préparent très sérieusement les joyeusetés auxquelles se livrent leurs adhérents : faire du sport, manger, boire, danser, chanter… Elles sont, bien sûr, particulièrement actives pour les Fêtes de Bayonne.*

► *En 1125, le pont Saint-Esprit vient relier le quartier du même nom au vieux bourg.*

La place de la République et l'église Saint-Esprit

C'est l'ancien centre du bourg, avec l'hospice et la **fontaine** où les porteurs d'eau venaient se ravitailler avant que la ville ne possède l'eau courante. Le quartier a donc revêtu très tôt une grande importance, d'autant que la population juive s'enrichissait et faisait construire de belles demeures aux alentours.

◄ *Église Saint-Esprit,* La Fuite en Égypte. *Marie et l'Enfant Jésus sont représentés grandeur nature.*

- Lorsque Louis XI vient à Bayonne, il finance l'agrandissement de l'**église Saint-Esprit** et en fait une collégiale en 1464. La nef centrale est très large, et les bas-côtés exceptionnellement étroits sont de style gothique du XVe s. La voûte de l'abside (XVe-XVIe s.) surprend par les entrelacs complexes des arcs, des ogives et des rosaces, marques du gothique finissant. Le retable en bois sculpté, de style baroque, fut ajouté au XVIIe s. Mais surtout, on ne manquera pas la **sculpture en bois polychrome** datée du XVe s., située dans le bas-côté gauche de la nef et figurant *La Fuite en Égypte*.

À 11 h 30, chaque 2e dimanche du mois, entre octobre et juin, vous pouvez assister à des danses basques place d'Albret, dans le quartier Saint-Esprit.

De la rue Maubec à la citadelle

Quittez la place de la République vers la gare en empruntant la rue Maubec.

Rue Maubec, en face de la synagogue construite à partir de 1803, on notera une très belle maison dont la coquille gravée sur le linteau atteste qu'elle offrait le gîte aux pèlerins de Compostelle.
- Sur la droite, la petite **rue Tombeloli** (« verse de l'huile ») rappelle que les Juifs avaient le monopole du commerce de l'huile jusqu'au XVIIIe s. Elle mène par des escaliers au site du tout premier cimetière juif, et aux bains rituels (fermés à la visite).
- Sans grand intérêt, la gare évoque toutefois les frères Pereire, banquiers de Napoléon III, dont la famille est du quartier. Lorsque le chemin de fer arrive à Bayonne, ils s'arrangent pour installer la gare sur des terrains familiaux... Comme le quartier possède déjà les abattoirs et les arènes, les Bayonnais en profitent pour demander son rattachement à leur ville : en effet, à la Révolution, Saint-Esprit s'était rebaptisé « commune Jean-Jacques Rousseau » et dépendait du département des Landes !
- Dominant le faubourg, la **citadelle** édifiée par Vauban à la fin du XVIIe s. fait partie de l'ensemble des fortifications qui protégeaient la ville. Son plan en étoile, avec ses bastions et ses courtines, est typique de l'architecture militaire de l'époque. C'est aujourd'hui une base militaire.

Le cimetière juif abrite les familles de nombreux personnages éminents. Pierre Mendès France ou Laurent Fabius y ont ainsi des connexions.

Corridas et férias

Les lâchers de taureaux et de vaches dans les rues existaient déjà au Moyen Âge. On sait aussi qu'une course de taureaux fut organisée en l'honneur du petit-fils de Louis XIV en route pour devenir roi d'Espagne. La première corrida espagnole produite en France se déroula à Bayonne en 1853, pour l'impératrice Eugénie. Aujourd'hui, la tradition perdure durant les Fêtes de Bayonne, début août. Courses de vachettes sur la place Saint-André, défilés colorés et corridas dans les arènes municipales en font l'une des férias les plus animées et pittoresques du Pays basque.

Les environs de Bayonne

Zone frontière entre les Landes et les premières collines, Bayonne et ses alentours s'étendent au cœur d'un paysage étonnamment varié : plaine marécageuse peuplée d'oiseaux, belvédère regardant la ligne des Pyrénées, immenses vagues de l'Atlantique…

Au nord de Mouguerre, la belle église de Lahonce a conservé son portail roman, son clocher-calvaire et un mobilier typique en boiseries sculptées.

▲ *Cette partie de l'Adour subit encore les marées ; lorsque le niveau baisse, les vasières attirent un grand nombre d'oiseaux.*

■ La Croix de Mouguerre

Sortir de Bayonne vers l'est par la D 312 en direction d'Hasparren, puis bifurquer aussitôt vers Mouguerre.

Cette paisible bourgade domine l'Adour de ses collines ; de la route, magnifique panorama sur le massif de la Rhune et les Pyrénées, sur l'Adour et la Nive, et l'agglomération de Bayonne jusqu'à l'Océan. En décembre 1813, le **plateau de Mouguerre** fut le théâtre d'une bataille mémorable entre les troupes anglaises de Wellington et celles du maréchal Soult. Le monument aux morts rappelle à travers une chronologie toutes les batailles qui firent rage à l'époque au Pays basque.

■ Les berges de l'Adour

Regagner les berges de l'Adour via Lahonce et suivre la D 261 vers l'est et le village d'Urt.

On découvre ici le paysage typique des **barthes**, ces terres inondables composées de prairies humides et de roselières. Autrefois, toute la production des villages alentours – bois, sel gemme des environs de Briscous – était acheminée vers Bayonne par des bateaux à fond plat, les **galupes**. Ce milieu fragile mais très riche abrite quelques espèces animales rares comme la cistude, une tortue aquatique vivant surtout dans la vase, ou le vison d'Europe. Un **sentier piétonnier** permet de longer la berge à partir du village d'Urt, en revenant vers Bayonne.

Traverser l'Adour à Urt et descendre vers Bayonne par la rive droite.

■ L'embouchure de l'Adour

De Bayonne, quitter la gare en suivant le plus possible la berge nord du fleuve. On peut aussi emprunter la rive sud en direction de La Barre et d'Anglet par la côte.

Après la **zone portuaire industrielle**, le parking de la grande digue construite à l'embouchure de l'Adour offre une belle vue sur l'Océan, les digues bâties au cours des siècles pour fixer l'estuaire et la célèbre **barre de l'Adour** : lorsque le débit du fleuve se heurtait à la marée montante, une énorme vague venait affecter l'écoulement de l'eau douce et provoquait l'apparition de bancs de sable qui finissaient par boucher la rivière, l'obligeant à trouver une autre embouchure. La construction des digues nord puis sud a enrayé ce phénomène.

Bonne adresse

Relais Linague, chambres d'hôtes, chemin Linague, Urcuit. ☏ 05 59 42 97 97. À une quinzaine de kilomètres de Bayonne, non loin de l'Adour, cette jolie ferme du XVIIe s. propose des chambres à la décoration raffinée et un accueil plein de gentillesse, à prix très raisonnable.

Le jambon de Bayonne

On retrouve la trace de cette célèbre spécialité au Moyen Âge. Devenu un produit de grande consommation, normes de qualité et label obligent, sa production et sa fabrication sont très réglementées, même si le produit perd parfois en poésie.

Au temps des cathédrales

Les Bayonnais vous diront que le jambon de Bayonne existe depuis toujours ou presque. De fait, le portail de la cathédrale Sainte-Marie présente au nombre de ses sculptures imagées un petit charcutier courant après le cochon pour le tuer. Rabelais nous raconte que son Grangousier « mangeait volontiers salé, et [...] avait ordinairement bonne munition de jambons de Mayence et de Bayonne ». Par la suite, les rois et les puissants goûtèrent aussi le savoureux jambon, à commencer par Henri IV, bien sûr, en bon voisin béarnais...

Pendu sous la poutre

On frotte le jambon avec du sel gemme du bassin de l'Adour (Briscous ou Salies) et du piment d'Espelette, puis on le recouvre d'une couche de sel et on le met au frais vingt jours au saloir. Après l'avoir rincé et essuyé, on le pend dans la souillarde, pièce bien aérée, à basse température, où il commence à sécher. La maturation et le séchage doivent se faire à l'air libre pour lui donner toute sa saveur et son moelleux : c'est pourquoi granges, greniers ventilés et balcons profonds abritent traditionnellement les jambons, pendus aux poutres. Pour que le séchage soit plus doux, on peut les panner, en leur appliquant une couche de graisse de porc mélangée à de la farine.

Rentrer dans la norme

Le temps de la tuée du cochon dans la cour de la ferme au plus fort de l'hiver est depuis longtemps envolé. Pour mériter l'appellation « jambon de Bayonne », le produit doit répondre à des normes précises, même si elles sont parfois surprenantes. Ainsi, les cochons doivent être élevés dans le Sud-Ouest, mais cela inclut des départements bien loin de Bayonne – vingt-deux en tout, allant jusqu'à la Haute-Vienne ou le Cantal ! La zone admise pour la salaison est plus restreinte (du bassin de l'Adour aux Pyrénées). Les principes traditionnels sont respectés, mais accommodés aux besoins semi-industriels, notamment pour répondre à la demande de la grande distribution.

▲ *Chaque année, à Pâques, une grande foire au jambon se tient à Bayonne, sur la place du Réduit. C'est le moment de goûter la différence entre les jambons industriels et ceux que les petits charcutiers de campagne auront amoureusement fait sécher pendant près d'un an...*

Bonnes adresses

Charcuterie Montauzer, rue de la Salie. ☏ 05 59 59 07 68.
Charcuterie Lambure, 73, rue d'Espagne. ☏ 05 59 59 00 43.
Ces deux artisans de Bayonne bénéficient du label Ibaïona, le plus prestigieux de l'appellation, garant de la meilleure qualité.

▲ *Sept mois minimum sont nécessaires pour sécher un jambon, mais la moyenne est de dix mois, voire une année entière pour les plus gros.*

Anglet

CARTE P. 93

Office de tourisme : 1, avenue de la Chambre-d'Amour. ☏ 05 59 03 77 01. Aéroport de Bayonne-Anglet-Biarritz. ☏ 05 59 43 83 83. www.anglet-tourisme.com

L'extension de Bayonne le long de l'estuaire et celle de Biarritz vers l'intérieur des terres constituent désormais, de part et d'autre d'Anglet (attention, on prononce le *t* final !), un pôle urbain ininterrompu. Bordant le littoral au sud de l'estuaire de l'Adour, la commune a largement profité de l'essor de ses voisines.

► *Enseigne de l'atelier de Jean-Louis Gonzales, fabricant de pelotes basques.*

La plage des Sables-d'Or est la plus populaire auprès des surfeurs et body-boarders. Attention, par grande houle d'ouest, les vagues sont énormes et les courants violents.

▲ *La plage de la Chambre d'Amour. L'accès à la grotte est libre.*

Amants noyés

Au pied du cap Saint-Martin, la grotte de la Chambre d'Amour garde le souvenir d'amours contrariées. Oura et Hédéra s'aimaient d'amour tendre, mais leurs familles ne voyaient guère leur histoire d'un très bon œil. Désespérés, ils s'enfuirent et se cachèrent dans la fameuse grotte. Surpris par la marée montante, ils se noyèrent. Leur aventure fit rêver les belles alanguies comme la reine Hortense ou la duchesse de Berry. Rebaptisée Chambre d'Amour, la grotte devint un lieu de promenade.

■ Entre industrie et tourisme

Le caractère très différent de Bayonne et Biarritz apporte à Anglet des atouts complémentaires. À elles trois, elles composent le district urbain Bayonne-Anglet-Biarritz (BAB). Des efforts sont faits pour équilibrer les pôles d'activités. Certes, Biarritz reste le grand centre touristique, mais l'afflux croissant de visiteurs a bénéficié à sa voisine, dont les longues plages et les infrastructures plus modestes ont attiré une clientèle plus large et plus jeune. Elle est même une vraie rivale dans le domaine du surf !

- La construction du **golf de Chiberta** près de la belle pinède, d'un centre de thalassothérapie, d'une patinoire et l'aménagement de nouveaux quartiers résidentiels haut de gamme ont conquis les vacanciers les plus exigeants, découragés par l'agitation biarrote. De la ville industrielle, elle a récupéré des entreprises modernes et performantes – l'unité de Dassault Aviation par exemple. Le port de soufre est situé à l'embouchure du fleuve, qui reste la zone la plus industrialisée. Enfin, c'est sur le territoire de la commune qu'est implanté l'aéroport.
- Les amateurs d'architecture visiteront la **mairie**. Construite en 1938 par l'architecte biarrot W. Marcel dans un style néo-espagnol, ses masses harmonieuses, son patio, ses balcons et son décor d'azulejos évoquent un certain art de vivre. Sur la place, l'**église Saint-Léon** (XVIe s.) possède une double rangée de galeries de bois.

■ Un collier de plages

L'atout majeur d'Anglet est son littoral, le seul du Pays basque à compter autant de longues plages de sable (5 km en tout). Adossées aux dunes plantées de pins (jolie promenade à faire dans la forêt du Lazaret), elles se succèdent depuis l'embouchure de l'Adour, marquant la fin du plateau landais. Du sommet de la dune, la vue sur l'Océan est époustouflante par gros temps, lorsque le vent agite les embruns en un épais brouillard salé. La pointe Saint-Martin, repérable à son phare, marque le début des falaises.

Biarritz

Considérée longtemps comme « la plage des rois », Biarritz perpétue l'écho des villégiatures mondaines, des villas princières, des salles de casino où se retrouvent les puissants et, plus récemment, des surfeurs bronzés et des adeptes de thalassothérapie. Époustouflant mariage d'architectures folles ou pompeuses, entrelacs de plages, de falaises et d'îlots, temple du commerce de luxe, la belle ne cesse d'attirer les touristes de toutes nationalités et demeure l'une des stations balnéaires les plus mythiques de France.

PLAN P. 112

Office de tourisme : 1, square d'Ixelles. ☎ 05 59 22 37 10.
www.biarritz.fr
www.ville-biarritz.fr

INCONTOURNABLES

En attendant les vacanciers...

Si au Moyen Âge la localité de Bearriz connaît une certaine prospérité grâce à la pêche, à partir du XVe s., les bancs de baleines se raréfient et les pêcheurs doivent partir beaucoup plus loin. À l'époque, les rois se rendent plutôt à Bayonne et à Saint-Jean-de-Luz. Le renouveau de la cité se fera à la fin du XVIIIe s., quand le romantisme et la mode des voyages commencent à attirer les citadins au bord de la mer. La vogue des bains de mer amène des centaines de riches villégiateurs en quête d'aventure et d'excitation. En 1808, Napoléon y vient en vacances avec Joséphine; en 1828, la duchesse de Berry soupire à la Chambre d'Amour (le rocher où elle s'est assise s'appelle le Trou de Madame...). D'autres célébrités découvrent son charme : Flaubert, Stendhal, Victor Hugo qui y vient avec sa maîtresse Juliette Drouet... Mais le coup d'envoi le plus décisif est dû aux séjours d'Eugénie de Montijo, future épouse de Napoléon III. En 1854, le couple impérial y fait construire la villa Eugénie, qui deviendra leur résidence d'été.

La *dolce vita* atlantique...

Biarritz attire nombre de Madrilènes venus chercher la fraîcheur océane. Rois, reines, princes, riches banquiers, écrivains et artistes célèbres vont consacrer la station. Durant la Belle Époque, la présence des têtes couronnées de toute l'Europe va drainer la clientèle britannique, espagnole et allemande, sans oublier les nobles russes chassés de leur pays par la révolution. Les acteurs et les couturiers des Années folles viennent à Biarritz pour se faire voir. Charlie Chaplin, Buster Keaton, Douglas Fairbanks, Gloria Swanson côtoient Lanvin, Jean Patou ou Coco Chanel... Les fêtes les plus brillantes se succèdent et les villas imposantes poussent comme des champignons. Les grandes marques ouvrent de somptueuses boutiques. La crise boursière de 1929 tempérera un peu ces excès, mais la station reste populaire dans la bonne société européenne. Ses charmes séduisent même des hommes politiques du Front populaire : Léon Blum y vient en cure héliomarine!

La fin d'un rêve?

La guerre sonne le glas de cette époque. Les Allemands bétonnent la côte avec le mur de l'Atlantique, palaces et villas sont désertés. Après la guerre, les nouveaux riches investissent la station, mais les couturiers et les artistes ne l'ont pas abandonnée – Frank Sinatra y fait une apparition remarquée. Les congés payés ouvrent la voie d'un nouveau tourisme plus démocratique, familial et sportif. Biarritz a perdu de sa superbe mais elle a gardé une élégance un peu désuète, au charme suranné, désormais animée par les golfeurs et les surfeurs.

▷ Première approche...

Une topographie fantaisiste

En arrivant à Biarritz, on est déconcerté par son plan un peu anarchique, son relief accidenté et le lacis compliqué des avenues bordées de villas. La meilleure façon de se repérer est d'organiser sa visite à partir de la mer et de la Grande Plage, point d'arrivée obligé pour tous les visiteurs.

Bonnes adresses

La Ferme de Biarritz, 15, rue d'Harcet. ☏ 05 59 23 40 27, www.fermedebiarritz.com. Chambres d'hôtes de charme dans une authentique ferme du XVIIe s., avec un grand jardin et une déco sobre et aérée, très « vacances ». Prix doux pour la région. À 10 mn à pied de la plage d'Ilbarritz.

Château du Clair de Lune, 48, avenue Alan-Seeger. ☏ 05 59 41 53 20. www.chateauduclairdelune.com. Dans un parc arboré, cette gentilhommière du début du XXe s. et son « pavillon de chasse » proposent de belles chambres aux hauts plafonds. Aux beaux jours, on prendra son petit déjeuner en terrasse.

■ Le phare

Marquant la limite de Biarritz, le **phare de la pointe Saint-Martin** offre un superbe panorama (il vous en coûtera 248 marches !) qui permet de se faire une excellente idée du profil de la côte : au nord, le littoral d'Anglet et ses plages de sable s'étendent jusqu'à l'Adour et au-delà vers les Landes ; au sud, la plage Miramar est dominée par l'hôtel du Palais et la Grande Plage, avec son énorme casino, précède le semis d'îlots rocheux et le Rocher de la Vierge. En redescendant, une succession d'escaliers aménagés dans les rochers mène à la mer. C'est dans une grotte des environs que furent découverts des vestiges humains de plus de 50 000 ans.

▲ *Construit en 1834, le phare de Biarritz se dresse à 44 m de haut et pas moins de 73 m au-dessus de la mer.*

■ De villa en villa

En flânant dans les rues environnantes, on découvrira l'un des patrimoines les plus attachants de Biarritz, les **villas** aux architectures éclectiques. Tous les styles sont représentés dans un petit périmètre.

- Tout près du phare, dans la rue d'Haïtzart, la **villa Etche-Pherdia** fut construite en 1895 dans le style néo-basque. Sur l'avenue du Maréchal-MacCroskey, qui joint Biarritz à Anglet, la villa Velleda (au n° 2) présente un bossage rustique tandis que la villa Marie-José (n° 3) est de style néo-espagnol.
- En redescendant vers Biarritz, l'**avenue de l'Impératrice** aligne les plus belles. Les architectes, à qui l'on demandait souvent de rivaliser, ont fait assaut d'imagination, mariant le bois, le fer forgé, les balustres, les toits débordants, les balcons, les baies arrondies, pour aboutir au style néo-régionaliste en vogue au début du XXe s. Au n° 58, la villa Paz s'inspire ainsi de l'Espagne ; aux n°s 54 et 34, on retrouve ce pittoresque mélange de styles. Plus loin, au n° 18, la **villa Cyrano**, dite aussi « maison Labat », est considérée comme le chef-d'œuvre de l'architecte Huguenin ; à l'origine 100 m plus bas, elle fut reconstruite en 1901. On notera ses gracieuses fenêtres et son jeu de balcons alternativement ouverts et couverts, aux garde-corps en pierre et fer forgé typiques de l'époque. Au n° 13, la villa Mirasol, avec son beau vitrail de façade, fut bâtie en 1907 pour le couturier O'Rossen. La villa Édouard VII, au n° 9, privilégie le style anglo-normand en vogue dans les années 1930, un autre style régional très populaire pour les maisons de vacances.
- À l'angle avec la rue des Vagues, qui compte aussi plusieurs belles demeures, la **villa Casablanca** (1922-1923), aux formes cubiques et aux auvents de tuiles vertes, est l'œuvre de G. Tronchet. Elle fut occupée par le couturier Paul Poiret.

THERMES MARINS BIARRITZ THALASSOTHERAPIE

▲ *Les thermes de Biarritz attirent beaucoup de vacanciers en quête de calme et de bien-être.*

Bonne adresse

Restaurant *Les Platanes*, 32, avenue Beausoleil. ☏ 05 59 23 13 68. Dans son agréable villa, à l'écart du centre, le chef Arnaud Daguin met en valeur avec audace la qualité irréprochable de ses produits.

▲ *Au 15, avenue de l'Impératrice, la villa de la Roche-Ronde dresse fièrement ses tourelles et échauguettes néo-médiévales, réalisées en pierre grise de Bidache.*

- Côté campagne, faites un tour par les rues perpendiculaires à l'avenue pour découvrir d'autres villas aussi originales : la villa Sacha (1900), au n° 9 de la rue de la Frégate; aux nos 21 et 30 rue Lavigerie, les villas Pompéia ou Les Sirènes (1909), ou encore, rue Sarasate, la villa Manon et la villa Titania.

- Au carrefour de l'avenue de l'Impératrice et de la rue de Russie, un dôme bleu vif signale l'**église orthodoxe Saint-Alexandre-Nevski**, construite à la fin du XIXe s. sur l'initiative du prince Wolkonsky, grâce au financement de l'importante communauté russe de Biarritz. En face, l'**hôtel du Palais** a remplacé la villa Eugénie construite pour le couple impérial. Le domaine occupait alors un vaste plateau face à la mer et comptait, outre la villa, un parc spacieux, un potager et des communs. À la mort de l'empereur, Eugénie cessa de venir à Biarritz et vendit la propriété. Transformée en hôtel, elle fut ravagée par un incendie en 1903. L'édifice actuel, en brique et pierre, date donc du début du XXe s. L'hôtel de luxe actuel a conservé une bonne partie de son décor Belle Époque.

■ Le tour des plages

De magnifiques demeures, dont la **villa Bégonia**, fréquentée par la famille Rostand, donnent sur la plage Miramar. Au large, dans la baie, on voit à gauche l'îlot de la Roche-Ronde et, près du cap Saint-Martin, plus grand, celui de la Frégate.

- Autrefois nommée plage des Fous car on y faisait baigner les aliénés au XVIIIe s., la **Grande Plage** s'étend en demi-cercle de l'hôtel du Palais au promontoire de Bellevue. Au centre, le casino municipal, de style Art déco, fut édifié en 1924. Une jolie promenade permet de longer le rivage en surplombant la mer.

- Repérable à sa rotonde imposante, le **casino Bellevue** a été remanié à plusieurs reprises et marie les styles Empire et Art déco. De la promenade bordée d'hortensias, on a une vue d'ensemble sur les plages et le semis de rochers laissés par l'érosion après les effondrements successifs des falaises.

▲ *L'église Sainte-Eugénie abrite de très belles orgues dues au facteur Merklin (Grand Prix hors concours à l'Exposition de 1900).*

- On atteint ensuite la place Sainte-Eugénie. En contrebas, le charmant **port des Pêcheurs** a remplacé celui de l'Atalaye vers 1780. C'est Napoléon III qui décida de l'agencement de l'ensemble, avec bassins à digues reliant plusieurs rochers entre eux. L'église bâtie au-dessus du port est dédiée à Notre-Dame-du-Bon-Secours, protectrice des marins.

- La promenade se poursuit sous les tamaris vers le **plateau de l'Atalaye**, d'où l'on guettait les baleines. Aujourd'hui, on y vient surtout pour la vue splendide sur les plages, les rochers et les belles villas 1900. Venez-y à la nuit tombante, pour les douces lumières du soir, puis pour les **éclairages nocturnes** sophistiqués qui mettent en valeur l'ensemble du front de mer.

■ Le musée de la Mer

Esplanade du Rocher de la Vierge. PLAN A1

Ouv. t.l.j. de 9 h 30 à 12 h 30 et de 14 h à 18 h. Fermé le lun. de nov. à mars sauf vacances scolaires. Ouv. sans interruption pendant les vacances de fév. et de Noël, les w.-e. et j. fériés en mai ; jusqu'à 19 h pendant les vacances de Pâques, en juin et sept., et jusqu'à minuit en été. Compter entre 1 h 30 et 3 h de visite. ☏ 05 59 22 75 40. www.museedelamer.com

Construit en 1935 dans le style Art déco, voici le lieu idéal pour comprendre le littoral. La vie aquatique du golfe de Gascogne est expliquée en détail, de même que l'équilibre naturel du monde océanique. Deux grands thèmes sont proposés : « La vie marine » et « L'homme et la mer ».

- Au sous-sol, les **aquariums** offrent une vision complète du milieu marin : poissons, plantes aquatiques, crustacés, mollusques.
- Au niveau 1, on découvre le monde des cétacés, la plongée, les techniques de pêche, notamment à travers des maquettes, des dioramas et une animation audiovisuelle interactive. Au niveau 2, sensations fortes assurées avec la **grotte des squales**... et plus douces avec la vision subaquatique des phoques.
- Enfin, la terrasse accueille la galerie ornithologique, qui présente près de 270 espèces d'oiseaux, et surtout le **bassin des phoques**, où l'on ne manquera pas le spectacle de l'heure des repas (10 h 30 et 17 h).

La pêche à la baleine

Dès l'époque préhistorique, les grottes des falaises ont servi d'abri aux chasseurs et pêcheurs nomades. En 1186, une charte fait référence à une localité du nom de Bearriz. Le village principal était établi à l'intérieur des terres, autour de l'église Saint-Martin, mais la pêche à la baleine étant la première activité des habitants, un second hameau s'installa auprès du port. Depuis le plateau de l'Atalaye, des guetteurs surveillaient l'arrivée des bancs et avertissaient les pêcheurs en allumant un feu. Les baleines étaient tuées au harpon, tirées sur le sable puis dépecées – la langue était traditionnellement réservée à l'évêque.

■ L'emblème de la ville

PLAN A1/A2

En face du musée, le **Rocher de la Vierge** est relié à l'esplanade par une passerelle métallique construite par les ateliers d'Eiffel – inaccessible par gros temps. En 1865, on installa au sommet du rocher une statue de la Vierge achetée à l'exposition franco-espagnole de Bayonne. De la passerelle, on aperçoit la plage du Port-Vieux, bien abritée dans l'anse des falaises.

▲ *Telle une vigie, la villa Belza semble défier les océans.*

- Au-delà, la promenade se poursuit le long des éperons rocheux du promontoire du Halde, et passe près de l'un des symboles de l'art de vivre biarrot : « le nez dans la mer », la **villa Belza** (1880-1895) se dresse sur les rochers. Elle est l'œuvre de l'architecte Alphonse Bertrand. Les falaises laissent ensuite place à la **côte des Basques**, où des plages de sable mènent à Ilbarritz et Bidart.

Bonne adresse

Pâtisserie-confiserie Paries, 27, place Clemenceau. ☏ 05 59 22 07 52. Les gourmands succomberont aux tourons de toutes les couleurs, aux mouchons (petits macarons d'une rare finesse), aux chocolats et autres délices en pâte d'amandes aux formes les plus surprenantes.

▲ *L'ancienne gare du Midi abrite aujourd'hui le palais des congrès.*

Si vous êtes néophyte, choisissez la visite guidée car les œuvres sont peu expliquées.

Un couturier excentrique

Jean Patou fut l'une des figures les plus en vue du Biarritz des Années folles. Il défrayait régulièrement la chronique, en particulier lorsqu'il descendait en ville depuis sa villa d'Ustaritz avec l'une ou l'autre de ses voitures, « une blanche conduite par un chauffeur noir pour les journées ensoleillées et une noire conduite par un chauffeur blanc pour les journées de mauvais temps ». La concurrence était déjà rude en ces années-là. En 1916, Coco Chanel avait ouvert sa boutique avec atelier face au casino, bientôt rejointe par Molyneux, Poiret, Lanvin et Hermès.

▷ Périple dans la ville

PLAN B1/B2

■ Le musée historique de Biarritz

Rue Broquedis.

Ouv. t.l.j. sauf dim. et lun. de 10 h à 12 h et de 14 h 30 à 18 h.

Dans une ancienne église anglicane, les passionnés d'histoire locale trouveront leur bonheur parmi une foule de documents anciens retraçant le développement urbain. On y suit les étapes de l'aménagement de la station, au moyen d'estampes, de lettres, de plans et de photos d'époque. Objets, souvenirs désuets, vêtements, affiches anciennes font revivre deux siècles de splendeur passée.

Prendre l'avenue Victor-Hugo sur la droite, puis l'avenue Jaulerry.

- Pour découvrir ensuite l'intérieur de la ville et son patrimoine architectural, suivez l'avenue du Maréchal-Foch pour rejoindre l'**ancienne gare de Biarritz**, en face du jardin public. Construite en 1911, elle était l'un des plus imposants édifices publics de la ville, avec son hall immense, son bel escalier intérieur et ses mosaïques aux armes de Biarritz.

■ Le musée Asiatica

1, rue Guy-Petit. HORS PLAN par B2

Ouv. du lun. au ven. de 10 h 30 à 18 h 30, sam. et dim. de 14 h à 19 h, les j. fériés de 14 h à 18 h. ☏ 05 59 22 78 78. www.museeasiatica.com

Amateur éclairé d'art asiatique, Michel Postel a ouvert sa collection au public. La beauté et la rareté des pièces en font l'un des plus beaux musées du genre en Europe.
- Le rez-de-chaussée présente essentiellement des œuvres du Tibet et du Népal. Face à l'entrée, on verra des porcelaines, flacons et jades chinois, avant de découvrir des miniatures représentant les divinités tibétaines, puis un ensemble superbe de **masques chamaniques en bois** (Tibet et Népal) parfaitement conservés. Une salle entière est consacrée aux objets rituels du nord de l'Inde : miniatures, bronzes du Cachemire, bijoux…
- La salle du sous-sol abrite de très belles œuvres venues de différentes provinces de l'Inde (Orissa, Gujarat…), en particulier des **sculptures en bois** de divinités hindoues et des statuettes en bronze *Chola*.

■ Le quartier Saint-Martin

Beaucoup plus bas sur l'avenue, l'**église Saint-Martin** (mentionnée pour la première fois en 1342) occupait le centre du premier village médiéval. Elle est de style gothique tardif – voir la date de 1541 sur le 2e pilier à gauche en entrant. Le cimetière recèle de belles tombes de grandes familles biarrotes et de résidents étrangers (les princes Osborne ou Sapieha, par exemple).

- Rue Saint-Martin, le **château Gramont**, qui accueillit Napoléon et Eugénie pendant la construction de leur villa, a conservé son parc d'origine et son aspect polychrome – dû à l'utilisation de pierres, briques et ardoises. En face, le **château Boulard**, en pierre et gros moellons de marbre rouge d'Ainhoa, affiche toujours une certaine splendeur néo-Renaissance.

Retourner au point de départ de la balade, au bas de l'avenue Foch.

■ Les quartiers du nord

PLAN B1

La **place Clemenceau** est en fait le centre de la ville. Quelques témoignages du vieux Biarritz y subsistent : une aile de l'ancien Grand Hôtel (1860, architecte A. Bertrand), l'ancienne boutique du couturier Jean Patou (1925, architecte Louis Süe, actuellement une banque), identifiable à son horloge. Enfin, la pâtisserie Miremont, avec son décor d'époque et sa baie vitrée ouvrant sur l'Océan, reste une halte incontournable pour les gourmands.

- À l'angle de l'avenue Édouard-VII et de la rue Gardères, on verra la villa Bellairs, en pierre de Bidache ; au n° 3, la Maison basque (1927), de style néo-régionaliste inspiré de l'architecture navarraise. Au n° 10, l'hôtel Plaza (1928), de style Art déco, a conservé des mosaïques au rez-de-chaussée. Enfin, au n° 19, la villa Duchatel (1879), à la belle façade en pierre.

- En poursuivant à droite, l'**avenue de la Reine-Victoria** compte aussi de nombreuses villas de styles très divers, du néo-gothique au mauresque en passant par le baroque – au n° 27, belle demeure avec pergola.

- La **chapelle impériale** fut construite en 1864 dans le parc du domaine, à la demande de l'impératrice Eugénie. L'extérieur rassemble plusieurs styles en vogue sous le Second Empire. À l'intérieur, la nef unique est richement décorée, avec un plafond peint, des poutres apparentes et des azulejos exécutés par la manufacture de Sèvres. L'architecte, Émile Boeswillwald (1815-1896), a également dessiné le mobilier.

Chapelle impériale : ouv. de mi-juil. à mi-sept. du lun. au sam. de 10 h à 12 h 30 et de 14 h 30 à 19 h ; de mi-avr. à mi-juil. et de mi-sept. à mi-oct. les mar., jeu., sam. de 15 h à 19 h. Hors saison le jeu. de 15 h à 18 h.

Musée du Chocolat

Pour tout savoir de l'histoire de la divine douceur, depuis la récolte des fèves jusqu'à la dégustation, en passant par toutes les étapes de préparation et de moulage. On découvre les outils des chocolatiers, leurs familles célèbres et les réclames à l'ancienne. 14, avenue Beau-Rivage. Ouv. t.l.j. sauf dim. en juil. et août de 10 h à 12 h et de 14 h 30 à 19 h. Vacances scolaires t.l.j. de 10 h à 12 h et de 14 h 30 à 18 h. Entrée libre. ☏ 05 59 41 54 64. www.lemusee duchocolat.com

L'avenue Édouard-VII doit son nom au roi d'Angleterre, tombé sous le charme de la ville lorsqu'il n'était encore « que » prince de Galles ; il y avait entraîné sa mère, la reine Victoria, à venir y goûter la douceur du climat.

▲ *La décoration intérieure de la chapelle est d'Alexandre-Dominique Denuelle, peintre-décorateur fort apprécié au XIXe s.*

◄ *Édifiée pendant les campagnes mexicaines de l'empereur, la chapelle impériale est dédiée à Notre-Dame-de-Guadalupe, la Vierge de Mexico.*

La Côte basque

Après la longue plage des Basques, le paysage se compose de falaises de flysch marneux puis de calcaire. Mais, de Bidart à Guéthary, le littoral a été peu à peu envahi par une urbanisation continue. Les villages les mieux préservés sont ceux de l'arrière-pays, comme Arcangues.

Pour mieux goûter au charme d'une côte très urbanisée, empruntez le sentier littoral qui relie Biarritz à Bidart, le long de la plage et des falaises.

Bonne adresse
à Bidart

Hôtel *Ouessant-Ty*, rue Erretegia, Bidart. ☏ 05 59 54 71 89. www.ouessant-ty.com. À 200 m de la plage, au centre du village, petit établissement très bien aménagé (réfrigérateurs, sèche-linge, etc.), décoré au goût de la patronne, qui est bretonne.

À Bidart, non loin du petit fleuve Ouhabia, la chapelle Notre-Dame-d'Urona (« de la bonne eau »), située près d'une source réputée pour guérir les maladies de peau, était autrefois l'objet d'un pèlerinage.

▲ *Bidart a conservé sa place centrale typique, avec tous les éléments traditionnels : maisons labourdines, église, mairie et fronton de pelote basque.*

■ Ilbarritz

Au sud de Biarritz par la D 911.

C'est là que furent découvertes les plus anciennes traces d'occupation humaine de la région.
- Le **château** fut construit par l'architecte Huguenin pour le baron de l'Esprée, un excentrique passionné de musique sacrée. Tout l'édifice a été conçu autour de l'immense salle de musique où il avait fait installer un orgue Cavaillé-Coll (aujourd'hui au Sacré-Cœur de Paris). Le baron y vivait seul, mais la demeure était reliée à quatorze villas attenantes par des souterrains tapissés de chêne de Hongrie !
- Le **palais Sachino**, ou Pavillon royal, campé sur une terrasse au-dessus de l'Océan, abrita l'exil de la reine Nathalie de Serbie entre 1891 et 1913. Elle y recut son fils le roi Alexandre de Serbie.

■ Bidart

Pour se dégager de l'urbanisme envahissant des alentours, choisir la route de la corniche.

De la minuscule **chapelle Sainte-Madeleine**, on a une vue splendide sur la côte et le village, jadis port de pêcheurs à la baleine.
- L'**église** du XVIe s., à l'intérieur typique avec ses galeries de bois tout autour de la nef, possède un **retable baroque** en bois doré du XVIIIe s. (prévoir de la monnaie pour l'éclairage). Les **fonts baptismaux**, de style serbe, ont été offerts par Nathalie de Serbie lorsqu'elle s'est convertie au catholicisme.

■ Arcangues

À 7 km à l'est de Bidart.

L'aménagement de ce village situé sur les hauteurs – bancs, grilles, bas-reliefs… – est dû au marquis Pierre d'Arcangues (1886-1973). Esthète et poète, habitué des fêtes mondaines de la côte, il réunissait dans son village tout ce que la société comptait d'artistes, de nobles et de gens de lettres. En arrivant, on verra le château : d'origine ancienne, il a été reconstruit en 1900.
- La **place du village** est adorable avec ses glycines, son petit fronton, sa mairie, son école. L'**église** du XVIe s. possède une double galerie de bois sculpté et tourné.

Le chœur est couvert d'une voûte peinte à nervures. Notez le panneau en bois sculpté polychrome figurant la décollation de Jean Baptiste.
- Le **cimetière** en terrasses mérite le détour pour ses stèles discoïdales… et pour la tombe de Luis Mariano, le célèbre chanteur d'opérette.

■ Arbonne

À 4 km au sud-ouest d'Arcangues.

Le village accueillait jadis les évêques de Bayonne durant l'été. Devenu résidentiel, il possède une jolie église, avec un clocher-mur, des galeries de bois, un plafond peint et une Vierge en bois du XVIe s. Autour de l'édifice, le cimetière réserve d'intéressantes **stèles discoïdales**, parmi les plus anciennes de la région (fin XVIe et XVIIe s.) ; les plus petites sont les plus rares.

■ Ahetze

À 4 km au sud-ouest d'Arbonne par la D 255 puis la D 655.

Au cœur des collines verdoyantes piquées de maisons typiques, Ahetze a gardé son charme à l'ancienne.
- Son **église** du XVIIe s. cache un intérieur étonnant : galeries de bois à trois étages et chœur rutilant de couleurs et de dorures. Sur le devant de l'autel, la rencontre du Christ ressuscité avec les disciples d'Emmaüs regorge de détails pittoresques ; sur le dais de la chaire, saint Jacques est vêtu d'or et reconnaissable à son chapeau et son bâton de pèlerin. Enfin, on verra une **croix de procession** exceptionnelle du XVe s., en argent estampé et doré, à six clochettes.

■ Guéthary

À 9 km au sud de Biarritz par la N 10. À 6 km au sud-ouest d'Ahetze par la D 855 puis la N 10.

La plus petite commune de la Côte basque existe depuis les Romains, qui y avaient installé des saloirs. Son nom, *Getaria*, désignait un lieu de guet. L'ancien village de pêcheurs a malheureusement disparu sous les immeubles ; ne reste que le minuscule **port** construit en plan incliné pavé. On y tire les barques et les bateaux – et, autrefois, les baleines à dépecer – au moyen de treuils.
- Sur la place, la grande **villa Saraleguinea**, de style néo-basque, héberge le musée municipal et ses collections d'art contemporain – sculptures de Swiecinsky. Son parc est ouvert au public.
- Dans la partie la plus haute du village, l'église Saint-Nicolas (XVIIe s. ; porche du XIXe s.) renferme elle aussi des galeries à trois étages (1636) et, entre autres, un grand Christ en bois grandeur nature.

▲ *Bidart vu depuis Guéthary.*

Bonne adresse
à Arcangues

Auberge d'Achtal, sur la place du village. ☏ **05 59 43 05 56.** Bien connue et appréciée des gens du pays, vous y serez fort bien servi : c'est copieux et délicieux. En saison, ne manquez pas l'omelette aux cèpes.

Une reine tragique

Nathalie de Serbie, russe de naissance, avait épousé Milan de Serbie. Très vite, son époux lui fut infidèle, nourrissant les scandales. Prenant position pour l'Autriche au détriment de la Russie à laquelle son peuple préférait s'allier, il divorça de sa femme, humiliation terrible à l'époque. Il dut finalement abdiquer et leur fils Alexandre monta sur le trône à sa place. Nathalie de Serbie, qui avait grandi dans la foi orthodoxe, se convertit au catholicisme à Bidart, en 1892.

► *La popularité du surf attire toujours bon nombre de sportifs et de vacanciers sur la Côte basque.*

Le surf

Aujourd'hui emblème du Pays basque, le surf a vu le jour dans les îles du Pacifique. À Tahiti, le capitaine Cook avait vu des indigènes se laisser porter par les vagues sur leurs canoës ou sur des planches. Après avoir été interdit par les missionnaires au XIXe siècle, le surf refit son apparition au début du XXe siècle en Australie et à Hawaii, grâce à un surfer légendaire, Duke Kahanamoku, fondateur du premier club à Hawaii.

Prévisions météo du surf : Océan Surf Report, ☎ 08 92 68 13 60.

Bien qu'installée aujourd'hui à Hossegor, dans les Landes, la Fédération française de surfriding a vu le jour à Biarritz, en 1964. La Côte basque compte près de 20 % des licenciés français, avec seize clubs, dont sept rien qu'à Biarritz.

■ Les débuts en Europe

Les États-Unis vont initier l'Europe. À l'origine, les planches de surf étaient en bois, mesuraient 3 m de long et pesaient au moins 30 kg ! En France, il arrive sur la Côte basque en 1957, lors du tournage à Biarritz du film américain *Le soleil se lève aussi*. Séduit par les vagues, le scénariste Peter Viertel se fait expédier sa planche ; en 1959 est créé à Biarritz le premier club français de surf. Joël de Rosnay contribue ensuite à sa popularisation, mais, dans les années 1960, les planches sont encore rares et chères, importées avec difficulté et, surtout, ce sport passe pour être pratiqué par des originaux. Ainsi, le premier vendeur de planches mettra tout l'été à vendre son stock de six exemplaires, proposés alors à 400 F !

Petit calendrier sportif

À Biarritz : *en avril, le Biarritz Maïder Arosteguy est la première compétition de surf du calendrier européen.*
Mi-juillet, pendant une semaine, le Biarritz Surf Festival rassemble tous les grands noms du longboard.
En octobre, le Reef Biarritz Surf Trophée attire les plus grands surfeurs du monde.
À Anglet : *tout au long du mois d'août, différentes compétitions : sur la plage des Cavaliers, O'Neill Challenge et Bodyboard Pro ; championnat de France de surf et championnat de surf nocturne.*

■ Les premières compétitions

Peu à peu s'organisent des compétitions internationales, mais les spots les plus courus sont aux États-Unis, au Pérou, en Australie ou en Afrique du Sud. En France, les choses restent très modestes. En 1963, les championnats internationaux de France, organisés à La Barre, près de l'embouchure de l'Adour, attirent de rares sportifs internationaux – parmi eux, le légendaire Peter Troy et l'Hawaiien Jan Lee, qui prennent bien évidemment les premières places ! Rééditée en 1968, la manifestation est déjà plus fréquentée. C'est à cette époque-là que Biarritz gagne ses galons. Même les Américains plébiscitent les vagues de la Côte basque, appréciant surtout leur variété, sur une portion de littoral (40 km) très courte selon leurs critères. Une dizaine de clubs voient le jour, où l'on peut louer alors sa planche pour 5 F de l'heure. Celle-ci n'est plus en bois mais en mousse recouverte de fibre de verre ; elle est longue de 3 m, mais pèse encore 14 kg. Après 1968 et dans la mouvance du film culte *Endless Summer*, les surfeurs se marginalisent encore, adoptant l'image de baroudeurs allant de spot en spot. Toute une culture et une musique découlent de ce mode de vie, peu à peu abandonné dans les années 1980. À cette époque, Biarritz, mais aussi Hossegor et Lacanau sur la côte landaise, commencent à accueillir des étapes de championnats du monde professionnels.

▼ *Le* bodyboard *peut se pratiquer avec des vagues moins importantes, donc plus près du bord et dans davantage d'endroits.*

■ Le sport

À plat ventre sur sa planche, le surfeur rame avec ses bras jusqu'à passer la ligne des déferlantes, là où la vague commence à se former. Dès qu'elle se rapproche, il rame le plus vite possible vers le rivage pour la prendre au moment où elle le dépasse, puis, lorsqu'il se sent porté, il se met debout et la chevauche le plus longtemps possible jusqu'au bord de la plage. Plusieurs figures sont réalisables, selon le profil et la hauteur de la vague. Le *longboard*, planche reine jusqu'aux années 1970, mesure plus de 2,70 m. La planche usuelle, le *thruste*, mesure environ 2 m et possède trois dérives. Plus facile et plus accessible que le surf, le *bodyboard* est une planche plus courte et plus large qui se pratique à plat ventre ou à genoux. On utilise des palmes spéciales très courtes, pour aller plus facilement à la rencontre des vagues. Quelques heures de pratique suffisent pour s'amuser réellement.

◄▲ Bodyboard *(à gauche) et planche de surf (ci-dessus). Les deux « écoles » rencontrent un succès impressionnant.*

■ Les vagues et les spots

Les meilleures conditions sont réunies lorsqu'une houle large et régulière arrive du large et rencontre un haut-fond ou un banc de sable, entre 100 et 900 m du rivage. Quand la profondeur diminue très rapidement aux abords du littoral, les vagues sont généralement hautes et abruptes. De même, une avancée rocheuse en mer ou une jetée peuvent occasionner la formation de très belles « vagues à surf ». Ce fut le cas durant quelques années à La Barre, près de l'Adour, après la construction de la digue nord. Les vagues y formaient de véritables tubes, dignes des plus belles photos. Malheureusement, l'évolution des fonds marins après ces travaux eut finalement raison du spot. Le temps idéal est lorsque la houle est formée, mais que le vent vient de la terre et creuse les vagues.

Les meilleurs spots du Pays basque

En France*, Anglet (Sables-d'Or), Biarritz (Grande Plage, Côte des Basques), Bidart, Saint-Jean-de-Luz (Lafitenia).* ***En Espagne****, Guetaria, près de Zarautz, Mundaka, près de Guernica, Sopelana, près de Bilbao.*

Saint-Jean-de-Luz

CARTE P. 91

Office de tourisme : place du Maréchal-Joffre. ☏ 05 59 26 03 16. www.saint-jean-de-luz.com

À l'embouchure de la Nivelle et de la petite rivière Untxin, Saint-Jean-de-Luz a su préserver un charme intact malgré l'afflux touristique. La cité vit toujours au rythme des bateaux de pêche côté port, et des amoureux du sable et des vacances côté plage.

INCONTOURNABLES

La place Louis-XIV	p. 124
L'église Saint-Jean-Baptiste	p. 125

Bonne adresse

Pâtisserie *Adam*, place Louis-XIV. ☏ 05 59 26 03 54. Fondée au XVIIe s., cette vénérable maison produit toujours les délicieux macarons dont Louis XIV était, paraît-il, très friand.

▼ *Entre Saint-Jean-de-Luz et Hendaye, les falaises de calcaire prennent un aspect plissé qui laisse apparaître les strates.*

Premières fortunes…

Créé au XIIe s., le port doit son essor au déclin de celui de Bayonne, aux prises avec l'ensablement de l'Adour. Les cétacés partis sur d'autres côtes, les marins basques se reconvertissent dans la pêche à la morue sur les bancs de Terre-Neuve et de l'embouchure du Saint-Laurent, au Canada. Les armateurs s'enrichissent alors considérablement et se font bâtir d'opulentes demeures, encore visibles entre l'église et le port, qui devient un repaire de corsaires, nouvelle source de richesse à l'époque des fructueux commerces exotiques.

… et premiers revers

Mais Saint-Jean-de-Luz n'échappe pas à son lot de catastrophes. La situation tendue avec l'Espagne voisine lui vaut de nombreux raids destructeurs, qui ne cessent qu'après la signature du traité des Pyrénées à Hendaye, en 1659. L'année suivante, le mariage de Louis XIV avec l'infante d'Espagne Marie-Thérèse ajoute au prestige de la ville.

Située le long d'une baie superbe, Saint-Jean-de-Luz est aussi, hélas, bâtie sur des basses terres, en zone marécageuse – son nom basque, Donibane Lohitzun, signifie « Saint-Jean-des-Marais ». À plusieurs reprises, de violentes tempêtes provoquent d'énormes dégâts ; de véritables raz-de-marée détruisent maisons et infrastructures : ainsi en 1680, 1749 et 1782. À partir de 1785, on va donc s'attacher à sécuriser la baie en construisant des digues aux deux extrémités, à Sainte-Barbe et à Socoa. Après la mise à mal du yacht de l'impératrice Eugénie, le dispositif est complété par la digue de l'Artha, au milieu de l'embouchure.

▲ *Le port vu du quai de l'Infante ; au fond, la montagne de la Rhune.*

Une économie incertaine

La rivalité avec les Bretons entraîne une crise dans le domaine de la pêche, tout comme le blocus imposé par la flotte anglaise lors des guerres napoléoniennes. La reprise est due à la sardine, puis, à partir de 1945, au thon. Au début des années 1950, Saint-Jean-de-Luz est

même le premier port sardinier et thonier de France. Mais la concurrence des Basques espagnols, notamment avec le port de Pasajes tout proche, et les réglementations européennes draconiennes amènent de nouveau une crise profonde et durable, à laquelle s'ajoute désormais la chute des cours du poisson. La conjoncture rend d'autant plus vitale l'économie liée au tourisme, qui bénéficie de l'immense popularité du Pays basque et de Biarritz depuis le XIXe s.

Bonnes adresses

Hôtel *Les Almadies*, 58, rue Gambetta. ☏ 05 59 85 34 48. www.hotel-les-almadies.com. Joli petit hôtel de charme.

Hôtel-restaurant de la Plage, 33, rue Garat. ☏ 05 59 51 03 44. www.hoteldelaplage.com. Un hôtel lumineux et confortable. La plupart des chambres ont vue sur la mer.

Fortune de corsaires

En temps de guerre, les corsaires recevaient du roi une lettre de marque les autorisant à poursuivre et à arraisonner les navires commerciaux de l'ennemi. Le corsaire remettait une partie de ses gains aux investisseurs et gardait l'autre pour lui. De nombreux armateurs sentirent tout le bénéfice à faire et s'enrichirent considérablement. Les corsaires luziens étaient presque aussi célèbres que les Malouins. Parmi eux, Lohobiague ou Duconte, qui put se vanter de onze prises en une seule sortie, ou encore Haraneder qui gagna au total 2 millions de livres et fut fait vicomte par le roi.

▲ *Ses deux tours carrées et ses rangées de baies arrondies donnent à la maison de l'Infante de faux airs de palais vénitien.*

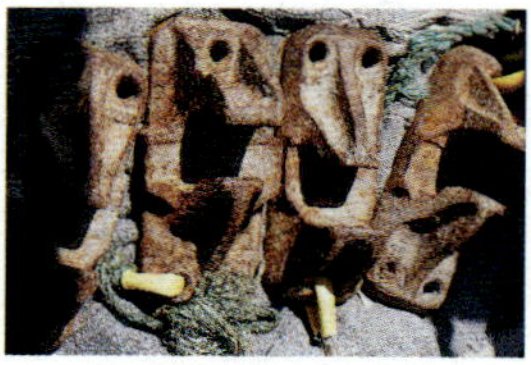

▲ *Ces éléments en fonte, appelés gueuses, étaient à l'origine utilisés dans les chemins de fer – le rail passait dans la partie creuse. Abandonnés, ils ont été récupérés par les pêcheurs de Saint-Jean-de-Luz qui les utilisent pour lester leurs casiers, afin d'éviter toute dérive lors des marées.*

■ Dans les pas du Roi-Soleil

PLAN A2

Agréablement ombragée de platanes, la **place Louis-XIV** est le centre historique de la ville. L'été, le kiosque à musique rythme les soirs de fêtes et de bals populaires.

- Tout autour, les splendides demeures rappellent la fortune des armateurs. Le dessin géométrique de leurs façades à pans de bois porte la marque du Labourd.
- La **maison Louis-XIV** accueillit le jeune roi durant les fêtes de son mariage; on la reconnaît à ses tourelles et ses balcons de fer forgé. C'était à l'origine la demeure d'une famille de corsaires, les Lohobiague, construite en 1643 avec la fortune gagnée sur les mers. Louis XIV, venu à Saint-Jean-de-Luz avec sa mère Anne d'Autriche et Mazarin, y résida durant plus d'un mois. On y verra d'abord le bel escalier de bois, puis les appartements – le salon, la salle à manger aux boiseries peintes et la chambre nuptiale. En 1701, son petit-fils le duc d'Anjou y fit étape avant de prendre possession du trône d'Espagne.

Ouv. en juin et sept. de 10 h 30 à 12 h et de 14 h 30 à 17 h 30; juil. et août de 10 h 30 à 12 h 30 et de 14 h 30 à 18 h 30. F. les matins des dim. et j. fériés.

- Juste à côté, la **maison Saubat-Claret** a conservé ses sculptures sous les balcons. Elle est associée à de sinistres souvenirs de la Révolution : lors des exécutions, on se pressait sous sa galerie latérale, qui offrait la vue sur la guillotine installée dans la venelle adjacente.
- La **mairie** fut construite en 1654 – jusqu'alors, le conseil municipal se réunissait dans l'église ! Dans la cour, statue équestre de Louis XIV par Bouchardon; la cloche du fronton avertissait la population des naufrages.

■ Autour du port

PLAN A2

Si les chalutiers modernes ont remplacé les traînières et les navires en bois, ils présentent toujours des couleurs vives où domine le bleu dur.

- Le quai est dominé sur la droite par la **maison de l'Infante** (1640), qui appartenait elle aussi à un armateur du nom de Haraneder. Marie-Thérèse et la mère de son futur époux, Anne d'Autriche, y résidèrent au moment

Un mariage royal

Son carrosse précédé par les mousquetaires, Louis XIV arriva le premier, le 8 mai 1660, sous les vivats de la foule ébahie par les chevaux, les uniformes rutilants et le faste de la suite royale. Durant un mois, en attendant sa fiancée, ce ne furent que fêtes et joutes marines. Le 7 juin, Marie-Thérèse d'Autriche, fille du roi d'Espagne – la maison d'Autriche occupe alors le trône –, arrive enfin, tout aussi superbement escortée. Deux jours plus tard, le mariage des deux jeunes gens de 22 ans – qui sont cousins, la mère de Louis étant une fille d'Autriche – vient sceller l'entente franco-espagnole signée lors du traité des Pyrénées.

du mariage. Au-dessus de la porte, on notera le blason gravé d'une ancre et d'un arbre, un prunier – *Haraneder* signifie « beau prunier » en basque.

Ouv. du 15 juin au 15 oct. de 11 h à 12 h 30 et de 14 h 30 à 18 h 30. F. dim. et lun. matins. ☏ 05 59 26 36 82.

- Le petit **musée Grévin** dans le pavillon de l'Infante raconte l'histoire de la ville au moyen de reproductions en cire : mariage royal, signature du traité des Pyrénées, mousquetaires, corsaires ou pêcheurs de baleines.

Ouv. t.l.j. d'avr. à oct. de 10 h à 12 h et de 14 h à 18 h.

■ Le long des rues

Parallèle au quai de l'Infante, la **rue Mazarin** aligne aussi de belles maisons des XVIIe et XVIIIe s. Durant les guerres napoléoniennes, le n° 2 accueillit Napoléon Ier en 1813, puis Wellington, qui en fit son quartier général en 1814.
- Bordée de maisons anciennes, la **rue de la République**, autrefois rue Montante, mène à la plage ; la hauteur de la digue montre combien la ville devait être exposée aux intempéries. Au Moyen Âge, la rue était envahie par les cascarottes, les poissonnières qui livraient le poisson frais aux villes avoisinantes en le portant sur leur tête. Au n° 17, la **maison Esquerrena** est la plus vieille demeure de la ville (début du XVIe s.), et la seule du quartier à avoir échappé aux incendies allumés lors des raids de Philibert de Châlon en 1525 et des Espagnols en 1558.
- Partant de la place Louis-XIV, la **rue Gambetta** a toujours été l'épine dorsale de la cité. Devenue piétonne, très commerçante, elle a gardé les anciennes maisons des corsaires enrichis. Celles des nos 18 et 20, à encorbellement, sont parmi les plus belles.

■ L'église Saint-Jean-Baptiste

PLAN B1/B2

Déjà mentionnée en 1185, elle fut détruite par un incendie en 1419 et reconstruite en plusieurs étapes à partir du XVe s. ; la plus grande partie date de remaniements ultérieurs, principalement au XVIIe s.
- L'extérieur est sobre et massif, comme la plupart des églises basques. Le portail flamboyant a été plaqué en 1868 sur une porte ouverte en 1664.
- La nef est très vaste et sans pilier. On y voit un **ex-voto** représentant un bateau à aubes aux armes de l'impératrice Eugénie, qui manqua de se noyer dans la baie en 1857. Les **galeries** de chêne, restaurées grâce à Napoléon III, s'élèvent sur trois niveaux sur les côtés et cinq au fond, augmentant d'un tiers la surface de l'église. Les orgues (1656), dues à Gérard de Rodez, comptent quarante-sept jeux.
- Comme dans la plupart des églises basques et espagnoles, le **chœur** est surélevé, la sacristie en dessous. On verra les fonts baptismaux en bois, du XVIIIe s., une *Adoration des Mages* par Restout de 1727, des broderies d'Aubusson…

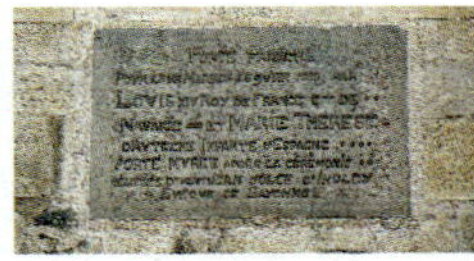

▲ *La porte franchie par le jeune couple royal a été murée en 1669.*

▲ *Dans l'église, le somptueux retable baroque daté de 1670 environ abrite vingt statues au milieu d'une décoration exubérante de colonnes torses, pampres et feuilles d'acanthe.*

L'écomusée de la Tradition basque

Il permet de se faire une bonne idée des traditions et des produits basques. Sont présentés les artisanats régionaux, de la fabrication des pelotes basques et chisteras aux espadrilles et makilas, *en passant par le tissage et le linge, activité première du fondateur et directeur du musée. Au bord de la N 10, à la ferme Berrain. Visite audioguidée, départ toutes les 15 mn. Ouv. t.l.j. en juil. et août de 10 h à 18 h 30 ; d'avr. à juin et en sept. de 9 h 30 à 12 h 15 et de 14 h à 17h15, fermé dim. matin ; d'oct. à mars à 10h30, 11 h, 11 h 30, 14 h 45, 15 h 15, 16 h, 16h45. Fermé dim. matin, sauf vacances scolaires. ☏ 05 59 51 06 06.*

Ciboure et Urrugne

CARTE P. 93

Office de tourisme : 4, place du Fronton. ☏ 05 59 47 64 56.

De l'autre côté de la baie, Ciboure – en basque *Ziruru*, de *zubiburu*, « tête de pont » – est la sœur jumelle de Saint-Jean-de-Luz. À l'origine quartier d'Urrugne, paroisse indépendante en 1555, elle accueillait les marginaux non désirés à Saint-Jean – les bohémiens venus d'Espagne, les aventuriers des mers, les pêcheurs bretons… Urrugne, avec son territoire de 5 000 hectares, couvre une vaste zone agricole qui s'étend du fort de Socoa à la Bidassoa et de l'Océan au sommet de la Rhune.

De la visite du roi est resté un dicton : « Saint-Jean-de-Luz, petit Paris [le roi y résidait], Bayonne, ses écuries [les chevaux y étaient parqués], Ciboure, sa poissonnerie [les mareyeurs y officiaient] ».

► *Ciboure, quai Maurice-Ravel : à droite, la maison du musicien. Le célèbre* Boléro *fut composé lors d'un séjour de l'artiste à Saint-Jean-de-Luz.*

▷ Ciboure

En venant de Saint-Jean-de-Luz, après avoir franchi le pont sur la Nivelle, prendre à droite vers le port de plaisance et la presqu'île des Récollets.

■ Le couvent des Récollets

Il fut construit après le concile de Trente et dans la foulée des procès en sorcellerie. Ces religieux avaient aussi pour mission de calmer les tensions entre les habitants d'Urrugne et Ciboure d'un côté, et ceux de Saint-Jean de l'autre – le vocable de l'église, Notre-Dame-de-la-Paix, était d'ailleurs éloquent. Lors du mariage royal, les cadeaux y furent entreposés. Transformé en prison et en tribunal à la Révolution, le couvent fut ensuite un entrepôt, et enfin une caserne des Douanes… L'église servait encore il n'y a pas si longtemps pour saler les anchois ! On peut toujours admirer le cloître du XVIIe s.

▲ *Le phare de Ciboure.*

■ En flânant dans la vieille ville

En longeant le quai Maurice-Ravel et ses belles maisons, on ne manquera pas la **maison hollandaise**, avec son pignon caractéristique, où naquit le compositeur Maurice Ravel en 1875. Au n° 29, belles galeries de bois. - La **rue de la Fontaine**, très sinueuse, compte de belles maisons à encorbellement, avec pour certaines des inclusions de pierres apparentes et/ou des colombages. Jusqu'en 1821, date du comblement d'un bras de la Nivelle, le pont de bois qui reliait la ville à l'île du couvent arrivait là, d'où l'importance de la rue et les immeubles qui y furent bâtis.

- L'aspect massif de l'**église Saint-Vincent** rappelle qu'il a longtemps fallu se défendre contre les raids espagnols. Achevée en 1575, elle a été agrandie en 1696 (abside et chapelles latérales). Unique dans le Pays basque, son clocher octogonal, très original, est surmonté d'une pagode en bois. À l'intérieur, on retrouve des galeries de bois sur trois niveaux et un chœur surélevé à l'espagnole couvert d'une jolie voûte à nervures. L'imposant retable est formé de quatre colonnes torses entourant une statue de la Vierge. L'ensemble, dédié à Notre-Dame-de-la-Paix, provient du couvent des Récollets. À droite du chœur, une statue de la Vierge des sept douleurs est habillée de velours à la mode espagnole.
- Derrière l'église, on a une très belle vue de la **tour de Bordagain**, ancienne église-forteresse du XIIe s. culminant à 82 m. La chapelle attenante était un relais pour les marins qui allaient embarquer.
- À l'extrémité de la baie, le **fort de Socoa** fut construit sous Henri IV par l'ingénieur François Boucher et remanié par Vauban.

▲ *En 1636, les Espagnols occupèrent le fort inachevé de Socoa et l'améliorèrent.*

▷ Urrugne

■ L'église Saint-Vincent

Du XVIe s., son style annonce déjà le Guipúzcoa tout proche. Son haut clocher grimpe à 45 m. Le portail Renaissance sculpté présente sur le linteau saint Vincent, son frère Laetus et saint Jacques en costume de pèlerin; sur le tympan, la Cène et le Bon Pasteur; sur les côtés, Adam et Ève ainsi que Marie-Madeleine.

- À l'intérieur, les **galeries de bois** s'élèvent à 22 m. Le chœur est surmonté d'une belle voûte d'ogives. La chaire du XVIIe s. est formée de cinq panneaux représentant les

▲ *Urrugne, église Saint-Vincent. Bénitier en pierre.*

◀ *L'intérieur de l'église d'Urrugne est particulièrement surprenant. Le buffet d'orgues semble suspendu aux galeries.*

Aux abords d'Urrugne, le parc floral Florenia (18 ha), aménagé dans un vallon, offre d'agréables promenades à travers plus de 2500 arbres et arbustes.

quatre évangélistes et saint Vincent, soutenus par Samson.
- De la chapelle **Notre-Dame-de-Socorri**, ancien lieu de pèlerinage, on a une superbe vue sur le massif de la Rhune et son sommet conique caractéristique.

▲ *L'élégant château d'Urtubie s'élève dans un parc à l'anglaise.*

■ Le château d'Urtubie

Sur la RN 10.

Construit par un noble labourdin en 1341, c'est l'un des plus beaux du Pays basque. Le roi d'Angleterre qui régnait alors sur le Labourd donna l'autorisation de le fortifier. Le château fut presque entièrement démoli en 1493, puis reconstruit à partir de 1505 et remanié au XVIIIe s. Du XVe s. ne subsistent que la poterne et une tour. Les ailes, les toitures et les terrasses datent des XVIIe et XVIIIe s.
- On commence la visite par l'ancienne cuisine transformée en salle de chasse (mobilier des XVIe et XVIIe s.). Un escalier à vis mène au chemin de ronde et à une petite chapelle au toit en forme de coque de navire renversée. Dans le grand salon, les **tapisseries des Flandres** représentant l'histoire de David furent utilisées lors du mariage de Louis XIV. Outre le salon Louis XV et la salle à manger de style espagnol (XVIIe s.), on peut voir des tableaux de Léon Bonnat.

Ouv. de mi-mars à fin oct. Vis. guidées à 11 h et toutes les heures de 14 h à 18 h. ☏ 05 59 54 31 15.

D'Urrugne, prendre la D 4 en direction d'Ascain. Quand la route s'élève, tourner à droite vers le col, en laissant la route d'Ascain par Olhette sur la gauche.

■ Le col d'Ibardin

Cette balade permet de découvrir les premières collines aux abords de la Rhune. La route monte alors à travers bois, au milieu des chênes et des fougères. Au sommet (395 m), une route longe la crête et la frontière. Côté espagnol, on aperçoit plusieurs *ventas* (prononcer « ben'tas »), auberges traditionnelles qui vendent des alcools et des denrées bon marché, et proposent quelques tapas. Du côté français, le regard embrasse toute la Côte basque, Saint-Jean-de-Luz, Biarritz et au-delà par temps clair. Plusieurs sentiers de randonnée permettent de belles promenades, vers Olhette (2 h) ou Biriatou (2 h).
- Les férus de marche préféreront faire l'ascension à pied : dans ce cas, ne pas prendre à droite avant la montée mais poursuivre jusqu'à Olhette. Là, tourner à droite à la chapelle et laisser la voiture au bout de la route. Suivre le ruisseau pour rejoindre le GR 10. En le suivant vers le sud, on arrive en 1 h 15 à la *venta* d'Inzola. On peut encore poursuivre vers le col, que l'on atteint en 1 h. Le retour se fait par le même chemin.
- Si on a la journée devant soi, on peut aussi, à partir d'Olhette, suivre le GR 10 vers le sud-est et rejoindre en 2 h la station du petit train de la Rhune.

Bonnes adresses

Cidrerie artisanale *Txopinondo*, 17, Aguerria, Urrugne. ☏ 05 59 54 62 34. Un véritable maître des spécialités originales. On peut même participer au *txotx*, le repas traditionnel dans le chai (de mi-janvier à début mai). Renseignements par téléphone.
Château d'Urtubie. ☏ 05 59 54 31 15. Ceux qui rêvent d'une chambre au château peuvent y être reçus par la comtesse de Corral dans une atmosphère très XVIIIe s. et à des prix raisonnables pour le décor.

La voie royale des Pyrénées

Tous les adeptes de randonnée connaissent le GR 10, ce chemin mythique balisé en rouge et blanc qui longe la chaîne pyrénéenne depuis Hendaye et l'océan Atlantique jusqu'à la Méditerranée. Le tronçon du Pays basque, long d'une centaine de kilomètres, ne présente pas de réelles difficultés en été. Il nécessite seulement une bonne paire de chaussures de marche et des mollets solides.

Les églises basques

Les églises du Pays basque sont originales à plus d'un titre. La richesse du décor intérieur présente souvent un fort contraste avec la lourdeur de l'extérieur et donne une idée de la place prise par la religion dans la vie quotidienne. Parmi les éléments les plus typiques, les galeries de bois qui tapissent les parois et les retables somptueux en font un patrimoine aussi spectaculaire qu'attachant.

▲ *Guéthary. Traditionnellement, les places des galeries étaient réservées aux hommes ; les femmes se tenaient en bas, dans la nef.*

■ De lourdes forteresses

Comparées aux églises romanes richement sculptées du Bordelais ou du Roussillon, ou aux délicates chapelles gothiques du nord de la France, les églises basques paraissent lourdes et austères, avec peu de fenêtres, des clochers massifs et trapus, des murs épais solidement fortifiés, un porche immense, bien abrité mais peu décoré. L'histoire agitée du Pays basque en donne quelques raisons. Les querelles politiques entre la France, l'Espagne et l'Angleterre ont entraîné de fréquents raids de la part de l'un ou l'autre camp. En cas d'attaque, les églises servaient aussi de refuge. Initialement, les morts étaient enterrés à l'intérieur de l'édifice. Lorsque la place a manqué, on les a inhumés sur le pourtour de l'édifice, en terre consacrée, c'est pourquoi bon nombre de cimetières entourent encore l'église.

■ L'aménagement intérieur

Si les volumes intérieurs reflètent la silhouette extérieure – nef unique et spacieuse pour accommoder les fidèles, voûte sobre, simplement charpentée ou berceau plus orné –, le contraste est total entre la structure et le décor, souvent d'une richesse incroyable même dans les plus modestes

◄▼ *L'église d'Arcangues possède un bel ensemble de galeries finement sculptées, comme le montre ce détail d'une balustrade.*

► *Le plafond clair de l'église de Jatxou vient éclairer l'ensemble des boiseries et contribue à la richesse du décor.*

paroisses. Le matériau le plus utilisé est le bois, teint et ciré pour les boiseries, les balustrades et les bancs ; peint et multicolore pour les retables, les statues et les voûtes. Premier aménagement original : les galeries de bois finement gravé ou sculpté qui longent les murs latéraux et celui du fond (c'est-à-dire à l'opposé du chœur), sur deux, voire trois étages ou plus. On commence à les ajouter dans les églises à partir du XVIIe s.

Après la découverte des Amériques, de nouvelles graines sont importées via l'Espagne : le maïs, par exemple, révolutionne la vie des campagnes, apportant une meilleure nutrition et une meilleure qualité de vie. La population va s'accroître considérablement, et les églises devenir trop exiguës. Ces galeries permettent de doubler le nombre de places. La partie liturgique de l'église est particulièrement soignée. À l'image des églises espagnoles, le chœur est souvent surélevé de nombreuses marches, comme à Saint-Jean-de-Luz ou Ascain.

Une fonction sociale

Lieu de culte, l'église est aussi l'endroit où se rassemble la population. Le porche est le premier lieu de retrouvailles pour les fidèles, dont les maisons sont dispersées dans les collines. Il est souvent vaste et bien abrité. Au-dessus du porche, la salle capitulaire était un peu une salle du conseil municipal avant la lettre : c'est là que, chaque semaine, se réunissaient les maîtres de maison de la paroisse (hommes ou femmes) pour discuter des questions d'actualité, comme les dépenses de la paroisse, les droits de pacage ou de fauche. Rattachée à l'église ou juste à côté, la maison de la benoîte abrite la femme chargée de garder et d'entretenir l'église – c'est en général une femme seule et pieuse, mais laïque.

■ Un décor opulent

L'omniprésence du bois donne aux églises une chaleur et une intimité particulières. La couleur des plafonds (Jatxou) ou des voûtes (Ainhoa), peints de motifs ou de tons soutenus (comme le rouge à Hendaye), s'ajoute à la couleur et aux dorures des retables baroques. Exubérants, typiques de l'excessif baroque et la plupart du temps disproportionnés par rapport à la taille de l'église, les retables incarnent la Contre-Réforme. Il faut montrer et souligner la gloire de Dieu, sa puissance et sa splendeur par le moyen des images et des statues. Le retable principal raconte en général la vie du saint patron ou un épisode de l'histoire sainte, souvent en lien avec la paroisse — la vie de Marie est ainsi à l'honneur dans les églises dédiées à Notre-Dame (Hélette). Les devants d'autel et les tabernacles sont également richement sculptés de petites scènes en relief, très vivantes, à la manière de bandes dessinées (Itxassou).

Hendaye et ses environs

CARTE P. 93

Office de tourisme : 12, rue des Aubépines. ☏ 05 59 20 00 34. www.hendaye.com

Sur la rive droite de l'embouchure de la Bidassoa, Hendaye marque la frontière avec l'Espagne. Station balnéaire très populaire, la ville est établie dans un site magnifique. C'est aussi un très ancien port de pêche et une étape importante pour les pèlerins de Compostelle.

De modestes origines

Au XIIe s., le prieuré de Zubernoa accueille les pèlerins en route vers Compostelle. Jusqu'en 1647, cette zone marécageuse fait partie d'Urrugne. Les choses évoluent lorsque Vauban, chargé de fortifier les points stratégiques des environs, y fait bâtir un fort… qui sera rasé par les Espagnols en 1793.

Le véritable tournant arrive avec le chemin de fer : en 1864, l'ouverture de la gare internationale d'Hendaye fait du bourg le principal point de passage vers l'Espagne. En 1881, la société Hendaye-Plage s'établit en bord de mer et crée un vaste lotissement pour répondre aux premières vagues de vacanciers. Dans la foulée, on construit un casino et l'Assistance publique de Paris crée le premier établissement de cures en 1899. La station est lancée. Les villas, puis les immeubles envahissent le littoral, tandis que le quartier du port de plaisance mise sur le tourisme haut de gamme.

■ Première approche

Hendaye est en fait divisée en deux parties distinctes : Hendaye-Plage le long de la mer, Hendaye-Ville, qui correspond au vieux village, sur les hauteurs. Le quartier de la gare et la zone frontière forment une gigantesque plate-forme pour le trafic international.

La station balnéaire se prolonge vers le sud par le port de plaisance. On ne manquera pas l'imposante silhouette du **casino néo-mauresque**. De là part l'avenue principale de la station, qui mène au village d'origine sur le coteau.

■ L'église Saint-Vincent

D'aspect très simple, elle cache un très bel intérieur (refait en 1874), envahi par les boiseries et les galeries qui sentent bon la cire.

- À droite, dans la nef, on verra un bas-relief polychrome, *La Fuite en Égypte*, du XVIIe s., et, dans le bras droit du transept, un superbe **crucifix** du XIIIe s., un retable doré du XVIe s. et un tabernacle de 1550 orné des figures de l'*Ecce Homo* et de Pierre, reconnaissable à ses clefs. Dans la chapelle de gauche, une statue de la Vierge est sculptée dans un seul tronc d'arbre.

Une île stratégique

Sa situation à la frontière de l'Espagne a souvent placé Hendaye au cœur de l'histoire. Entre les ponts de Béhobie et d'Hendaye, la petite île de la Conférence va être le théâtre de rencontres historiques de première importance. En 1469, Louis XI, roi de France, y rencontre son homologue le roi de Castille. En 1615, elle abrite un échange de princesses à marier : Isabelle, fille du roi de France Henri IV, doit épouser Philippe IV d'Espagne, dont la sœur Anne d'Autriche est destinée à Louis XIII… En 1659, Mazarin et le représentant de l'Espagne don Luis de Haro négocient le futur traité des Pyrénées ; l'année suivante, à l'intérieur d'un pavillon décoré par Vélasquez, est signé le contrat de mariage entre l'infante d'Espagne et Louis XIV.

▶ *Non loin de la place du Vieux-Fort, la « maison du solitaire »* (bakharetchea) *était celle de l'écrivain Pierre Loti, qui y mourut en 1923.*

Après le centre héliomarin, on peut suivre le sentier côtier jusqu'à la pointe Sainte-Anne et la baie de Loya, puis revenir par l'intérieur des terres (45 mn en tout). D'autres belles promenades sont possibles à partir du hameau de Biriatou. Une première balade de 2 h permet de gagner la frontière en longeant la rivière sur le sentier forestier au sud du village. Une autre consiste à suivre le GR 10 en direction du rocher des Perdrix et du col d'Osin, puis du lac des Poiriers.

Idées d'excursions
Pour ceux qui préfèrent une escapade espagnole, un bateau-navette relie en 10 mn toute l'année le port de plaisance d'Hendaye à celui d'Hondarribia, en face. Autre possibilité, prendre à la gare d'Hendaye le train bleu d'EuskoTren qui conduit à San Sebastián en 35 mn et à tout petit prix (toutes les 30 mn avec quatre retours nocturnes possibles).

▼▶ *Des influences exotiques sont venues se mêler au style néo-gothique du château d'Abbadie…*

- Au fond du **chœur** surélevé, beau **retable** baroque du XVIIe s., rouge et or avec des statues polychromes.

Retourner vers la plage et prendre la direction de Saint-Jean-de-Luz par la D 912, ou route de la corniche, puis suivre les panneaux « château d'Abbadie ».

■ Le château d'Abbadie

Ouv. en semaine de fév. à mai et d'oct. à déc. de 14 h à 17 h. Vis. guidées à 10 h et 11 h ; de juin à sept. vis. guidées en semaine de 10 h à 18 h ; vis. libres le sam. de 10 h à 13 h et de 14 h à 18 h ; le dim. de 14 h à 18 h. ☏ 05 59 20 04 51.

Il fut conçu par Viollet-le-Duc pour Antoine d'Abbadie d'Arrast (1810-1897), savant voyageur féru de langues rares. De nombreuses inscriptions témoignent de sa prédilection pour le basque, le gaélique (il était né à Dublin) ou l'amharique, langue d'Éthiopie, où il effectua des travaux de cartographie et vécut pendant plus de douze ans. Il aurait au fil de sa vie étudié plus de trente langues ! À sa mort, la propriété revint à l'Académie des sciences, dont il était membre.

- Le bâtiment lui-même comprend deux ailes en équerre et la **rotonde de l'observatoire**, toujours actif.
- À l'intérieur, la décoration a conservé les goûts exotiques d'Antoine d'Abbadie : chambres africaines, proverbes arabes sur les poutres, fumoir oriental, têtes d'antilopes ou crocodiles sculptés.
- Dominant l'Océan sur trois côtés, le **parc** est géré par le Conservatoire du littoral. La balade le long d'un spectaculaire sentier côtier permet de découvrir les curieuses falaises plissées, la végétation typique de la lande océanique, mais aussi d'observer les quelque trente espèces d'oiseaux nicheurs, sans compter les migrateurs – courlis, pluvier argenté, milan royal…

La vallée de la Nivelle

CARTE P. 93

Dominant l'arrière-pays labourdin, la vallée de la Nivelle et le massif de la Rhune composent un paysage de carte postale : collines d'un vert cru piquées de maisons rouge et blanche, petits villages massés autour de l'église et du fronton, pentes abruptes où paissent les moutons… C'est aussi la terre des anciens rites, jalonnée de dolmens et de cromlechs.

■ Ascain / Azkaïne

À 6 km au sud de Saint-Jean-de-Luz par la D 918.

◄ *Enseigne à Ascain.*

Au bord de la Nivelle, le village a gardé tout son charme : sur la place, le fronton, l'église et les maisons labourdines sont bien au rendez-vous. En raison de la proximité de la mer, les effets des marées se font sentir jusqu'au curieux pont à trois arches – dit « **pont romain** », bien qu'il ne date que du XVIIe s.

- L'**église** du XVIe s. se signale par un énorme clocher-porche. L'intérieur est garni de galeries; la première tribune, au fond, était réservée aux notables. Le **chœur**, très surélevé, est surmonté d'un beau plafond peint et précédé d'une voûte en charpente, peinte également. Le retable de l'Assomption est du XVIIIe s. Dans la nef, on notera plusieurs belles statues anciennes et, au sol, des dalles funéraires aux inscriptions en basque. Sur la droite, un bateau ex-voto rappelle la proximité de la mer et les anciens chantiers navals.

La pierre de la Rhune

Ce grès beige ou rosé est traditionnellement utilisé pour les encadrements des portes et des fenêtres, ou pour les linteaux. Il est aussi débité en larges dalles, fichées côte à côte en terre pour faire des clôtures. En observant les carrières d'Ascain, on remarque bien l'alternance des teintes du grès. Cette pierre noble est très demandée pour les restaurations ou pour le pavage des villes anciennes dans toute la France (à Lille par exemple).

■ La Rhune et le col de Saint-Ignace

C'est la montagne mythique des Labourdins ; en basque, *Larre-un* désigne un lieu de pâturage. De fait, bergers, moutons et pottiok sont toujours là… Elle est aussi un haut lieu de mysticisme, où se pratique depuis la nuit des temps le culte des hauteurs : en témoignent les nombreux vestiges mégalithiques. Au Moyen Âge, les nuits de sabbat, la rumeur prêtait aux sorcières des incantations maléfiques… Aujourd'hui, le sommet est plus prosaïquement couronné d'un relais de télévision.

◄ *L'hôtel de la Rhune, à Ascain, garde le souvenir de Pierre Loti, qui y écrivit* Ramuntcho, *roman inspiré de la vie du joueur de pelote Jean-Pierre Borda, né et mort à Ascain.*

► *Le retable (XVIIe s.) de l'église de Saint-Pée occupe tout le chœur. Il est surmonté d'une belle voûte en coquille.*

L'impératrice Eugénie, apparemment intrépide, y entraîna ses dames d'honneur : mal chaussées, empêtrées dans leurs longues jupes, les pauvres suivantes en gardèrent, paraît-il, un fort mauvais souvenir !

D'Ascain, rejoindre le col de Saint-Ignace, à 3,5 km par la D 4.

- C'est là que se situe la gare de départ du **petit train de la Rhune** qui, depuis 1924, mène au sommet les touristes, mais aussi les gens du pays *(départ toutes les 30 mn, ascension de 170 m à 900 m, à 8 km/h. Fermé de déc. à fév. et en fonction de la météo).*

■ Saint-Pée-sur-Nivelle / Senpere

À 7 km à l'est d'Ascain par la D 918.

Le quartier d'Ibarron est le plus ancien du village. Le vieux **château d'Ibarron**, partiellement détruit en 1450 et incendié en 1793, appartenait aux seigneurs de Saint-Pée, l'une des plus puissantes familles de la région. Il a gardé le surnom de « château des sorcières » en souvenir des sinistres procès de sorcellerie qui s'y tinrent en 1609. Il n'en subsiste qu'une tour carrée (XVe et XVIIe s.) et des bâtiments du XVIIIe s.

- La rue principale et la place ont conservé de belles maisons des XVIIe et XVIIIe s.

- L'**église** est dominée par un clocher-porche massif – 1606 est sans doute la date de la rénovation de l'édifice. À l'intérieur, belles galeries, plafond en charpente bleu turquoise et **retable** du XVIIe s. Les portes du **tabernacle**, qui provient du couvent des Capucins de Bayonne, sont ornées de scènes de la vie de saint Antoine de Padoue. Le sol de la nef est pavé de belles **dalles funéraires**, ou *jarleku.*

■ Sare

À 7,5 km au sud d'Ascain par la D 4. À 8 km au sud de Saint-Pée par la D 3.

Sare est sans doute l'un des villages les plus pittoresques du Labourd avec ses bâtisses des XVIIe et XVIIIe s. Au détour des chemins environnants, de belles fermes blanche et rouge sont clôturées de dalles de la Rhune. Le territoire de Sare jouxte la frontière avec la Navarre

L'Inquisition à la française

Saint-Pée et les environs ont servi de théâtre à l'un des plus horribles procès en sorcellerie du pays. En 1609, suite à des dénonciations, Pierre de Lancre, conseiller au parlement de Bordeaux, arrive à Bayonne pour enquêter sur les pratiques de sorcellerie. Persuadé que les campagnes basques sont un nid de paganisme et de diableries, il fait emprisonner plus de deux cents personnes des environs de la Rhune. Durant six mois, il mène son « enquête » tambour battant. À l'issue du procès, près de cent quatre-vingts femmes ont été brûlées vives. Les effigies de sorcières brûlées lors des fêtes traditionnelles perpétuent le souvenir de ce triste épisode.

sur 20 km, ce qui en a fait l'un des hauts lieux de la contrebande. La proximité des communes navarraises de Urdax et Zugarramurdi a obligé les habitants à fixer des règles de bonne entente, appelées *faceries*. Renouvelées tous les cinq ans, elles organisaient les droits de pâture des troupeaux de part et d'autre de la frontière. En 1794, Sare fut décrétée « commune infâme » et tous ses habitants furent déportés dans les départements voisins par les armées révolutionnaires. La moitié seulement survécut. Le village est éclaté en quartiers disséminés dans les collines, comme c'est souvent le cas dans les campagnes labourdines.

- Sur la place principale, le fronton et les maisons à arcades répondent à l'église, où l'on entre par un porche imposant. Sur le côté gauche de la nef, on peut voir une plaque en l'honneur de Pierre Axular, auteur de l'un des chefs-d'œuvre de la littérature basque, *Gero* (« Plus tard »), paru en 1643. La chaire peinte est du XVIIIe s.
- Dans un des quartiers de Sare, la **maison basque d'Ortillopitz**, ferme labourdine typique, date de 1660. La visite permet de comprendre l'organisation de la maison basque ou *etche*, avec son mobilier, son chai, son lavoir.

Ouv. en juil. et août de 11 h à 19 h ; d'avr. à juin de 14 h à 18 h ; en sept. et oct. de 14 h à 17 h.

■ Le circuit des oratoires

Se procurer au syndicat d'initiative le plan de cette promenade originale pour découvrir les quartiers de Sare.

La commune possède quatorze oratoires à la Vierge ou à des saints, offerts en ex-voto par les Saratars. Jadis, quatre fois par an, un pèlerinage conduisait les fidèles de l'un à l'autre. Ces minuscules cabanes abritent des statues naïves et attachantes. Citons par exemple celles de Marie, Mère de Dieu en robe bleue, Marie Immaculée avec son troupeau et son sac en bandoulière, saint François-Xavier, patron des joueurs de pelote basque…

■ Les grottes de Sare

À 7 km au sud de Sare par la D 406 puis la D 306.

Ouv. en juil. et août de 10 h à 19 h ; de Pâques à fin juin et en sept. de 10 h à 18 h ; en oct. de 10 h à 17 h ; en nov., déc. et durant les vacances de fév. et Pâques de 14 h à 17 h. F. à Noël et en janv. ☏ 05 59 54 21 88.

Évoquant 45 000 ans de préhistoire… et 2 000 ans d'histoire, les grottes s'ouvrent par un vaste porche naturel et se prolongent en plusieurs galeries creusées dans la pierre calcaire. Occupées dès le Paléolithique (des outils de silex et des débris d'os ont été mis au jour), elles ont plus récemment servi de cachette aux carlistes qui y entreposaient vivres et munitions. Un sentier permet de rejoindre les grottes de Zugarramurdi, du côté espagnol.

▲ *Église de Sare, retable du Portement de croix.*

Bonnes adresses

à Sare

Chambres d'hôtes *Auretxola*, route des grottes, Sare. ☏ 05 59 54 28 33. www.aretxola.com. Une ferme basque typique, un décor rustique de bon goût et une atmosphère chaleureuse.

Chambres d'hôtes *Olhabidea*, Sare. ☏ 05 59 54 21 85. Encore une demeure de charme à la déco raffinée et à l'accueil irréprochable.

Les gourmands pourront visiter le ***musée du Gâteau basque***, dans le quartier de Lehenbiscaye. Une bonne façon de le goûter et d'en apprendre la recette… ☏ 05 59 54 22 09.

▲ *Blanc et rouge sont à l'honneur dans les villages de la Nivelle ; ici, Ascain et Ainhoa.*

Plusieurs randonnées sont possibles dans les environs d'Ainhoa, le long du GR 10, vers la chapelle Notre-Dame-de-l'Aubépine, puis vers le col des Trois-Croix et ses palombières (à 1 h 15).

▼ *La chapelle Notre-Dame-de-l'Aubépine fut l'objet du pèlerinage le plus renommé du Pays basque. Un calvaire figurant le Christ entouré des deux larrons y fut ajouté à la fin du XIXe s.*

■ Le col de Lizarrieta

En quittant les grottes, reprendre la D 306 vers Etxalar.

Laisser la voiture sur le parking et emprunter le **sentier des palombières**, vers la gauche, qui suit la ligne de crête (en automne, pleine saison de la chasse, il est conseillé de se faire discret). Les conditions climatiques, plus favorables à cette altitude (441 m), en font l'un des principaux lieux de passage des oiseaux migrateurs vers l'Afrique. En automne, on y verra passer des grues, des cigognes et les fameuses palombes ou pigeons ramiers.

■ Ainhoa

À 13 km à l'est de Sare par la D 4 et la D 20.

Fondé au XIIIe s. par les moines prémontrés, Ainhoa était une halte sur la route de Compostelle avant d'aborder la montagne. Construit sur le plan d'une bastide-rue, aujourd'hui classé parmi les plus beaux villages de France, il aligne une collection de jolies maisons anciennes aux boiseries rouges et vertes.

- On observera les inscriptions sur les linteaux des maisons mitoyennes de la **rue principale**, où se succèdent les boutiques d'artisanat. Sur la place traditionnelle, l'église est entourée du vieux cimetière qui compte quelques belles stèles discoïdales. Dans le porche à double entrée, un escalier mène au clocher. L'intérieur est particulièrement harmonieux – plafond en bois à caissons, galeries traditionnelles ouvragées… Le chœur, surélevé et voûté en cul-de-four, est peint de bleu et d'or : il abrite un retable du XVIIe s. Sur les côtés, belles croix de procession en argent et vermeil.

La chasse à la palombe

En Pays basque, ce type de chasse fait partie des traditions immémoriales. Au mois d'octobre, nombreux sont ceux qui prennent des vacances pour partir sur les cols, loués aux chasseurs à prix fort par les communes. Les palombières sont les cabanes de bois perchées sur de hautes échasses. De là-haut, les chasseurs sont censés rabattre les oiseaux dans des couloirs entre les arbres où sont tendus d'immenses filets, les pantières. Il en reste huit entre Sare et Etxalar. Malheureusement, de plus en plus ont recours au fusil plutôt qu'aux filets, et les populations de palombes diminuent de manière dramatique (cent mille sont abattues chaque année). La querelle entre ornithologues et chasseurs est d'autant plus virulente qu'il s'agit d'une véritable économie locale et que la tradition se voit menacée par les interdictions de chasse.

La basse vallée de la Nive

CARTE P. 93

Voici le cœur du Labourd, là où les paysages n'ont plus la rudesse de la montagne, sans être de plaine pour autant. S'approchant de l'Adour, la Nive y crée des méandres entre prairies et collines. En la remontant de village en village, on aperçoit au sud la ligne des Pyrénées.

■ Ustaritz

À 13 km au sud de Bayonne par la D 932 puis la N 10.

Au XIIe s., quand le vicomte de Labourd est chassé de Bayonne par Richard Cœur de Lion, il établit sa capitale à Ustaritz. Au siècle suivant, le bourg devient le siège du *Biltzar*, sorte d'assemblée régionale de la province. Aujourd'hui, la proximité de Bayonne a favorisé l'éclosion de pavillons neufs qui cachent les quelques belles maisons du vieux village. En revanche, le long des petites routes alentour, on découvre d'étonnantes demeures aux noms exotiques – Argentina, California –, construites par des Basques émigrés revenus au pays.

■ Jatxou

À 3 km à l'est d'Ustaritz par la D 250.

Ce joli petit village est trop souvent ignoré. Ancien quartier d'Ustaritz, il est devenu commune indépendante au XVIIe s.

- Toute blanche avec un clocher minuscule, l'**église Saint-Sébastien** est l'une des plus charmantes du Labourd. Elle fut construite au XIIIe s. et agrandie en 1782. De l'autre côté de la ruelle, la maison basque en miniature est celle de la benoîte, chargée de l'entretien de l'église *(si celle-ci est fermée, lui demander la clef)*. En pénétrant dans l'enclos, noter le long du mur la rangée de stèles discoïdales. L'assemblée paroissiale se réunissait dans la salle capitulaire, au-dessus du porche.
- L'intérieur dégage une grande sérénité avec sa galerie de bois ciré à deux étages, et surtout son beau **plafond de bois peint** aux tons somptueux. Le **retable** (XVIIIe s.) est dédié à saint Sébastien. Sur la petite porte du tabernacle, on notera la figure d'un ange ailé qui montre le saint suaire et non celle, plus habituelle, de sainte Véronique.
- Un peu à l'écart du village (suivre les panneaux), la **chapelle Saint-Sauveur**, perdue au milieu des champs, s'élève près d'une source miraculeuse où l'on menait les enfants retardés pour la marche ou la parole. Chaque lundi de Pentecôte, une procession part du fronton vers la chapelle ; pour l'occasion, on sort deux superbes statues romanes du XIIIe s. représentant le Christ et la Vierge.

La Maison labourdine
Cette maison-musée de 1696 évoque la vie d'autrefois dans les campagnes labourdines.
Vis. guidées (1 h) de juil. à sept. de 11 h à 13 h et de 14 h à 18 h ; mai, juin, oct. de 14 h à 18 h, sauf lun.
Quartier Arrauntz, à 4 km d'Ustaritz en direction de Bayonne (D 932).

Déjà démocrate

L'assemblée du Biltzar était composée d'un ou deux délégués pour chacune des trente-cinq paroisses du Labourd. Ni clercs ni nobles, ils transmettaient les avis des assemblées de paroisse, discutaient de la répartition des impôts et des charges et s'occupaient de la voirie. Ils désignaient un syndic qui les représentait auprès des autorités et servait de trésorier et de percepteur. Cette institution resta en vigueur jusqu'à la Révolution.

▲ *Au centre du plafond de l'église de Jatxou, on voit la mitre du pape (privilège rare que ce village partage avec Itxassou) et les quatre évangélistes.*

► *L'approvisionnement des villages des terres comme Espelette ou Ainhoa, s'est longtemps fait grâce aux chalands qui remontaient la Nive, de Bayonne jusqu'aux ports d'Ustaritz et de Larressore.*

Halsou

Au sud de Jaxtou par la D 650.

La curieuse **église** toute blanche possède un clocher-fronton à boules qui est précédé d'un second fronton similaire. Les deux sont réunis par la salle capitulaire pour former le porche. Elle fut offerte en 1510 par le seigneur d'Uhaldea après la noyade de sa fille, qui avait dû traverser la Nive pour aller à la messe.

- Souvent fermée, elle contient un retable dédié à la Vierge, avec en son centre une **pietà** en bois du XVIe s. Parmi les petites scènes en relief retraçant la vie de Marie, on notera celle où Élisabeth pose la main sur le ventre de sa cousine pour sentir l'enfant bouger.

Larressore

De l'autre côté de la rivière, face à Halsou.

Ce village est devenu la capitale du *makhila* (qui s'écrit ici avec un *h*, selon l'écriture ancienne), en raison de la présence du meilleur atelier du pays, tenu par la famille Ainciart-Bergara depuis plusieurs générations. Ce bâton traditionnel est fabriqué dans des bois de néflier travaillés sur pied dès le printemps. En incisant soigneusement les arbres, on obtient des « cicatrices » qui forment des dessins. En hiver, on coupe le bois, on l'écorce, on le redresse et on lui donne une couleur (en séchant très longtemps à l'air libre, il gagne déjà une teinte particulière), avant de l'équiper d'une pointe et d'un pommeau.

- L'**atelier de fabrication Bergara**, près du fronton, est ouvert gratuitement à la visite. En complément, la maison du makhila *(makhilaren etxea)* présente une exposition et un film de 33 mn.

Ouv. t.l.j. sauf dim. et j. fériés de 8 h à 12 h et de 14 h à 18 h.

Bonnes adresses
à Espelette

Chocolatier *Antton*, place du Marché. ☏ 05 59 93 80 58. Pour les gourmands, visite passionnante et dégustation gratuite de chocolats préparés dans la grande tradition à partir de la fève de cacao et avec une foule de parfums.
Hôtel-restaurant *Euzkadi*, 285, route Karrika Nagusia. ☏ 05 59 93 91 88. André Darraïdou vous fera goûter à de vraies spécialités locales, à commencer par l'*ascoa*, du veau sauté, ou le *tripox*, le « vrai boudin basque »...

Espelette

À 4 km de Larressore par la D 20.

Entre Nive et Nivelle, ce gros village est réputé pour ses élevages de pottiok (foire les derniers mardi et mercredi de janvier), mais surtout pour ses **piments rouges**. À partir du mois de septembre, le village prend une allure pittoresque avec ses piments suspendus en guirlandes aux façades et aux balcons. L'**église** possède un clocher-donjon impressionnant. À l'intérieur, galeries de bois, plafond entièrement peint et retable du XVIIe s. consacré au martyre de saint Étienne.

► *La mairie d'Espelette est installée dans un château ayant appartenu aux barons d'Ezpeleta, famille connue dès le XIe s.*

Le piment

Chaque année, le dernier dimanche d'octobre, près de dix mille visiteurs envahissent Espelette pour la fête du piment. Produit emblématique du Pays basque, cette épice se doit d'accompagner tous les classiques de la gastronomie régionale.

■ Des Aztèques à l'eau du bain

Ce sont les Espagnols qui importèrent le piment de Colombie et du Mexique en Europe. Ils avaient été fascinés par la valeur que les Aztèques accordaient à ce fruit, qu'ils utilisaient comme monnaie d'échange. D'Espagne, le piment passa naturellement en Pays basque du nord, mais au départ, il était seulement utilisé comme épice pour relever le chocolat ! (Plusieurs recettes de chocolat de Bayonne en mentionnent l'usage.) Sa culture a commencé vers le XVe s. Peu à peu, on a constaté que sa saveur relevait avantageusement certains plats ou spécialités, dont le jambon de Bayonne ou la célèbre piperade. Ce piment doux possède en effet une saveur très fine qui « n'emporte pas la bouche ». Les grands-mères l'utilisaient aussi pour ses vertus curatives, en gargarisme contre le mal de gorge, dans le bain contre le rhume et en petit sachet sous l'oreiller comme aphrodisiaque…

■ Une économie en or

La spécialisation d'Espelette dans le piment – de son nom officiel *bipergorria* – ne date que des années 1960. Aujourd'hui, une trentaine de producteurs cultivent quelque 250 000 pieds pour un rendement de moins de 100 t. En décembre 1999, le piment d'Espelette a obtenu son classement en AOC, sous trois formes : frais, en poudre ou en corde. L'aire délimitée compte dix communes (Espelette, Halsou, Jatxou, Larressore, Ustaritz, Cambo-les-Bains, Souraïde, Saint-Pée, Ainhoa et Itxassou). Les piments sont enfilés en collier sur de longues cordelettes que l'on met à sécher à l'air libre, avant de les réduire en poudre et de les vendre comme condiment.

■ Une messe pimentée

Autant dire qu'à Espelette, le piment est roi. Une confrérie du Piment a même vu le jour en 1969. Chaque année, durant la fête, ses membres défilent en procession, chapeautés de rouge flamboyant et munis des longues guirlandes éclatantes. Au son de la musique basque, tout ce beau monde se rend à la messe pour se faire bénir par le curé du village. Certaines personnes peuvent ensuite connaître l'immense honneur de se faire introniser « chevalier du piment ».

▲ *Les champs de piments surprennent les néophytes par leur couleur verte dominante. Les petits fruits écarlates se dissimulent sous l'abondant feuillage.*

▲ *Dès septembre, les maisons d'Espelette s'habillent de rouge.*

▲ *Réduit en poudre, le piment prend une belle teinte ocre avant de venir relever les recettes de la région… ou d'ailleurs.*

Cambo-les-Bains

CARTE P. 93
À 16 km au sud de Bayonne par la D 932. À 29 km de Saint-Jean-de-Luz par la D 918.
Office de tourisme : parc Saint-Joseph. ☏ 05 59 29 70 25.

Bâtie sur une terrasse dominant la Nive, Cambo-les-Bains est réputée depuis le XVIe siècle pour la douceur de son climat et les vertus curatives de ses sources. Têtes couronnées, écrivains et artistes s'y donnaient rendez-vous.

▲ *Les thermes de Cambo-les-Bains ont conservé certaines vieilles enseignes.*

Dans le sillage d'Edmond Rostand et de sa femme, la poétesse Rosemonde Gérard, Cambo-les-Bains reçut Anna de Noailles, Pierre Loti, Gabriele D'Annunzio ou encore Sarah Bernhardt.

Bonne adresse

Domaine de Xixtaberri. **☏ 05 59 29 22 66, www.xixtaberri.fr. Petit hôtel de charme mariant avec goût styles et couleurs, sur un coteau dégageant une belle vue, et table d'hôte de qualité. Le domaine cultive les myrtilles que vous pourrez goûter ou même cueillir vous-même.**

▼ *Construite au début du XXe s., la villa Arnaga est entourée de beaux jardins à la française et d'un parc à l'anglaise ouvrant sur la montagne.*

Curistes ou poètes

Occupée depuis la préhistoire, Cambo-les-Bains doit sa notoriété à ses deux sources, l'une sulfureuse et l'autre ferrugineuse, qui sont à l'origine de la station thermale. On racontait autrefois qu'en buvant de l'eau de Cambo la nuit de la Saint-Jean, on était protégé des maladies. Au XVIIIe s., un marchand de Bayonne gagna même beaucoup d'argent en en expédiant des barriques aux Basques émigrés… La reine d'Espagne elle-même vint y faire des cures en 1728 et 1729. Au XIXe s., Napoléon III et son épouse Eugénie y entraînèrent des célébrités, puis ce fut le tour du roi d'Angleterre, Édouard VII. Au début du XXe s., la ville se dote de sanatoriums et s'impose dans le traitement médical des affections cardio-respiratoires. C'est d'ailleurs son climat et ses soins qui attirèrent son habitant le plus célèbre, Edmond Rostand, venu ici soigner une pleurésie. Charmé par la région, il s'y fit construire une maison et contribua à attirer dans la contrée nombre d'écrivains, d'artistes et de poètes.

■ L'église Saint-Laurent

Le **chœur**, dont la voûte est entièrement peinte de couleurs chaudes, ocre et rouge sombre, est surélevé et fermé par une belle balustrade de fer forgé. Il abrite un retable baroque en bois doré de la fin du XVIIe s. Le tableau central représente le martyre de saint Laurent. Dans la nef, la traditionnelle galerie est richement sculptée. En sortant, on ne manquera pas la vue sur la vallée depuis la terrasse.

■ La villa Arnaga/musée Edmond-Rostand

Sur la route de Bayonne.

Ouv. en juil. et août de 10 h à 19 h ; d'avr. à juin et en sept. de 10 h à 12 h 30 et de 14 h 30 à 19 h ; en oct. et durant les vacances de la Toussaint de 14 h 30 à 18 h ; en mars sam. et dim. après-midi. ☏ 05 59 29 70 57.

De style néo-basque, cette belle demeure s'élève dans un décor de rêve. La visite, passionnante, révèle les goûts éclectiques des propriétaires et leur sens de la modernité (étonnante salle d'hydrothérapie). Salon chinois, bureau Empire, bibliothèque lambrissée : chaque pièce a son style et son âme propres. L'étage est consacré à la vie et à l'œuvre de l'auteur de *Cyrano de Bergerac* : dessins, lettres autographes…

▷ Les environs de Cambo-les-Bains

Le pays de la cerise noire

Plantés d'une multitude de cerisiers, les vallons se succèdent, offrant parmi les plus belles balades de la région. L'idéal est bien sûr d'en faire la découverte fin mars-début avril, lors de la floraison.

■ Itxassou

À 6 km au sud de Cambo-les-Bains par la D 932 et la D 349.

Le centre de la commune est situé près de la Nive, dans un petit bassin entouré de sommets escarpés.

- L'**église Saint-Fructueux** se trouve sur la route du Pas de Roland, dans le quartier d'Urzumu. Toute blanche au milieu des arbres, son cimetière a conservé plus de deux cents stèles discoïdales. L'intérieur est somptueux, cerné d'une galerie en bois tourné à trois étages, dont la moindre poutre, le moindre poteau, est décoré. Sur le sol, on peut distinguer les *jarleku*, dalles funéraires sur lesquelles se tenaient les femmes durant la messe. Le retable baroque est orné de bas-reliefs polychromes surmontés d'un magnifique christ. Le tabernacle est orné de petites scènes de la Passion très réalistes. À voir encore, la très belle chaire peinte, une Vierge à l'Enfant du XVIIe s. et une toile attribuée à Murillo.

▲ *Parmi tous les ravissants villages basques, Itxassou allie un charme fou à un paysage somptueux.*

Itxassou est un bastion traditionnel des nationalistes basques. Le mouvement Enbata, fondé en 1963 puis dissous, y tenait ses réunions annuelles.

Bonne adresse
à Itxassou

Hôtel-restaurant du Chêne, route du Pas-de-Roland. ☏ 05 59 29 75 01. Juste à côté de l'église, en pleine nature et au départ de belles randonnées, ce plaisant hôtel familial offre des chambres à petit prix et une table traditionnelle de qualité.

■ Le Pas de Roland et le mont Artzamendi

En partant de l'église, suivre la D 939 vers Bidarray et le Pas de Roland.

La route longe la Nive qui coule à cet endroit dans une gorge étroite, appelée **Pas de Roland**.

- Au bout de la gorge, à l'hôtel du Pas de Roland, bifurquer à droite vers le col d'Artzamendi par une route étroite aux panoramas spectaculaires. Tout en haut, à la fourche, laisser sa voiture et monter vers la gauche, le long du GR 10, jusqu'au sommet (926 m) colonisé par les grands vautours fauves et quelques chevaux sauvages. *Artzamendi* signifie « montagne de l'ours », mais les ours ont depuis longtemps déserté les environs. Là-haut, la vue est à couper le souffle sur le massif pyrénéen. En continuant en voiture tout droit à la fourche, on arrive en Espagne où une *venta* (auberge) permet de se restaurer.

◀ *La légende donne plusieurs origines au Pas de Roland : pour certains, l'illustre personnage fendit la montagne de son épée ; pour d'autres, c'est son fidèle destrier qui réalisa l'exploit d'un coup de sabot.*

Hasparren et l'Ursuya

CARTE P. 93

Les environs d'Hasparren marient presque tous les paysages basques : routes ombragées et collines verdoyantes, landes peuplées de moutons et villages aux églises pittoresques, jusqu'à la montagne, avec l'Ursuya et ses formes imposantes.

▼ *Dès le XVIIIe s., Hasparren fut connu pour son artisanat du cuir.*

▲ *La maison où se retira Francis Jammes.*

■ Hasparren

À 10 km de Cambo-les-Bains par la D 10.

Cette petite ville a gardé une atmosphère de marché agricole. Les tanneries y étaient nombreuses autrefois, grâce à la présence de chênes dont on utilisait l'écorce pour le tanin. Cette activité céda peu à peu la place à la fabrication des chaussures, qui employa jusqu'à trois mille personnes. La concurrence étrangère a hélas entraîné un déclin inexorable, et moins d'une centaine d'ouvriers y travaille encore.

- La **maison Eyartzea** accueillit le poète Francis Jammes en 1921 ; profondément attaché au Pays basque, il y vécut jusqu'à sa mort en 1938.

Prendre la rue qui monte au-dessus de l'office de tourisme, puis à gauche après le petit rond-point.

- La **chapelle du Sacré-Cœur**, très originale, se distingue par ses deux colonnes beiges et son fronton écrit en basque. Elle fut construite en 1933 pour la maison des frères missionnaires. À l'intérieur, les murs latéraux de la nef sont entièrement couverts d'une immense fresque, figurant une farandole de quarante-huit saints, menée par Jean Baptiste tenant une coquille à droite, et saint Michel écrasant un diable vert à gauche. Certains portent les instruments de leur supplice – Sébastien avec ses flèches. François-Xavier, qui tenta en vain d'évangéliser le Japon, est pour sa part accompagné de deux enfants asiatiques. Tout en mosaïques, le chœur abrite un christ Pantocrator à la mode byzantine. Chaque bras du transept a une tribune : un côté pour les moines, l'autre pour les religieuses.

- En quittant la ville vers Cambo, on s'arrêtera à la petite **chapelle d'Elizaberri** *(demander la clef à l'auberge)*, aux belles boiseries qui sentent bon la cire; très beau retable en bois polychrome évoquant les enseignements prônés par le concile de Trente.

Traces préhistoriques
Hatzen Bidea (chemin des traces) est le nom de l'espace archéologique d'Hasparren. Il reconstitue par des mises en scène le quotidien des hommes des environs, il y a 15000 ans. Place du Fronton. Ouv. t.l.j. de 10 h à 12 h et de 14 h à 18 h en juil. et août; en mai, juin, sept. et oct. fermé ven., sam. et dim. ☏ 05 59 29 10 66.

En allant vers le mont Ursuya

D'Hasparren, prendre la D 152 vers le sud en direction de Mendionde.

La route s'enfonce entre les collines veloutées parsemées de belles fermes, puis s'élève au flanc de l'Ursuya, sur la droite.

- Sur la jolie petite place du quartier de Lekorne, l'église de **Mendionde** (XVe s.) contient un très beau retable classique de saint Cyprien. Les côtés du chœur sont tapissés de boiseries peintes et de tableaux.
- Dans le village, prendre la route de **Gréciette**, l'un des quartiers de Mendionde. Au cœur de nombreuses pépinières, ce hameau est celui de l'écrivain Jean Etchepare (1877-1935). Il compte de belles maisons à linteaux gravés, un petit fronton et une église, perchée sur une butte escarpée. Datée du XVIIe s., elle a gardé une très belle charpente de bois. L'autel est orné de scènes en relief – la Cène, la Crucifixion et la Résurrection – ; sur le maître-autel sont représentés la récolte de la manne dans le désert et le sacrifice d'Isaac.

Revenir sur ses pas et suivre la D 252 jusqu'à Macaye.

- **Macaye** vit naître l'un des héros des guerres carlistes, Jean Anchodorqui, dit « Ganix de Macaye ». L'église du XVIIe s. dresse son curieux fronton à boules au milieu du cimetière. À l'intérieur, une jolie galerie et un imposant retable doré du XVIIIe s. Sur la commune, fabrique de fromages Berria.

Du village, une petite route mène aux abords du mont Ursuya (678 m).

Une jolie promenade de 2 h 45 permet d'atteindre le sommet en passant par des bergeries et des talus d'enceintes protohistoriques. Belles vues sur le Labourd.

Contrebandiers des grands chemins

Ganix de Macaye est l'une des figures populaires du XIXe s. Ce contrebandier ne se contentait pas de transporter alcool, tabac et chocolat : fervent partisan de la cause carliste, il aidait de son mieux les réfugiés politiques poursuivis par les armées espagnoles. Il fit même passer la frontière à la fiancée de don Carlos. La plupart des Basques, s'ils n'avaient aucun scrupule à échapper à l'impôt et à duper les douaniers, mettaient un point d'honneur à tenir leur parole pour toutes les grandes causes.

Louhossoa

Au sud-ouest de Macaye par la D 252.

Les habitants de Macaye et de Mendionde vinrent ici défricher les terres qui appartenaient à leur commune, puis s'y établirent et obtinrent leur autonomie en 1684. En galeries ou en carrières, ce village labourdin typique a pendant longtemps exploité du kaolin qui était expédié à Limoges.

- Là encore, l'église possède un beau décor intérieur, avec plafond à caissons, murs peints et un **retable polychrome** à tableaux. Ces éléments – colonnes torses, feuillages et angelots joufflus – lui donnent une atmosphère de palais baroque.

▼ *L'église de Louhossoa (XVIIe s.) affiche un bel appareil de pierre.*

La Bastide-Clairence et ses environs

CARTE P. 93

D'Hasparren à l'Adour, le relief décline peu à peu pour rejoindre la plaine. On quitte le Pays basque profond pour aborder la Gascogne. Toujours jolis et authentiques, les villages prennent une allure différente et sont davantage marqués par la proximité de l'Aquitaine.

▲ *Le lavoir de La Bastide-Clairence.*

■ La Bastide-Clairence

À 8 km au nord d'Hasparren par la D 10.

Trop souvent délaissé, ce village est l'un des plus beaux du Labourd. Cette bastide fut fondée en 1314 par le roi de Navarre Louis le Hutin, qui voulait sécuriser les routes commerciales à la limite nord de ses possessions. De là, il avait aussi accès au réseau fluvial de l'Adour, à l'Aquitaine d'un côté, au Béarn de l'autre – la ville fut d'ailleurs colonisée par nombre de Gascons et de Français. Au Moyen Âge, elle connut un essor considérable dans le domaine du commerce, le travail du cuir, le tissage et la bonneterie. À partir du XVIIe s., de nombreux Juifs s'installent dans cette ville de foires et de marchés.

- Le village a gardé tout son caractère avec sa **place centrale** bordée de belles maisons à arcades. Deux rues principales et six rues transversales dessinent un plan classique de bastide, avec un ordonnancement très régulier. Plusieurs ateliers d'artisans, que l'on peut visiter, se sont installés dans le village. En montant la rue principale vers l'église, on ne manquera pas la belle maison aux pans de bois en croisillons et fenêtres à meneaux.
- Dans le haut du bourg, l'**église Notre-Dame** (XIVe s.) est entourée d'un vaste préau entièrement pavé de dalles funéraires. Un escalier de bois mène à la salle capitulaire où se tenaient les réunions paroissiales. À l'intérieur, étonnant chœur décoré en trompe-l'œil; le sol incliné renforce la présence un peu écrasante du retable. En regardant la nef depuis l'autel, on constate que les galeries latérales ne sont pas verticales. Au-dessus du cimetière de l'église se trouve un important cimetière juif.
- Au nord du village, l'**abbaye bénédictine de Belloc** est un édifice moderne, où l'on peut parfois écouter des messes en grégorien. Les moines perpétuent les deux activités traditionnelles de leur ordre : l'agriculture et l'édition – les Presses de Belloc éditent régulièrement des ouvrages en euskara. La petite boutique propose d'ailleurs un grand choix de disques et de livres consacrés à la culture basque, mais aussi d'excellents fromages de brebis faits par les moines.

Bonnes adresses

Chambres d'hôtes *La Croisade*. ☏ 05 59 29 68 22. Sylviane Darritchon est férue de décoration et ses chambres sont un bel hommage à son talent. La maison est une ancienne ferme du XVIIe s., nichée dans un jardin vert et fleuri. Prix raisonnables.

***Maison Sainbois*.** ☏ 05 59 29 54 20. www.sainbois.fr. Une excellente adresse que cette maison de maître au décor élégant. Piscine, chambres et table d'hôtes. Prix raisonnables.

- Derrière l'église, un sentier traverse le parc et mène au cimetière des moines, simple pelouse bucolique à l'ombre des grands arbres. Fichées en désordre sur la pente, on voit encore quelques stèles discoïdales anciennes, dont certaines datent du début du XVIIe s.

■ Bidache

À 18 km au nord-est de La Bastide-Clairence par la D 123, la D 10 et la D 936.

Office de tourisme de Bidache : place de la Mairie. ☏ 05 59 56 03 49.

Dominant la Bidouze, aux confins des anciens royaumes de France et de Navarre, la petite ville jouissait d'une position stratégique unique. Les seigneurs de Gramont qui régnaient sur le lieu, conscients de cet avantage, décidèrent même de ne plus prêter hommage aux deux rois. Au XVIe s., ils constituèrent donc un État miniature et obtinrent le titre de souverains de Bidache. Par la suite, Louis XIII leur conféra le titre de ducs et de pairs du royaume. Une importante communauté juive s'établit dans la ville – le cimetière israélite du début du XVIIe s. est l'un des plus vieux de France.

- Dominant le site du port sur la Bidouze, les ruines du **château de Gramont**, datées pour l'essentiel du XVIe s., ont conservé quelques vestiges de l'époque médiévale, comme la tour ronde, du XIVe s. Transformé en hôpital à la Révolution, il fut brûlé par son directeur par crainte que ses malversations soient découvertes. La volerie qui y est installée permet aux visiteurs d'observer quelque vingt-cinq espèces de rapaces et des spectacles.

Volerie du château : ouv. de mai à sept. De mai à mi-juin mer. w.-e. et j. fériés de 14 h 30 à 18 h ; de mi-juin à fin août t.l.j. de 14 h 30 à 18 h ; en sept. t.l.j. sauf lun. de 14 h 30 à 18 h. Spectacle de rapaces à 15 h 30, 2e séance à 17 h en juil. et août. ☏ 05 59 56 08 79.

■ Vers les berges de l'Adour

Quitter Bidache par la D 936 vers Bardos.

De Bardos, possibilité de faire de jolies randonnées (dépliant disponible à la mairie).

Au nord de Bardos par la D 253.

Guiche garde le confluent de l'Adour et de la Bidouze. Une forteresse aujourd'hui en ruine rappelle l'importance du site à une époque où les rivières étaient les voies de communication les plus sûres. L'enceinte et le donjon surveillaient le port et la batellerie. En suivant la route qui longe la rive gauche de l'Adour, on arrive à **Urt**, un ancien port important.

▲ À l'est de Bidache, le village de Came est connu depuis le XIXe s. pour sa fabrication de chaises artisanales. En chêne, hêtre ou noyer, elles sont souvent décorées de personnages ou d'animaux.

◄ Les ruines du château de Bidache.

L'or du fleuve

Les pibales sont de jeunes anguilles qui remontent les fleuves à partir du mois de novembre. On les pêche de nuit à la lueur des torches, avec de larges filets à longs manches, qui ressemblent à de grands tamis. C'est un mets raffiné, traditionnellement consommé en Espagne pour Noël. Mais comme les Japonais en sont aussi friands et qu'ils y mettent le prix, le kilo coûte souvent près de 150 € ! Autre trésor, les saumons sauvages qui remontent le fleuve pour pondre. L'Adour est le dernier fleuve de France où l'on peut pêcher professionnellement ce poisson.

La basse Navarre

Ossès **p. 150**
Le village aux sept quartiers aligne d'intéressantes maisons « navarro-labourdines ».

Saint-Étienne-de-Baïgorry **p. 154**
La ligne des crêtes d'Iparla, dominant à l'ouest, fait de Saint-Étienne-de-Baïgorry un site magnifique.

Saint-Jean-Pied-de-Port **p. 159**
Le « jardin de Navarre » (côté français !) était une étape incontournable sur la route de Compostelle.

Saint-Palais **p. 166**
Cette ancienne bastide demeure un important carrefour agricole et accueille de nombreux marchés.

Intégrée au royaume de Pampelune jusqu'en 1512, puis successivement déchirée entre la Navarre, la France et l'Angleterre, la province a subi au cours des siècles des influences diverses que l'on décèle dans son architecture. Bastion des bergers et des éleveurs, les pâturages et forêts de la basse Navarre sont aussi un paradis pour les randonneurs.

◄ *Au détour des petites routes, la vallée des Aldudes dévoile ses bergeries et ses verts pâturages, images d'une nature préservée.*

Le pays d'Ossès

CARTE P. 147
Office de tourisme de la vallée de Baïgorry : au centre de Bidarray. ☏ 05 59 37 74 60.

Passé les gorges de la Nive après Bidarray, le paysage reprend de l'ampleur et s'élargit vers Ossès, où la vallée demeure malgré tout encerclée de montagnes aux pentes raides. Terre de landes et de forêts propices à l'élevage des brebis, le site est caractérisé par cette opposition entre plaine basse et sommets escarpés.

De Bidarray, on peut rejoindre la réserve privée de la maison du Pottok *(→ 153)*. Une occasion de découvrir la race dans son milieu naturel, et dans un paysage superbe…

■ Bidarray

À 16 km au sud-est de Cambo-les-Bains par la D 932 puis la D 918.

Le village comporte deux parties, l'une le long de la rivière où l'on pratique le canoë et le rafting, l'autre enroulée en spirale autour d'une butte escarpée.

- Tout en haut domine la place du village, avec son fronton et sa ravissante **église** de grès rose. À l'origine, ce prieuré appartenait aux chanoines de Roncevaux, qui exploitaient les terres agricoles des alentours (les armes de Roncevaux figurent sur le parvis). De l'église romane ne restent que le chœur, le chevet et le portail. L'édifice fut agrandi à partir de 1625 (allongement de la nef, construction du transept et du clocher-mur). À l'intérieur, on distingue bien la différence des styles.

- Le **chœur**, avec son abside à trois fenêtres en plein cintre et ses chapiteaux sculptés de motifs géométriques, donne une idée de l'art roman en basse Navarre, presque totalement disparu. Le deuxième étage de fenêtres, plus hautes et en ogives, signe les travaux ultérieurs *(si l'église est fermée, demander la clef à l'office de tourisme juste à côté ou à l'auberge du village)*.

- Les pèlerins en route vers Compostelle traversaient la Nive au **pont Noblia**, vieux pont de pierre dont la légende prête la construction à des lutins.

▲ *Le cimetière de Bidarray a conservé quelques belles stèles discoïdales.*

■ Randonnées au départ de Bidarray

Le village est situé sur le GR 10, qui relie Ainhoa à l'ouest à Saint-Étienne-de-Baïgorry au sud.

- Vers l'ouest, le GR 10 monte le long de la rivière Baztán en direction du **col de Méhatché** *(5 h a.-r., 600 m de dénivelé)*, au flanc sud du mont Artzamendi. Pour raccourcir, on peut suivre en voiture la route quittant Bidarray, à droite après le pont. On longe ensuite la rivière Baztán jusqu'à une boucle très serrée, que traverse le GR 10 pour s'élever très vite sur la rive opposée. Avant un éperon rocheux, on passe sous la **grotte du Saint-qui-Sue**, du nom d'une grosse stalagmite à la silhouette vaguement humaine. La coutume veut qu'en se frottant sur la pierre, on soit guéri des maladies de peau. On remarque la présence de bouts de chiffon ou

Bonne adresse
à Bidarray

Hôtel-restaurant *Barberaenea*, place de l'Église. ☏ 05 59 37 74 86, www.hotel-barberaenea.fr. Une charmante auberge de village, comme autrefois, avec de petites chambres très simples mais de tout confort et à prix doux. Un peu sonore toutefois.

La basse Navarre est formée de trois vallées principales : la haute vallée de la Nive, ou pays de Cize, autour de Saint-Jean-Pied-de-Port, pays de vallées encaissées et terre des contrebandiers ; la vallée de la Joyeuse ou pays d'Arberoue, mélange de landes et de terres agricoles, au milieu ; enfin, la haute vallée de la Bidouze à l'est autour de Saint-Palais, pays de larges collines, de champs et de forêts.

de papier posés là en ex-voto. Au sud du sentier, les six éperons rocheux sont les **Peñas de Itusi**.

- Au sud de Bidarray, le GR 10 se dirige vers les Aldudes en longeant les **crêtes d'Iparla** *(6 h a.-r. ; on peut raccourcir en continuant en voiture après la ferme Urdabordia jusqu'à une bergerie)*. Cette balade spectaculaire à travers un paysage tourmenté, balisée d'escarpements rocheux, offre des vues superbes de l'Océan au pic d'Anie. On atteint le pic d'Iparla (1 044 m) après le passage du col du même nom.
- De l'autre côté de la Nive, le **massif de Baygoura** est composé d'un groupe de montagnes de quartzites et de schistes (Baygoura, 897 m ; Halzamendi, 818 m ; Adarre, 586 m). Quitter Bidarray vers Ossès ; à la croix, à la sortie du village, prendre la première route à gauche qui se transforme en chemin carrossable. Arrivé au sommet du Baygoura, les vues sont splendides. On peut aussi prendre la seconde à gauche après la croix et suivre le sentier pédestre, via l'Halzamendi *(4 h a.-r.)*.

▼ *Les chapiteaux de l'église de Bidarray témoignent d'un art roman élaboré, que l'on retrouve dans certains édifices de la Soule.*

L'écobuage

Pratiqué sur les landes basques, l'écobuage est une technique ancestrale d'enrichissement des pâturages. Autrefois, on arrachait les bruyères et les ajoncs avec leur motte de terre avant de les brûler, laissant les cendres enrichir le sol. Pour gagner du temps, certains ont préféré enflammer des pans entiers de collines, causant comme ce fut le cas récemment des accidents mortels. En cas de brûlis étendu, il est impossible de retourner la terre et la pluie finit par lessiver toutes les matières fertiles. L'écobuage sauvage est strictement interdit et la pratique, sévèrement réglementée par des autorisations officielles.

▶ *Ossès. Avec ses colombages et ses fenêtres à meneaux, la maison Harizmendi était la plus prestigieuse de la vallée.*

▷ Ossès et ses alentours

À 6 km au sud-est de Bidarray par la D 918.

Entre Labourd et Navarre

Le village a plusieurs quartiers. En venant de Bidarray, on traverse d'abord celui de Gahardu, composé de quelques très belles maisons traditionnelles des XVIIe et XVIIIe s., dont les linteaux gravés indiquent le nom et la date de construction. Toutes se caractérisent par le mélange des pans de bois labourdins et d'éléments navarrais – avancées latérales des murs, parements de pierre et profonds auvents. Au croisement de la D 918 et de la D 8 vers Ossès, on ne manquera pas la maison Apalatzia, datée de 1635.

La route monte ensuite vers la place d'Ossès; à voir, à gauche, la maison Ibarrondo (« près de la plaine ») et sa façade à colombages.

■ L'église Saint-Julien

Sur la place.

De style Renaissance (XVIe s.), elle a remplacé une chapelle romane du XIIe s. Son original **clocher heptagonal** (peut-être pour figurer les sept quartiers de la vallée), à rayures roses et blanches, fut bâti de deux pierres différentes.

- Le **portail baroque** à frontons et colonnes de pierre blanche fut rajouté en 1668 par l'évêque d'Olce, qui maria Louis XIV.

- À l'intérieur, on verra les traditionnelles galeries ouvragées, la chaire et les confessionnaux, également en bois richement travaillé, et surtout un très bel **escalier à vis** qui menait aux tribunes. On notera de beaux éléments de grès rose : un bénitier (sans doute hérité de l'ancienne chapelle romane), des corbeaux et des pilastres cannelés. Mais c'est sans doute le somptueux **retable** qui attire l'œil et domine le chœur; il viendrait d'Irún et daterait du XVIIe s. De style baroque, ruisselant de dorure, foisonnant d'angelots, il est dominé par deux colonnes torses rouge et or et une immense coquille de

Les fougères

Partie intégrante du paysage basque, la fougère revêt une importance vitale pour les bergers. Il s'agit d'un rhizome souterrain qui prolifère en climat humide, ce qui explique sa repousse particulièrement rapide sur la terre brûlée par l'écobuage. Fauchée à la fin de l'été, elle est ensuite mise à sécher en petites meules fixées sur un pieu, puis utilisée par les bergers comme litière pour le bétail.

pierre taillée et sculptée, comme on en voit en Navarre méridionale. De petits panneaux en relief évoquent les épisodes de la vie de la Vierge.

■ La maison Sastriarena

À la sortie du village, vers Irissarry.

Au XIIe s., les vicomtes de Soule, qui possédaient les droits sur la vallée, les cédèrent à l'évêché. De fait, cette maison fut la résidence secondaire des évêques de Bayonne.

- Sur le grand linteau gravé et armorié, la date de 1628 est celle de sa réfection. Les colombages de la façade en encorbellement sont très élaborés.
- L'intérieur, avec ses cheminées à colonnes de grès rose, ses poutres à corbeaux sculptés, témoigne d'un décor et d'une construction cossus.
- Plus loin à gauche, une route mène au **quartier d'Ugarzan**, au bord de la petite rivière Laka. Après le pont se trouve un ancien hospice appartenant à Roncevaux. Un sentier permet de rejoindre les cascades du Laka et de grimper au flanc du mont Baygoura.

Revenir ensuite au centre d'Ossès et prendre la direction de Saint-Étienne-de-Baïgorry jusqu'au croisement de la D 918 et de la D 948.

- Le **quartier d'Eyharce** compte un bel ensemble de maisons à linteaux gravés et sculptés, notamment la maison Arrossa (pierre de 1613) et la maison Arrossagaray, pratiquement intacte depuis sa réfection au XVIe s. (grandes baies à meneaux, chiens assis...).

▲ *La façade de l'aile de la maison Harizmendi a conservé l'effigie d'un preux chevalier.*

Chaque été, début juillet, le festival Euskal Herria Zuzenean rassemble à Saint-Martin-d'Arrossa des musiciens de rock, folk ou traditionnel pour un « Woodstock à la mode basque ».

■ Saint-Martin-d'Arrossa

Ancien quartier d'Ossès, sur la rive gauche de la Nive, le village possède de belles fermes traditionnelles aux linteaux gravés. Sur les hauteurs environnantes, trois **enceintes fortifiées** de l'âge du fer correspondent à des camps peut-être occupés par les Proto-Basques, retirés dans les montagnes à l'époque des Celtes.

- L'**église**, construite sur une butte, contient un joli plafond lambrissé et un autel de bois doré.
- Plusieurs **randonnées** sont possibles aux environs, comme celle du **mont Jarra** (812 m), au sud-est. De la D 918 vers Saint-Jean-Pied-de-Port, prendre le sentier qui part vers la droite, après le croisement avec le chemin de fer.
- Le **massif du Larla**, à l'ouest : depuis la place de l'église, suivre pendant 1,5 km la route qui monte à droite. Un circuit contourne le mont (700 m) en 4 h environ, à travers landes, prairies et sous-bois. Du sommet, belle vue sur les murailles rocheuses des crêtes d'Iparla ; on peut aussi y voir une colonie de vautours fauves.

Le fer de la montagne

La mine désaffectée d'Oustéléguy témoigne de la richesse en fer du massif du Larla. Jadis, on transportait le minerai jusqu'aux forges de Banca, dans la vallée voisine des Aldudes. Pour fournir l'énergie nécessaire, on fabriquait du charbon de bois avec les hêtres des forêts environnantes. Jusqu'au XIXe s., les Aldudes furent un important centre de sidérurgie; le site de production de fonte employait quatre cents ouvriers.

Le pottok

Pottok signifie « petit cheval » en basque, et se prononce « *pottiok* ».

Dans les peintures rupestres des grottes de Lascaux ou de Combarelles, certaines représentations de chevaux rappellent étrangement un petit cheval à poil dru bien connu des pentes basques… De fait, le pottok fréquenterait le pays depuis la nuit des temps – au moins la préhistoire si l'on en croit ces tout premiers témoignages. Il est aujourd'hui l'objet de toutes les attentions pour que sa race perdure encore de longues années.

■ De la charrue à la contrebande

▲ *Appelée* pottoka *sur les versants espagnols, la race retrouve ses marques dans les Pyrénées.*

Avant l'apparition des tracteurs, le pottok était utilisé comme un petit cheval agricole, pour la monture et la traction. Les éleveurs croisaient les juments avec des ânes pour produire des mulets appréciés pour les travaux pénibles dans les forêts des Landes et en Algérie. Sa petite taille en faisait également un auxiliaire précieux dans les mines où il tirait les wagonnets : on en exila ainsi dans le nord de la France, en Belgique et en Angleterre. Dans les montagnes basques, en dehors des heures agricoles, il servait la nuit aux contrebandiers. Avec la désertification des campagnes, il est retourné à un état de semi-liberté. Mal préparé pour affronter ses nouvelles conditions de vie, il commença à dégénérer dans les années 1960 ou, pire, finissait sur l'étal du boucher, où il était considéré comme une viande de deuxième catégorie. Le pottok doit sa survie à un ancien maire de Sare, Paul Dutournier, qui en 1970 fonde avec un vétérinaire l'Association nationale du pottok. En 1972, le petit cheval monte à Paris, pour le concours général agricole. Reconnu par les haras nationaux, il recommence à intéresser les éleveurs.

▲ *La foire de la Sainte-Catherine d'Hélette, les 24 et 25 novembre, a gardé une saveur authentiquement rurale.*

■ Pur ou croisé ?

Dès lors que l'on parle d'élevage, on aborde le problème de la sélection. La polémique fait rage entre les adeptes passionnés du cheval basque authentique et ceux qui voudraient améliorer la race en la croisant. D'un côté, les éleveurs de montagne veulent sauver la race d'origine avec toutes ses caractéristiques et refusent tout croisement avec d'autres races. Le pottok est devenu pour eux l'emblème de l'originalité basque. De l'autre, les éleveurs de la plaine arguent que, laissé à lui-même et se reproduisant dans la montagne, le pottok va continuer à dégénérer; il faut donc améliorer la race en la croisant avec du sang arabe ou welsh afin « d'optimiser ses performances » dans les concours hippiques. Pour ces éleveurs, la demande de la clientèle potentielle est reine. Or les gens préfèrent souvent de jolis poneys au poil brillant et doux, au caractère docile et sociable à ces petits diables poilus que sont les pottiok de montagne. Deux concours stigmatisent ces divergences : le concours national officiel de Biarritz en février, et le concours pour pottiok de montagne, organisé à Hélette ou à Urrugne en mars.

■ Vive le pottok libre !

Il suffit d'observer les chevaux galopant sur les flancs de l'Artzamendi, le long des crêtes d'Iparla ou encore sur la Rhune pour comprendre que la morphologie de cette race est parfaitement adaptée aux conditions de vie dans la montagne. Ses membres robustes et courts, son dos long et son profil puissant en font un animal très rustique. Dès que l'été s'achève, son poil épaissi et plus dru encore lui donne une allure caractéristique, un peu hirsute. Têtu et indépendant, il se méfie et s'enfuit en galopant à la moindre alerte. Pour ses aficionados, le pottok est un cheval forgé par son milieu, son alimentation et son mode de vie, par le climat rude en hiver et le sol accidenté (un peu à l'image de ces autres poneys pyrénéens que sont les mérens en Ariège), il saura donc survivre et s'adapter comme il le fait depuis des millénaires.

■ Où les voir ?

Organisé par l'ANP (Association nationale du pottok), le concours des étalons de montagne a lieu chaque année en février à **Hélette**, et celui des étalons de sport en février à **Biarritz**. Au mois de juillet, le concours des juments et pouliches qui se tient à **Sare** est la grande fête du pottok, avec moult festivités – banquet, chants basques...

- La **foire aux pottiok d'Espelette** (derniers mardi et mercredi de janvier) est courue pour le pottok de montagne et de selle.
- On peut également citer les foires de **Garris**, près de Saint-Palais, le 31 juillet, et en Espagne, celles d'**Elizondo** en Navarre (en octobre) ou de **Zumarraga** en Guipúzcoa (le 13 décembre).

Depuis Bidarray, itinéraire fléché : suivre « la maison du Pottok ». Ouv. au public du 1er juil. au 31 août t.l.j. sauf le sam. de 11 h à 17 h; sur rendez-vous le reste de l'année. Chaussures de marche ou tennis recommandées, bottes les jours de pluie. ☏ 05 59 52 21 14 et 06 73 17 28 45.

◄ *Au fil des balades en montagne, on rencontrera aussi, bien sûr, des pottiok issus de croisements, dont la robe change du brun habituel (ici, sur le mont Artzamendi).*

Pottok ou non-pottok ?

À Bidarray, la Maison du Pottok a entrepris depuis 1993 une véritable démarche conservatrice dans sa réserve privée. Les jeunes chevaux reproducteurs sont par la suite replacés dans leur milieu naturel, et des échanges d'étalons se font avec les provinces espagnoles du Guipúzcoa et de la Biscaye. Petit cheval long et anguleux – sa taille adulte est comprise entre 1,10 m et 1,30 m au garrot –, le vrai pottok se reconnaît à des caractéristiques précises, parmi lesquelles :
- robe brune ou noire avec des reflets roux;
- membres très fins, petits sabots;
- longue crinière tombant d'un seul côté à la fois;
- queue longue aux crins raides;
- œil foncé et vif, placé haut.

Sources :
Maison du Pottok.
www.maisondupottok.com

Le pays de Baïgorry

CARTE P. 147

À partir du pittoresque village de Saint-Étienne-de-Baïgorry, le paysage de montagnes vertes et encaissées a des allures de bout du monde. En avançant, on a le sentiment de s'enfoncer vers le plus profond de la Navarre.

Bonnes adresses
à Saint-Étienne-de-Baïgorry

Château d'Etxauz. ☏ 05 59 37 48 58. Nuits romantiques et raffinées pour ces chambres au château, dans un cadre très Grand Siècle. Accueil agréable.
Laurent Petricorena. ☏ 05 59 37 41 36. Toute une gamme de produits régionaux, sauces et produits gras. Visite des ateliers et déjeuner avec menu « tout canard ».
Chambres d'hôtes *Jauregia*, Urdos. ☏ 05 59 37 41 02. Au pied des crêtes d'Iparla, belle demeure du XVIe s., idéale comme base de départ en randonnée.

■ Saint-Étienne-de-Baïgorry

À 31 km au sud-est de Cambo-les-Bains par la D 932, la D 918 puis la D 948.

Office de tourisme : place de l'Église. ☏ **05 59 37 47 28.**

Rattaché au royaume de Pampelune, puis à la France après le couronnement d'Henri IV, ce gros village était jadis le siège du vicomté de Baïgorry; ce nom (en basque « rivière rouge ») lui vient des limons que charrie la rivière lors des crues. Ses maisons rappellent celles de la Navarre toute proche : murs sans colombages, parements de grès rouge, portes arrondies à grands claveaux et profond balcon pour sécher l'ail, le piment ou le jambon.

- Au centre du village, la place est bordée de maisons anciennes. L'**église Saint-Étienne**, pour l'essentiel du XVIIe s., a conservé quelques vestiges de la partie romane. Sous le porche, une petite porte était réservée aux cagots qui n'avaient pas le droit de se mélanger au reste des fidèles, utilisant même un bénitier séparé. En béarnais, ce terme désignait le lépreux, puis par extension toute personne mise au ban de la société. Dans le village, les cagots avaient leur ghetto, le quartier de Xurito, en allant vers Anhaux.

▲ *Le retable baroque de l'église de Saint-Étienne (fin du XVIIe s.) comporte trois tableaux – au centre, la lapidation d'Étienne – et de nombreux anges perchés au-dessus des frontons.*

- L'**intérieur** de l'église est chaleureux, avec les boiseries des galeries (XVIIe s.), la voûte peinte du transept et les dalles de grès rose. La petite chapelle à gauche de la nef possède encore quelques chapiteaux de facture naïve.

- De l'autre côté de la Nive, le **château d'Etxauz** dresse ses quatre tours d'angle. Au-dessus de la porte principale, la date de 1555 est antérieure à la rénovation – l'édifice fut en effet incendié en 1567 lors de la révolte des seigneurs navarrais contre Jeanne d'Albret. Salle d'armes, escalier et combles magnifiques.

Ouv. à la visite toute l'année. ☏ **05 59 37 48 58.**

- En tournant à gauche sur la route vers Ossès, le quartier d'**Urdos** mérite le détour pour ses maisons anciennes, regroupées autour d'un manoir et d'une

▲ *Le pont de Saint-Étienne-de-Baïgorry (XVIIe s.) a vu passer tous les pèlerins de Compostelle qui avaient choisi le chemin du Baztán.*

église. Alentour, le site est magnifique, dominé à l'ouest par la ligne des crêtes d'Iparla. Un sentier de randonnée part d'Urdos et rejoint le GR 10 au col d'Harrieta *(3 h a.-r.)* puis, à droite, le pic d'Iparla *(5 h a.-r. en tout)*.

- On verra également de belles maisons anciennes et de jolies chapelles dans les quartiers d'**Occos** et de **Leispars**.

Quitter Saint-Étienne-de-Baïgorry vers l'ouest, par la D 949.

- On atteint le **col d'Ispéguy** (672 m) et, si l'on poursuit, la vallée espagnole du Baztán, par une très jolie route qui serpente. Du parking du col part un sentier de randonnée vers le sud, en direction du **col d'Elhorrieta** (831 m) ; il traverse une zone de lande puis aborde une hêtraie. Le long de la crête, on aperçoit des palombières. Le premier col est celui d'Elhorrikokaskoa, puis on atteint celui d'Elhorrieta, planté de beaux cromlechs.

■ Irouléguy

Entre Saint-Étienne-de-Baïgorry et Saint-Jean-Pied-de-Port s'étend le seul vignoble du Pays basque nord. C'est donc le moment de visiter des chais et de déguster les différents vins à la cave coopérative, le long de la D 15. Le village lui-même possède de jolies maisons typiques de la vallée de Baïgorry. Au milieu du cimetière semé de quelques belles stèles discoïdales se dresse le clocher de l'ancienne église.

Bonnes adresses
à Irouléguy

Cave d'Irouléguy, sur la D 15. ☏ 05 59 37 41 33. Visite des chais, de la cave et dégustation du lundi matin au vendredi soir, sur réservation uniquement. Prix de l'entrée déductible de tout achat d'un carton de six bouteilles.

Domaine Ilarria. ☏ 05 59 37 23 38. En 2002, après avoir patiemment converti le vignoble familial aux normes bio, Peyo Espil vend des vins certifiés bio, dont des rouges très réussis.

▷ La vallée des Aldudes

Au sud de Saint-Étienne-de-Baïgorry, suivre la D 948 jusqu'au village d'Aldudes (environ 15 km).

Une histoire partagée

Après un passage encaissé, la route continue de longer la Nive et aborde une plaine encadrée de montagnes formant un vaste cirque, qui se resserre vers le village d'Aldudes pour n'être plus qu'un vallon escarpé.

On entre ici en pays Quint (*Kintoa* en basque), vestige de la Navarre médiévale. Au XIIIe s., la vallée, convoitée par ses voisines, est déclarée indivise par le roi de Navarre : c'est-à-dire qu'elle appartenait à égalité aux occupants des vallées voisines. Ceux-ci se partagent les droits de pacage

▲ *La boutique de Pierre Oteiza dans les Aldudes : cet artisan perpétue la fabrication traditionnelle du jambon et des salaisons.*

► *Les vignobles d'Irouléguy sont pour la plupart plantés en terrasses sur les pentes autour d'Irouléguy et d'Anhaux, sur des sols argilo-calcaires à galets ronds.*

Une recette incontournable

Un peu partout dans la vallée de la Nive, des boutiques proposent le célèbre gâteau basque. C'était à l'origine une simple galette, qui s'est ensuite quelque peu sophistiquée. Délicieux encore tiède, il doit beaucoup au tour de main du pâtissier. La recette est simple : 200 g de sucre, autant de beurre, un œuf plus deux jaunes, deux zestes de citron et une pincée de sel. À ce mélange, ajouter délicatement 300 g de farine. La pâte doit reposer 2 h. Faire ensuite deux cercles ; sur l'un d'eux, poser de la crème d'amandes douces et amères ou encore des cerises noires d'Itxassou confites au sucre. Bien coller les deux cercles, les strier pour le décor, faire une cheminée au milieu, glacer au blanc d'œuf et cuire 45 mn à four moyen…

et sont autorisés à y construire des cabanes de bergers, mais non des maisons d'habitation. Le roi prélève 1/5 des droits sur les troupeaux, d'où le nom de pays Quint. En 1530, lorsque la Navarre est coupée en deux, ce ne sont plus trois vallées qui se disputent le terrain mais deux pays. Lentement, une colonisation commence, malgré la règle d'indivision. Certains fils cadets s'installent à demeure dans les cabanes de bergers et peu à peu font construire de vraies maisons. C'est ainsi que fut constitué le village d'Aldudes, auquel on finit par ajouter l'indispensable église. De nombreux conflits en découlent, les habitants des vallées voisines s'estimant floués, et des raids fréquents sont organisés pour voler du bétail ou commettre des exactions. Un traité est finalement signé en 1856, qui concerne, côté français, les communes de Banca, d'Aldudes et d'Urepel. Les habitants (une trentaine de familles) paient leurs impôts fonciers en Espagne, mais les naissances sont enregistrées à l'état civil français. Les bergers conservent un droit de pacage sur la partie espagnole du pays Quint et dans le Quinto Real moyennant une redevance à la vallée espagnole du Baztán.

■ Étapes dans la vallée

À **Banca**, les vestiges (XVIIIe s.) d'une usine et d'un haut-fourneau rappellent la longue histoire minière du pays de Baïgorry et l'exploitation du cuivre, de l'argent et du fer – le minerai basque était déjà exploité à l'époque des Romains.

- **Aldudes**, premier village à s'être formé au XVIIe s. en pays Quint, arbore des maisons typiquement navarraises bâties en grès rouge local. L'intérieur de l'**église** est richement décoré, avec un chœur voûté de rouge et d'or. Le petit tabernacle orné de l'Agneau de Dieu est le seul vestige de l'édifice d'origine.

On pourra faire une jolie **balade** facile *(2 h a.-r.)*. Quitter le village et longer la Nive vers le nord, puis bifurquer vers le nord-ouest sur un sentier balisé qui mène au **col de Berdaritz** (702 m).

◄ *Émergeant çà et là d'un sol pierreux, des croix et des stèles témoignent de l'ancienneté du cimetière d'Irouléguy.*

À la sortie d'Aldudes, suivre la D 948 vers Urepel, un hameau miraculeusement préservé dans un bout du monde vert et sauvage.

- Quelques fermes isolées accrochées aux pentes, des troupeaux épars et de ravissants chemins pour les amoureux de randonnée… C'est à Urepel qu'a lieu le marquage du bétail de Baïgorry, avant de partir en transhumance vers l'Espagne.

Revenir sur ses pas, avant Aldudes, prendre à gauche la D 58 vers l'Espagne.

- Dans le hameau d'**Esnazu** (qui signifierait « où le lait abonde »), la jolie **chapelle**, toute blanche posée sur sa pelouse bien verte, est à ne pas manquer. Elle recèle un très beau retable labourdin du XVIIe s. Le tabernacle est décoré de petites scènes en relief aux détails surprenants : la Cène sur une nappe brodée avec un gigot dans un plat, Judas tenant sa bourse, le lavement des pieds tandis que deux apôtres poursuivent leur repas…

- Enfin, les randonneurs trouveront leur bonheur dans l'excellente brochure *Randonnées dans la vallée des Aldudes* (vendue à l'office de tourisme de Saint-Étienne-de-Baïgorry), qui permet de planifier de superbes balades. En continuant vers l'Espagne, on trouve de nombreux sentiers dans la forêt.

Cochon basque

Pierre Oteiza, charcutier des Aldudes de son état, décida un beau jour de 1986 d'enrayer la disparition du porc basque, le pie noir. Avec quelques éleveurs, il a donc réhabilité le cochon en semi-liberté, nourri aux glands de chêne et aux faines de hêtre, et en fait des jambons et des saucissons tout simplement divins. Il a créé les Salaisons des Aldudes et propose dans sa boutique foies gras, conserves et petites confitures des environs. Pour finir cette belle histoire, il a créé des emplois dans la vallée et ouvert des boutiques dans dix villes de France… Gastronomie de la vallée des Aldudes. ☏ *05 59 37 56 11.*

Sur les traces du cochon

Une jolie balade pédagogique, à faire en famille, permet de découvrir le cochon pie dans son élément naturel, la montagne, au milieu de la faune et de la flore de la vallée des Aldudes. Signalée « Circuit du cochon basque », elle part de l'atelier de Pierre Oteiza et prend 1 h 30 en tout.

L'ancêtre des guides

Avec le succès grandissant du pèlerinage de Compostelle et les multiples dangers qui guettent le pauvre jacquet, il devient urgent de rédiger un guide du pieux voyageur. C'est chose faite au XIIe s. grâce au moine Aimery Picaud, qui rédige son Guide du pèlerin *: il recense les routes principales, en donne les avantages, liste les hôtelleries et les chapelles dignes d'intérêt et fournit toutes sortes de conseils pratiques. Sur l'étape de Saint-Jean-Pied-de-Port, il signale que le voyageur doit s'acquitter d'un péage, sinon les habitants « le frappent, lui arrachent la taxe en l'injuriant et en le fouillant jusque dans ses culottes… ». Qu'on se rassure, les temps ont bien changé… !*

▲ *Aujourd'hui, les vingt-sept villages des environs et les 185 ha concernés produisent plus de 7 000 hl de vin par an.*

Les cépages

À l'origine, le cépage était le curixketu belza, *que les spécialistes pensent proche du cépage des Romains. Aujourd'hui, les plus courants des rouges et rosés sont le tannat, pour la couleur et la charpente, et les cabernets franc et sauvignon, pour le bouquet et la finesse ; le courbu et le manseng sont utilisés pour les blancs.*

Le vignoble d'Irouléguy

Tombé dans l'oubli, puis raillé comme s'il était une vulgaire piquette, le vin d'Irouléguy a obtenu son classement en AOC en 1970 et est devenu l'un des fleurons de la gastronomie basque.

■ Une vieille histoire

On fait du vin au Pays basque du nord depuis que les Romains ont introduit la vigne en Aquitaine. Au Moyen Âge, les moines de Roncevaux exploitaient de vastes domaines agricoles et ont planté les premières vignes autour de Saint-Étienne-de-Baïgorry et de Saint-Jean-Pied-de-Port. Ils destinaient leur production à la table des moines et aux pèlerins qui s'arrêtaient à Roncevaux. Après le rattachement de la basse Navarre à la France, le vignoble s'est trouvé coupé du monastère et a été repris par les agriculteurs locaux. L'épidémie de phylloxéra de 1910 compromit gravement la production, qui survécut difficilement jusqu'après la Seconde Guerre mondiale. En 1954 est fondée la cave coopérative dont l'objectif est de replanter et d'améliorer la qualité de la vinification. Moins de vingt ans plus tard, leurs efforts sont récompensés avec le classement en AOC.

■ La vinification

C'est la durée de cuvaison, selon l'origine des grappes, qui détermine le vin que l'on obtient. Elle dure de 6 à 15 jours pour les rouges traditionnels (à consommer dans les cinq premières années). Les « Domaines rouges », plus prestigieux, ont une durée de cuvaison plus longue et donnent des vins de garde (domaines Arretxea, Ilarria, Brana…) ; ils peuvent être élevés en fûts de chêne. Les rosés ont une cuvaison de 8 à 10 h : on les appelle vins d'une nuit et ils se boivent dans l'année.

■ Les accords

Les rosés d'Irouléguy se boivent frais sur les omelettes, piperade ou poissons grillés. Les vins rouges jeunes se consomment entre 15 et 18 °C et se marient avec l'agneau et les viandes rôties, la charcuterie basque et le fromage de brebis. Les Domaines rouges accompagnent le gibier, les viandes en sauce ou les viandes rouges, les fromages et même, pour un accord surprenant, le foie gras. Les vins blancs, secs et fruités, se boivent bien frais (8 à 10 °C) et conviennent à la charcuterie, aux fruits de mer, au poisson et, pourquoi pas, au gâteau basque acheté dans les environs.

Saint-Jean-Pied-de-Port

CARTE P. 147
À 54 km au sud-est de Bayonne par la D 932 et la D 918.
Office de tourisme : 14, place du Général-de-Gaulle.
☏ 05 59 37 03 57.
www.terre-basque.com

Au centre du pays de Cize, cuvette fertile au pied des montagnes, la ville doit son nom aux cols (ports) dont elle est le débouché naturel. Construite au bord de la Nive, étape incontournable sur la route de Compostelle, elle forme l'une des plus célèbres cartes postales du Pays basque, avec ses ruelles pentues, ses balcons de bois surplombant la rivière et sa citadelle de grès rose.

Gardienne des cols

Dolmens et cromlechs des alentours témoignent d'une occupation ancienne. De Dax à Astorga, la voie romaine passe par le col d'Arnostéguy, au sud. Les cols environnants sont les voies de passage de tous les envahisseurs – Celtes, Romains, Arabes. Celui d'Ibañeta, quant à lui, est en 778 le théâtre de la déconfiture de l'arrière-garde de Charlemagne, menée par son neveu Roland… Saint-Jean-le-Vieux, capitale de ce petit pays stratégique, est détruite par Richard Cœur de Lion en 1178. Le roi de Navarre qui règne alors sur toute la région choisit le site de Saint-Jean-Pied-de-Port, y fait édifier une enceinte et une église. Conçue comme une bastide, la petite cité devient la capitale des possessions du royaume de Pampelune au nord des Pyrénées.

▲ *Rue de la Citadelle. Les maisons semblent blotties les unes contre les autres, les toits se chevauchent et se répondent, on se sent hors du temps…*

Un enjeu commercial

Surnommée « le jardin de Navarre », la région devient le rendez-vous des pèlerins, multipliant les auberges et les hospices. Un système de péage obligatoire sera vite instauré pour tirer bénéfice de tout ce passage. Le royaume de Navarre, qui connaît alors son apogée, accorde un *fuero* à la ville. Important centre commercial et artisanal, forgerons et pelletiers y côtoient les maquignons, bouchers et charcutiers. Ses foires proposent tissages, cuirs, jambons, fromages et gâteaux de la région. En 1530, suite au partage de Charles Quint, elle échoit à la famille protestante d'Albret, avec le reste de la basse

La citadelle

Dominant la ville de son éperon rocheux, elle fut construite au XVIIe *s. ; on l'a attribuée à Vauban, qui s'est en réalité contenté d'en examiner les plans et aurait même jugé le système inefficace en cas d'attaque sérieuse ! Le pont-levis conduit au pavillon du gouverneur, identifiable à son clocheton. À droite de la muraille dominant la Nive part un escalier très étroit de 269 marches, qui constitue le chemin de ronde intérieur. Il aboutit derrière l'église Notre-Dame. Visites guidées en été ; se renseigner à l'office de tourisme.*

▲ *De l'autre côté de la Nive, la rue d'Espagne est bordée de belles maisons navarraises. Au fond, l'église Notre-Dame.*

Bonne adresse

Le Domaine Brana (d'avr. à oct., boutique rue de l'Église), avenue du Jaï-Alaï, propose une eau-de-vie de poires distillée sur place et de délicieux vins d'Irouléguy.

▲ *Rue d'Espagne, la maison des États de Navarre est l'une des mieux conservées; la dernière assemblée s'y tint en 1789.*

▲ *La cité médiévale compte sept portes fortifiées.*

Navarre. Henri IV la rattachera définitivement à la France en montant sur le trône en 1589. À la Révolution, une fois abolis les privilèges accordés par le *fuero*, Saint-Jean-Pied-de-Port n'est plus qu'une petite ville du nouveau département des Basses-Pyrénées.

■ La place du Marché

Rebaptisée place du Général-de-Gaulle, c'est un bon point de départ pour une balade dans la ville. La mairie, ou « maison Mansart », y dresse son joli bâtiment de grès rose du XVIIe s. La cité d'origine est délimitée par ses remparts et par la porte de Navarre. Avant d'y pénétrer, on obliquera à droite vers le Pont-Neuf, d'où l'on a une vue sur la Nive, avec le vieux pont de pierre et les belles maisons navarraises.

■ La cité médiévale

Revenir sur ses pas et entrer dans la cité par la porte de Navarre.

La porte dite « de Navarre » a gardé ses archères et ses échauguettes. À droite se trouve la maison de saint François-Xavier; à gauche, des escaliers mènent au **chemin de ronde** d'où l'on peut se faire une idée de la conception de la cité; il conduit à la porte de France.

- L'**église Notre-Dame-du-Bout-du-Pont**, construite en beau grès rouge, présente des éléments du XIVe s. – portail gothique, abside et chœur.
- À gauche, la **rue de la Citadelle**, en pente raide, est la plus pittoresque. C'était l'artère principale de la ville à l'époque médiévale. À mi-pente, une ruelle sur la gauche mène à la porte de France et au chemin de ronde. On y verra de belles maisons anciennes aux linteaux gravés des XVIIe et XVIIIe s.; ainsi, au n° 32, la maison à pans de bois et chevrons de briquettes datée de 1510. Plus haut, au n° 41, à côté de l'ancienne maison des évêques, l'édifice médiéval servait au XIXe s. de maison d'arrêt – il en a gardé à tort le nom de « prison des évêques ».
- Enfin, la **porte Saint-Jacques**, entrée principale des pèlerins, a été classée patrimoine mondial de l'humanité par l'Unesco en 1998.
- La **porte Notre-Dame** passe sous la tour du clocher et s'ouvre sur le pont Notre-Dame ou pont Sainte-Marie, à une seule arche. Avec ses lourds vantaux de bois cloutés et ses barres de verrouillage, c'est la mieux conservée. La statue de la Vierge dans sa niche est une copie de l'original qui fut caché pendant les guerres de Religion et disparut. Jouxtant le clocher se trouvait l'hospice, ou gîte d'étape, pour les pèlerins.
- Le quartier de la **rue d'Espagne** correspond à l'extension de la ville en dehors de la première enceinte, qui fut entourée à son tour par les fortifications extérieures dites « de Vauban » au XVIIe s. Au bout de la rue, la place des Remparts accueille les marchés couverts et le marché aux bestiaux, très vivant, le lundi matin.

Le pays de Cize

CARTE P. 147

Des étroites vallées menant à l'Espagne vers le sud aux larges collines du nord et de l'est, en passant par les épaisses forêts qui conduisent à la Soule, le pays de Cize offre une grande variété de paysages.

■ Là-haut sur les collines...

Au nord et à l'est de Saint-Jean-Pied-de-Port se déroule un paysage de collines au profil arrondi, d'où se détachent les sommets du Jarra ou de l'Arradoy. Çà et là, les villages dispersés cachent de belles maisons navarraises au crépi blanc et aux parements de pierre – on peut citer la maison Larregoien à **Ascarat**, ou la maison Larrea à **Ispoure**, avec ses tours rondes de grès rose, ses portes gothiques et ses meneaux.

▲ *Ispoure, la maison Larrea (XVe ou XVIe s.).*

Quitter Saint-Jean-Pied-de-Port par la D 933 en direction de Saint-Palais puis tourner tout de suite à gauche sur la D 22.

- Cette voie était au Moyen Âge fréquentée par les marchands venant du nord, car elle était protégée par les chevaliers de l'ordre de Malte de la commanderie d'Irissarry. Une petite route à gauche mène au **sommet du mont Arradoy** (660 m) d'où l'on a une belle vue sur le pays de Cize et les Pyrénées.
- En reprenant la D 22, on arrive à **Jaxu** (prononcer «*yatssou*»), village d'origine de la famille de saint François-Xavier, qui compte encore de belles maisons à linteaux sculptés. Dans le quartier de Mendos, en bas du village, la **maison Espondaburu** est ornée en façade de deux figures humaines sculptées, censées éloigner les mauvais esprits.

Prendre à droite la D 518 en direction de Lantabat.

Après le col des Palombières, haut lieu de cette chasse très populaire au Pays basque, on tournera à gauche vers **Ascombéguy**, où un petit cimetière traditionnel a conservé parmi les plus belles stèles discoïdales de la région.

Reprendre la D 22 puis la D 722 en direction d'Ainhice.

▲ *Le château de Lacarre fut racheté au XIXe s. par le maréchal Harispe, fondateur du régiment des chasseurs basques. Il l'enrichit d'un superbe mobilier Empire.*

- L'église d'**Ainhice** présente quelques belles stèles, un retable intéressant et une Vierge du XIIIe s. Sous le porche, tombe d'un moine hospitalier de Saint-Jean-de-Jérusalem.
- Construit sur le territoire d'Ainhice au Moyen Âge pour répondre au flot de pèlerins, **Mongelos** suit le plan d'une bastide.
- En revenant vers Saint-Jean-Pied-de-Port par la D 933, le **château de Lacarre** appartenait aux seigneurs locaux

▲ *Le chemin montant au mont d'Urkulu est jalonné de fleurs de montagne et de chardons d'un beau violet.*

Bonne adresse
à Uhart-Cize

Chambres d'hôtes *Arrostegia*. ☏ 05 59 37 06 22. Une belle maison d'antiquaire où les chats et les beaux meubles se partagent l'espace. Accueil chaleureux et bonne table d'hôtes.

Des ruines de Château-Pignon, on peut faire une belle randonnée vers le sud, le long du GR 65. Ce sentier franchit la frontière au col de Bentarte (1 337 m) où eut lieu, côté espagnol, l'épisode de *La Chanson de Roland*.

Bonne adresse
à Estérençuby

Auberge *Les Sources de la Nive*, quartier de Béhérobie. ☏ 05 59 37 10 57. Charmant hôtel perdu au pied de la montagne, près de la Nive. Fréquenté par les chasseurs de palombes et les pêcheurs. Très calme, piscine, cuisine traditionnelle basque. Petits prix.

► *Le col d'Arnostéguy (1 236 m).*

du même nom ; l'un d'eux accompagna Richard Cœur de Lion en croisade à Jérusalem.

- **Saint-Jean-le-Vieux** a gardé quelques traces de sa très ancienne occupation. Les Romains y avaient établi leur camp afin de garder un œil sur la construction de la route reliant Dax à Pampelune. Le camp lui-même est un rectangle surélevé dominant la rivière. Les fouilles ont révélé l'existence de thermes et dégagé quelques objets et monnaies, exposés dans le petit musée. Au Moyen Âge, tous les quartiers du village comptaient des établissements des moines chevaliers ou de ceux de Roncevaux. L'église romane, détruite par Richard Cœur de Lion, a malgré tout gardé son portail roman.

■ La vallée d'Arnéguy

Au sud-ouest de Saint-Jean-Pied-de-Port par la D 933.

On traversera tout d'abord le village d'**Uhart-Cize** : jolie église gothique et coopérative de fromages.

- Le site d'**Arnéguy** n'est devenu un village qu'au XVIIe s. Sa petite église adopte déjà le style navarrais (beau retable) ; les maisons ont aussi un petit air espagnol avec leur crépi et leurs boiseries sombres. La rivière qu'on longe est la ligne de frontière ; c'est à cet endroit que le contrebandier Ganix fit passer don Carlos en France après sa défaite. Encaissée dans une gorge spectaculaire, la route se poursuit en Espagne vers Valcarlos et Roncevaux.

D'Arnéguy, prendre de l'autre côté de la rivière la petite D 128 qui longe la frontière en faisant des lacets jusqu'à la redoute de Château-Pignon.

- On croise ici le GR 65, qui correspond au tracé de l'**ancienne route des crêtes** empruntée par les pèlerins pour redescendre sur Roncevaux. Difficile d'imaginer que jusqu'au XIXe s., ce chemin était très passant… Les ruines de l'ancienne redoute, fortifiée par Ferdinand d'Aragon durant la guerre de Navarre en 1512, se dressent à 1 085 m d'altitude.

■ Vers les sources de la Nive

Quitter Saint-Jean-Pied-de-Port par la D 301 vers Estérençuby.

On arrive à **Estérençuby** par un étroit défilé dominé par le pic d'Iramendi. Suivre les panneaux « sources de la Nive » sur la D 301 jusqu'à Beherobie. On peut rejoindre le GR 10 en prenant sur la gauche, ou continuer tout droit vers la **forêt d'Orion** jusqu'au **col d'Orgambide** (988 m). Vers la droite, la D 428 se poursuit jusqu'au col d'Arnostéguy.

- Depuis le col d'Orgambide, les randonneurs émérites *(2 h de montée très raide)* pourront faire l'ascension du **mont Urkulu** (1 419 m).
- Au col d'Orgambide, la route de gauche, en cul-de-sac, longe la ligne de crête au milieu des moutons, des pottiok et des vautours fauves. En repartant, peu après Beherobie, on peut tourner à droite et reprendre la D 301 à travers la montagne jusqu'à la forêt d'Iraty.

▲ *Étonnante à cette altitude, la tour d'Urkulu aurait été édifiée par les Romains à la fin du Ier s. de notre ère.*

■ La vallée d'Iraty

De Saint-Jean-Pied-de-Port, prendre la D 933 vers Saint-Jean-le-Vieux puis à droite la D 18 en direction de Mendive.

◀ *Sur plus de 2 000 ha, la forêt de hêtres d'Iraty offre une multitude de belles balades.*

De part et d'autre de la route, les deux chapelles jumelles de Bascassan et d'Alciette sont parmi les plus émouvantes du Pays basque. Leur décor intérieur, d'un genre naïf et un peu grossier, semble avoir été exécuté par le même artiste, peut-être le curé de la paroisse.
- La **chapelle Saint-André de Bascassan** *(demander la clef dans le hameau)*, à peine plus grosse qu'une maison, est entourée d'un minuscule cimetière. À l'intérieur, la charpente en berceau est entièrement peinte et constellée d'étoiles. Une minuscule galerie fait face à la chaire accrochée au mur : pour y monter, le curé empruntait une échelle de meunier ! Derrière l'autel, le retable naïf date du XVIe ou XVIIe s. Au fond de l'église, sur les portes de bois peintes des fonts baptismaux, on reconnaît Jésus et Jean Baptiste, avec des visages roses et ronds comme des lunes…
- La **chapelle Sainte-Croix d'Alciette**, de l'autre côté de la route principale *(clef à la maison Bidart)*, est presque identique ; son plafond est entièrement décoré d'une fresque représentant les apôtres. Le dessin, un peu plus abouti, reste maladroit.
- À la sortie de Mendive, la route présente une fourche : à gauche, la D 417 contourne le pic de Béhorléguy par le sud et mène à la forêt des Arbailles, en Soule. À droite, la D 18 s'élève de façon spectaculaire au cœur des pâturages et passe devant la chapelle romane Saint-Sauveur (XIIe s.), dont le toit gris annonce déjà l'architecture de la Soule. Elle est entourée d'un chemin de croix à colonnes de pierre portant des *lauburu* (croix basques). On atteint ensuite le **col de Burdincurutcheta** (1 135 m) d'où la vue est à couper le souffle, avant de poursuivre jusqu'à la **forêt d'Iraty,** belle hêtraie à cheval sur la basse Navarre, la Soule et la Navarre.

De Mendive, on pourra faire un détour par Béhorléguy (sur la D 117), dernier village de la Cize.

La bataille de Roncevaux

Cet épisode est resté dans la mémoire collective grâce à La Chanson de Roland, *étudiée par des générations de collégiens. En 778, alors que Charlemagne assiège les infidèles à Saragosse, il doit rebrousser chemin en toute hâte pour réprimer une révolte des Saxons. Les Vascons, furieux d'être occupés par les Francs, les attendent au passage de la montagne. Alors que l'arrière-garde de l'armée monte péniblement les pentes, les Vascons, embusqués sur les hauteurs du col de Bentarte, font rouler de gros rochers sur les hommes épuisés. La surprise fut telle que tous perdirent la vie.*

L'Arberoue

CARTE P. 149
Entre Saint-Jean-Pied-de-Port et Hasparren.

Aux abords d'Hasparren, l'Arberoue est un petit pays vallonné, dominé par endroits de crêtes rocheuses. Il est parcouru par trois rivières : la Joyeuse, le Laka et l'Arberoue. Dans cette terre d'élevage, les fermes sont dispersées en petits hameaux peu peuplés, le long de routes pittoresques qui serpentent dans la lande.

▲ *Les imposantes ruines du château de Belzunce donnent une idée de ce que fut le domaine de l'une des plus puissantes familles d'Arberoue.*

La Fête-Dieu

Costumée et dansée, la Fête-Dieu perdure dans quelques villages de basse Navarre. Les costumes très colorés s'inspirent de ceux des gardes nationaux du XIXe s. Les danseurs portent les habits traditionnels blancs et rouges, mais on voit également des grenadiers napoléoniens, des sapeurs basques avec leur hache et leur haut bonnet à poil. Ce cortège animé entre et sort de l'église suivant un pas de danse particulier. Les plus belles fêtes sont celles d'Hélette, d'Iholdy, d'Armendarits et d'Orsanco.

■ Ayherre

À 4 km à l'est d'Hasparren par la D 10 puis la D 251.

Dès le Moyen Âge, le plus gros village d'Arberoue compte une quarantaine de domaines, dont sept nobles. Il a gardé de belles fermes à colombages.

- L'**église Saint-Pierre** conserve la porte jadis réservée aux cagots, ces personnes indésirables à l'origine des lépreux. À l'intérieur, traditionnelles galeries de bois tourné et beau retable baroque en bois polychrome sous une charpente peinte.
- Sur la route d'Isturits, le **château de Belzunce**, en ruine, était la plus importante maison noble d'Arberoue.

■ Isturits

À 7 km d'Ayherre.

L'intérieur de la **chapelle** est très riche, avec ses galeries de bois et son retable représentant le martyre de sainte Eulalie à qui elle est dédiée. Sous le porche, le double escalier mène à la salle capitulaire.

- Le **musée Xanxotea** et sa collection d'outils anciens (dont certains remontent au XVe s.) permettent de comprendre la culture rurale basque.

Ouv. en saison de 10 h à 18 h.

■ Les grottes d'Isturits et d'Oxocelhaya

Ouv. t.l.j. de mi-mars à mai et d'oct. à mi-nov. de 14 h à 17 h. Visite supplémentaire à 11 h les j. fériés et vacances scolaires ; en juin et sept. à 11 h et de 14 h à 17 h ; en juil. et août de 10 h à 18 h.

Le plateau d'Oxocelhaya est traversé par l'Arberoue, qui y devient souterraine puis ressurgit à Isturits. Elle a laissé sur son passage de magnifiques concrétions qui forment parfois de belles draperies.

- La très ancienne occupation de ces grottes fait d'elles l'un des fleurons du patrimoine préhistorique. Les galeries ont en effet été occupées durant des millénaires – de 40 000 à 10 000 ans avant notre ère. Les archéologues ont mis au jour des ossements, des outils et même un instrument de musique taillé dans un os, ainsi que des peintures et des gravures représentant des animaux, cerfs, chevaux ressemblant au pottok…

Saint-Martin-d'Arberoue

À 11 km au sud-est d'Hasparren par la D 14.

Le village accueillait autrefois l'assemblée des maîtres de maison de l'Arberoue et conserve de belles maisons.
- Dans l'**église Saint-Martin**, on verra une galerie originale à arcades. Dans le chœur, curieux retable à deux paires de colonnes encadrant un vitrail de saint Martin et le tabernacle entouré d'angelots peints. Sur les côtés du tabernacle, deux scènes sculptées évoquent la Passion. Des palmiers dorés soutiennent les autels et le baldaquin.
- À **Saint-Esteben**, l'église du XVIIe s. dresse son clocher-mur au profil de fer à cheval. La galerie ouvragée de volutes est soutenue par des colonnes de pierre avec bénitiers.
- **Méharin** est le village le plus excentré de l'Arberoue. Son château Renaissance appartenait à la famille de Belzunce. Durant les guerres carlistes, il accueillit l'épouse de don Carlos qui fuyait la Navarre.

▲ *La commanderie des Templiers d'Irissarry a gardé sa belle façade régulière, rythmée par des fenêtres à meneaux croisés.*

Iholdy

À 7 km au sud de Méharin par la D 245 puis la D 300.

On verra en chemin de belles maisons, notamment au village d'Armendarits (maison Aintziondo, 1634).
- À Iholdy, ne pas manquer la **maison Elizabelar** (« face à l'église »), identifiable à ses quatre poivrières d'angle et ses fenêtres à meneaux.
- À l'extérieur du village, situé dans un cirque, le **château d'Olce** (ou Oltzo) est une ancienne maison noble reconstruite en 1674 par Jean d'Olce, évêque de Bayonne. On y découvre sa chambre, les cheminées, les stucs, la chapelle qui a conservé ses fresques. L'ensemble a été restauré et meublé dans les styles d'époque, XVIIe et XVIIIe s.

Ouv. de mi-mars à mi-nov. t.l.j. de 14 h à 18 h; de juil. à sept. de 11 h à 12 h et de 14 h à 18 h sf jeu. et dim. mat. ☎ 05 59 37 51 07.

Irissarry

À 5,5 km au sud-ouest d'Iholdy par la D 8.

La place du village est dominée par la **commanderie** des chevaliers de Saint-Jean-de-Jérusalem, qui s'y étaient établis au XIIe s. L'édifice actuel, du XVIIe s., est affublé de bretèches (éléments défensifs) aux quatre angles. Les ordres de moines soldats s'installaient sur toutes les grandes routes de pèlerinage, pour sécuriser et héberger les participants. Dans l'église, bel ensemble de retables baroques dont le principal figure le baptême du Christ.

▲ *À Hélette, la Sainte-Catherine attire les foules… Et pour cause : le village accueille l'une des foires aux pottiok les plus réputées.*

Hélette

À 12 km au sud-est d'Hasparren par la D 22. À 21 km au nord de Saint-Jean-Pied-de-Port par la D 22.

Ce village typique est connu pour sa **foire aux chevaux de la Sainte-Catherine** et ses pittoresques processions de la Fête-Dieu. Dans l'église du XVIIe s., on verra une statue de saint Jacques en pèlerin et un beau retable de l'Assomption.

Saint-Palais et Garris

CARTE P. 149
Office de tourisme de basse Navarre : place Charles-de-Gaulle à Saint-Palais. ☏ 05 59 65 71 78.

Au confluent de la Bidouze et de la Joyeuse, Saint-Palais commande le pays de Mixe, où les cultures, ici et là, cèdent la place à d'épaisses forêts. Sur les rares hauteurs, c'est la lande qui prend le relais. On est encore en terre de pèlerinage, où les jacquets entraient en Pays basque en traversant le gave d'Oloron à Sordes ou Navarrenx.

▲ *Une visite à l'atelier de tissage Ona Tiss est une bonne occasion de découvrir et d'admirer un artisanat parfois oublié.*

► *Henri de Navarre, plus connu sous le nom d'Henri IV.*

La colline Saint-Sauveur

Au sud de Saint-Palais, cette colline offre une belle vue alentour et sur les Pyrénées. Elle constituait vraisemblablement le carrefour des différents chemins de Compostelle – ceux de Vézelay, du Puy, de Paris et de Tours –, qui se rejoignaient ici en une seule route pour filer ensuite vers Ostabat.

■ Saint-Palais

À 31 km de Saint-Jean-Pied-de-Port par la D 933.

Sur la berge surélevée de la Bidouze, cette bastide du XIIIe s. devint capitale administrative de la région à la partition de la Navarre au XVIe s. ; de 1351 à 1672, on y frappait la monnaie. À la jonction des chemins de Saint-Jacques, elle constituait un carrefour où avaient lieu foires et marchés. C'était là que se tenait le Conseil du Roi et que demeuraient le trésorier général de Navarre et le chancelier. Aujourd'hui, Saint-Palais compte la plus importante coopérative agricole du Pays basque, Lur-Berri, fondée en 1936, et a retrouvé son rôle de centre agricole et de place de marchés.

- Au centre de la ville, dans l'église Saint-Paul (désaffectée), se tinrent les premiers états généraux de basse Navarre, en 1522 et 1523. La chancellerie s'y installa ensuite jusqu'en 1624. En face, la maison noble d'Erdoy est plus couramment appelée « **maison des Têtes** » en raison des médaillons sculptés de sa façade, qui représentent les derniers rois de Navarre – Henri II, Jeanne d'Albret et le futur Henri IV de France – et des figures allégoriques.

- Dans la rue du Palais-de-Justice se trouve l'ancien **hôtel de la Monnaie**. Au-dessus de la Bidouze, la **maison du Roi** est un château du XVIIe s. (aujourd'hui gendarmerie). Le long de la rivière s'alignent de belles maisons anciennes.
- Installé dans la cour intérieure de la mairie, le **musée de basse Navarre** évoque l'histoire de Saint-Palais à travers ses grands moments, ses monuments et des objets issus des fouilles locales. Une seconde partie s'attache à la basse Navarre depuis la préhistoire : châteaux, mottes féodales, bornes de Navarre… Enfin, une section aborde le pèlerinage de Saint-Jacques-de-Compostelle,

◄ *Saint-Palais, la maison des Têtes. Encadrant les derniers souverains de Navarre, une figure de femme et un diable…*

Tous les étés, le premier dimanche après le 15 août, Saint-Palais accueille le festival de force basque, le plus couru de tous.

retraçant les différentes routes, les étapes, les lieux de passage des rivières, etc. Le musée possède également une belle collection de stèles discoïdales.

Ouv. de sept. à juin en sem. de 9 h 30 à 12 h 30 et de 14 h 30 à 18 h 30, jusqu'à 18 h le sam.; en juil. et août ouv. en sem. jusqu'à 19 h, 18 h 30 le sam. et de 10 h 30 à 12 h 30 les dim. et j. fériés.

- On appréciera l'atmosphère de la ville en se rendant **place du Foirail**, où se tient un important marché; le fronton permet d'observer les enfants qui s'y exercent fréquemment.

À découvrir

à Saint-Palais

Atelier Ona Tiss, 23, rue de la Bidouze. ☏ 05 59 65 71 84. Fondé voici plus de cinquante ans, cet atelier de tissage basque est ouvert à la visite du lun. au jeu. de 9 h à 12 h et de 14 h à 18 h. Une petite boutique propose quelques productions typiques et des tissus au mètre.

■ Garris

À 2 km au nord de Saint-Palais par la D 11.

À la différence de Saint-Palais, Garris est une très ancienne bourgade. Station sur la route romaine de Bordeaux à Astorga, elle reste prospère durant tout le Moyen Âge en raison des foires qui attirent des commerçants et des acheteurs de tous les environs. Supplantée par sa voisine sur le plan administratif, elle demeure un rendez-vous incontournable pour les marchés aux bestiaux et connaît son heure de gloire au XVIIIe s., lorsqu'elle accueille, cinq ans durant, les états généraux de basse Navarre.

Les députés de l'époque se réunissaient sur la place du château ; chacun représentant l'une des vingt-sept paroisses du pays de Mixe, ils élisaient celui qui les représenterait tous aux états généraux. Leur rôle était de gérer les terres communes.

- La richesse passée de la ville se voit aux superbes **maisons à encorbellement.** L'église, restaurée après les guerres de Religion, a conservé des éléments anciens : un bénitier géant ou un retable.

- La **place du Foirail**, ombragée d'arbres centenaires, accueille chaque année le 1er août une foire au bétail, qui perdure depuis le Moyen Âge. Acheteurs et vendeurs y viennent de toute l'Europe pour choisir les bêtes – et parmi elles, des pottiok.

▲ *Certaines maisons de Garris ont conservé de beaux chevrons. Utilisés comme motifs décoratifs plus que comme pièces de charpente, on les découvre sous l'encorbellement des façades.*

Vers les sources de la Bidouze

CARTE P. 149

Au sud de Saint-Palais se succèdent collines boisées et petites vallées. On gagne progressivement de l'altitude pour rejoindre le plateau des Arbailles et la Soule.

On peut rejoindre directement la Soule en quittant Saint-Palais vers le sud-est, en direction de Mauléon. La route de Lohitzun (D 242) est l'une des plus jolies du Pays basque : elle traverse une campagne sauvage préservée, parsemée de villages paisibles, et redescend vers la Soule en offrant de superbes panoramas.

■ Harambels

À environ 10 km au sud de Saint-Palais par la D 933.

Un peu à l'écart de la route, ce petit hameau est situé sur le GR 65 et l'ancienne route des pèlerins. À l'époque, les environs étaient couverts d'épaisses forêts hantées par les loups.

- De l'ancien prieuré-hôpital Saint-Nicolas ne restent que la **chapelle** et les maisons des quatre derniers donats, dont les descendants, copropriétaires de la chapelle, en assurent l'entretien. L'ensemble donne encore une idée de ce qu'était un village d'étape. La chapelle a gardé sa porte romane et est ornée d'un chrisme du XIIe s. surmonté d'une croix de Malte ; l'étage au-dessus du porche servait d'hostellerie. À l'intérieur, on notera la voûte en berceau constituée de planches clouées et peinte en trompe-l'œil pour donner l'illusion de briques. Le retable en bois est de facture très naïve, sans doute exécuté par des artisans locaux ; au centre, panneau en relief représentant saint Nicolas et les enfants.
- Au nord d'Harambels, en suivant à pied le GR 65, on atteint l'**ermitage de Soyharcé** *(1 h 30 a.-r.)*, aujourd'hui simple chapelle-abri mais jadis ermitage très fréquenté. Magnifique panorama sur les Pyrénées.

Une gestion stricte

Les anciens prieurés-hôpitaux étaient tenus par les donats, laïcs voués au prieur qui se donnaient au Christ en faisant vœu de pauvreté et d'obéissance, mais pouvaient être mariés. Plusieurs donats se partageaient la gestion de l'hôpital, chacun occupant une fonction différente – approvisionnement, entretien, distribution… Ils étaient contrôlés chaque année par le chapitre. Si les vivres s'épuisaient trop vite, on retenait le supplément sur leur part plutôt que sur celle des prieurs.

■ Ostabat

À environ 13 km au sud de Saint-Palais par la D 933.

Autrefois située au cœur d'une forêt épaisse, cette étape de pèlerins comptait deux hôpitaux, une quinzaine d'auberges et un système de péage. C'était à l'origine un village fortifié jusqu'à ce que Sanche le Fort, roi de Navarre, en détruise les remparts en 1228 – il en reste quelques vestiges à l'angle sud-ouest du bourg.

- En 1607, Henri IV autorise la construction des **halles**, faisant de la petite ville une place de commerce active et fréquentée. Au sud du village, le **château de Laxague** (XIVe s.), entouré de fossés, est curieusement adossé à la montagne. Propriété d'une puissante famille (dont l'un des membres fut ambassadeur auprès du pape en Avignon), il surveillait les chemins à la sortie du col.

Quitter Ostabat vers l'ouest par la D 508 en direction de Lantabat.

- Le **col d'Ipharlatcé** offre aux randonneurs une jolie

balade jalonnée de quelques tumuli et vestiges d'enceintes protohistoriques. On redescendra ensuite de l'autre côté du col vers la vallée de Lantabat, entourée d'un cirque de montagnes, jusqu'à **Orsanco**, joli village qui possède une commanderie du XIVe s. et de belles maisons navarraises; l'une des plus authentiques processions de la Fête-Dieu y a lieu chaque année.

■ Saint-Just et les sources de la Bidouze

À mi-chemin entre Saint-Palais et Saint-Jean-Pied-de-Port sur la D 933, prendre la D 918 à Larceveau.

On traverse **Cibits**, hameau très bien restauré avec son fronton de pelote, son église et son cimetière aux belles stèles discoïdales.

- **Saint-Just** est construit au pied du col d'Osquich (392 m), sur un chemin de Compostelle auquel il doit son développement. L'église contient un beau retable.

- La route se poursuit vers le **col d'Osquich** et passe en Soule, en offrant des vues spectaculaires sur le massif montagneux au sud et la vague décroissante des collines au nord. Mais Saint-Just est surtout le point de départ de belles **randonnées** en direction des sources de la Bidouze et de la **forêt des Arbailles**. Le début du parcours est indiqué peu après l'église par un panneau « sources de la Bidouze » *(compter 5 h au total, à ne pas faire par temps de pluie ou de brouillard)*. La route suit la rivière jusqu'à la maison Arla, où un panneau décrit le parcours. De là, continuer à pied sur le sentier de l'autre côté du petit pont. Après de spectaculaires passages en corniche, il mène à la grotte Lamina Xilo, qui conduit à trois lacs étagés. Une seconde grotte à l'entrée monumentale s'ouvre dans la falaise opposée. La suite est un peu plus acrobatique, après un sentier qui monte. Il faut emprunter deux échelles métalliques successives pour atteindre le **plateau déchiqueté d'Elzarré**, d'où l'on surplombe les résurgences.

◄ *Dans une nature préservée, la Bidouze offre aux promeneurs de fort beaux paysages.*

La pelote basque

En flânant de village en village, le visiteur note un élément qui revient toujours… En plus des incontournables église et mairie, le Pays basque a doté ses villes, bourgs, parfois même hameaux, d'un *fronton*. En s'y arrêtant, on s'aperçoit vite qu'il ne s'agit pas seulement d'un décor. Dès la sortie de l'école, le spectacle commence, avec les petits garçons qui manient avec dextérité des chisteras aussi grands qu'eux…

▲ *Qui dit pelote basque dit… pelote et chistera.*

■ L'histoire

L'ancêtre de la pelote basque est le **jeu de paume**, l'un des plus anciens jeux de balle, dont Homère mentionne une variante pratiquée à main nue. Au Moyen Âge, on imagine de se renvoyer la balle au moyen d'une sorte de raquette.

Le jeu de paume se pratiquait autrefois face à face, dans un champ ou dans un trinquet, sorte de court couvert – celui de Bayonne date du XVIIe s. Les participants se renvoyaient une balle de laine serrée ou jouaient contre un mur carré, mais comme la pelote ne rebondissait pas, on jouait à la volée avec de gros gants de cuir ou des sortes de raquettes en bois ou à filet. Au début du XIXe s., le jeu se modifie considérablement avec une pelote désormais constituée d'un cœur de caoutchouc enrobé de peau de chien (il n'a pas de pores, donc sa peau est plus robuste). Elle y gagne en vitesse et, surtout, rebondit. En conséquence, les aires de jeu s'agrandissent et l'on se met à construire des **frontons** plus grands, où le mur carré initial est surmonté d'un demi-cercle.

Étape suivante : l'invention du **chistera**, gant d'osier en forme de gouttière recourbée, qui permet de propulser la pelote à plus de 200 m à une très grande vitesse. Au cours du XXe s., les règles et les types de jeux se sont plus clairement définis.

Le jeu dit « en place libre » utilise un seul fronton – en général sur la place du village. Le jeu « en trinquet » se joue en salle fermée, celui « en mur à gauche » vient du Pays basque espagnol : un mur à gauche très long s'ajoute au fronton initial.

■ Les jeux

Le rebot est le seul héritier des **jeux directs** (sans mur ni fronton). Il se pratique surtout en Soule et oppose deux équipes de joueurs qui utilisent le petit chistera et un joueur, le buteur, qui utilise le gant de cuir.

Dans les **jeux indirects**, les équipes font face au fronton sur lequel la pelote doit rebondir avant d'être récupérée.

▲ *L'atelier de Jean-Louis Gonzales, à Anglet, assure la fabrication de tous les éléments de pelote basque, y compris le gant de cuir.*

▲ *Partie de pelote contre le fronton de Guéthary.*

La **pelote à main nue** se joue par équipes de deux en place libre, en trinquet ou en mur à gauche. C'est l'épreuve la plus prestigieuse. Le **grand chistera**, le plus célèbre, se joue en place libre et oppose deux équipes de deux joueurs selon les mêmes règles qu'à main nue. La **cesta punta**, jouée par deux équipes de deux avec des chisteras, utilise le mur à gauche, ce qui rend le sport plus rapide et plus spectaculaire. Le **xare** se joue en trinquet, opposant deux équipes de deux avec des raquettes à filet. La **pala** se joue par équipes de deux en place libre, avec des raquettes de bois. Comme chaque fronton est différent, une grande partie de l'intérêt du jeu vient de ce caractère propre à chaque village.

■ L'équipement

Le blanc est la couleur de mise. Pour distinguer les équipes, l'une d'elles revêt des chemisettes rouges ; si elles sont toutes les deux en blanc, elles se distinguent par la couleur de la ceinture enroulée dont on laisse flotter un pan.

Les instruments de jeu sont de quatre types : le gant de cuir, la raquette en bois (ou pala), la raquette argentine à filet non tendu (ou xare) et le chistera. Le squelette et les côtes du chistera sont formés de lamelles de châtaignier, sur lesquelles on tresse l'osier ou la paille qui donnera à l'objet son aspect final. On distingue le grand chistera, qui mesure 70 cm de long, du petit chistera (50 à 60 cm). Avec le grand, le joueur recueille la balle puis la relance parfois avec un pas d'élan. Avec le petit, en revanche, la pelote est frappée et renvoyée aussitôt comme avec une raquette, sinon le point est perdu. Il reste peu d'ateliers traditionnels de chistera ; l'un d'eux se trouve à Anglet, les deux autres en Biscaye, à Markina.

■ Où voir des parties de pelote ?

La façon la plus authentique est de traîner dans les villages les soirs d'été ou de guetter les fêtes traditionnelles sur le calendrier. En Espagne, le jour de marché est celui où le fronton s'anime.

Les manifestations plus importantes sont annoncées dans la presse locale. Le Master des Fêtes de Bayonne, début août, est la meilleure manifestation de main nue. Hors saison, le jeudi au trinquet de Bayonne est une institution pour voir de belles parties à main nue – attention, il est de règle de laisser les habitués s'asseoir à leur place attitrée. Les tournois de Saint-Jean-de-Luz ou le Gant d'Or de Biarritz sont des rendez-vous incontournables de cesta punta.

Ailleurs dans le monde

La pelote basque est un jeu international qui a droit à ses championnats du monde. Il faut rappeler que de nombreux Basques ont émigré un peu partout, surtout en Amérique du Nord et du Sud ; ils n'ont pas pour autant abandonné leurs traditions. La cesta punta est ainsi très populaire en Floride, ou à Las Vegas où elle est un véritable sport professionnel. De même, les Chinois posséderaient le plus grand jaï-alaï *du monde (fronton pour la cesta punta)…*

La Soule

Mauléon **p. 174**
La capitale de la Soule entretient fidèlement ses traditions.

La haute Soule **p. 182**
Montagnes, gorges impressionnantes et forêts en font le paradis des randonneurs.

Oloron-Sainte-Marie **p. 186**
La ville médiévale conserve un petit air espagnol qui accentue son charme.

La moins peuplée, la plus petite et la plus sauvage des provinces basques est sans doute celle qui a le mieux conservé son caractère et ses anciennes traditions – sa langue, ses fêtes et ses danses disent bien l'attachement des Souletins à leur héritage. La Soule, dont le territoire correspond à la vallée du Saison, est un pays de montagne, dominé par les pics d'Anie et d'Orhy, couvert d'épaisses forêts, creusé de gorges profondes, habité par les bergers et leurs troupeaux. C'est le pays de l'espadrille et du fromage de brebis, un paradis pour les randonneurs amoureux de nature et d'espaces préservés. Les amateurs de patrimoine y découvriront deux joyaux de l'art roman et de nombreuses chapelles pleines de charme, perdues dans les montagnes.

◀ *Petits confettis blancs dispersés dans la vallée, les fermes de haute Soule se répondent d'un versant à l'autre.*

Mauléon

Capitale de la Soule, l'une des provinces basques où les traditions perdurent fièrement, Mauléon s'étend de part et d'autre de la rivière Saison : à l'est, sur la partie haute, la bourgade de Mauléon, sa bastide et sa forteresse ; à l'ouest, celle de Licharre, ancien centre administratif de la province.

CARTE P. 173
À 40 km à l'est de Saint-Jean-Pied-de-Port par la D 933 puis la D 918.

Syndicat d'initiative de Mauléon : place des Allées. ☏ 05 59 28 04 62.

Office de tourisme de la Soule : 10, rue du Docteur-J.-B.-Heugas. ☏ 05 59 28 02 37. www.valleedesoule.com

Marché le samedi matin sur les Allées de la Soule.

Une cité peu docile

La bastide n'est créée qu'au début du XIIIe s., là où la vallée se resserre et commande les voies de communication. Alliée de la Navarre pour combattre les Maures, Mauléon va se heurter au puissant duché anglo-saxon d'Aquitaine de 1257 à 1307, mais sera finalement rattachée à la couronne anglaise jusqu'en 1449. Durant les guerres de Religion, malgré la progression du protestantisme béarnais, la ville reste profondément catholique. En 1662, un différend fiscal provoque un soulèvement populaire. Les Souletins sont écrasés et leur chef, Bernard de Goyenetche, alias Matalas, est décapité sur la place de Licharre. Il faudra attendre le XIXe s. et l'essor de l'industrie de l'espadrille pour que la ville, qui fournit encore 70 % de la production française, connaisse une certaine renaissance.

▲ *Un ancêtre du bâtisseur du château de Maytie, fervent défenseur de la foi catholique, entreprit un jour en pleine messe de détruire la chaire à coups de hache, estimant le sermon du prélat trop favorable à la Réforme !*

■ Les Allées

Commencer la visite par l'ancienne commune de Licharre, sur la rive ouest du Saison.

Occupée par l'incontournable **fronton**, cette vaste place plantée d'arbres servait autrefois de centre administratif de la ville. Sous un imposant noyer se réunissait la cour de justice, dite aussi « cour du noyer de Licharre ».

- Le gouverneur de la Soule résidait à l'**hôtel de Montréal** (XVIIe s.) qui abrite désormais la mairie.

■ Le château d'Andurain de Maytie

Visite de juil. à mi-sept. de 11 h à 12 h et de 15 h à 18 h. F. jeu. et dim. mat. ☏ 05 59 28 04 18.

Ce magnifique bâtiment Renaissance fut construit à la fin du XVIe et au début du XVIIe s. par Arnaud Ier de Maytie, évêque d'Oloron.

- De proportions harmonieuses, l'édifice se distingue par son immense toit souletin, réalisé en petits bardeaux de hêtre, et sa charpente en carène de navire. L'intérieur abrite de belles cheminées monumentales, du mobilier d'époque et une rare collection de livres anciens.

Monter ensuite dans la vieille ville de Mauléon.

■ Le château fort

Ouv. vacances de Pâques, w.-e. de mai et juin et de mi-juin à fin sept. de 11 h à 13 h 30 et de 15 h à 19 h.

On passe devant une église à clocher trinitaire, l'une des

originalités de la Soule, avant d'emprunter la ruelle qui mène au château construit au XIIe s. et remanié au XVIIe s.
- Âprement disputé au Moyen Âge comme pendant les guerres de Religion, il a gardé quelques vestiges intéressants, dont des cachots et des canons d'origine. Le chemin de ronde offre une très belle vue alentour.

▷ Les environs de Mauléon

Les anciennes routes de Compostelle

Venant d'Arles et du Languedoc, les jacquets passaient par Oloron avant de traverser les Pyrénées. La route principale empruntait le col du Somport, mais beaucoup, préférant Roncevaux, suivaient le pied de la chaîne en direction de Saint-Jean-Pied-de-Port.

■ L'Hôpital-Saint-Blaise

À 13 km à l'est de Mauléon par la D 24 et la D 25.

Jadis relais pour les pèlerins qui choisissaient de continuer par Roncevaux, ce petit village possédait une commanderie et un hôpital, dont il ne subsiste qu'une superbe **église** du XIIe s. de style romano-byzantin, sans équivalent dans la région.
- À l'extérieur, les **fenêtres** sont ornées de curieux claustras de pierre aux motifs de type *mudejar* (mauresque), et le chevet, de **corniches de bois sculpté** dans un style unique en France et en Espagne. On notera également la toiture en bardeaux de chêne traditionnels.
- La première originalité de l'édifice réside dans son **plan centré** en forme de croix grecque, identique à celui de nombreux sanctuaires espagnols. La seconde est la superbe **coupole de pierre** qui coiffe la croisée du transept. Elle comporte des nervures entrecroisées formant une étoile à huit branches. Semblable à celle de Sainte-Croix d'Oloron, elle évoque l'influence de l'architecture musulmane de la mosquée de Cordoue.
- Le mobilier contraste avec l'architecture romane : on retrouve les galeries de bois et un retable baroque.

■ Barcus

À 9 km au sud de L'Hôpital-Saint-Blaise par la D 859.

Au bord de la très jolie route qui relie Mauléon à Oloron, Barcus vaut le détour pour son église.
- D'apparence modeste, son intérieur surprend par sa richesse : double galerie de bois, chœur surélevé, murs polychromes et surtout un **retable baroque** doré figurant l'Ascension. On notera les colonnes torses et les angelots qui se glissent entre les grappes de raisin. De petits tableaux figurent des scènes de la Passion.
- De Barcus à Mauléon, la route offre de beaux points de vue et permet des balades à pied vers le **mont Ahargo** (609 m) au nord, ou vers la **forêt de Cheraute**.

Bonne adresse

Hôtel-restaurant Bidegain, 13, rue de la Navarre, Mauléon. ☎ 05 59 28 16 05. Ancien relais de poste avec une patine bourgeoise du XIXe s. Hôtel confortable aux prix très abordables ; on y mange l'une des meilleures cuisines des environs.

▲ *L'église de L'Hôpital-Saint-Blaise. Les chapiteaux du portail sont ornés de motifs géométriques rappelant l'art mozarabe.*

Les clochers trinitaires

On rencontre en Soule de curieux clochers-murs à trois pignons surmontés de croix. Lorsque les trois pointes sont égales, on parle de « clochers trinitaires » (un Dieu en trois personnes égales : Père, Fils et Saint-Esprit - la Sainte-Trinité). Si celle du centre est plus élevée, il s'agit d'un clocher-calvaire représentant les trois croix du Golgotha : celle du Christ entourée de celles des deux larrons. En pierre, ils étaient moins onéreux que les clochers-tours.

Bonne adresse

Pour acheter des espadrilles fabriquées sur place, se rendre à la boutique ***Prodiso***, sur les Allées, à Mauléon. Pour visiter l'atelier de fabrication, aller directement dans la zone artisanale Mauléon. Visite sur vidéo de 30 mn de mars à sept. du lun. au ven. de 9 h à 11 h 30 et de 14 h à 17 h 30. ☎ 05 59 28 28 48.

L'espadrille
l'élégance du pied

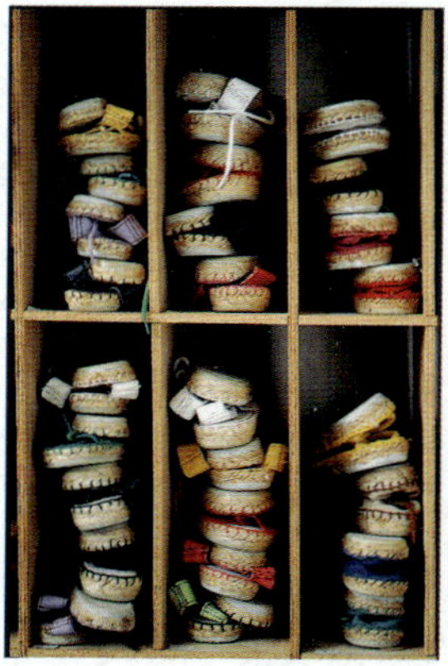

Partie intégrante du costume basque au même titre que le béret ou les larges jupes rouges, l'espadrille fait son apparition au XVIIIe siècle, mais certains prétendent que les soldats du roi d'Aragon en étaient déjà chaussés au XIIIe siècle… Souple et légère, elle est particulièrement adaptée au terrain des collines et laisse la cheville libre pour les danses.

▲ *La semelle des espadrilles est toujours faite de chanvre, importé brut d'Asie et filé en Espagne.*

Après l'industrialisation, faute de main-d'œuvre locale, on fait appel à des saisonniers espagnols, souvent des jeunes femmes venues de Navarre et d'Aragon. On les appelle les « hirondelles » car elles arrivent en mai et repartent en octobre… Leurs maris vont venir à leur tour travailler dans les fermes : peu à peu, cette population va se sédentariser à Mauléon et avoir son propre quartier.

■ Un succès immédiat

Au XVIIIe s., les artisans du chanvre et du lin se mettent à fabriquer une sandale légère à semelle de corde. Un jeu de lanières et de bandelettes part du dessus de la chaussure pour s'entrecroiser sur le mollet jusque sous le genou. Ce n'est qu'au début du XIXe s. que l'empeigne prend sa forme actuelle : on utilise alors le chanvre importé du Bengale ou du Pakistan et le lin basque tissé sur place. Très vite, le succès est au rendez-vous et le produit s'exporte loin des terres basques, notamment en Amérique où beaucoup ont émigré, et dans le nord de la France où ces chaussures légères et souples sont appréciées du monde de la mine. En 1868, on exporte 80 % de la production, qui s'industrialise après 1880. Mauléon compte alors jusqu'à mille six cents ouvriers sandaliers pour une dizaine d'usines.

■ L'évolution et la concurrence

La première crise arrive avec l'humidification des mines du Nord, qui rend les semelles de corde inadaptées ; on la résout en enrobant la semelle de caoutchouc. En 1950, le même industriel inventif lance le Pataugas, « brodequin de toile à semelle de caoutchouc souple » dont la fabrication relance l'activité. En 1980, la Chine inonde le marché de ses espadrilles bon marché. La concurrence est terrible. Les entreprises survivantes se regroupent pour créer le label « espadrille française fabriquée à Mauléon ». On joue sur la qualité et l'originalité des modèles ; quelques usines perdurent et de petits artisans se rassemblent pour lancer la marque « France Espadrilles », mais l'essentiel de la production est industrialisé.

■ Des ateliers d'artisans

Comme c'est le cas dans nombre de filières du textile, le travail est réparti en plusieurs ateliers familiaux. Les artisans travaillent à la maison : les hommes fabriquent le plus souvent les semelles, les femmes s'occupent de la piqûre et des finitions minutieuses, tout en étant payées de 30 à 50 % de moins… et jusqu'au début du XXe s., les enfants travaillent autant que leur mère.

■ Secrets de fabrication

Les tresses utilisées pour les semelles sont faites sur place dans l'usine. Les plus épaisses (quinze fils) sont destinées aux espadrilles cousues main. Le coton de l'empeigne, importé lui aussi, est tissé puis teint et apprêté dans des unités de Mauléon, Saint-Palais ou Oloron. La semelle est réalisée par le mouleur. Deux tiges métalliques, dont l'écartement détermine la pointure, sont fichées dans une pièce de bois. Le tourneur réalise le cœur puis effectue un certain nombre de tours, toujours selon la pointure. La cadence actuelle est de cent vingt semelles à l'heure (cinquante à cinquante-cinq autrefois). La semelle brute est ensuite compressée pour acquérir sa forme, puis cousue dans l'épaisseur pour la fixer. Pour obtenir des semelles compensées, on peut coudre ensemble plusieurs semelles. Le dessus est ajouté à la machine ou à la main avec un dé spécifique que l'on place dans la paume de la main et une très grosse aiguille. C'est la qualité du tressage, de la confection de la semelle et la solidité des piqûres qui font durer l'espadrille traditionnelle, là où les *made in China* s'avachissent très rapidement.

▲ *Mauléon. Confection traditionnelle dans les ateliers Prodiso.*

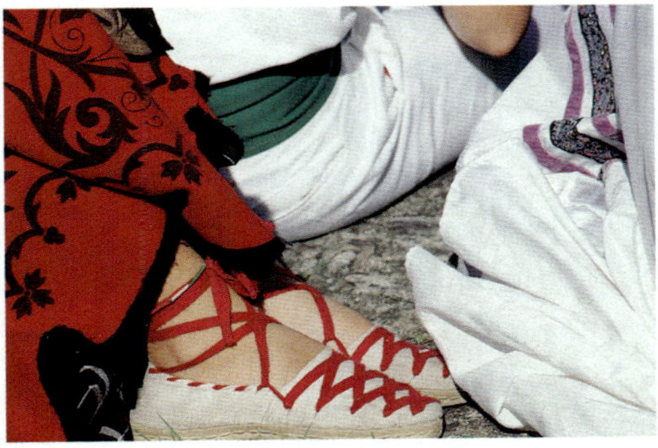

◀ *Fête de l'espadrille à Mauléon. Équipée des rubans qui la maintiendront sur le mollet, l'espadrille est prête pour les danses les plus acrobatiques.*

La vallée du Saison

Entre Mauléon et Tardets, la vallée du Saison est semée de villages agricoles, plantée de fermes dans de vertes prairies. Vers Tardets, elle se resserre progressivement en approchant de la haute Soule.

▼ *Un joli pont en pente mène à l'église d'Ordiarp.*

L'énigme des cagots

Les cagots ou agotak *en basque étaient des marginaux tenus à l'écart des populations locales. Ils habitaient des quartiers séparés et avaient à l'église leur porte d'entrée. Ils n'avaient accès à aucune charge publique et devaient porter un chiffon rouge bien en évidence. Le mariage avec les autres habitants leur était évidemment interdit, de même que les métiers touchant à l'alimentaire ou au vêtement. Le plus souvent, ils étaient sabotiers, tonneliers ou charpentiers. On pense qu'il s'agissait de lépreux, de personnes handicapées, ou encore de gitans ou de descendants méprisés d'Arabes ou de Wisigoths. En Soule, ils se réfugièrent à L'Hôpital-Saint-Blaise, Ordiarp ou Ainharp…*

■ Ordiarp

À 6 km au sud-ouest de Mauléon par la D 918 (direction col d'Osquich/Larceveau).

Ce village fut le siège d'une ancienne commanderie dépendant de Roncevaux. L'hôpital pour pèlerins a aujourd'hui disparu ; il ne reste de l'ensemble que l'**église** du XIIe s. Elle est surmontée d'un ancien clocher-mur auquel on a rajouté un clocheton. Le chœur roman, fort bien restauré, comprend une abside et deux absidioles. La messe y est chantée en basque. À noter, dans le cimetière, de belles **stèles discoïdales**.

- Le bourg lui-même compte plusieurs **maisons médiévales** anciennes. Deux pantières (filets pour capturer les palombes) sont encore visibles aux alentours.

■ Camou

De Mauléon, prendre la D 918 en direction de Tardets, puis à droite la D 149.

L'**église romane** de ce village plein de charme abrite un beau christ du XVe s. et un retable en bois doré.

- Les eaux chlorurées et sodiques de la source thermale du Guéssala attirèrent à une époque les rhumatisants, mais sa célébrité lui vient plutôt des grottes souterraines creusées par les rivières dans le sous-sol calcaire.
- La **grotte Etcheberriko Karbia** recèle de rares peintures rupestres préhistoriques (ne se visite pas) représentant des chevaux et des bisons, et la **grotte Bijou**, de belles concrétions calcaires ; le **gouffre de Bechanka**, quant à lui, attire les spéléologues.

■ Trois-Villes

Revenir sur la D 918 en direction de Tardets.

Ce nom vient probablement de trois villas romaines qui ont constitué le territoire du village actuel.

Le **château du comte de Tréville** est une jolie demeure classique construite entre 1660 et 1663 pour le comte de Tréville, capitaine des mousquetaires du roi, sur des plans de Mansart. Les descendants furent gouverneurs du pays de Soule et conservèrent le château jusqu'en 1912. On ajouta au parc à l'anglaise du XIXe s. un jardin à la française en 1925.

Vis. guidées en avr., mai, juil. et sept. w.-e. et lun. de 14 h 30 à 18 h 30 ; en août lun. de 10 h 30 à 12 h 30. F. en juin. ☏ 05 59 28 54 01.

■ Tardets

Office de tourisme : place centrale. ☏ 05 59 28 51 28.

À 13 km au sud de Mauléon par la D 918.

Cette ancienne bastide fut fondée en 1289 sur un site déjà occupé par une enceinte préhistorique. Elle en a gardé le plan d'origine, avec une place centrale accueillant les marchés, bordée de **maisons à arcades** du XVIIe s. Le fronton de pelote de la ville est particulièrement agréable, de même que les berges du Saison dont les maisons sont précédées de galeries de bois.

■ Excursions à partir de Tardets

Sortir de Tardets par la D 347 vers Barcus.

La **chapelle de la Madeleine** s'élève à 795 m d'altitude sur le site d'une enceinte protohistorique dont on voit encore les contours. Elle fut érigée à la place d'un ancien temple païen – elle a d'ailleurs conservé un autel antique portant des inscriptions en latin, qui évoqueraient une ancienne divinité vasconne peut-être apparentée au bouc. Elle offre un extraordinaire panorama sur la Soule et les Pyrénées.

Reprendre la route vers Barcus.

Les vues splendides se succèdent ; on croise de nombreuses fermes isolées où l'on peut acheter du fromage de brebis – avec en prime le son paisible des cloches des troupeaux… Ici et là, on peut voir des palombières.

- Au sud-ouest de Tardets, en prenant la D 247 en direction d'Alçay, on peut rejoindre la **forêt des Arbailles**, ou parcourir à pied la ravissante **vallée de l'Aphoura**, riche en truites (un chemin la suit à partir d'Alçay).
- En continuant vers Lacarry, on peut monter vers le **massif du Salhagagne**. En chemin, les hameaux ont tous leur petite église romane avec leur cimetière et leurs stèles discoïdales.

Enfin, en quittant la D 918 au sud de Tardets, prendre la petite D 57 vers Lichans et Etchebar.

À partir du fronton d'Etchebar, un circuit pédestre *(voir la brochure « Sentiers d'Émilie en Pays basque »)* permet de faire le **tour du mont Etchebar** en 2 h 30, à travers des paysages pleins de charme.

- Avant de repartir, on fera étape à **Licq-Athérey** où l'on découvrira et dégustera deux bières de haute Soule, l'une ambrée, l'autre blanche.

▲ *Avec son clocher-calvaire du XVIe s., l'église de Gotein est typique de la Soule. Elle abrite un retable en bois doré du XVIIIe s., un bénitier Louis XIII et une jolie Vierge berçant l'Enfant Jésus. À 3,5 km au sud de Mauléon sur la route de Tardets.*

Chaque année à Tardets, dans le cadre des foires artisanales, marché aux fromages le jeudi suivant le 15 août.

Bonnes adresses

Hôtel-restaurant du Pont-d'Abense, Abense-de-Haut. ☏ 05 59 28 54 60. Petit hôtel au charme d'antan, avec agréable terrasse sous la tonnelle. Jolies chambres, dont deux, très agréables, avec grand balcon. Prix doux.

Brasserie Akerbeltz, Licq-Athérey. ☏ 05 59 28 64 56. Visite des installations de brassage, suivies d'une dégustation. Des bières étonnamment réussies. L'ambrée a même obtenu la médaille de bronze au Salon de l'agriculture 2003.

Pour planifier vos randonnées en Soule, procurez-vous la carte « Sentiers de Soule » à l'office de tourisme, ou encore le guide du même nom, plus étoffé.

◄ *Le château du comte de Tréville.*

Vers le massif des Arbailles

CARTE P. 173

Moins célèbre et moins vaste que celle d'Iraty, la forêt des Arbailles se révèle plus magique, avec ses troncs noueux, ses gouffres et ses sources, son atmosphère irréelle… C'est le berceau des légendes souletines, le pays du Basajaunak et des laminaks…

▲ *L'église d'Aussurucq est surmontée d'un clocher-calvaire typique de la Soule.*

Contes et légendes de la forêt

Le Basajaunak est un génie sauvage de la forêt, amateur de jeunes filles mais protégeant les troupeaux et aidant les agriculteurs. De nombreux contes le mettent en scène, un peu à l'image des histoires de géants bienveillants. Herensüge est un énorme serpent à trois têtes qui se nourrit du bétail laissé en montagne. Mari (ou Maïa), déesse du tonnerre, de la pluie et des sources, règne sur le monde souterrain. Les laminaks sont d'adorables génies féminins aux pieds palmés, qui vivent dans des grottes près des sources et sont fort serviables, construisant un peu partout, en une seule nuit, ponts, châteaux ou églises. Pour les voir, il faut les surprendre le soir quand elles se coiffent près des sources.

■ Sur la route de la forêt

De Mauléon, prendre la D 147 vers le sud.

On traverse de nombreux villages paysans, paisibles et verdoyants, pimentés de jolies églises typiques avec clochers trinitaires et toitures de bardeaux, galeries de bois et retables baroques, notamment à **Idaux** ou à **Mendy**.

- Le pittoresque village d'**Aussurucq**, massé autour de son église, est dominé par la silhouette massive du château de Ruthie et de ses deux tours du XVe s.

■ Le massif des Arbailles

Cette large formation calcaire est délimitée par le Saison, la Bidouze et le Laurhibar. Rivières et torrents ont creusé progressivement gouffres et crevasses, et sculpté les falaises.

- Le massif se partage en deux zones : la forêt des Arbailles et un vaste plateau herbeux déchiré d'affleurements calcaires, au-dessus de 900 m d'altitude. Passé Aussurucq, la route devient étroite et escarpée, offrant des points de vue sur des pentes vertigineuses. Elle traverse la **forêt des Arbailles** avant d'arriver sur les pâturages du plateau d'Ahusquy, autrefois fief d'été des bergers.

- La **source d'Ahusquy** *(30 mn à pied en montant derrière l'auberge)* a la réputation de guérir toutes sortes de maladies. En fait, elle est simplement diurétique. Elle jaillit à 1 075 m d'altitude, tout près du sommet du **mont Bohokortia** (1 214 m) d'où la vue sur les pics d'Orhy (2 017 m) et d'Anie (2 504 m) est époustouflante ; au premier plan, le pic des Escaliers (1 472 m). Le plateau marque la ligne de partage des eaux du Saison, de la Bidouze et de la Nive. C'est aussi le domaine des cayolars, ces petites maisons de montagne qui abritent les bergers lors de l'estive. Autrefois, ils y fabriquaient le fromage sur place.

- Pour découvrir la **forêt des Arbailles**, deux sentiers sont possibles à partir du plateau d'Ahusquy. Tout comme la forêt d'Iraty voisine, celle des Arbailles est une hêtraie primitive, mais les troncs sont ici plus tourmentés, le relief plus torturé et plus accidenté, les brumes fréquentes. De nombreux dolmens et tombes mégalithiques jonchent les sous-bois. Le charme qui s'en dégage a donné naissance à de nombreuses légendes.

Danses et pastorales

La Soule est souvent présentée comme le conservatoire de la culture basque en raison des traditions qui y perdurent, inchangées depuis des siècles. La pastorale, typique de cette région, est l'un des héritages les plus originaux de la culture médiévale basque.

■ La danse des maîtres

On prend l'art de la danse très au sérieux au Pays basque. En Soule, on pratique la « danse savante », aux pas et mouvements très précis appelés « points de principe », qui seraient inspirés des anciens ballets français. Naturellement entraînés à la danse, les Basques se voyaient souvent confier le poste de maître à danser quand ils s'enrôlaient dans l'armée. De retour au pays, ils rapportaient les nouveaux pas français. Dans les campagnes et les montagnes reculées, la danse était souvent le seul passe-temps. Les bergers s'entraînaient entre eux, puis s'affrontaient en contestes entre villages. Chacun échangeait alors de nouveaux « points » avec les habitants des villages voisins.

■ Un théâtre paysan

C'est au XVe s. qu'apparaît la pastorale, survivance des théâtres populaires du Moyen Âge. Tous les ans, chaque village ou presque organise une pastorale ou une pièce de théâtre en plein air. Tout le monde se mobilise, soit pour la création artistique et littéraire (écriture et mise en musique), soit pour le jeu lui-même, qui implique récitants, chanteurs et danseurs, soit pour la réalisation des costumes ou des décors. La scène est très simple, dressée en pleine nature, encadrée de simples rideaux blancs ornés de verdure. La pastorale tient un rôle majeur pour la survie de la culture traditionnelle ; les villageois y travaillent souvent durant plus de six mois, pour seulement deux représentations.

■ Divin et malin

Le scénario s'inspire du sacré et de la vie rurale, mais le fond de l'histoire reste le même : il oppose les bons et les méchants, le monde de Dieu et celui du diable. Des bergers, des paysans, des seigneurs, des saints sont mis en scène pour exprimer cette lutte du bien contre le mal. Au fond de la scène, une estrade accueille les musiciens. Bons et méchants ont des entrées séparées et se distinguent par la couleur de leurs costumes ; leurs mouvements aussi traduisent cette opposition : lents et sereins pour les bons, saccadés pour les méchants, rageurs pour les démons. Le texte n'est pas dit mais chanté en une sorte de mélopée.

▲ *Mascarades ou pastorales, la danse fait partie intégrante de toutes les fêtes souletines.*

La haute Soule

CARTE P. 173
Office de tourisme de Soule :
☏ 05 59 28 51 28.

Paradis des randonneurs et des amoureux de la montagne, la plus spectaculaire et la plus montagneuse partie du Pays basque du nord s'enorgueillit de gorges impressionnantes, de pics acérés et d'épaisses forêts. Au sud de Tardets, la vallée se partage en deux branches, le Val Dextre vers Iraty et le Val Senestre vers Sainte-Engrâce.

■ Les gorges d'Holçarté

À Tardets, prendre la D 26 vers le sud en direction de Larrau. Au lieu-dit Laugibar, marqué par une auberge, un panneau annonce le départ pour les gorges, sur l'ancien tracé du GR 10. Compter 5 h pour la randonnée complète. Sentier caillouteux et glissant par temps humide.

On monte peu à peu sur le versant d'une gorge boisée jusqu'au confluent spectaculaire de deux profonds canyons taillés dans le calcaire par le cours de deux rivières, l'Olhadubi et l'Olhado. Les parois atteignent par endroits 300 m de haut. Au bout de 45 mn, on arrive à une passerelle impressionnante, accrochée à 180 m au-dessus du vide. On peut poursuivre le long du GR 10 (balises rouge et blanche) en amont du canyon d'Olhadubi jusqu'à un pont, puis revenir par la ligne de crête.

■ Larrau

À 17 km environ au sud de Tardets par la D 26.

Sur la route des transhumants vers l'Espagne, ce village tient son nom d'un mot basque désignant la lande de pâturage. L'architecture du village est typique de la Soule, avec ses toits d'ardoises bien pentus massés autour de l'église.

- Du temps des pèlerins, un hôpital y accueillait les voyageurs en route vers la Navarre, qui allaient s'engager dans les vallées de Roncal ou de Salazar. La route qui part vers l'Espagne et vers le **col d'Erroymendi** est superbe; elle longe le versant nord du **pic d'Orhy**. On est ici en pays de chasse à la palombe, comme l'attestent les nombreuses cabanes. Au mois d'octobre, les chasseurs envahissent les environs et les randonneurs sont priés d'être très prudents.

Bonne adresse
à Larrau

Hôtel Etchémaïté. **☏ 05 59 28 61 45. www.hotel.etchemaite.fr.** **Cuisine chaleureuse et atmosphère conviviale pour cette jolie auberge de village. Petits prix et situation idéale pour les randonneurs.**

▼ *Les gorges de Kakouetta.*

■ Les Chalets-d'Iraty

À 13 km à l'ouest de Larrau par la D 19.

Cette petite station de ski de fond est un excellent point de départ de randonnées vers la forêt d'Iraty et les crêtes environnantes. Le **GR 10** y passe et s'y sépare en deux variantes.

- Vers l'ouest, il rejoint le plateau d'Iraty; vers le nord, il contourne et franchit en 4 h la crête du pic des Escaliers, revenant par un sentier forestier. Au sud-est, une variante mène au **col d'Ogambidexka**, l'un des principaux points de franchissement des Pyrénées par les oiseaux migrateurs. Entre mi-juillet et mi-novembre, on y observe des milliers d'oiseaux, dont les palombes, mais aussi des cigognes ou des grues… Ornithologues et chasseurs se disputent ce site emblématique; au mois d'octobre, la tension est palpable. La manne financière que rapportent les chasseurs se voit aux pistes carrossables aménagées pour desservir les cabanes de tir.

■ Les gorges de Kakouetta

Reprendre la route de Tardets. 8 km après Larrau, bifurquer à droite sur la D 113 vers Sainte-Engrâce. Les gorges sont indiquées.

Comme la balade est très populaire, on préférera la faire dès le matin, sous peine d'encombrement sur les étroites passerelles. Compter 2 h, prévoir de bonnes chaussures : le terrain est glissant par endroits.

- À la différence de tous les autres, on découvre ce canyon vertigineux par le fond. Des passerelles métalliques ont été accrochées au flanc de la falaise. On se faufile parfois entre des parois distantes de moins de 5 m, entre des murailles de quelque 300 m, jusqu'à une cascade dégringolant de la falaise (une partie du sentier passe même derrière la cascade) et une grotte.

■ Sainte-Engrâce

À 20 km au sud de Tardets par la D 26 puis la D 113.

Au centre d'un impressionnant cirque montagneux, après des kilomètres serpentant entre les versants, voici sans doute l'un des plus beaux villages souletins, composé d'une centaine de fermes piquées sur leurs terres.

- Très isolée au fond de son vallon, Sainte-Engrâce a gardé une inestimable **église romane** du XIIe s., à l'asymétrie très originale. Elle appartenait au monastère navarrais de Leyre. C'est à l'intérieur que se trouve le principal intérêt avec des chapiteaux sculptés d'une naïveté très émouvante.

- Parmi eux, à droite du chœur, on notera la rencontre de Salomon avec la reine de Saba : il la tient sur ses genoux et l'embrasse devant un étrange éléphant…

- La chaire en bois polychrome, la belle grille de chœur en fer forgé et les retables baroques *(prévoir de la monnaie pour la lumière et les très beaux chœurs basques)* valent aussi le coup d'œil. Enfin, le cimetière contient quelques **stèles discoïdales**.

▲ *Le décor polychrome de l'église de Sainte-Engrâce mérite à lui seul le détour. Les chapiteaux sont ornés de scènes bibliques aux décors moyenâgeux.*

Moins connues que leurs voisines, les **gorges d'Ehujarre**, aux abords de Sainte-Engrâce, sont également spectaculaires, profondes de 300 à 500 m. La randonnée se fait au départ de la ferme Ibarborda, au sud du quartier de Senta *(compter 6 h pour le tour complet)*.

La transhumance

En Soule plus qu'ailleurs, la transhumance est obligatoire, car les exploitations de la vallée sont très petites (18 ha en moyenne). Pour ne pas compromettre les réserves de l'hiver, dès les beaux jours, les bergers mènent les troupeaux sur les pâturages d'altitude. Là-haut, les terres sont indivises, et la règle est d'attribuer à chaque ferme une « part de cayolar », ou droit de pacage variable selon l'importance du troupeau. L'unité de calcul est le txotx, qui correspond à quatre-vingts brebis.

Le fromage de brebis

▲ *Les marchés offrent généralement de beaux étals… C'est l'occasion de se laisser tenter, et de goûter les différentes variétés.*

Autrefois fabriqué directement sur les alpages par les bergers, le fromage de brebis est désormais le plus souvent élaboré dans les fermes des vallées, dans les fromageries artisanales ou les laiteries industrielles. En Pays basque du nord, l'AOC Ossau-Iraty se découvre le long de la route du fromage que l'on peut suivre d'Itxassou jusqu'à Arette, en passant par Saint-Étienne-de-Baïgorry et de nombreux chemins de montagne…

■ Les brebis

D'un bout à l'autre du Pays basque et en partant vers le Béarn, les races de brebis diffèrent. Dans les collines, on trouve surtout la manech à tête rousse, petite et sans cornes. La manech à tête noire (et aux longues cornes), la plus emblématique, s'adapte mieux à la rudesse des montagnes. Vers le Béarn, on privilégie la basco-béarnaise, plus grande et aux cornes imposantes. La nature de l'alimentation joue un rôle prépondérant; la qualité des pâtures estivales dans les alpages donne ainsi un lait beaucoup plus parfumé.

■ La fabrication

Les brebis sont traites deux fois par jour; le lait est ensuite filtré, puis chauffé jusqu'à 30 °C dans un récipient de cuivre. On lui ajoute alors de la présure pour le faire cailler; cette opération dure environ une heure. Une fois solidifié, on brise le caillé pour qu'il s'égoutte plus facilement, on le chauffe et on le brasse pour bien séparer le petit-lait des morceaux de caillé. Après un temps de repos d'une heure, les morceaux sont rassemblés en évitant d'emprisonner de l'air ou de faire des plis, puis pressés et tassés fortement dans un moule percé, d'où le petit-lait achèvera de s'écouler.

Une fois démoulé, le fromage est salé dans une saumure qui le conserve et accentue son goût, puis mis à affiner (ou sécher) dans des caves humides sur des étagères. Tous les jours durant les vingt premiers jours, on le retourne et on le brosse – un peu moins souvent ensuite. Pour les fromages de 2 à 3 kg, l'affinage dure au moins deux mois, et jusqu'à trois mois pour les plus gros (4 à 5 kg), typiques du Béarn. Avec le temps, la croûte ira du jaune pâle à l'orangé puis au gris cendré.

▲ *La Soule demeure une terre d'élevage et de pâturage.*

Le Barétous

CARTE P. 173

Cette vallée voisine de la Soule appartient déjà au Béarn. Pourtant, elle se rapproche d'elle à bien des égards et partage également avec les vallées basques espagnoles de nombreuses coutumes. Elle est vouée au pastoralisme et a conservé de beaux villages, malgré le tremblement de terre de 1967.

■ Arette

À 15 km de Tardets par la D 918.

L'**église** a conservé son portail baroque de 1693 et son magnifique retable du XVIIe s. à compartiments peints. Les vitraux modernes sont l'œuvre de Paul Ambille.

- Au sud de l'église, le **château** du XVIIe s. possède une haute toiture d'ardoises avec des lucarnes à fronton, ainsi qu'un pigeonnier.
- Dans le village, la **maison du Barétous** propose une exposition permanente qui permet de mieux comprendre la vie pastorale, les rythmes de la montagne. Des documents évoquent la Junte de Roncal, l'un des plus vieux traités d'Europe (1375) qui lie le Barétous à la vallée de Roncal en Navarre.

▲ *L'église d'Arette possède un imposant retable composé de plusieurs panneaux.*

■ La Pierre-Saint-Martin

À 22 km d'Arette par la D 132.

D'Arette à la Pierre-Saint-Martin, la route monte en lacets, passe dans les sous-bois et dégage des vues splendides. Elle conduit à la station de sports d'hiver d'**Arette-la-Pierre-Saint-Martin** (1 640 m) d'où partent de belles **randonnées**.

- Plusieurs sentiers balisés s'y croisent, notamment une variante du **GR 10** qui permet de rejoindre Sainte-Engrâce vers l'ouest en 4 h 30 après une longue descente en forêt. Le tracé principal mène au **col de la Pierre-Saint-Martin** (1 760 m) en 45 mn, d'où un sentier de haute montagne conduit au **pic d'Anie** (2 504 m).
- On peut aussi rejoindre le col de la Pierre-Saint-Martin en faisant une incursion en Espagne : de Larrau, suivre la D 26 puis la NA 140 vers Isaba. De là, on remonte vers le col par la NA 137. Ce trajet permet de découvrir la vallée de Roncal, en Navarre *(parcours total de 65 km environ)*. **La Pierre-Saint-Martin** est la borne frontière où se retrouvaient chaque année les habitants des deux vallées communicantes, conformément au traité *(→ p. 215)*.
- On peut rejoindre Oloron par la route de la vallée : au col de Labays (1 597 m), prendre à droite sur la D 441 qui descend à travers la forêt, le long du gave de Lourdios.

Le gouffre de la Pierre-Saint-Martin

Découvert en 1950, ce réseau souterrain immense se situe à cheval sur la frontière franco-espagnole. Plus de 35 km de galeries sont exploités, sillonnant les 400 m d'épaisseur du massif calcaire de la Pierre-Saint-Martin. Ces galeries sont creusées par l'eau qui y forme des rivières avant de ressurgir dans les gorges environnantes.

Oloron-Sainte-Marie

Au débouché du Barétous, Oloron-Sainte-Marie est une petite ville béarnaise du piémont pyrénéen. Son lacis de ruelles et ses placettes lui donnent un air de ville espagnole. Étape majeure sur les routes de Compostelle, elle s'est trouvée de fait liée au Pays basque et s'accommode fort bien de sa double identité basco-béarnaise. Ses liens commerciaux très anciens avec l'Espagne ont marqué son essor et son architecture.

CARTE P. 173

À 28 km de Mauléon par la D 918 puis la D 919, ou à 31 km par la D 24.

Office de tourisme : allées du Comte-de-Tréville. ☏ 05 59 39 98 00. www.ot-oloron-ste-marie.fr

Une ville commerçante

Sa situation au confluent des gaves d'Ossau et d'Aspe, qui deviennent ici le gave d'Oloron, en a fait un site privilégié depuis des millénaires.

Elle renaît au XIe s., en deux parties distinctes. Sur la butte, à la place de l'ancien oppidum, le vicomte de Béarn crée Oloron et concède aux habitants des privilèges inspirés des *fueros* espagnols. Dans la plaine, un évêque fonde Sainte-Marie, une nouvelle localité placée sur les routes du pèlerinage de Compostelle. Les deux parties vont se développer parallèlement : Sainte-Marie est la ville épiscopale qui draine l'argent grâce au passage des jacquets ; Oloron, la ville commerciale et administrative où se tiennent les marchés et les foires. Chacune possède son église et s'entoure de faubourgs. Au Moyen Âge, pendant deux semaines, début mai et début septembre, acheteurs et vendeurs venus de Navarre et d'Aragon se pressent aux foires. Le passage des troupeaux transhumants et la richesse agricole de la plaine environnante orientent naturellement la ville vers le commerce du bétail et de la laine.

Les échanges avec l'Espagne sont de plus en plus importants ; sous l'égide du roi de Navarre Henri II d'Albret, le travail de la laine va prendre son envol. L'Espagne puis les Amériques constituent un débouché de choix pour tous ces produits manufacturés, qui se diversifient peu à peu au fil des siècles : draps de laine, couvertures, tissages de lin, ceintures et sandales de cuir, bérets, sans oublier le chocolat… Mais la fin du XVIIIe s. et le XIXe s. marquent le déclin progressif de l'influence de la ville. Pau prend de plus en plus d'ampleur, et la centralisation tient Oloron et Sainte-Marie à l'écart. Cette dernière perd le siège épiscopal au profit de Bayonne. Le chemin de fer n'arrive qu'en 1883, avec un retard suffisant pour que les industries en souffrent. Les bérets et coiffures militaires, le linge basque, les chocolats et les confiseries sont les derniers témoins des activités traditionnelles.

INCONTOURNABLES

▷ Le quartier Sainte-Marie

Installé sur une terrasse, ce quartier correspond à l'ancien bourg développé par les évêques.

■ La cathédrale Sainte-Marie

PLAN A2

De la première période de travaux, il ne reste que le splendide **portail roman**, exécuté au début du XIIe s. Au XIIIe s., on lui a ajouté un porche qui l'a protégé des

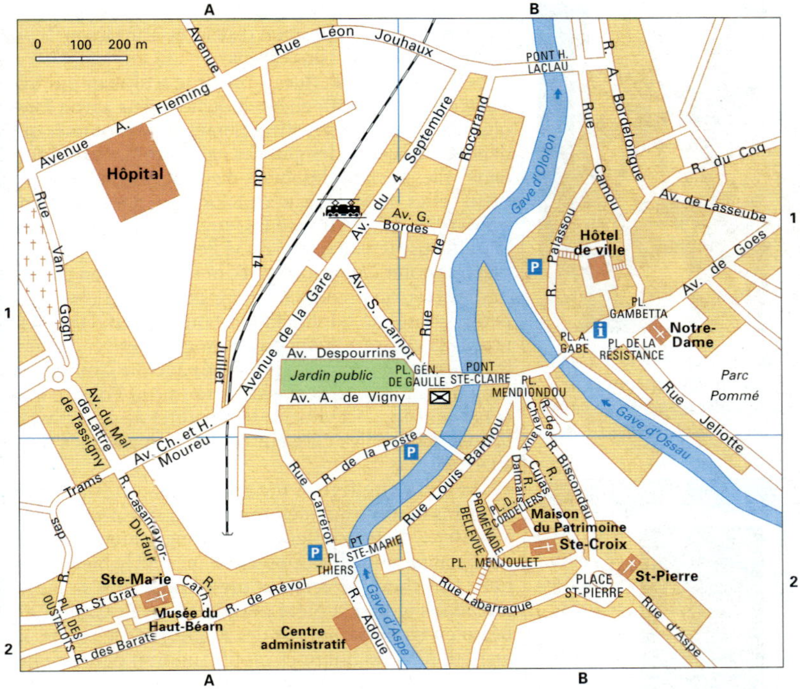

intempéries. Une double voussure encadre le tympan, lui-même séparé en deux tympanons surmontant chacune des deux portes. On remarque d'abord la différence de facture et de matériau entre le tympan et les voussures.

- Le tympan, le trumeau et les portes ont été sculptés entre 1120 et 1130 dans un marbre blanc. L'artiste s'est sans aucun doute inspiré des arts mineurs de l'époque carolingienne – on reconnaît en effet ce qui se faisait sur les ivoires ou les miniatures des reliquaires. Au **tympan**, la Descente de croix est un thème fréquemment traité en Espagne et dans le Midi de la France, mais unique en Béarn. On notera le réalisme de la scène : arc-bouté par l'effort, Joseph d'Arimathie soutient le corps du Christ, que Nicodème achève de déclouer. Marie, entourée de l'apôtre Jean et d'une sainte femme, tient la main de son fils. Parmi les détails évocateurs du style, la croix pattée à cabochons rappelle les pièces d'orfèvrerie, et les touffes d'herbe sont stylisées.

- Les tympanons ont souffert de leur piètre restauration au XIXe s. ; ils figurent à gauche Daniel dans la fosse aux lions, à droite l'ascension d'Alexandre.

Oloron est une ville animée, qui accueille de nombreuses manifestations. Parmi elles : le 1er mai, **foire ancestrale** (exposition et concours de bétail), avec chants et danses ; le 1er vendredi de septembre, **foire gastronomique** ; début juillet, **festival de jazz** ; début août les années paires, **festival folklorique international des Pyrénées** (les années impaires, à Jaca en Espagne), ambiance assurée !

▲ *Au Moyen Âge, tous les moyens étaient bons pour dissuader les fidèles de goûter aux affres de l'enfer…*

La capitale du béret

À partir de 1646, Oloron se lance dans la fabrication à grande échelle du béret. C'est d'ici que proviennent d'ailleurs les derniers bérets fabriqués dans la région… Le célèbre béret basque est donc bien béarnais. Fabriqué en laine bien feutrée, il est d'une solidité à toute épreuve, imperméable et chaud. Jadis bonnet des bergers dans la montagne, il était tricoté à la main ; on lui donnait sa forme sur le genou pour l'arrondir en galette avant de le laver dans l'eau tiède. Enfin, on le martelait et on le foulait pour le feutrer. Les santons de la crèche de Sainte-Marie en sont coiffés, attestant ainsi le fait qu'on le portait déjà au XVIIe s.

- Le **trumeau** de marbre est constitué de deux personnages enchaînés en position d'atlantes, dans lesquels on voyait jadis les Sarrasins captifs.
- Les **voussures** sont dues à un autre sculpteur qui travailla vers 1140-1150 ; elles témoignent d'un savoir-faire plus abouti et d'une meilleure maîtrise des volumes qui dénote l'influence des grandes églises romanes d'Aquitaine (elles aussi sur les routes de Compostelle), notamment celles de Moissac et de Saintonge. En haut, symbolisant le ciel, on trouve les vingt-quatre vieillards de l'Apocalypse tenant à la main violes et vases de parfum, prêts à adorer l'Agneau ressuscité représenté au centre. Au-dessous, on prendra le temps de détailler toutes les petites scènes du quotidien local qui figurent la vie terrestre : la chasse à l'ours ou au sanglier, les vendanges, le dépeçage du cochon, le découpage du jambon, la préparation d'un festin avec le saumon, l'oie, le fromage, le pain… La vivacité et le naturel de ces activités toutes matérielles classent ce portail parmi les plus attachants.
- À la clef, une figure monstrueuse croquant des humains rappelle au fidèle oublieux que le péché mène à l'enfer… Pour souligner cet enseignement capital, deux statues en saillie opposent d'un côté le bien victorieux (un chevalier écrasant un homme sous sa monture, dans lequel la piété populaire voyait Gaston de Béarn en croisé vainqueur des Arabes) et, de l'autre, le mal qui tient les hommes captifs (un lion dévorant un malheureux pécheur). Détail pittoresque : au XIXe s., des restaurateurs zélés, jugeant les yeux des sculptures trop gros et un peu vides, y incrustèrent des pupilles en verre bicolore !
- L'intérieur de l'édifice est plus composite, mélange de gothique du XIIIe et du XIVe s. La nef est encadrée de collatéraux bordés de chapelles ; le **chevet** à déambulatoire et chapelles rayonnantes est unique en Béarn.
- Les **chapiteaux** sont ornés de scènes de chasse, de têtes ou de monstres. On ne manquera pas la tribune d'orgues (1650), la chaire sculptée (XVIIIe s.), sans oublier deux bustes-reliquaires, des panneaux en bas-relief en bois polychrome ; la sacristie abrite un somptueux trésor d'ornements sacerdotaux. Le bénitier est formé d'un chapiteau remployé décoré d'une scène animalière de poursuite.

■ Autour de la cathédrale

Vers l'ouest s'étendait le faubourg des artisans, sandaliers et métiers du bois. À l'est de l'église, on verra des maisons anciennes, parfois très restaurées, qui auraient été celles des chanoines. La rue de Révol, en pente, mène au **pont Sainte-Marie** qui enjambe le **gave d'Aspe** et offre un point de vue sur les Pyrénées. Le long du gave sont alignées de belles demeures de négociants.

▷ Le quartier Sainte-Croix

PLAN B2

Une ville forte médiévale

De l'autre côté du pont Sainte-Marie s'étend la partie haute du bourg primitif, véritable forteresse flanquée de ses deux faubourgs, au nord et au sud. À voir les ruelles en pente et les escaliers, on comprend que la vieille ville, difficile d'accès, ait décliné. Elle n'en a pas moins gardé tout son charme. À l'ouest de la vieille ville, la **promenade Bellevue** offre une vue unique sur Sainte-Marie, les Pyrénées et le pic d'Anie au fond. **Sainte-Croix** est le plus beau monument du quartier.

■ L'église Sainte-Croix

Ce nom était communément attribué aux églises évoquant les croisades, souvent fondées autour de reliques rapportées de Jérusalem.

- Bâtie au XIIe s., elle s'inscrit tout à fait dans le style roman méridional français, d'apparence austère et solide. Le porche, creusé en coquille, est très peu décoré ; des représentations symboliques sont encore visibles : à gauche la Damnation, à droite la Vie éternelle.
- Tout l'intérêt réside dans la conception intérieure. À la croisée du transept, la **coupole** de plan octogonal repose sur quatre trompes d'angle à coquilles Saint-Jacques (représentées en trompe-l'œil). Ses nervures en étoile à huit branches rappellent celles de L'Hôpital-Saint-Blaise, et l'art hispano-arabe de la mosquée de Cordoue.
- Dans l'abside, les **chapiteaux sculptés** sont ornés de scènes bibliques : Adam et Ève, l'Adoration des mages, le baptême de Jésus, la tentation au désert, la danse de Salomé devant Hérode, la décollation de Jean Baptiste. Sur les fenêtres hautes sont sculptés des motifs profanes ou mythologiques.
- Le bras nord du transept conserve un beau **retable** baroque en bois doré (début XVIIIe s.).

Bonnes adresses

Les Montgolfières du sud, 40, rue Adoue. ☎ 05 59 36 18 28. Plusieurs ballons vous invitent à découvrir le Béarn du ciel... Vols « découverte des Pyrénées », toute l'année sur réservation et suivant les conditions météorologiques. Durée du vol : de 1 h à 1 h 30.

Fabrique de bérets *Béatex*, rue Rocgrand. ☎ 05 59 39 12 07. www.beatex.fr. Visites de l'usine organisées en été, renseignements à l'office de tourisme d'Oloron.

***Domaine de Pédelaborde*,** Poey-d'Oloron. ☎ 05 59 39 59 93. À une dizaine de kilomètres au nord-ouest d'Oloron, ces chambres d'hôtes offrent tout ce qu'il faut pour un séjour de rêve. Décor réussi, cuisine excellente (la maison est spécialisée dans le foie gras), piscine et prix raisonnables.

◄ *Certains chapiteaux de l'église Sainte-Croix évoquent un art primitif.*

▼ *Le pont sur le gave d'Ossau, autrefois étroit et fortifié, fut reconstruit – et donc élargi – entre 1828 et 1832.*

■ Flânerie dans la vieille ville

Avant de redescendre vers les rivières, on pourra se perdre dans les ruelles de la vieille ville.

- Les vestiges des **remparts d'Oloron** sont du milieu du XIIIe s.

- À l'angle de la place des Cordeliers, la **tour de Grède** date du début du XIVe s. La façade affiche des baies géminées, des restes de gargouilles et d'oculus.

- La rue Dalmais vaut pour ses belles maisons anciennes. Au n° 52, l'hôtel Lostal (XVIIe s.) abrite la **maison du Patrimoine** où sont exposées, entre autres, les récentes découvertes archéologiques faites dans la région.

Ouv. de juil. à oct. t.l.j. sauf le lun. de 10 h à 12 h 30 et de 15 h à 19 h. ☏ 05 59 36 12 05.

▷ Le quartier Notre-Dame

PLAN B1

Le petit marché

En bas de la vieille ville, de l'autre côté du gave d'Ossau, s'étend l'ancien faubourg du Marcadet (« petit marché »), bâti sur une terrasse particulièrement pentue.

■ La place de la Résistance-Gambetta

Du XVIIe au XIXe s., cette place curieusement triangulaire a vu s'élever des demeures cossues pour les riches négociants. Citons le n° 4, au portail de marbre classique, ou le n° 8 avec ses fenêtres à meneaux.

- Vers le sud-est, le **parc Pommé**, planté d'arbres magnifiques, offre une très belle vue du quartier Sainte-Croix.

▲ *La tour de Grède est un bel exemple d'architecture gothique civile. On pense qu'elle était la « maison forte » du bailli vicomtal au début de la guerre de Cent Ans.*

Revenir sur ses pas, retraverser le gave d'Ossau, puis continuer tout droit pour passer le gave d'Aspe par le pont Sainte-Claire.

- Cette belle arche métallique, d'une portée de 50 m, est l'œuvre de Gustave Eiffel. De là, on a une vue très pittoresque sur l'échelle à saumons et les vieilles maisons à pans d'ardoises qui s'échelonnent le long du gave.

Le linge basque

Tout a commencé par un travail à la main dans les fermes, sur des métiers en bois de conception très artisanale. Puis le linge basque a acquis ses lettres de noblesse… Il demeure aujourd'hui apprécié de province en province.

■ Pour la petite histoire…

Au début du XXe s., la fabrication va se développer et, peu à peu, la production se diversifie. Si les motifs traditionnels sont restés les mêmes, les couleurs et les usages se sont multipliés. Dans les années 1930, puis 1960, le linge basque est à la mode. Certains négociants en ont alors profité pour faire fabriquer moins cher dans les pays peu développés, renonçant au lin en faveur du coton. D'autres ont continué à s'approvisionner en Pays basque ou en Béarn ; parmi les ateliers encore actifs, Jean Vier, à Saint-Jean-de-Luz, utilise le lin, Ona Tiss, à Saint-Palais, tisse coton et lin, et Lartigue, à Oloron-Sainte-Marie, le coton.

■ Le savoir-faire

Autrefois, on ne produisait que des pièces de dimensions modestes. Le fil de trame (la largeur) était passé dans les fils de chaîne (la longueur) à l'aide d'une navette, sorte de sabot de bois sur lequel était enroulé le fil. Les navettes ont disparu, et le passage du fil de trame est mécanisé. Les fils de chaîne se présentent sous forme de gros rouleaux placés sur le métier à tisser ; leur préparation à partir de centaines de bobines est la mission de l'ourdisseuse, qui surveille de près cette étape délicate. Lorsque les rouleaux utilisés sur le métier se terminent, on noue l'extrémité des fils avec le rouleau suivant avant de relancer le tissage. Cela concerne 2 000 à 3 500 fils selon les modèles de tissu. Nouage et tissage sont minutieusement vérifiés afin que le tissu ne présente pas de défauts ou d'irrégularités. Une fois inspecté, il peut partir à la confection où l'on en fera des nappes, serviettes, bavoirs, rideaux et autre linge de maison. À l'origine, le fond était blanc ou bis, parfois délicatement damassé ; les rayures, de largeurs variées, d'une ou deux couleurs. Désormais, les stylistes proposent des fonds gris, ciel, marine, rose, rouge ; les rayures s'agrémentent de motifs en forme de virgules, de damiers, de croix basques…

La confection des chemises se faisait avec les toiles les plus fines ; les plus épaisses décoraient la maison ou étaient utilisées pour les *mantas* des « bœufs couverts ». Après le lavoir, les lessives séchaient en commun ; aussi apparurent des marques de couleur, puis des rayures de largeurs différentes (suivant la richesse de la famille) pour distinguer le linge des différentes maisons.

▲ *Les groupes de sept rayures symbolisent les sept provinces basques.*

Bonne adresse
à Bidos

Tissages Lartigue, 2, avenue Georges-Messier. Depuis 1910, la maison tisse du linge basque garanti d'origine, aujourd'hui diffusé sous la marque Artiga. Ouv. à la visite le mar. de 10 h à 12 h et le jeu. de 14 h à 16 h. ☎ 05 59 39 50 11.

◄ *En été, les fermiers jetaient des* mantas *sur le dos des bœufs. Ces grandes pièces de tissu étaient destinées à les protéger de la chaleur et des insectes.*

Espagne pratique

Formalités

• **Papiers d'identité** – Les déplacements de l'un à l'autre des pays de la CEE sont libres pour ses ressortissants. Mais, comme en France, il faut se munir de sa carte d'identité, du permis de conduire et des papiers du véhicule.

• **Douanes** – Les marchandises circulent désormais librement entre la France et l'Espagne.

• **Santé** – Avant d'organiser votre voyage, retirez le formulaire E 111 auprès de votre caisse primaire d'assurance maladie. Il vous garantira la gratuité des soins si vous êtes malade durant votre séjour.

Se documenter

• **Cartes et plans** – Il est préférable d'acheter les cartes routières avant de partir. La meilleure carte disponible est la carte Michelin n° 573 (País Vasco, Navarra, Rioja), au 1/250 000. Pour la Communauté autonome basque, on peut se procurer la carte *Communidad autónoma vasca*, éditée par Editorial Everest (1/165 000, vendue dans quelques librairies de Bayonne ou de Biarritz et sur place). Des plans très suffisants sont donnés gratuitement dans les offices de tourisme des villes.

• **Brochures** – Les ministères du Tourisme d'Euskadi et de Navarre éditent une série de brochures disponibles en français dans les offices de tourisme locaux. En France, adressez-vous à l'Office national espagnol du tourisme, 43, rue Decamps, 75116 Paris, ☏ 01 45 03 82 50. www.espagne.infotourisme.com. Ce site en français fournit des liens vers les provinces. Pour l'Euskadi, l'offre est très complète (www.euskadi.net), le site est en français et les brochures très bien faites. Adressez-vous à Pariseko Eskual Etxea, la Maison basque de Paris, 59, avenue Gabriel-Péri, 93400 Saint-Ouen (métro Garibaldi), ☏ 01 40 10 11 11. www.eskualetxea. com. Demandez notamment le *Guide des petits hôtels et hébergement en milieu rural*. Pour la Navarre, le site internet est moins performant, avec la plupart des pages en espagnol, mais on peut télécharger une brochure en français (www.cfnavarra.es). Sur place, demandez la carte de Navarre et le *Guía de Alojamientos* (guide de logement).

Y aller

• **En train** – En TGV, on parcourt Paris-Irún en 5 h 15. On peut ensuite prendre une correspondance RENFE (réseau espagnol) vers Pampelune, Vitoria, Bilbao ou Donostia. Renseignements RENFE : 57, rue Chaussée-d'Antin, 75009 Paris, ☏ 01 40 82 63 60. Si vous séjournez dans le Pays basque français, l'EuskoTren relie Hendaye à Donostia en 35 mn et dessert toutes les villes de la côte.

• **En voiture** – Paris-Donostia : 791 km ; Paris-Bilbao : 910 km ; Paris-Vitoria : 909 km ; Paris-Pampelune : 883 km. Depuis la frontière d'Irún, Pampelune est à 75 km, Donostia à 24 km, Bilbao à 110 km et Vitoria à 120 km. L'état des routes et la signalisation sont excellents en Navarre et en Euskadi. Les autoroutes sont à péage et la vitesse y est limitée à 120 km/h (90 km/h sur route normale, 50 km/h en ville). À l'entrée des villes ou des villages, les feux clignotants qui passent au rouge quand vous arrivez vous signalent simplement que vous dépassiez la limite de vitesse. L'essence est nettement moins chère qu'en France.

Se loger

• **Hôtels** – Reconnaissables à leur grand H blanc sur fond bleu, ils sont classés de une (autour de 30 €) à cinq étoiles (plus de 100 €). À confort égal, ils sont plutôt moins chers qu'en France, sauf dans les grandes villes et durant les périodes de fêtes où les prix grimpent très vite. Pour un deux étoiles tout confort, comptez entre 40 et 60 € la chambre double. Dans les régions touristiques, le prix est moins élevé hors saison (oct. à avr.). Les brochures d'hébergement fournies par les offices de tourisme des différentes provinces listent toutes les adresses dûment affiliées (→ *Se documenter*). Voir les sites internet www.hotelesruralesnavarra.es, www.euskadi.net.

• ***Paradores*** – Souvent installés dans des monuments historiques ou des sites splendides, ils garantissent une excellente qualité de service, un confort luxueux et des décors prestigieux, à des prix encore raisonnables (autour de 100 €). Le site www.parador.es permet de visualiser les établissements et de faire sa réservation.

• **Pensions** – *Hostales* ou *pensiones*, elles sont moins chères que les hôtels et plus familiales, avec un confort équivalent aux une, deux, voire trois étoiles. Dans les villes, elles sont très courantes et occupent seulement un ou deux étages d'un immeuble (dans ce cas, on sonne à la porte sur la rue et on s'annonce par l'interphone).

• ***Casas rurales*** – En plein essor, ce mode d'hébergement qui ressemble à nos chambres d'hôtes offre des possibilités de logement en dehors des villes, le plus souvent en pleine nature ou dans de petits villages. La qualité de l'accueil est généralement irréprochable. Les offices de tourisme de Navarre et d'Euskadi publient des recueils de telles adresses (→ *Se documenter*). Les prix y sont modestes (entre 30 et 50 €) et c'est le meilleur moyen pour rencontrer les gens du pays. Pour l'Euskadi, voir l'excellent site www.nekatur.net.

Se restaurer

• **Horaires** – Le déjeuner est en général servi de 13 h 30 à 16 h, le dîner de 21 h à 23 h. Cela est valable pour les repas traditionnels assis. Plus souple, la formule des tapas est aussi plus conviviale. Pratiquement tous les bars en proposent sur leur comptoir, souvent dès 11 h du matin et durant toute la journée.

• **Restaurants traditionnels** – On en trouve de tous les genres, mais la cuisine y est souvent très simple, familiale et copieuse. Le menu du jour, très bon marché, est souvent la seule formule. Pour des repas plus raffinés, les *paradores* offrent un remarquable rapport qualité-prix (menu copieux entre 20 et 25 €). Enfin, pour la nouvelle cuisine basque, très réputée, comptez sur des prix similaires à ceux de France (menus à partir de 30€).

• **Bars à tapas** – On fait sa sélection selon sa faim. Demandez une assiette et commandez une boisson avant d'aller vous asseoir à une table. Si vous consommez d'abord, il vous faudra de toute façon aller choisir vos tapas au comptoir. On paye à l'unité, en général 1,50 € pièce.

Au quotidien

• **Horaires** – Les magasins ouvrent de 9 h à 13 h 30 et de 16 h 30 à 20 h. Les postes ouvrent de 8 h 30 à 20 h, de 9 h à 14 h le samedi. Les églises sont en général ouvertes de 8 h à 12 h 30 ou 13 h et de 16 h 30 à 20 h.

• **Téléphone** – Pour appeler l'Espagne depuis la France et la Belgique : 00 34 + n° du correspondant à 9 chiffres. Pour appeler la France depuis l'Espagne : 00 33 + n° du correspondant à 9 chiffres (sans le 0 initial). Pour la Belgique depuis l'Espagne : 00 32 + n° du correspondant (sans le 0). Pour les appels intérieurs en Espagne, composez les 9 chiffres (les trois premiers forment l'indicatif local). Des cartes prépayées sont en vente dans les bureaux de tabac. On les utilise à l'aide d'un code fourni au dos. Pour certaines, les communications sont nettement moins chères (précisez au buraliste si c'est pour l'international).

• **Argent** – L'Espagne fait partie de la zone euro. Depuis le 1er juillet 2003, les banques ne facturent plus de commissions pour les opérations réalisées à l'aide de la carte de crédit. Celle-ci est donc devenue le moyen idéal de paiement et de retrait d'argent, exactement comme si vous étiez en France.

Les vallées de Navarre

À l'exception de la Bidassoa, la plus occidentale, les vallées navarraises sont sauvages et reculées, bordées de petits villages en crépi blanc et pierres roses, ou d'anciennes hôtelleries de pèlerins. Des versants couverts d'épaisses forêts, de pâturages et de *ventas*, aux collines agricoles, de la vallée de la Bidassoa à celle de Roncal, les paysages varient sans cesse. Chacune de ces vallées a su conserver ses traditions : carnavals colorés, artisanats séculaires et pastoralisme.

◄ *La vallée du Baztán, aux environs de Bertiz.*

La vallée de la Bidassoa

CARTE P. 195
Renseignements touristiques :
→ *p. 192.*

La rivière Bidassoa marque la frontière avec la France dans son parcours le plus océanique. Si la route principale est encombrée de camions entre Behobia et Bera de Bidasoa, plus au sud, elle traverse des paysages sauvages et verdoyants, encore marqués par l'humidité atlantique. Les nombreux torrents en font un paradis pour les pêcheurs de truites et de saumons.

▼ *Maison traditionnelle à Bera de Bidasoa.*

■ Bera de Bidasoa

Prendre la D 4 qui passe au sud-ouest de Sare.

Pour parcourir la vallée, la meilleure solution est de passer la frontière au col de Lizuniaga. La route contourne la Rhune à travers une épaisse forêt. On arrive au bourg de Bera par le haut, entre de belles maisons navarraises fleuries. Le village, situé au confluent de la Bidassoa et de la minuscule Zia, est composé de plusieurs quartiers, le plus pittoresque étant **Alzate**. La ville compte quelques belles demeures, la **maison Itzea**, une église du XVe s. et la mairie (*ayuntamiento*) baroque à arcades et à façade peinte de fresques.

- Il existe plusieurs itinéraires de randonnée : sur le GR 11 vers les Pyrénées ou en direction d'Irún, le long des **gorges d'Endarlaza** *(défilé long de 3 km)*.

■ Lesaka

À 8 km au sud-ouest de Bera sur la N 121A puis la NA 4000.

Ce village navarrais bien conservé, aux ruelles pavées de galets, aligne quelques superbes maisons traditionnelles de pierre et de bois. Deux palais méritent le détour : le **palais de Maritxalar**, le **palais Zabaleta** édifié le long du río. Deux rares tours médiévales du XVe s. – Zabaleta et Minyurinea – servirent de quartier général à Wellington durant les guerres napoléoniennes.

- L'**église Saint-Martin-de-Tours**, du XVIe s., évoque les implantations religieuses françaises sur les chemins de Compostelle. Elle abrite un beau retable baroque.

- En quittant le village en direction d'Oiartzun, on passe le site mégalithique des dolmens d'Agiña et l'ermitage de San Anton avant d'arriver au col d'Artxulegi. De là, une belle randonnée conduit aux **Peñas de Haya**, trois sommets qui marquent la frontière entre la Navarre et le Guipúzcoa.

Chapelet de fêtes et de carnavals

À Lesaka, le carnaval est particulièrement pittoresque, tout comme la fête de la Saint-Firmin qui s'y déroule le 7 juillet. La dernière semaine de janvier, les enfants du village célèbrent Olentzero, le charbonnier légendaire. Autres carnavals très originaux : ceux d'Ituren et de Zubieta ou de Lantz, village situé plus au sud, entre Doneztebe et Pampelune, tous très hauts en couleur !

Etxalar

À 9 km au sud-est de Bera par la N 121A puis la NA 4400.

Sur le versant droit de la Bidassoa, le village d'Etxalar a gardé un style montagnard avec ses habitations typiques et fleuries.

- L'**église**, particulièrement jolie, est entourée d'une pelouse plantée d'anciennes stèles discoïdales sur lesquelles sont inscrits les noms des belles maisons du village. À l'intérieur, elle abrite des retables baroques.
- En remontant vers la France par le **col de Lizarrieta**, des pantières sont tendues entre les arbres : on est ici en terre de chasse à la palombe.

Igantzi et Arantza

Au sud de Lesaka par la NA 4020.

La route qui mène à ces deux hameaux est particulièrement agréable. On se retrouve au cœur de collines verdoyantes et on longe de belles fermes et de ravissantes églises.

- À **Igantzi**, on s'arrêtera devant la maison-tour d'Aranibar.
- **Arantza** est encore plus attrayant. La mairie à arcades est entourée de maisons fleuries recouvertes de crépi immaculé et de parements de pierres rosées.
- En reprenant la vallée de la Bidassoa vers le sud, une petite route mène à **Sunbilla**. Son pont médiéval et ses maisons typiques se reflètent dans une charmante rivière. C'est un haut lieu de la pêche à la truite. Les terres agricoles des environs sont consacrées aux prairies et aux vergers.

Doneztebe

À 21 km au sud de Bera par la N 121A.

Établi au coude de la rivière, ce bourg est l'un des plus harmonieux de la vallée. Il tire en particulier son charme de ses vieilles maisons pittoresques alignées le long de la rue principale et de l'**église San Lorenzo**.

- Aux environs, plusieurs hameaux méritent le détour tels que **Narbarte**, village de montagne formé de belles maisons de pierre. S'il est un paradis pour les pêcheurs, il fut aussi le havre du roi d'Angleterre Édouard VII.
- La petite route vers le sud mène au village de **Donamaría**. On peut y admirer son impressionnante maison-tour médiévale, mi-pierre, mi-bois. Tout autour, de jolies maisons typiques et une église à fin clocher cylindrique qui fait penser à une mosquée.
- En poursuivant la route vers l'ouest, on traverse **Elgorriaga**, **Ituren** et **Zubieta**, villages riches en maisons-palais offrant une grande variété d'architectures navarraises.

Bonnes adresses

Casa rural Alkeberea, Bera de Bidasoa. ☏ 948 63 05 40. La belle ferme traditionnelle d'Isabel Bazterrika propose des chambres d'hôtes tout confort, à 2 km du village, sur la route de France par le col de Lizuniaga. On y parle le français.

Casa rural Agiña, Lesaka. ☏ 948 38 70 57. À 9 km du village, en pleine montagne sur la route d'Oiartzun, belle ferme traditionnelle proposant des chambres confortables. On y parle le français.

▲ *Chaque année, le carnaval d'Ituren est l'occasion de processions costumées sur les routes des alentours.*

À pied ou à vélo

Les cyclistes et amateurs de grande randonnée peuvent découvrir la vallée d'une façon très agréable en suivant l'ancienne voie ferrée de la Bidassoa. Bien aménagée en sentier ponctué de tunnels, elle longe la rive droite de la rivière, de Doneztebe à Endarlatsa, à la frontière avec le Guipúzcoa. Le parcours, bien plus calme que la route, traverse tous les villages. En chemin, on peut observer les écluses et les échelles à poissons.

La vallée du Baztán

CARTE P. 195

Les paysages rappellent ici ceux du Labourd voisin – collines plantées de fougères, fermes et troupeaux de brebis – en raison du climat océanique doux et humide. L'architecture, typiquement navarraise, se distingue toutefois par ses maisons blasonnées, de pierre ocre ou de crépi paré de grès. Le long de la frontière, c'est aussi le pays des *ventas* : ces auberges espagnoles qui vendent à bas prix alcools et cigarettes. Partout, les traditions perdurent durant les fêtes du carnaval et les nombreuses démonstrations de danse. Les dolmens, tumuli et cromlechs témoignent d'une très ancienne présence humaine.

■ Zugarramurdi

À 4 km de la frontière, au sud d'Ainhoa.

Ce village typique hébergeait jadis les paysans qui cultivaient les terres du monastère d'Urdazubi. C'était aussi une région de contrebande. Il y a quatre siècles, les anciennes maisons du village ont abrité des femmes accusées de sorcellerie ; le bourg a entretenu ce souvenir et en a fait un argument touristique.

- La **fête des sorcières**, qui attire une foule considérable, se déroule en juin, la nuit du solstice d'été. Représentations théâtrales, chants et danses reproduisent le sabbat des sorcières. La manifestation a lieu dans la **cueva de las Brujas** (grotte des sorcières). Cette grotte, creusée par le torrent d'Urbia dans le massif calcaire, aurait jadis abrité leurs incantations démoniaques. Bien aménagée, elle se visite sans difficulté malgré une semi-pénombre *(compter 1 h)*. Un sentier pédestre permet de rejoindre les grottes de Sare en 30 mn. Une légende prétend que les cailloux du chemin transmettent la connaissance au marcheur…

▲ *Délicatement posés sur un tapis toujours vert, protégés par la montagne, les villages de la vallée du Baztán profitent d'un climat océanique.*

■ Urdazubi / Urdax

Au sud d'Ainhoa, à 3 km de la frontière par la N 121B.

Ce charmant village planté de palmiers et de platanes est constitué de hautes maisons nobles ornées des blasons typiques de la vallée du Baztán. Massives et cubiques, elles associent le crépi blanc aux parements de pierre rose. À la sortie de ce hameau fleuri, on trouve une église fortifiée et le bief d'un moulin.

- C'est dans ce bourg qu'était établi le **monastère de San Salvador** dont on aperçoit encore les vestiges au flanc de la colline.
- Du village, suivez les panneaux **cuevas de Urdax**

Bonne adresse

Hotel Irigoiena, San Salvador 38, Urdazubi/Urdax. ☏ 948 59 92 67, www.irigoiena.com. Très belle demeure navarraise du XVIIIe s., au calme, au milieu de la verdure. Prix très raisonnables pour un hébergement de charme.

(grottes d'Urdazubi) : un sentier de randonnée en part vers l'ermitage San Esteban et débouche sur les grottes de Zugarramurdi (40 mn), plus connues mais moins spectaculaires et moins bien éclairées.

■ Puerto de Otxondo

À 10 km au sud d'Urdazubi par la N 121B.

En descendant la vallée vers le sud, on atteint le col *(puerto)* d'Otxondo dont le nom signifie « lieu des loups ». La superbe route longe d'épaisses forêts tout en dégageant de vastes panoramas vers le nord-ouest et la Rhune. En bifurquant à gauche, la route monte vers **Gorramendi** à plus de 1 000 m d'altitude : de là, on a une large vue sur toute la vallée vers le sud, notamment au sommet du **pic Gorramakil**. À droite du col d'Otxondo, une petite route sinueuse et sauvage permet de rejoindre l'extrémité sud de la vallée, près du parc Señorio de Bertiz.

■ Amaiur

À 7 km au sud de Puerto de Otxondo en continuant sur la N 121B.

Ce joli hameau, cher aux Navarrais, fut le dernier bastion des défenseurs de l'indépendance de la Navarre contre Charles Quint en 1522. Le long de son unique rue, on admire les différentes architectures des maisons dont certaines s'apparentent à des palais – **maison Arretxea** du XVIe s. ou **maison Borda** du XVIIIe s. Tout comme dans les précédents villages, l'opulence des constructions et les nombreux blasons témoignent de la richesse des habitants suite à la conquête des Amériques. Aux XVIIe et XVIIIe s., nombre de Basques rapportèrent de l'or de leurs expéditions au Nouveau Monde.

■ Vers le col d'Ispéguy / Izpegui

Poursuivre la N 121B vers le sud puis emprunter la NA 2600.

En direction du col d'Ispéguy, on traverse quelques superbes hameaux.
- **Arizkun** est le premier. Sa belle église de style baroque à galeries en arcades renferme une sculpture rare de saint Martin à cheval. À noter, les maisons anciennes séparées par des venelles et le palais Iturraldea avec son avant-toit sculpté. À côté, l'église baroque Nuestra Senora de los Angeles (Notre-Dame-des-Anges) est celle d'un ancien couvent franciscain.

Arizkun compte une fabrique artisanale de liqueurs naturelles qui propose le célèbre vin navarrais, le *txakoli*.
- **Bozate**, un peu plus loin, est tout aussi joli. À l'entrée du hameau, la maison-tour d'Ursua, rouge et carrée, se remarque. L'une des maisons typiquement navarraises, la casa Gorrienea, abrite l'ancien atelier d'une famille de menuisiers et un intérieur traditionnel.

Grottes d'Urdazubi / Urdax
☏ 948 59 92 41. Ouv. de Pâques à nov. de 10 h à 19 h. Le reste de l'année de 15 h à 18 h du mar. au ven. ; de 11 h à 18 h le w.-e. F. le lun.
Grottes de Zugarramurdi
Ouv. de 9 h à 21 h (coucher du soleil en hiver). Fermé le 18 août pour le grand banquet festif de la fête patronale. Fête des sorcières pour le solstice d'été.

▲ *Le parc Señorio de Bertiz recèle plus de cent vingt espèces d'arbres et d'arbustes (→ p. 201).*

Liqueurs des montagnes

Dans la montagne navarraise, on fabrique traditionnellement ses propres liqueurs à la ferme. La plus célèbre est le patxarán, *obtenue après macération des prunelles dans de l'eau-de-vie et de l'anis. Le* patxaka, *qui titre à 25°, est le produit de la macération d'une petite pomme sauvage dans l'anis. Le* sagardoz *est une eau-de-vie de pomme résultant de la distillation du cidre local. À titre indicatif, 12 l de cidre donnent 1 l d'eau-de-vie à 65°, qui doit ensuite vieillir en fût de chêne pendant plusieurs années.*

► *Le cloître de l'église d'Erratzu est envahi de fleurs et de bosquets.*

Bonnes adresses

Casa rural Etxebeltzea, Erratzu. ☏ 948 45 31 57. www.etxebeltzea.com. Chambres tout confort dans une belle demeure navarraise du hameau d'Erratzu. Utilisation gratuite d'une piscine, à 300 m de la maison. Petits prix. On y parle le français.

Ferreteria Quevedo, Santiago 21 et 31, Elizondo. ☏ 948 58 02 34. Deux incroyables échoppes de quincaillerie pour les fans d'ustensiles fermiers artisanaux. De superbes moules à beurre ou à fromage en bois massif, de jolis objets pour les cuisines à l'ancienne ou à détourner pour la déco. Dans la rue principale.

- Quelques mètres encore et un autre hameau adorable se présente, celui d'**Erratzu** où s'enchevêtrent des maisons toutes plus belles et plus colorées les unes que les autres. Le cloître miniature de l'église mérite un arrêt. De lourdes arcades de grès encerclent un jardin enchanteur où se pressent magnolias, roses, hortensias et rhododendrons.

■ Elizondo

À 23,5 km au sud de la frontière par la N 121B.

▲ *La vallée conserve les plus pures traditions navarraises, qui se manifestent à travers la langue, mais aussi dans l'habitat. Ainsi cette ferme aux environs de Mugairi, solide bâtisse de pierre percée de rares ouvertures.*

Construite au bord de la rivière, Elizondo est la capitale de la vallée. Même si de la route nationale le bourg ne dévoile que ses vilaines habitations, le centre mérite le détour. L'homogénéité architecturale et les belles maisons blasonnées le long de plaisantes ruelles ou au bord de la rivière accentuent le charme du village. L'opulence des demeures rappelle que beaucoup d'anciens habitants firent fortune en suivant les expéditions sud-américaines. Aux XVIIe et XVIIIe s., les Navarrais, même au service du roi d'Espagne ou récompensés par des titres et des privilèges, préféraient revenir au pays se faire construire leur petit palais.

- Juste à l'entrée, en venant de France, on découvre le quartier d'**Elbete** avec ses maisons nobles et son adorable église en gros blocs de grès rose.
- La **plaza de los Fueros** aligne les arcades de son palacio de las Gobernadoras (XIVe s.) et de la mairie.
- La massive **église** du XVIe s., dédiée à saint Jacques, a conservé ses escaliers extérieurs destinés à séparer les

◀ *À l'intérieur du parc de Bertiz, un pavillon à la Guimard surgit dans la végétation luxuriante.*

hommes des femmes dans les galeries. Elle abrite un retable représentant le saint.
- Dans les environs, on pourra visiter plusieurs hameaux intéressants, comme **Beartzun**.

Sur la route de Doneztebe

À l'ouest d'Elizondo par la N 121B.

En chemin, on pourra bifurquer vers **Lekaroz**, avec son élégant palais et sa cidrerie.
- Le village médiéval d'**Irurita** a conservé de belles maisons et une place entourée de balcons en fer forgé.
- **Arraioz**, sur la route de Doneztebe, mérite une étape pour sa belle maison-tour médiévale typique de la région. Ses premiers niveaux en pierre et les derniers en bois, couverts d'un toit de tuiles à quatre pentes, forment un genre de pagode.

Le parc Señorio de Bertiz

Ouv. t.l.j. d'avr. à sept. de 10 h à 14 h et de 16 h à 20 h; d'oct. à mars de 10 h à 14 h et de 16 h à 18 h. ☏ 948 59 23 86.

À 9 km à l'ouest d'Elizondo, dans le village d'Oronoz-Mugairi. L'entrée est mal visible, au niveau du grand carrefour, à côté de la station-service.

Ce vaste parc naturel couvre 2 000 ha de montagne et de forêt. Pedro Ciga, avocat épris de voyages, acquit ce domaine en 1898 et y fit bâtir une belle demeure navarraise.
- Les randonneurs sillonneront les pentes boisées à travers la chênaie *(accès possible depuis le col d'Otxondo)*. Les autres monteront au **palais** rose et blanc de don Pedro, curieux assemblage de style rural navarrais et d'apports exotiques inspirés de ses voyages, comme le pavillon chinois ou la chapelle modern style. Autour de la maison, le parc est planté de toutes sortes d'essences exotiques – kakis, ginkgos, araucarias, tulipiers, séquoias. La balade dans la bambouseraie, le long de la pièce d'eau, est particulièrement agréable.

Musée ethnographique du Baztán
Casa Puriosenea, Elizondo.
Ouv. de juin à sept. du mer. au dim. de 11 h à 13 h 30 et de 16 h à 19 h 30; d'oct. à mai uniquement w.-e. et j. fériés. ☏ 948 58 15 17.
Le quotidien de la vie dans la vallée : de l'organisation juridique à la langue, en passant par les costumes, les jeux, les danses, la musique et l'aménagement de la maison. On y apprend aussi les techniques agricoles, fabrication du cidre, utilisation du lait ou du maïs…

Sinistre Inquisition

Au début du XVIIe s., une maladie céréalière décima les troupeaux de Navarre. Les superstitieux eurent vite fait d'attribuer ce malheur à un mauvais sort, et montrèrent du doigt tous ceux qui n'étaient pas assidus à la messe ou qui travaillaient le dimanche. Mille cinq cents personnes des environs (Zugarramurdi, Urdazubi et Bera) furent alors accusées de sorcellerie. Des inquisiteurs furent nommés à Logroño en 1609. Lorsque le procès s'ouvrit, on accusa les suspects d'adorer le diable, de se livrer à des messes noires dans la grotte de Zugarramurdi, de jeter des sorts au bétail, de manger des nouveau-nés, de provoquer des tempêtes… Six personnes du village furent effectivement brûlées vives au terme d'une procession religieuse guidée par la croix verte de l'Inquisition.

▲ *Dans la famille des « piquants », le chardon participe aussi aux couleurs de la montagne.*

Faune et flore des Pyrénées

Tout l'intérêt du milieu naturel basque tient à son immense diversité. Plusieurs types de reliefs se succèdent sur une petite distance. La partie atlantique du massif se caractérise par la douceur et l'humidité du climat, associées à un faible relief essentiellement constitué de collines, qui s'accentue en s'éloignant du littoral. En revanche, en s'approchant de l'Aragon, l'influence méditerranéenne se fait davantage sentir.

■ Hêtre, chêne et fougère

Les épaisses forêts qui tapissent les versants nord et sud du massif, principalement dans les vallées du Baztán et d'Irati, sont en majorité des hêtraies primitives, vestiges des anciennes forêts de la région. Les chênaies, comme celle du parc de Bertiz, sont plus rares. À des altitudes plus modestes, elles ont en effet souffert de l'intervention humaine et du déboisement massif pour les cultures ou l'énergie. Le troisième symbole de la nature basque, caractéristique des zones humides, est la fougère. Les vallées de la Bidassoa et du Baztán en sont tapissées dès le printemps.

▲ *La bruyère se plaît dans des terrains plutôt acides et sablonneux.*

► *L'ajonc colonise facilement les pentes pyrénéennes, les colorant d'un jaune lumineux.*

■ Les fleurs de la montagne

La flore des Pyrénées basques varie selon l'altitude. Dans les collines, elle est semblable à toutes les prairies de la plaine. La lande est le territoire de l'ajonc et de la bruyère. Sur les terres à fougères pousse la digitale avec ses grandes fleurs pourpres. Plus haut dans le relief, à l'ombre des forêts, on trouve encore des bruyères, de la luzule élevée et un étrange champignon, l'amadouvier, qui ressemble à un large coquillage poussant sur l'écorce. Celui-ci colonise les troncs d'arbres morts le long des cours d'eau. Sur les pâturages d'altitude et les crêtes, on rencontre les myrtilles, la callune, le trèfle des Alpes dont raffolent les brebis, la potentille, le raisin d'ours, la gentiane à feuille étroite et la grande gentiane…

■ Les mammifères

Le plus célèbre est sans conteste l'**ours des Pyrénées**, qui a malheureusement déserté les montagnes du Pays basque. Parmi les grandes espèces sauvages, les amoureux de la montagne chercheront à observer les **isards**, sortes de chèvres sauvages qui apprécient les zones rocheuses et la haute montagne, et se déplacent en groupe. En hiver, ils fréquentent les versants sud moins enneigés et les forêts où ils trouvent plus facilement de quoi se nourrir. En été, ils ne descendent jamais au-dessous des alpages et montent souvent au-dessus de 2 000 m pour se rafraîchir.

Le **chevreuil** est un autre habitué des forêts et des lisières. Très craintif, il ne sort des bois qu'à l'aube ou au crépuscule. Le **cerf** ne fréquente que la forêt d'Iraty où, de mi-septembre à mi-octobre, il brame bruyamment pour séduire les femelles – on l'entend surtout le matin et le soir. Le **sanglier** est un autre hôte de la forêt et des taillis où il trouve glands, faines de hêtre et champignons. Il n'hésite cependant pas à se livrer à des raids dévastateurs dans les champs de maïs. Le **blaireau**, animal nocturne, vit dans les immenses galeries qu'il creuse sous terre. Il aime les haies, les prairies et les bois, mais peut aussi s'aventurer sur les pâturages en été. Myope, il se fie à son odorat développé qui le fait fuir à la moindre alerte. Il est donc extrêmement difficile à observer.

Beaucoup plus petit et étrange, le **desman des Pyrénées** est un mammifère qui pèse de 50 à 80 g et mesure une douzaine de centimètres. Son originalité tient à son museau en forme de trompe aplatie qui remue en permanence. Quasi aveugle, avec ses petits yeux semblables à des têtes d'épingles, il s'apparente à la taupe. Nocturne, il se nourrit d'insectes et vit près des ruisseaux où il passe des heures à plonger et à fouiller le fond en quête de nourriture. Il fait souvent sa toilette pendant laquelle il sécrète une substance grasse qui imperméabilise sa fourrure. On le trouve des deux côtés de la chaîne mais aussi dans les autres montagnes du nord de l'Espagne.

▲ *Au cœur des débats les plus passionnés, l'ours des Pyrénées garde son côté attendrissant.*

■ Vols d'oiseaux

La portion des Pyrénées qui sépare la haute Navarre de la Soule est un lieu privilégié pour observer les oiseaux migrateurs. Les **palombes** ou pigeons ramiers sont les plus emblématiques. Chaque année, leur nombre diminue dangereusement en raison des saisons de chasse. Bien d'autres migrateurs passent les cols vers le sud en automne et dans le sens inverse au printemps. Les plus spectaculaires sont les **grues cendrées.** Elles abordent la montagne de leur formation en « V » qu'elles déforment en prenant de l'altitude. Impressionnant également, le passage des **cigognes** qui font escale au Pays basque avant d'entamer leur périple vers l'Afrique.

▲ *Grue couronnée.*

La vallée de Roncevaux

CARTE P. 195
Office de tourisme de Roncevaux : ☏ 948 76 03 01.

La plus mythique des vallées pyrénéennes a marqué les mémoires avec la célèbre *Chanson de Roland*. Entre des falaises vertigineuses, le passage encaissé se faufile à travers d'épaisses forêts, évoquant guets-apens et incertitudes pour le pèlerin du Moyen Âge. On arrive ici sur la plus importante des routes de Compostelle : Roncevaux s'imposait comme l'étape incontournable après les dangers de la montagne et avant la descente vers Pampelune. Tout au long de l'histoire de la Navarre, le col, commandant le passage vers la France, conserva un rôle stratégique.

► *À 1 057 m d'altitude, le col d'Ibañeta est la porte de Roncevaux.*

▲ *Mémorial de Roncevaux au col d'Ibañeta.*

■ De Valcarlos au col d'Ibañeta

À 11 km au sud de Saint-Jean-Pied-de-Port par la D 933 puis la N 135.

La jolie route qui relie Saint-Jean-Pied-de-Port à Valcarlos via Arnéguy serpente entre les falaises et domine la rivière. De belles balades sont possibles au départ de **Valcarlos**, petit village frontalier accroché dans la gorge impressionnante. Quelques randonnées partent du hameau, mais les sentiers des environs sont plutôt raides.

- La route monte ensuite régulièrement et traverse les mêmes paysages splendides jusqu'au **col d'Ibañeta** *(puerto de Ibañeta)*, où subsistent les vestiges d'un ancien ermitage dont la cloche guidait les pèlerins en cas de brouillard ou pendant la nuit. Il y avait aussi une importante hôtellerie sur les lieux.
- À la hauteur du col, une ravissante petite route mène au **mont Orzanzurieta**, d'où l'on peut partir faire une belle randonnée vers le col de Bentarte et le site réel de la défaite de Roland *(→ p. 163)*.

▷ Roncevaux / Roncesvalles

À 18 km au sud de Valcarlos par la N 135.

Entre foi et légende

Roncevaux n'est pas un village mais simplement un centre d'accueil pour pèlerins et touristes (très fréquenté en saison). On recense une trentaine d'occupants, religieux ou laïcs rattachés au fonctionnement du monastère et des gîtes. Au temps du pèlerinage, le site constituait une halte commode après le passage de la montagne. Les pèlerins étaient également sensibles à la légende de Roland : on y voyait un symbole de sa lutte contre les infidèles. Selon la rumeur, la chapelle était bâtie sur la pierre qu'il avait fendue d'un coup de son épée Durandal…

▼ *À Roncevaux, une plaque ancienne commémore la fameuse bataille qui coûta la vie au chevalier Roland.*

■ Un relais organisé

Le premier hôpital pour pèlerins et la chapelle furent déplacés d'Ibañeta en 1132. Les moines augustins étaient en charge de l'accueil, et leur réputation s'étendit rapidement à toute l'Europe. Chaque année, entre 30 000 et 50 000 jacquets (nom des pèlerins de Compostelle) de passage pouvaient y séjourner 3 jours gratuitement. Les malades étaient soignés par un médecin, un chirurgien et un apothicaire.

■ Le monastère de Roncevaux

Le monastère est un imposant bâtiment identifiable à ses toits en zinc. L'église collégiale, érigée dans un style très pur au XIIIe s., est l'un des plus beaux exemples de gothique français en Pays basque.
- Son trésor est la statue de la **Vierge de Roncevaux** (XIIIe s.) faite de cèdre recouvert d'argent, d'or et de pierres précieuses, et abritée sous un beau dais. On remarque aussi la belle Mater Dolorosa et le retable de saint Jacques avec son bâton de pèlerin et sa coquille.
- Le **cloître** fut détruit par une avalanche en 1600.

Bonne adresse

Queseria Orreaga, Orreaga-Roncevalles, sur la route d'Ibañeta. ☏ 948 76 01 15. Cette fabrique produit des fromages garantis filière écologique, se rapprochant des meilleures spécialités basques. Visite possible entre mars et déc., t.l.j. de 15 h 30 à 18 h.

Les bolantes de Valcarlos

Cette fête pittoresque se célèbre deux fois : le dimanche de Pâques et le 25 juillet pour la Saint-Jacques. Elle repose principalement sur les danses traditionnelles. La première, la bolandantza, *très aérienne, est suivie d'une série de figures auxquelles se joignent les femmes. Les costumes sont particulièrement colorés : vêtements blancs ornés de rubans multicolores, foulards et bérets rouges, clochettes… Participent au défilé les* zapurrak, *bouchers portant une hache, les* makilariak *qui brandissent leurs bâtons, les* gorriak *aux épées de bois et les* bandelariak, *qui agitent les drapeaux basques.*

Reconstruit dans un style lourd, il possède un beau dallage de galets en rosaces et conduit à la salle capitulaire du XIVe s., appelée **chapelle San Augustin**, où l'on admirera une belle voûte sur croisée d'ogives ainsi que les gisants du roi de Navarre Sanche le Fort et de son épouse (XIIIe s.). En voyant sa taille (2,25 m), qui aurait été celle du monarque, on comprend l'origine d'un tel surnom !

► *La collégiale de Roncevaux a conservé des éléments romans, comme les voûtes en cul-de-four des chapelles rayonnantes.*

Le musée

Ouv. t.l.j. de 10 h à 14 h et de 16 h à 19 h.

Il présente des trésors inestimables de l'art sacré : un évangéliaire des rois de Navarre, de nombreux livres sacrés (voir le livre d'heures miniature du XVIe s.), des reliquaires originaux comme l'échiquier de Charlemagne, en argent et émail, du XIVe s. Sont également exposées de superbes pièces d'orfèvrerie, une exubérante couronne baroque formant une auréole, une Vierge de Roncevaux miniature du XIVe s. et une Vierge à l'Enfant en bois du XIIIe s.

- Le magnifique **triptyque de la Crucifixion** (XVIe s.), attribué à l'atelier flamand de Jérôme Bosch, se signale entre autres par ses somptueuses couleurs. Son originalité tient aux détails de la scène – contemporains du Christ habillés à la mode du XVIe s., expressions torturées des brigands, disproportions…
- Un bas-relief en bois polychrome illustrant la légende de la Vierge de Roncevaux et du cerf est bien mis en valeur.

Les chapelles

Plusieurs chapelles se succèdent le long de la route qui descend vers la vallée. L'une d'elles, Saint-Jacques (XIIIe s.), a hérité de la vieille cloche de l'ermitage d'Ibañeta.

- Plus loin, la chapelle du Saint-Esprit, **chapelle funéraire** du XIIe s. comme on en voit beaucoup tout le long de la route de Compostelle. Les pèlerins morts à l'hôpital étaient enterrés dans sa crypte. La légende prétend que Charlemagne fit ensevelir Roland à cet endroit.
- À 300 m de là, on remarque la **croix pattée** en pierre des pèlerins du XIVe s., ornement fréquent sur les routes de Compostelle.

Les pèlerinages de Roncevaux

Chaque dimanche des mois de mai et juin, des centaines de pèlerins montent en procession à Roncevaux depuis chaque paroisse de la vallée. Revêtus de robes noires et de cagoules, ils portent de lourds pieux figurant la croix. Précédés du drapeau de la vallée et des croix processionnelles, ils vont invoquer la Vierge de Roncevaux. Un groupe de femmes pénitentes finit le trajet pieds nus. Jadis, une source sacrée dont la fontaine a disparu avait la réputation de guérir les maladies. Les pèlerins venaient s'y tremper ou en remplir une gourde. La présence de la Madone à Roncevaux s'explique par une légende, commune à d'autres sites, selon laquelle une statue aurait été miraculeusement découverte par un berger. À Roncevaux, c'est un cerf, animal autrefois vénéré par les Celtes, qui aurait révélé la cachette.

■ Burguete / Auritz

À 3 km au sud de Roncevaux par la N 135.

Burguete est un charmant village avec des maisons aux boiseries traditionnelles rouges ou vertes ou tout en pierre avec de beaux blasons et des toits pointus. Elles sont édifiées le long de la rue principale qui correspond au chemin de Compostelle. La plupart des anciens hôpitaux de pèlerins ont été détruits durant la guerre franco-espagnole en 1794.

- À la sortie de Burguete vers le sud, la route de Compostelle bifurque vers la droite en direction de Pampelune.
- Elle mène au col d'Erro en traversant de plaisants hameaux comme celui de **Biskarreta** dont l'église est du XIIIe s. Peu après la bifurcation vers Mezkiritz, une route (à droite) conduit à une jolie vallée au cœur du **Quinto Real** ou **Kintoa**, jonchée de plusieurs dolmens et d'aires de pique-nique. Le Kintoa est une vaste zone de pâturages communs aux vallées du Baztán et à certaines vallées françaises.
- Passé le col d'Erro, la route descend rapidement vers le sud. Dans un grand virage, une petite route bifurque à droite en direction de **Zilbeti**. Situé au bord du Quinto Real, ce hameau conserve les vestiges d'un très ancien monastère.

▲ *Dans les rues de Burguete, les feux de la Saint-Jean attirent téméraires et badauds.*

■ Zubiri

À 23 km au sud-ouest de Burguete par la N 135.

Au bord du río Arga, ce village est une étape traditionnelle sur la route du pèlerinage. Un joli pont médiéval enjambe la rivière, l'une des plus poissonneuses de Navarre. En saison, les pêcheurs de truites se bousculent dans les environs.

- Depuis Zubiri, une petite route (la N 138) remonte vers le nord le long de la rivière jusqu'au **lac artificiel d'Eugi**, au sud du Quinto Real. Les épaisses hêtraies abritent des cerfs que l'on entend bramer au début de l'automne.
- Quelques belles randonnées s'offrent aux marcheurs en direction du nord. La route elle-même serpente à travers les fougeraies, les bois de chênes et les pâturages pour rejoindre la France par la **vallée des Aldudes**.

■ Irotz

À 12 km au sud-ouest de Zubiri par la N 135.

Ce village marqué par le pèlerinage se situe sur la route qui mène à Pampelune. Les maisons anciennes et le pont médiéval en constituent l'attrait principal. L'**église** recèle un splendide retable de saint Pierre de la fin du XVe s. qui retrace la vie du saint en quinze tableaux. *(Si la porte est fermée, demandez la clef en face.)*

Sculpture et architecture contemporaines

Perdu en pleine campagne, dominant le bassin de Pampelune, le musée Oteiza ravira les amateurs. Conçu par l'architecte Âaenz de Oiza autour de la maison du sculpteur Jorge Oteiza, disparu en 2003, il abrite les œuvres de l'artiste dans une mise en scène dramatique et spectaculaire. Ces deux créateurs partageaient d'ailleurs une grande complicité et avaient collaboré à de nombreux projets, dont celui de la basilique d'Arantzazu. À Alzuza (à 5 km au sud d'Irotz par la N 135 vers Pampelune puis la NA 150 vers l'est, jusqu'à la bifurcation à gauche pour Alzuza). Ouv. de 10 h à 20 h t.l.j. sauf le lun. ☏ 948 33 03 77.

Les rapaces

Le vol lourd et planant des grands rapaces qui colonisent les hauteurs s'observe au-dessus de toutes les crêtes des Pyrénées. Les vautours fauves font désormais partie de l'image du Pays basque au même titre que le pottok.

■ Où les voir ?

La plupart des crêtes qui longent la frontière franco-espagnole sont colonisées par les rapaces. La réserve naturelle espagnole des **Peñas de Ichusi**, à l'ouest de Bidarray, le **mont Artzamendi**, juste au nord de la frontière près de la vallée du Baztán, les **crêtes d'Iparla** ou encore les **Foz de Lumbier**, non loin de Sangüesa, sont d'excellents points d'observation des vautours fauves. On les reconnaît à leur vol. Ils planent sans effort en utilisant les courants d'air chaud ascendants le long des versants. Il est conseillé de ne pas s'approcher de leurs nids. Pour les observer, privilégiez les jours ensoleillés et venteux.

■ Quelles espèces ?

Parmi les espèces qui fréquentent les montagnes basques, on recense le **gypaète barbu**. Ce rapace, le plus rare d'Europe, doit son nom à la barbichette qu'il a sous le bec. D'autre part, *gypaète* signifie « aigle mangeur d'os » en basque. On le reconnaît à son poitrail jaune doré et à ses ailes noires. Il mesure de 2,50 à 2,85 m d'envergure et se nourrit d'os de charognes abandonnées par les autres rapaces. Pour casser les gros os, il les attrape de ses serres et, en vol, les lâche sur les rochers. Le **percnoptère d'Égypte** est un petit vautour blanc aux ailes bordées de noir de 1,40 à 1,60 m d'envergure. Il doit son nom aux nombreuses représentations laissées par les anciens Égyptiens. Très craintif, il loge dans les

Des menaces planent

Les grands rapaces, même protégés, sont en voie de disparition. Plusieurs facteurs entrent en jeu. L'aménagement de plus en plus poussé du territoire, et la construction de nombreuses routes toujours plus près des sommets compromettent leur habitat naturel. Les chasseurs leur font une rude concurrence en traquant leur gibier, et le nombre de cadavres de bétail dont ils se nourrissent diminue en raison des mesures de protection sanitaire. Enfin, les observateurs et visiteurs trop nombreux risquent de perturber la nidification et donc la multiplication des espèces.

parois rocheuses difficiles d'accès et dans les vallées des zones montagnardes. Peu difficile, il mange des charognes mais aussi des détritus, voire des excréments d'animaux.
Le **milan noir** partage les mêmes goûts douteux. On le voit souvent près des décharges. Il aime aussi les poissons morts et les charognes. Ailes déployées, il mesure de 1,40 à 1,75 m. Le **milan royal** a un plumage plus clair tacheté de blanc sous les ailes. Il s'identifie à la forme de sa queue creusée d'un V très net.
L'**aigle royal**, rare et discret, est un prédateur qui se nourrit d'animaux parfois plus gros que lui comme le lièvre ou l'isard. Il capture ses proies par surprise en rasant le flanc de la montagne. À la fin de l'hiver, il se livre à une parade nuptiale : il plonge sur la femelle avant de se laisser tomber en vrille avec elle.

▲ *On compte en France une dizaine d'espèces de faucons. Ce rapace est parmi ceux qui s'apprivoisent le mieux.*

■ Le vautour fauve

Protégé depuis 1976, le vautour fauve, victime de sa réputation de charognard, n'est pas très populaire. Dans les années 1960, il a bien failli disparaître des Pyrénées car on le chassait systématiquement et l'on détruisait ses nids. Son déclin est désormais enrayé et de nombreuses colonies sont visibles le long des sommets du Pays basque. C'est le plus grand (2,65 m d'envergure) et le plus reconnaissable des grands rapaces de la région. En vol, ses ailes digitées semblent immenses et l'on voit à peine sa tête et sa queue. Il plane des heures durant à la recherche de charognes et paraît ne jamais bouger les ailes. Posé, il présente une silhouette caractéristique – long cou recourbé émergeant d'une collerette mousseuse. Il niche dans les falaises et les anfractuosités rocheuses. Ce rapace vit en couple et prépare son aire dès le mois de décembre. La femelle pond un œuf en janvier qu'elle couve avec le mâle. Leur poussin reste au nid pendant environ quatre mois.

◄ *L'allure caractéristique d'un vautour en vol.*

La vallée d'Irati

CARTE P. 195

Sauvage et méconnue, cette vallée suit le cours de la rivière Irati qui prend sa source au cœur de la forêt du même nom. On n'accède pas directement à la vallée depuis la France, mais en remontant de Sangüesa par le sud ou en venant des vallées de Roncevaux et du Salazar. La vallée s'ouvre sur les versants boisés de la forêt et s'achève sur les spectaculaires gorges de Lumbier.

Iraty côté français, *Irati* côté espagnol : vous trouverez ces deux orthographes sur vos cartes et dans ce guide, mais il s'agit bien d'une vaste et même région.

Bonne adresse

Casa rural Mari Cruz, Villanueva-Hiriberri, vallée d'Arce. ☏ 948 79 03 76. www.casamaricruz.com. Des chambres d'hôtes dans une vraie ferme en pleine nature pour ceux qui aiment le calme. Petits prix. Au sud de Burguete par la NA 172.

■ La haute vallée autour d'Aribe

À environ 10 km au sud-est de Burguete par la NA 140.

Pour pénétrer dans la vallée d'Irati, vous pouvez quitter la vallée de Roncevaux juste au sud de Burguete ou bien quitter la vallée du Salazar au sud d'Ochagavía. La route spectaculaire se glisse dans une gorge très resserrée, sorte de canyon bordé de falaises grises.

- **Aribe** a conservé quelques maisons traditionnelles navarraises avec des blasons de pierre et un joli pont médiéval qui enjambe la rivière Irati. C'est le point de départ pour découvrir la haute vallée d'Irati.
- À partir d'Aribe, une jolie route, la NA 2030, longe la rivière en direction d'**Orbaitzeta**. De là, on peut partir en forêt d'Iraty et visiter l'ancienne fabrique d'armes d'Orbaitzeta *(Orbaitzeta Ola)*. Il est également possible d'accéder aux dolmens d'Azpegi puis au mont Urkulu en suivant le sentier de randonnée.
- Une route étroite et spectaculaire conduit au **lac artificiel d'Irabiako**. Elle se poursuit sur la rive nord jusqu'à l'ermitage de **Nuestra Señora de las Nieves** (Notre-Dame-des-Neiges) puis rejoint Ochagavía, dans la vallée du Salazar.

▼ *La vallée d'Irati.*

▲ *Le paisible village d'Arce mérite le détour pour sa chapelle romane.*

■ Agoitz et la vallée d'Arce

À 26 km au sud d'Aribe par la NA 2040.

D'Aribe, la route descend le long de l'Irati vers le sud, traverse le village d'Oroz-Betelu puis longe les gorges d'Iñarbe, le petit lac artificiel d'Usoz et les gorges de Gaztelu avant d'arriver à **Agoitz**.

- Ce village typique a gardé son pont médiéval et une église avec un retable intéressant. La colline d'Agoitz ouvre un beau panorama vers le nord sur la convergence de la vallée d'Irati, de la vallée d'Arce et de la rivière Urrobi. La NA 172 qui remonte vers Burguete suit l'Urrobi vers le nord et traverse le défilé de Nagore (jolie église dans le village).
- Un peu plus loin, tournez vers **Arce**. Ce village abrite l'une des plus belles chapelles romanes rurales de Navarre du XIIe s. *(clef au presbytère de Nagore)*. Isolé dans un décor aride et sauvage, cet édifice, dominé par sa

◀ *Taillées dans le calcaire, les spectaculaires gorges de Lumbier sont l'une des excursions les plus appréciées de la vallée.*

▼ *Non loin d'Orbaitzeta. La plupart des fermes navarraises sont dotées d'une petite tourelle de guet. De la montagne pouvaient arriver des pèlerins, mais aussi des bandits…*

tour carrée massive, ressemble à une forteresse. À noter, le beau portail sculpté et les fenêtres du chevet avec leurs chapiteaux décorés. L'intérieur, tout aussi harmonieux, témoigne d'une grande maîtrise technique.

- La route se poursuit vers **Uriz**. Ce beau bourg médiéval est composé de maisons anciennes et de tours défensives gothiques typiques de l'architecture navarraise.
- La vallée devient ensuite étroite et boisée, gardée par des crêtes acérées en surplomb avec, ici et là, de nombreux affleurements de grès rose. Au printemps, elle est envahie par les genêts qui répandent leur parfum ; à l'automne, les arbres se parent de couleurs rutilantes. La vallée s'élargit au nord en se rapprochant de Burguete / Auritz.

■ Lumbier

À 22 km au sud-est d'Agoitz par la NA 172 et la NA 150.

À mi-chemin de Lumbier, une petite route, la NA 2100, mène vers le nord-est à Urraul Alto. Elle traverse de nombreux hameaux médiévaux, longe des gorges et mène au **monastère de Santa Fe** qui abrite un silo original monté sur piliers (pèlerinage pittoresque pour la Fête-Dieu ou *Corpus Christi*).

- À l'entrée du bourg de Lumbier, une route mène vers les **Foz de Lumbier**. Un sentier facile suit une ancienne voie de chemin de fer accrochée au flanc de la falaise et longe la gorge en traversant deux tunnels – une lampe de poche peut être utile, mais préparez-vous à provoquer des envols de chauves-souris ! Les parois grises et beiges sont piquées d'une végétation de maquis et de figuiers tandis qu'au fond, l'eau est verte et claire. De nombreux vautours nichent dans les falaises ; leur vol participe à l'atmosphère un peu inquiétante des lieux. En raison de la chaleur, il est conseillé de faire cette balade le matin ou le soir, où, qui plus est, la lumière est meilleure.
- L'église gothique, la mairie de style Renaissance et le joli pont font du village, à l'origine cité romaine qui gardait l'accès aux montagnes, une étape agréable. De belles maisons nobles se succèdent le long de la rue principale.

La Trinité de Lumbier

Pèlerinage pénitent comme on les affectionne en Espagne, celui de Lumbier est l'un des plus fervents. Les pèlerins, revêtus de noir, parfois cagoulés ou pieds nus, portent une lourde croix. Ils sortent du village en procession et montent à pied jusqu'à un ermitage perché sur un escarpement calcaire. Le pèlerinage a lieu le dimanche qui suit la Pentecôte.

La vallée du Salazar

CARTE P. 195
Office de tourisme d'Ochagavía :
☏ 948 89 06 41.

Cette vallée attachante et sauvage s'étend au pied du pic d'Orhy et de la forêt d'Iraty, et prend des allures méditerranéennes. On traverse une succession de hameaux ravissants aux maisons crépies, en pierre ou en bois. Les toits pentus de tuiles plates et les balcons abondamment fleuris rappellent les paysages de cartes postales. C'est aussi un coin idéal pour les amoureux de randonnée et de fêtes traditionnelles.

Faute de faire la randonnée des gorges d'Arbayún, un belvédère en offre un beau panorama, le long de la NA 178, à une douzaine de kilomètres de Lumbier en direction de la France.

■ Le Foz d'Arbayún

Remonter de Lumbier vers la France par la NA 178.

Les **gorges d'Arbayún** sont creusées par le Salazar dans les falaises calcaires. Ce défilé impressionnant, long de 6 km, atteint une profondeur de 385 m. Couronné et partiellement tapissé d'arbres, il est assez difficile d'accès. Un sentier de randonnée permet de le parcourir depuis le hameau d'Usún. Taillé dans la roche à mi-hauteur, il est indiqué à la sortie du village et reprend le tracé d'un ancien canal d'approvisionnement d'eau. Les gorges sont un excellent point d'observation des vautours.

▼ *Le défilé d'Arbayún, aux allures de canyon verdoyant.*

■ Vers le mont Arangoiti

Continuer sur la NA 178 vers la France. Environ 2,5 km après le belvédère sur les gorges d'Arbayún, tourner à droite sur la NA 2200 vers Bigüezal où il faut prendre encore à droite vers le sud et le mont Arangoiti.

On traverse un paysage de pinède, de hêtraie, puis de garrigue. Le sommet culmine à 1 355 m. La vue est époustouflante : au sud, le monastère de Leyre et le lac artificiel de Yesa, au nord, la faille des gorges d'Arbayún et, au loin, les Pyrénées.

■ De Navascués à Escároz

Retourner sur ses pas et reprendre la NA 178 vers le nord.

La route longe la rivière Salazar et traverse de nombreux hameaux pittoresques. Du temps du roi de Navarre Sanche le Fort, **Navascués** était, avec Usún, l'une des deux places fortes de la vallée.

- En remontant la vallée, ne manquez pas la bifurcation vers **Izal**, juste au-dessus d'Uscarrés. Un véritable petit palais seigneurial et une église gothique sont érigés au cœur de ce village. Le silo sur piliers – le dernier de la vallée – attire l'attention.

- La route principale se poursuit jusqu'à **Esparza**. Ce village navarrais se caractérise par ses maisons massives de pierre grise.

- **Escároz** est le chef-lieu de la vallée où se réunit l'assemblée locale. C'est un joli village aux maisons blanches avec des boiseries vertes et des jardinières fleuries. À l'entrée du village, une baignade aménagée offre une halte rafraîchissante dans les eaux du Salazar.

■ Ochagavía

À 2 km au nord d'Escároz et à 38 km au sud-est de Roncevaux par la NA 140.

C'est le village le plus important de la vallée, souvent décrit comme le plus beau de la haute Navarre : une rivière bordée de platanes, un pont de pierre en dos d'âne, des maisons rose et blanche, de crépi et de pierre.

- L'**église** est remarquablement décorée avec un somptueux retable, des stalles de chœur du XVIe s. et des chaires Renaissance.

- Aux abords du village, plusieurs itinéraires de belles balades sont proposés. Juste avant l'entrée, une route conduit vers Notre-Dame-des-Neiges (Nuestra Señora de las Nieves) en passant par le *paso tapia* (panorama) d'où partent des sentiers vers les hauteurs de la **sierra de Abodi**.

- À l'autre sortie d'Ochagavía, tourner vers l'**ermitage roman de la Vierge de Muskilda**, patronne de la vallée. À l'intérieur, belle statue de la Vierge du XIIIe s. tenant une fleur à la main.

- Reprendre ensuite la route principale. Après Izalzu, la route tourne vers Isaba, dans la vallée de Roncal, et passe le **col de Laza**, un promontoire d'où l'on a une vue grandiose sur les territoires des deux vallées du Salazar et de Roncal et sur la chaîne des Pyrénées dominée par la haute silhouette du pic d'Anie. De belles randonnées partent du col vers le sud, la sierra de Ustárroz et Vidángoz. Celle de gauche est la moins ombragée mais suit la ligne de crête et offre des vues splendides.

■ Ustárroz

À 17 km à l'est d'Ochagavía par la NA 140.

Avec ses maisons blotties les unes contre les autres et ses passerelles de pierre, le hameau constitue une halte agréable.

- Toute la vallée est un enchantement. On longe un petit torrent enjambé par quelques ponts romans tout simples. Plusieurs sentiers s'enfoncent dans la forêt et invitent à une marche bucolique. On croise ici et là de jolies vaches de couleur vison aux cornes gracieuses et aux yeux en amande... Au printemps, les ajoncs nains et les genêts parfumés mettent une touche de jaune sur le vert des collines.

L'ermitage roman de la Vierge de Muskilda accueille divers pèlerinages, mais le plus important a lieu le 8 septembre, jour de la naissance de Marie. Une procession accompagnée de danseurs monte du village, fait le tour de l'ermitage et se livre à toutes les figures traditionnelles de danses de la vallée sous le regard du *Bobo*, un personnage masqué à deux visages, à l'image du dieu antique Janus.

La fête des radeaux (almadies)

Jadis, l'une des principales activités des vallées d'Irati et du Salazar était le transport sur les rivières des troncs débités dans la forêt. Cette tradition est célébrée le premier dimanche de mai. On réunit les troncs avec des branches de noisetier pour en confectionner des radeaux, puis on les lance à l'eau, où des bateliers improvisés les dirigent, parfois à grand-peine, avec des troncs plus petits utilisés comme gouvernails. Le flot est grossi par les pluies printanières et la fonte des neiges. À l'arrivée, on fait la fête autour d'un banquet champêtre animé de danses.

La vallée de Roncal

CARTE P. 195

Office de tourisme de Roncal : calle Gayarre.
☏ 948 47 52 56.
Gare routière :
☏ 948 22 28 86.

Longue, boisée et fréquemment enneigée en hiver, la vallée de Roncal est la plus orientale des vallées navarraises. Deux rivières la baignent et se rejoignent à Isaba. Autrefois, les forestiers les empruntaient pour acheminer le bois en radeau. Depuis la France, la route qui descend de la Pierre-Saint-Martin quitte peu à peu les pâturages pour pénétrer dans la forêt de pins noirs, de sapins ou de hêtres. La vallée de Roncal est une terre forestière et agricole dont le célèbre fromage de brebis est considéré comme l'un des meilleurs d'Espagne.

▼▲ *À Roncal, certaines façades en encorbellement ont conservé leurs corbeaux de bois.*

■ Isaba

À 30 km au sud de la Pierre-Saint-Martin, en Barétous, et à 54 km au sud de Tardets, en Soule, par la D 26, la NA 2011 et la NA 140.

En venant de France, c'est le premier village où règne une atmosphère encore montagnarde. On aime ses maisons sévères aux pierres sombres, ses ruelles étroites et ses jardins fleuris. Tous les balcons sont en bois noirci par le temps et les intempéries. En hiver, lorsque la neige est tombée, le contraste du blanc avec les couleurs sombres des habitations donne une impression de carte postale. L'été, les jardinières accrochées aux balustrades lui donnent un air de Suisse ou de Tyrol.

- L'**église San Cipriano**, imposante et sombre, domine le village de sa lourde tour fortifiée, souvenir de l'époque où Isaba était la place forte d'un seigneur. De son porche en balcon, on a une belle vue sur le bourg.
- À l'intérieur, le **retable** doré date de 1540 et les stalles du **chœur** sont sculptées de scènes de la vie rurale et artisanale de la vallée.
- D'Isaba, une route permet de retrouver la vallée de Salazar en passant par Ustárroz.

■ Roncal

À 8 km au sud d'Isaba par la NA 137.

Roncal conserve l'allure austère des villages montagnards où l'on respire encore l'air léger des Pyrénées. Tout est en pierre et en bois. Les ruelles étroites sont pavées de galets usés par les siècles. Quelques-unes des demeures anciennes sont splendides, avec de belles portes cloutées en plein cintre, des galeries de bois noirci et des balcons de fer forgé.

- En haut du village, l'**église** semble énorme. Elle est devancée par un auvent impressionnant qui forme un balcon sur la vallée et surplombe les toits et les petits potagers en terrasses.
- Les amateurs d'opéra découvriront que le village est le berceau du célèbre ténor du XIXe s., **Julián Gayarre**, et qu'ils peuvent visiter sa maison natale où sont réunis costumes de scène, partitions et photos à la gloire de l'artiste. Plus curieux, dans le cimetière, le **mausolée** rococo qui représente une allégorie de la musique désespérée de la mort du chanteur…
- Au sud de Roncal, prenez la petite route de Garde et d'Ansó (NA 176, province d'Huesca). Des sentiers partent vers les ermitages de San Sebastián ou de la Virgen Zubeora.

▼ *En parcourant les ruelles du village de Roncal, le visiteur découvre le charme des pavés usés par le temps sur lesquels s'ouvrent parfois des portes monumentales.*

■ Burgui

À 12 km au sud de Roncal par la NA 137.

Ce joli village étiré à flanc de coteau possède un curieux pont en pente avec trois arches de tailles décroissantes. À cet endroit, la rivière était un lieu d'accostage des trains de bois qui descendaient le cours d'eau au printemps. Chaque année, la **fête des radeaux** reconstitue le passé. De part et d'autre de la vallée qui mêle prés et bois, des crêtes rocheuses émergent des pins.
- Suivant la vallée vers le sud, la route emprunte un défilé. Peu après, un sentier de randonnée balisé mène vers l'est à la **Virgen de la Peña**. Cette crête impressionnante domine la vallée à 1 294 m *(compter 4 h 30 a.-r.)*.
- Entre deux défilés, le bourg de **Salvatierra de Esca**, couronné par une jolie église, surplombe la vallée fertile de son piton rocheux. La route se poursuit de défilé en défilé. Les villages témoignent de la même architecture typique et austère : pierres grises, toits très avancés et balcons de bois sombre. Pourtant, on commence à sentir la proximité de la plaine. La rivière Esca emprunte un dernier défilé étroit et vertigineux – fente minuscule dans le rempart des crêtes, de hautes murailles grises et orange piquées d'arbres verts. Après Sigüés, elle débouche sur le lac de Yesa.

Le tribut des trois vaches

Les habitants de la vallée de Roncal et ceux du Barétous, du côté français, sont liés depuis 1375 par un traité de bonne entente. Les droits de pacage et d'accès aux fontaines faisaient en effet l'objet de nombreuses querelles. Le roi de Navarre et le vicomte de Béarn convinrent d'un dédommagement donné par les résidents du Barétous à ceux de Roncal. Tous les ans, le 13 juillet, les maires des deux vallées se retrouvent à la frontière, à la borne de la Pierre-Saint-Martin. Les Français remettent alors trois génisses à leurs homologues navarrais – les communes les fournissent à tour de rôle. En guise de remerciement, les habitants de Roncal offrent un grand repas animé par des chants et des danses.

Pampelune et les chemins de Saint-Jacques

Dès le Moyen Âge, les pèlerins de toute l'Europe du Nord découvraient Pampelune, ville florissante où l'on faisait commerce et où les grands ordres monastiques envoyaient des émissaires. De tout le Pays basque, c'est la région la plus marquée par l'histoire : celle du pèlerinage, mais surtout celle du puissant royaume de Navarre, qui engloba un temps la totalité des sept provinces actuelles. Devenue une grande ville industrielle, Pampelune est toutefois restée profondément attachée à sa culture.

◀ *La sierra d'Aralar, entre Lazkao et Oraberria.*

Pampelune / Iruña

la capitale navarraise

Vaste dépression entourée de montagnes, le site de Pampelune fait penser à une coquille – on parle d'ailleurs de « la conque de Pampelune ». Étape incontournable vers le fertile bassin de l'Èbre, elle s'est considérablement développée ; aujourd'hui, son abord, entre banlieues et échangeurs routiers, n'a plus guère de charme. Dominée par les deux clochers jumeaux de la cathédrale, Pampelune reste toutefois chaleureuse et vivante, particulièrement lors de la Saint-Firmin, l'une des plus grandes fêtes de toute l'Espagne.

CARTE P. 217

Office de tourisme : Eslava, 1.
☏ 948 20 65 40.
www.cfnavarra.es

Les parkings les plus pratiques se situent près de la plaza de Toros ou autour de la plaza de Paz, à l'est de la citadelle.

INCONTOURNABLES

► *Les remparts de la ville offrent de beaux points de vue.*

Naissance du royaume de Pampelune

Chargé de pacifier l'Espagne, le général romain Pompée fonde la ville de Pompelaio en 75 av. J.-C., sur le site d'un village autochtone appelé Iruña. Il choisit comme emplacement la colline qui domine la rivière Arga. De nombreuses villas romaines s'installent dans la plaine alentour, où l'on plante de vastes étendues de blé. Le premier missionnaire est envoyé à Pampelune par Saturnin, l'évêque de Toulouse. Par la suite, c'est un jeune chrétien des environs, Firmin, qui poursuivra l'évangélisation, avant de partir en Aquitaine puis en Picardie où il deviendra évêque d'Amiens (une partie de ses reliques y sont conservées). À la chute de l'Empire romain, la région passe sous la domination des Goths, qui seront chassés de la ville par les Francs en 541. En 602, Pampelune est élue capitale du nouveau duché de Vasconie, puis colonisée par les Arabes en 716. Suit alors une période curieuse durant laquelle les Vascons vont par moments s'allier à leurs conquérants pour préserver leur indépendance. Cela explique pourquoi Charlemagne campe devant la ville en 778 et en fait raser les remparts lors de la guerre contre les musulmans. En représailles, les Vascons attaqueront son neveu Roland à Roncevaux. Le royaume de Pampelune prend alors forme afin de sauvegarder coûte que coûte l'indépendance vasconne : il deviendra le royaume de Navarre, l'un des plus puissants de la péninsule Ibérique.

Un facteur de développement

Pampelune va connaître un véritable essor avec le pèlerinage de Compostelle. La ville est un lieu de passage quasi obligé pour les pèlerins. En tant qu'évêché, elle attire l'attention et s'agrandit rapidement : à cette époque, les grandes abbayes françaises ouvrent des établissements le long de la route et encouragent les familles de Bourgogne ou d'Aquitaine à faire souche en Espagne. Pampelune accueille alors une nouvelle population d'artisans ou de marchands et change peu à peu d'aspect. Le bourg se limitait jusqu'ici à la ville ancienne bâtie sur la butte et entourée de son enceinte. Naturellement protégée par la rivière et par la pente, cette partie fut appelée la cité de la Navarrería. C'est là que vivaient le roi et sa cour, l'évêque et les nobles navarrais. Les nouveaux arrivants s'installent de l'autre côté du ravin, autour de l'emplacement actuel de San Cernín. Au XIIe s., ce bourg se voit octroyer une charte de privilèges. Les

Francs, qui l'occupent exclusivement, n'y tolèrent pas la présence des autochtones et se réservent le monopole des métiers les plus prestigieux. Un troisième bourg, celui de San Nicolás, peuplé aussi de nouveaux venus, se développe à son tour. Les trois quartiers finissent par fonctionner comme trois petites cités, chacune entourée de ses fortifications, avec ses règles et ses intérêts particuliers. Bientôt, la Navarrería se met à déborder de sa colline pour s'étendre vers les bourgs. Deux autres petits quartiers se constituent : celui de San Miguel, qui accueille les hospices pour pèlerins, et le quartier juif de la Judería.

Une période conflictuelle

Les relations entre tous ces groupes s'enveniment. Les Basques de souche de la ville haute campent sur leurs privilèges et se méfient des étrangers qui s'enrichissent dans les affaires. À cela s'ajoutent les rivalités politiques sous-jacentes : chaque camp soutient la cause des grands rivaux internationaux de l'époque, France, Castille et Aragon. En 1274, le roi Henri le Gros meurt en laissant une petite fille de 2 ans, Jeanne de Navarre. La Castille et l'Aragon tentent de mettre la main sur la Navarre, mais la mère de l'enfant s'enfuit en France où elle se met sous la protection du roi. Celui-ci dépêche sur place une armée de trente mille hommes pour sécuriser l'héritage de la petite Jeanne qui, en épousant Philippe le Bel quelques années plus tard, deviendra reine de France et de Navarre.

À Pampelune, les habitants de la Navarrería ont pris le parti des Castillans. En représailles, le quartier est mis à sac et les édifices sacrés saccagés. Il ne sera reconstruit et repeuplé qu'après 1324. Les querelles se régleront définitivement lorsque le roi de Navarre Charles III réussira à imposer un accord global et réunira les trois bourgs en une seule ville par la charte de 1423, acte de fondation de la Pampelune moderne.

Le conservatisme navarrais

Tous ces épisodes vont laisser une trace qui ressurgira dans l'histoire : la population d'origine prendra toujours le parti de la Castille – les Castillans finissent d'ailleurs par prendre la Navarre en 1512, sous la conduite de Ferdinand d'Aragon qui a épousé Isabelle de Castille. Par la suite, sous les règnes des rois d'Espagne, Charles Quint et Philippe II, Pampelune deviendra une forteresse majeure, enjeu stratégique lors des guerres contre la France. On y construit une imposante citadelle en 1571. Son rôle déterminant se confirmera beaucoup plus tard, au XIXe s., lors des guerres carlistes. Très conservatrice, la province prend le parti de don Carlos contre Isabelle, qui veut faire suspendre les *fueros* et abolir les congrégations. Et au XXe s., lors de la guerre civile, le même conservatisme range la Navarre et Pampelune dans le camp de Franco, à la différence des autres Provinces basques espagnoles (Biscaye, Guipúzcoa et Álava), qui choisissent le camp républicain. Les cicatrices de ces divergences ne s'atténueront pas lorsque la Navarre refuse en 1979 de se joindre à elles pour constituer la Communauté autonome basque (Euskadi). Aujourd'hui, la ville approche les 200 000 habitants et reste la capitale d'une région qui est parvenue à garder une administration directement héritée des *fueros* médiévaux. Cela explique aussi que si l'on admet ici être un peu basque, on se sent surtout espagnol et avant tout… navarrais.

Bonne adresse

L'Alhambra, calle Bergamín, 7. ☏ 948 24 50 07. Ce restaurant accueillant propose une cuisine navarraise traditionnelle. Les artichauts, la purée de légumes aux truffes et le risotto aux champignons sont des entrées vivement recommandées. Bonne cave.

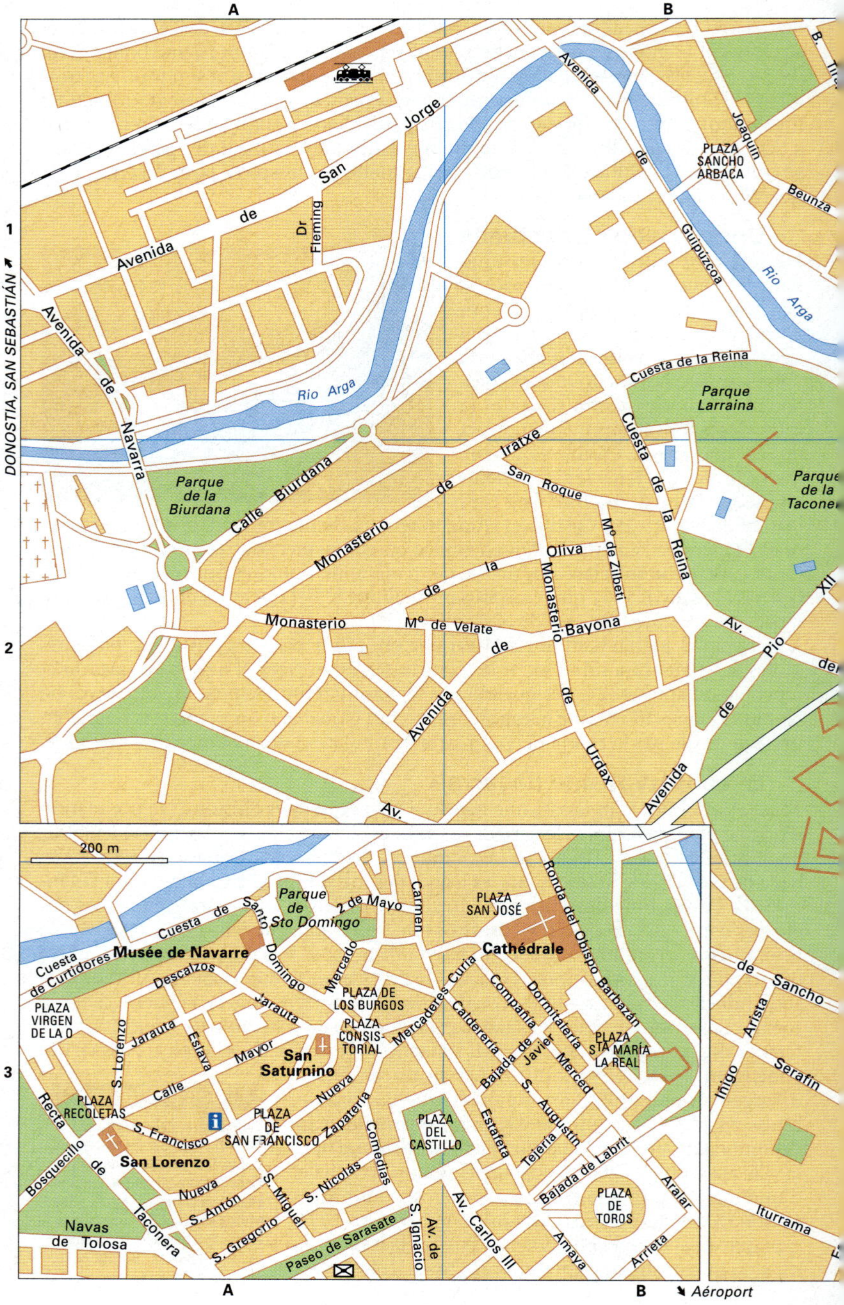
A
B
1
2
3
DONOSTIA, SAN SEBASTIÁN
Avenida de San Jorge
Dr Fleming
Avenida de Navarra
Rio Arga
Avenida de Guipúzcoa
PLAZA SANCHO ARBACA
Joaquín
Beunza
Cuesta de la Reina
Parque Larraina
Parque de la Taconera
Parque de la Biurdana
Calle Biurdana
Iratxe
San Roque
Monasterio de la Oliva
Mº de Zilbeti
Monasterio
Mº de Velate
Avenida de Bayona
Monasterio de Urdax
Av. Pío XII
Avenida
Av.
200 m
Cuesta de Santo Domingo
Parque de Sto Domingo
2 de Mayo
Carmen
PLAZA SAN JOSÉ
Ronda del Obispo Barbazán
Cathédrale
Musée de Navarre
Cuesta de Curtidores
Descalzos
Domingo
Mercado
PLAZA DE LOS BURGOS
Jarauta
PLAZA VIRGEN DE LA O
S. Lorenzo
Eslava
Mayor
PLAZA CONSISTORIAL
San Saturnino
Mercaderes
Curia
Calderería
Compañía
Dormitalería
PLAZA STA MARÍA LA REAL
Bajada de Javier
Merced
S. Agustín
Calle
Nueva
Zapatería
PLAZA RECOLETAS
PLAZA DE SAN FRANCISCO
S. Francisco
Comedias
PLAZA DEL CASTILLO
Estafeta
Tejería
Bajada de Labrit
Aralar
PLAZA DE TOROS
Recta de Bosquecillo
San Lorenzo
Nueva
S. Antón
S. Miguel
S. Nicolás
S. Gregorio
Taconera
Navas de Tolosa
Paseo de Sarasate
S. Ignacio
Av. de Carlos III
Amaya
Arrieta
de Sancho
Arista
Serafín
Iñigo
Iturrama
Aéroport

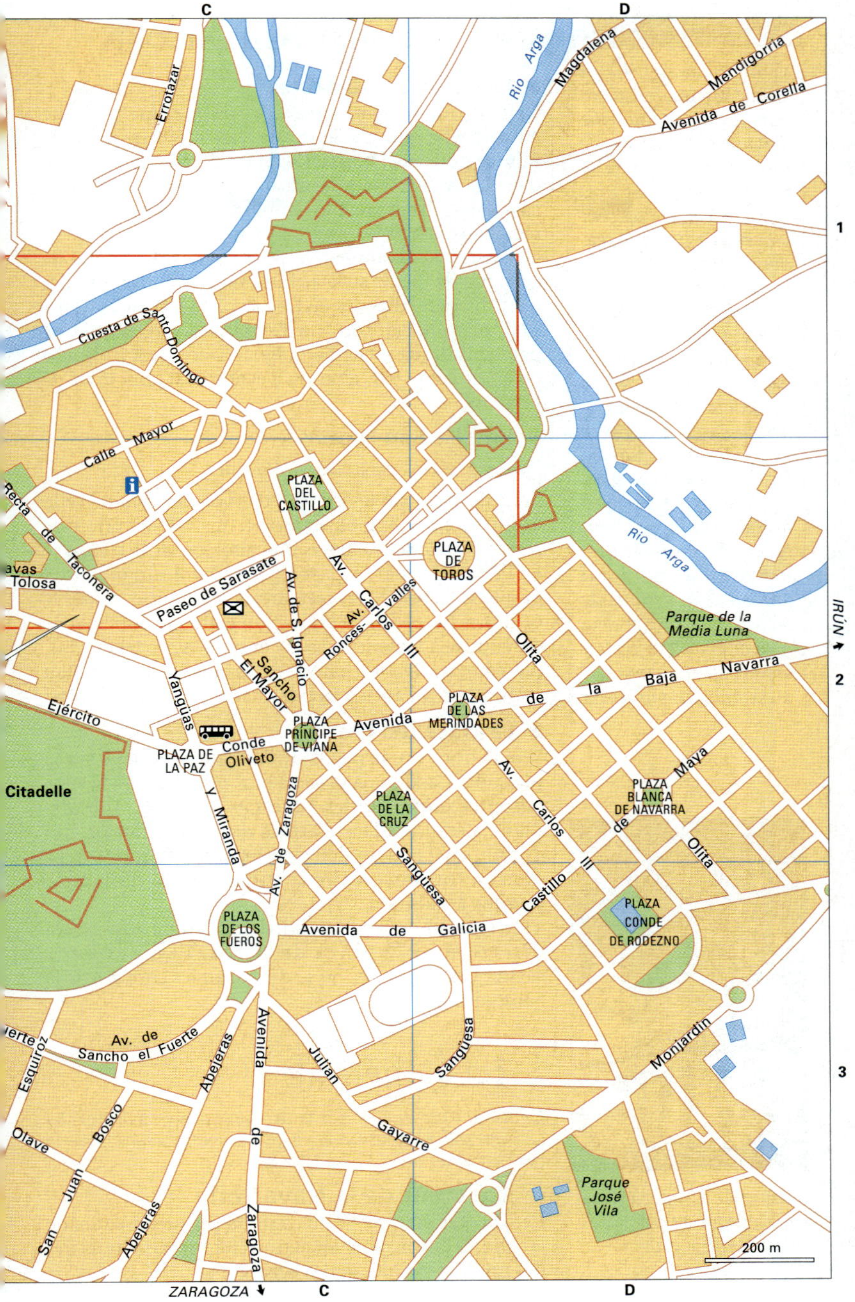
C
D
1
2
3
Errotazar
Rio Arga
Magdalena
Mendigorría
Avenida de Corella
Cuesta de Santo Domingo
Calle Mayor
Recta de Taconera
avas
Tolosa
PLAZA DEL CASTILLO
PLAZA DE TOROS
Paseo de Sarasate
Av. de S. Ignacio
Av. Carlos III
Av. Ronces-valles
Olita
Parque de la Media Luna
IRÚN
Navarra
Baja
Avenida de la Baja Navarra
PLAZA DE LAS MERINDADES
Sancho El Mayor
Yangüas
Ejército
PLAZA PRÍNCIPE DE VIANA
Conde Oliveto
PLAZA DE LA PAZ
y Miranda
Citadelle
Av. de Zaragoza
PLAZA DE LA CRUZ
Sangüesa
Av. Carlos III
PLAZA BLANCA DE NAVARRA
Maya
de
Castillo
PLAZA CONDE DE RODEZNO
PLAZA DE LOS FUEROS
Avenida de Galicia
Av. de Sancho el Fuerte
erte
Esquiroz
Abejeras
Avenida de Zaragoza
Julián
Gayarre
Monjardín
Parque José Vila
Olave
Bosco
Juan
San
200 m
ZARAGOZA

Le baiser de la puce

Voilà ce que signifie en basque Kukuxumusu, un nom devenu synonyme d'humour, de talent et de réussite. Il s'agit de la marque choisie par trois copains pleins d'idées pour lancer une ligne de tee-shirts 100 % basques. Évocateurs et humoristiques, les dessins croquent en des scènes délirantes toute la culture basque : vaches et taureaux, brebis et bergers rejouent la vie quotidienne avec beaucoup de dérision. Les fêtes de la Saint-Firmin donnent lieu à des éditions limitées débordantes d'imagination. Natif de Pampelune, le trio est aujourd'hui propriétaire de plus de mille points de vente, dont celui de la rue Estafeta, sur le parcours des taureaux. www.kukuxumusu.com

▷ Le quartier San Nicolás

■ Le paseo de Sarasate

Cette promenade plantée d'arbres marque la limite entre la ville nouvelle et les anciens quartiers. À l'extrémité se trouve la **Diputación Foral de Navarra**, de style néo-classique, construite au XIXe s. : c'est là que se tient l'assemblée de la province (un peu comme nos conseils régionaux, mais avec plus de prérogatives).

- Adossées à ce bâtiment, les **Archivo Real y General de Navarra**, de même style architectural, conservent toutes les archives médiévales de l'ancien royaume de Navarre.

- Un peu plus au sud, sur l'avenue San Ignacio, une petite **basilique** est dédiée à Ignacio de Loyola, blessé à cet endroit en 1521, alors qu'il était soldat pour le roi de Navarre.

■ L'église San Nicolás

Place San Nicolás, sur le paseo de Sarasate.

Bâtie au XIIIe s. sur les vestiges d'un édifice roman, cette église servait de bastion au Moyen Âge. Elle fut privée de ses tours et de ses éléments militaires lors de la conquête de la Navarre par la Castille. Le côté donnant sur le paseo de Sarasate, très restauré, a néanmoins conservé quelques traces de la construction gothique dont le style se retrouve à l'intérieur. La décoration, assez hétéroclite, présente des retables baroques. Le quartier environnant correspond à l'ancien bourg médiéval de San Nicolás.

■ La plaza del Castillo

Vers le nord-est, le paseo de Sarasate débouche sur la **plaza del Castillo**, la place la plus populaire de la ville, entourée d'immeubles à arcades du XVIIIe s. Initialement, c'était la place d'armes du vieux château, qui devint peu à peu un lieu de réjouissances populaires : danses, tournois, voire corridas... En témoigne le kiosque à musique.

- De là, on peut redescendre par l'angle sud-est en direction de la **plaza de Toros**, l'un des lieux mythiques de la ville, où se déroulent les corridas de la Saint-Firmin.

▲ *Au XVIIIe s., une façade néo-classique est plaquée contre l'édifice gothique de la cathédrale.*

▷ La cathédrale

Quitter la plaza de Toros par la rue Estafeta, par où arrivent les taureaux pour la Saint-Firmin. En haut, tourner à droite dans la rue Mercaderes, puis Curia. PLAN B3

Au cœur de la Navarrería

Ce parcours vous mène au cœur du premier quartier de la ville, la Navarrería, ancienne cité romaine puis fief des nobles navarrais et des évêques.

Un édifice étonnant

Le fronton triangulaire et les deux tours à clochetons de la façade cachent un intérieur gothique remarquable datant de la construction médiévale (XIVe-XVIe s.).

- L'**intérieur** surprend d'abord par son austérité et son absence de lumière et de décor, rappelant davantage les atmosphères des édifices romans. En fait, les murs étaient autrefois couverts de tapisserie. Puis la hauteur de la nef – près de 26 m – retient l'attention.

- En s'approchant du **chœur**, on note les belles grilles de fer forgé (XVIe s.) et la statue romane en bois couvert d'argent de Santa María la Real, devant laquelle étaient couronnés les rois. Ses vêtements furent offerts par les fidèles.

- Devant l'autel, le **tombeau en albâtre** de Charles III de Navarre et Éléonore de Castille est une œuvre gothique splendide exécutée par Janin L'Home, ou Lome de Tournai. L'expression des visages, la délicatesse des drapés, la finesse des dais et les personnages de la cour sur les côtés témoignent d'un savoir-faire incontestable.

- Les **chapelles latérales** et celles du déambulatoire contiennent, elles aussi, des merveilles : ainsi le retable gothique de Santo Cristo, à gauche, et le tombeau gothique de la chapelle de Santa Catalina, à droite. La chapelle San Juan, près de la porte du cloître, possède un beau retable du XVIe s. en bois polychrome, provenant de l'église d'Itoitz.

- À l'entrée de la sacristie, l'autel de Caparroso mêle peinture et sculpture; ses panneaux latéraux retracent la vie de la Vierge. La sacristie est décorée dans un curieux style rococo – Victor Hugo la compara à un salon de la Pompadour!

Le cloître

Le bras droit du transept mène à l'un des plus beaux cloîtres gothiques d'Europe, construit entre 1286 et 1472. La porte d'entrée, dite « de Nuestra Señora del Amparo », est surmontée d'une Vierge dormante.

- Tout autour, on peut voir de nombreux sépulcres de notables ou de généreux donateurs. La **puerta Preciosa**, porte gothique du XIVe s. magnifiquement décorée, mène au dortoir des moines. Son tympan est orné de sculptures figurant la vie de la Vierge.

- Dans la chapelle gothique Barbazana, ne pas manquer la belle voûte dont les arcades reposent sur d'étonnantes consoles ouvragées – on notera par exemple l'attitude du cerf.

Le Musée diocésain

Dans le réfectoire des moines; accès par le cloître. PLAN B3

Ouv. du lun. au ven. de 10 h à 13 h et de 16 h à 19 h; le sam. de 10 h à 13 h 30. F. dim. et fêtes.

▲ *Le cloître de la cathédrale enchante par ses proportions et ses baies ajourées.*

Bonne adresse

Café Iruña, plaza del Castillo. ☏ 948 22 20 64. Sous les arcades de la place, ce café au décor classé fut fréquenté par Hemingway. On y mange un menu copieux à petit prix, mais il y a souvent la queue. Ambiance bruyante et conviviale.

Une construction chaotique

Au XIe s., Pedro de Roda, évêque originaire des environs de Moissac (France), supervise la construction de la cathédrale romane et fait appel à des maîtres sculpteurs de Compostelle. De cet édifice, seuls quelques chapiteaux de toute beauté, aujourd'hui exposés au musée de Navarre, sont parvenus jusqu'à nous. Détruite par les armées françaises en 1277, cette première cathédrale ne fut reconstruite qu'à partir de 1397 dans le style gothique. Les travaux, qui s'étendirent jusqu'en 1530, furent en partie supervisés par Barbazan, évêque français originaire de Bigorre. La façade néo-classique est l'œuvre de Ventura Rodriguez (fin XVIIIe s.).

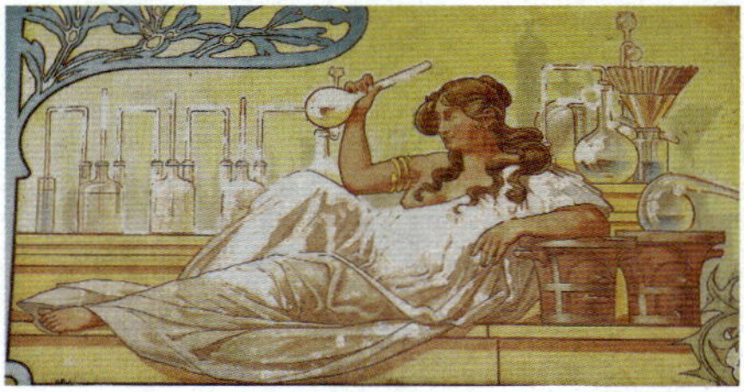

▲ *Calle Mercaderes, l'ancienne pharmacie Blasco témoigne du goût de Pampelune pour l'Art nouveau.*

La porte de France était la principale entrée de la ville et surtout celle par où arrivaient les pèlerins. Ils empruntaient ensuite la rue del Carmen puis remontaient vers la cathédrale. C'est le trajet qu'ils suivent encore aujourd'hui.

Les malheurs de Job

À l'instar de la tapisserie de Bayeux réalisée au xᵉ s. en Normandie, le chapiteau de Job exposé au musée de Navarre est une véritable bande dessinée, qui retrace l'histoire de Job épisode par épisode : sa fortune initiale, puis son infortune. On voit ainsi le pauvre homme se prendre la tête à l'annonce de ses malheurs, déchirer ses vêtements avec de grands ciseaux, mais aussi ses troupeaux ravagés, sa maison qui s'effondre…

Le réfectoire est une impressionnante salle gothique du XIVe s., richement décorée, aux consoles délicatement sculptées de monstres, jongleurs et musiciens.

- La **chaire de pierre** est ornée dans sa partie inférieure d'une étonnante série de scènes figurant une épreuve de virginité imposée à une jeune fille : en bas à gauche, elle a les cheveux dressés d'épouvante, puis elle est conduite à cheval dans les bois pour y affronter la licorne ; au registre supérieur, elle sort victorieuse du combat.
- Le mur était à l'origine recouvert d'une fresque aujourd'hui conservée au musée de Navarre. On verra en revanche un trésor d'art sacré des XIIIe-XVIe s. : statues de la Vierge de différentes époques, pièces d'orfèvrerie inestimables. La plus belle, le **reliquaire du Saint-Sépulcre**, fut offerte en 1258 par le roi de France Saint Louis lors du mariage de sa fille Isabelle avec Thibaud II de Navarre. Tout aussi rare, le reliquaire du Lignum Crucis (1401), couronné de trois croix en argent doré rehaussé de pierres précieuses et d'émaux.
- La cuisine aux proportions monumentales (une cheminée centrale de 24 m de haut) peut se comparer aux plus importantes d'Europe, telles celles de Fontevrault ou du palais d'Avignon.

■ Depuis le chemin de ronde (paseo de Ronda)

Contourner la cathédrale vers le nord et emprunter la rue Redín.

Un agréable belvédère est aménagé en haut des remparts, devant la belle auberge médiévale fortifiée du Caballo Blanco (Cheval Blanc) transformée en café. Vers la gauche, le paseo de Ronda longe les remparts.
- Au pied de la butte coule l'Arga : on réalise l'emplacement stratégique qu'occupait le village primitif. Du côté nord des remparts, on arrive à la porte de Zumalacarregui, ou porte de France, qui a conservé son pont-levis.
- La rue del Carmen permet de rejoindre la vieille ville en traversant la **plaza Consistorial**, ancien point de jonction entre les trois quartiers de la ville. Cette place est aussi celle de la mairie *(ayuntamiento)*, où commence et se clôture la fête de la Saint-Firmin. On est ici au point stratégique du parcours des taureaux, qui arrivent d'un corral situé près des remparts et du musée de Navarre, par la rue Santo Domingo.

▷ Le musée de Navarre

Cuesta de Santo Domingo, dans la vieille ville. PLAN A3

Ouv. de 9 h 30 à 14 h et de 17 h à 19 h ; de 11 h à 14 h dim. et j. fériés. F. le lun.

Cet ancien hôpital n'a conservé que sa façade baroque plateresque et sa chapelle. À l'intérieur, de magnifiques collections permettent de suivre l'histoire de la ville et de la province.
- Dans l'ordre chronologique, passé quelques vestiges préhistoriques, on verra une belle collection de **mosaïques romaines** du début de notre ère, retrouvées dans les villas des environs.
- Le **coffre en ivoire**, de 35 cm de long, est daté de l'an 395 de l'hégire (c'est-à-dire 1004-1005 de notre calendrier). Exécuté à Cordoue, entièrement sculpté, c'est un témoignage de l'art musulman d'une extrême finesse. Il servait de reliquaire au monastère de Leyre jusqu'au démantèlement des couvents en 1836.
- Les **chapiteaux sculptés** par Maître Esteban et un anonyme surdoué appelé le « Maître du cloître » nous donnent une idée de la splendeur de la cathédrale romane. Les grands chapiteaux et les impostes de l'ancien portail sont de Maître Esteban : on remarque les entrelacs au maillage serré, les oiseaux qui se mordent les pattes, les feuilles et les fruits. Le second artiste est l'auteur des chapiteaux doubles à décor végétal ou historiés. Son incroyable habileté se manifeste dans l'élégance et la complexité des motifs ainsi que dans l'expressivité des personnages – le baiser de Judas sur le chapiteau de la Passion, ou les détails amusants sur celui de Job.
- Le musée conserve également des **fresques romanes et gothiques** récupérées dans diverses églises de Navarre, comme celle du réfectoire de la cathédrale, ainsi que des panneaux de retables, des pièces d'orfèvrerie, des peintures (*Portrait du marquis de San Adrian* par Goya).

▷ Le quartier San Cernín

Autour de l'église San Saturnino. PLAN A3
En sortant du musée, prendre la rue Jarauta (où les Peñas ont leur quartier général durant la Saint-Firmin).

Au cœur du quartier, l'**église San Saturnino** et son allure hostile rappellent les guerres entre les différents bourgs. À l'intérieur, la chapelle, qui a remplacé le cloître, renferme un beau retable baroque.
- Bordée de vieilles maisons, la calle Mayor mène à l'**église San Lorenzo**, qui abrite la précieuse statue de saint Firmin. Somptueusement vêtue et chapeautée d'une tiare d'évêque, c'est elle que l'on promène en procession lors des fêtes.
- Les passionnés d'architecture pourront faire un petit détour par la rue San Francisco où se trouve le plus ancien monument de la ville. L'ancienne **Chambre des Comptes royaux**, bâtie au XIIIe s., de style gothique, abrite actuellement l'institution culturelle Príncipe de Viana.

Un cadeau d'os

En 1940, Philippe Pétain offrit à Franco une partie des reliques de saint Firmin, qu'il expédia par la route depuis Amiens. Il fit placer les morceaux d'os dans un reliquaire frappé de son emblème, la francisque. Mais lorsque la voiture arriva en Espagne, la ferveur des gens à son passage était si intense qu'il lui fallut pas moins de trois jours pour aller de la frontière à Pampelune ! C'est ce même reliquaire que l'on vénère aujourd'hui. Saint Firmin est le patron de la ville et de la Navarre.

Bonnes adresses

Droguería Ardanaz, calle Mayor, 4. Une droguerie à l'ancienne comme on n'en fait plus. Véritable petit musée, cette boutique recèle et propose tous les produits d'antan.
Hôtel *La Perla*, plaza del Castillo, 1. ☏ 948 22 77 06. Bien qu'un peu fané, cet hôtel historique garde une certaine prestance, malgré un décor dépareillé. C'est là que descendit Hemingway. Surtout, il est en plein centre.

Le **parc de la Taconera**, à l'ouest de la vieille ville, est une vaste enclave de verdure, propice aux balades. Ses anciens fossés accueillent un petit zoo. Plus au sud, la **citadelle** *(ciudadela)*, construite au XVIe s. pour protéger la ville, joue elle aussi le rôle de poumon vert, avec jardins, espaces de détente et centre d'expositions.

▲ *Aux couleurs traditionnelles blanche et rouge, fanfares, feux d'artifice, bals populaires, concerts improvisés et défilés se succèdent sans interruption dans tous les quartiers de la ville.*

Les fêtes de la Saint-Firmin

en l'honneur du roi taureau

Ernest Hemingway, qui eut le coup de foudre pour ces fêtes, les immortalisa dans *Le soleil se lève aussi*. Chaque année, du 6 au 14 juillet, Pampelune s'enflamme. Durant neuf jours, la ville bascule dans la folie collective : lâchers de taureaux, musique bruyante et incessante, bals populaires, défilés colorés et processions religieuses, tout cela largement arrosé d'alcool : tous les excès sont permis.

■ Feux d'artifice, musique et défilés

À l'aube du 6 juillet, une atmosphère électrique plane sur la ville. Dès la fin de la matinée, la foule commence à s'agglutiner sur la plaza Consistorial. À midi, le maire et les officiels apparaissent au balcon de la mairie et déclarent solennellement les fêtes ouvertes. À cet instant, un seul feu d'artifice est lancé, le *chupinazo*, qui donne le signal du délire. Les bouchons des bouteilles de mousseux sautent et inondent la foule qui se met à crier, chanter et danser en arborant les costumes blancs et les cravates rouges, emblèmes de la fête. Le signal déclenche la même folie aux quatre coins de la ville. Neuf jours durant, les plus fous boivent sans limites (plus de 3 millions de litres d'alcool seraient engloutis !) et font la fête nuit et jour. Un seul objectif : faire le plus de bruit possible.

Parmi les défilés, ceux des géants sont une tradition. Quatre couples de rois et reines de 4 m de haut sont promenés de rue en rue, accompagnés de leur suite royale dont les *kilikis* et les *zalkidos*, leurs protecteurs qui s'amusent à poursuivre les enfants. Le dernier jour, les géants font leur tour d'adieu et tous les enfants leur disent « à l'année prochaine ». La fête s'achève par le *Pobre de mí* (Pauvre de moi) le 14 juillet à minuit : tout le monde se réunit sur la place de la mairie, où tout avait commencé, pour chanter la fin de la fiesta. C'est un moment nostalgique et émouvant qui marque la fin d'une semaine épuisante de fébrilité et de beuverie !

▲ *La procession solennelle qui ouvre la fête est menée en grande pompe par les notables et les ecclésiastiques.*

■ Les *Peñas*

Ces sortes de clubs ou associations ont été créées uniquement pour assurer à leurs membres un minimum d'organisation. Durant la fête, ils disposent d'un local ouvert où l'on peut danser, boire et manger à toute heure du jour et de la nuit. La plupart se situent rue Jarauta, dans la vieille ville, quartier alors particulièrement animé. Chacune des *Peñas* entretient une fanfare qui joue dans les rues, de jour comme de nuit, les hymnes de la Saint-Firmin. La musique de fanfare symbolise d'ailleurs la fête en grande partie. Le reste de l'année, les *Peñas* fonctionnent un peu comme les confréries gastronomiques, organisent des fêtes et des banquets et participent à la préparation de la prochaine Saint-Firmin.

▲ *Avec les géants, les* cabezudos *(grosses têtes) forment les défilés préférés des jeunes générations.*

■ La procession

Malgré les apparences et contre toute attente, la fête est placée sous patronage religieux. Dès le 7 juillet, à 10 h, les notables de la cité, accompagnés des géants et des fanfares, quittent la mairie et se rendent à la cathédrale en musique pour chercher les représentants du clergé. Ils partent tous ensemble vers l'église San Lorenzo chercher la statue et les reliques de saint Firmin pour les mener ensuite en procession à travers les rues. La cérémonie implique une pompe inouïe : tout au long de la route, les fidèles se signent, saluent ou rendent hommage à la statue par des chants. Puis on ramène le saint chez lui, on reconduit les ecclésiastiques à la cathédrale et on retourne à la mairie.

■ L'*encierro*

▲ L'encierro *: certains coureurs plus « raisonnables » se contentent de se placer sur la route et de bondir en arrière le plus tard possible.*

C'est l'élément le plus caractéristique, à l'origine de la célébrité des fêtes. Chaque matin de ces neuf jours, les taureaux qui doivent prendre part à la corrida de l'après-midi sont lâchés dans les 800 m de rues qui les mènent aux arènes. Une fusée annonce leur départ, suivie d'une autre qui confirme leur présence dans la rue. De jeunes hommes les attendent en bas de la rue Santo Domingo en chantant des cantiques, sous l'image de saint Firmin censé les protéger. Les plus entraînés et les plus hardis vont courir devant les taureaux (qui pèsent environ 600 kg chacun, et sont lancés au grand galop) en attirant leur attention avec un journal roulé. Inutile de dire que la cohue est indescriptible. Chaque section a son caractère propre : **Santo Domingo** est rapide et spectaculaire, **Mercaderes** est le point le plus dangereux, **Estafeta** le plus lent, enfin l'**arrivée aux arènes** est la plus pittoresque. Des doubles barrières sont installées pour permettre aux coureurs de sauter par-dessus en cas de problème. Les accidents sont fréquents et impliquent le plus souvent des touristes peu habitués aux taureaux. Une troisième fusée annonce leur arrivée dans les arènes, une quatrième qu'ils sont tous rentrés. Les vaillants taureaux y seront combattus lors des corridas, tous les après-midi à partir de 18 h 30.

De Pampelune à Puente la Reina

À partir de Pampelune, les chemins de Roncevaux et du Baztán se sont réunis. Le flux de pèlerins est donc plus important. La route se dirige vers Puente la Reina où elle va se grossir du flot venu par la route du Somport. Les difficultés occasionnées par le passage des montagnes sont loin derrière et les villages se succèdent au cœur d'une vaste plaine autrefois plantée de blé et de vignes où les hôtelleries des moines voisinent avec les chapelles.

▷ Sur la trace des pèlerins

■ Cizur Menor et Cizur Mayor

À la sortie sud-ouest de Pampelune par la N 111 en direction de Logroño.

Au XIIe s., des moines hospitaliers de Saint-Jean-de-Jérusalem s'implantèrent à **Cizur Menor** (juste au nord de la N 111). Leur hospice devint vite l'une des haltes préférées des pèlerins – les chevaliers étaient appréciés pour la qualité de leur accueil. De la commanderie ne subsistent que des vestiges – un donjon démantelé et une petite église romane du XIIe s. dédiée à San Miguel, qui abrite une Vierge à l'Enfant de la même époque et un christ gothique du XVe s. On notera les fonts baptismaux en forme de coquille Saint-Jacques.

- Au sud de la route d'Estella, **Cizur Mayor** mérite le détour pour son église gothique San Andrès et le mobilier qu'elle contient : un splendide retable peint du XVIe s. et un émouvant christ du XIIIe s. en bois polychrome naïvement disproportionné.

- En retraversant la N 111 vers l'ouest, **Gazólaz** est un paisible village typique. Son église romane du XIIIe s. est remarquable pour sa galerie-porche en pierres rosées (on en compte deux dans toute la Navarre), ouverte par des arcades en plein cintre. Une galerie voûtée de pierre mène à un imposant portail. L'ensemble est sculpté de façon rustique par un artiste influencé par la mode castillane. À l'intérieur, certains chapiteaux sculptés sont historiés. L'un d'eux porte des tours surmontées de têtes humaines – un motif arabe.

▲ *Sur la route de Compostelle, la chapelle d'Eunate est restée un bijou d'art roman.*

■ La sierra del Perdón

Poursuivre sur la N 111 pendant 10 km jusqu'au col (puerto) del Perdón puis tourner à gauche sur la NA 6058.

La ligne de crêtes de cette petite sierra est piquée d'une quarantaine d'éoliennes. Elle ferme le bassin de Pampelune au sud et offre un panorama de la ville, des Pyrénées et des montagnes cantabriques. Sur la hauteur, une série de sculptures contemporaines en métal figure les silhouettes efflanquées d'une file de pèlerins.

■ Obanos

Après le puerto del Perdón, suivre la N 111 pendant 9 km environ et tourner à gauche sur la NA 601.

Ce village navarrais typique aux maisons blasonnées est connu pour son **ermitage d'Arnotegui**, où sont conservées les reliques de san Guillén (Guillaume), l'un des saints liés au pèlerinage de Compostelle. La légende veut qu'après avoir tué sa sœur Felicia, il partit fou de remords implorer le pardon à Compostelle. Cet épisode et les célébrations qui en découlèrent donnent une idée de l'atmosphère du pèlerinage au Moyen Âge, avec son cortège de saints, de puissants et d'humbles pénitents, tous en marche vers le même lieu.

■ La chapelle Santa María d'Eunate

Reprendre la NA 601 vers l'est.

Cette merveilleuse chapelle romane est l'un des monuments phare des routes de Compostelle. Sa forme originale – un plan octogonal entouré d'un cloître – l'a longtemps apparentée à une chapelle des Templiers (ceux-ci privilégiaient en effet les sanctuaires circulaires rappelant l'église du Saint-Sépulcre à Jérusalem). On y voit désormais plutôt une église funéraire, comme on en voit à Roncevaux ou à Torres del Río. Jadis, les pèlerins étaient nombreux à mourir dans l'un ou l'autre des hospices de la route. Ils étaient enterrés dans de tels édifices. À l'origine, à la place de l'actuel campanile, une tour-lanterne brûlait jour et nuit en leur mémoire. L'escalier en colimaçon, bien conservé, permettait d'y accéder.

- Le **portail** principal, orienté au nord, est d'une grande sobriété. Les arcs en plein cintre s'appuient sur des chapiteaux sculptés de motifs variés.
- Des traces de fondations à l'extérieur du cloître laissent imaginer qu'un hospice ou des maisons s'élevaient alentour. Les arcades restantes seraient celles de la galerie.
- À l'**intérieur**, la douce pénombre, le chœur et sa statue de la Vierge à peine éclairée, dans l'abside, la sobriété et l'élégance des arcs en plein cintre, conjugués aux lignes épurées des nervures de la coupole, contribuent à l'atmosphère de recueillement et de spiritualité. La maîtrise architecturale et le jeu des colonnes et des nervures témoignent de l'influence arabisante.

Le saint fratricide

Felicia, une princesse d'Aquitaine, faisait partie des nombreux pèlerins qui partaient prier à Compostelle. L'expérience mystique qu'elle vécut alors fut si intense qu'elle décida de rester en Espagne pour y mener une vie de silence et de contemplation, tout en se mettant au service des pèlerins. Mais son frère Guillaume, persuadé de pouvoir la convaincre, la suivit pour la ramener à la raison et à l'existence brillante d'une princesse. En vain. Furieux face à ce refus, il la tua puis, fou de remords, décida à son tour d'effectuer le pèlerinage pour recevoir l'absolution. Il se retira ensuite dans le sanctuaire d'Arnotegui où il mena jusqu'à sa mort une vie exemplaire. Ouv. de juil. à sept. de 10 h 30 à 13 h 30 et de 17 h à 20 h; de mars à juin et en oct. de 10 h 30 à 13 h 30 et de 16 h à 19 h; en nov., janv. et fév. de 10 h 30 à 14 h 30. F. en déc.

« Et, à partir de là, les trois chemins n'en font plus qu'un. »
Aymeri Picaud, *Guide du pèlerin*.

Bonnes adresses
à Puente la Reina

Mesón el Peregrino, route de Pampelune. ☏ 948 34 00 75. Outre sa cuisine régionale raffinée, cet établissement propose des chambres très confortables, bien qu'un peu chères. Membre des Relais et Châteaux.

Hôtel *Jakue*, Irunbidea. ☏ 948 34 10 17. www.jakue.com. Aussi confortable mais plus abordable, sur la route de Pampelune.

Hôtel *Bidean*, calle Mayor, 20. ☏ 948 34 11 56. www.bidean.com. Belle maison de pierre, le long du trajet traditionnel des pèlerins. Réhabilitée dans le style rustique régional, à prix très raisonnables.

Du temps des Romains

À 5 km au sud de Puente la Reina, près du village de Mendigorria, le site d'Andelos est celui d'une véritable ville romaine. On y retrouve l'emplacement des maisons, les thermes, la citerne et tout un système sophistiqué d'approvisionnement en eau. Du temps des Romains, la plaine d'Estella, véritable grenier à blé, était également plantée de vignes et desservie par une route importante, dont on peut suivre une partie du tracé. Un musée présente les résultats des fouilles et les caractéristiques du site. Ouv. l'été de 11 h à 13 h 30 et de 17 h à 20 h ; l'hiver de 11 h à 13 h 30 et de 15 h à 18 h; dim. t.a. de 10 h à 14 h. ☏ 606 41 63 61.

Puente la Reina

Office de tourisme : plaza Mena. ☏ 948 34 08 45.

À 24 km au sud-ouest de Pampelune sur la N 111.

Une étape capitale

Cette petite ville est le point de rencontre des diverses routes venues du nord. Son plan typique de village-rue, organisé de façon géométrique de part et d'autre de la voie de passage, traduit très bien ce phénomène.

Parrainé par une reine de Navarre, c'est le pont construit sur la rivière Arga au milieu du XIe s. qui donna son nom au village (*Puente la Reina*, Pont de la Reine). En 1122, le village reçoit du roi de Navarre un *fuero*, ou charte de fondation. De nombreux bourgeois francs viennent s'y installer, comme à Pampelune ou à Estella, constituant vite l'essentiel de la population. L'idée était de créer au franchissement de la rivière une ville nouvelle, plus rationnelle, afin de profiter du bénéfice commercial engendré par le flot des pèlerins. Commerces et hôtelleries vont donc participer à l'essor économique de la ville. Après le déclin du pèlerinage, elle se recentre sur l'agriculture et accueille paysans et maraîchers, devenant la capitale du piment pour la région de Pampelune. Paradoxalement, la ville souffre aujourd'hui du passage du chemin de Compostelle : la route nationale la traverse sur toute sa longueur. En suivant l'ancien parcours le long de la calle Mayor, on découvrira malgré tout des trésors.

■ L'église del Crucifijo

À l'entrée nord, sur l'ancienne route.

Cet édifice roman du XIIe s. appartenait aux chevaliers du Temple ; il communique avec l'ancien hospice des pèlerins par un passage voûté. Au moment de la construction, l'ensemble se trouvait à l'extérieur des murailles de la ville.

- Le portail roman est superbe, décoré d'animaux et de monstres fabuleux. La nef gothique abrite le joyau de l'église, un christ en bois, crucifié sur une croix en Y. Saisissant de réalisme, il fut offert, selon la légende, par un pèlerin allemand, soigné ici lors de son retour de Compostelle.
- Le chœur principal n'est pas en reste avec une Vierge à l'Enfant polychrome du XIIe s. Dans l'abside, on pourra voir quelques traces de fresques murales.

■ La calle Mayor

Bordée de belles maisons blasonnées aux balcons de fer forgé, l'ancienne voie des pèlerins a gardé tout son charme. Les porches sont souvent pavés de galets de l'Arga et dotés d'imposantes portes cloutées.

- L'**église de Santiago** a remplacé au XIVe s. une précédente

▲ *Les principaux chemins de Saint-Jacques.*

église romane. De l'édifice d'origine, il ne reste que le portail malheureusement très érodé. On note cependant son arc intérieur lobé de style manifestement arabe.

- L'intérieur est richement décoré de retables de la Renaissance espagnole, dont le principal est, bien sûr, dédié à saint Jacques.
- On arrive enfin au **pont roman** à six arches, construit au XIe s., point de départ du chemin unique vers Compostelle.

■ Cirauqui

À 8 km de Puente la Reina par la N 111.

Situé entre Puente la Reina et Estella, Cirauqui veille du haut de sa butte. Le village a conservé son aspect médiéval, avec ses murailles et ses maisons trapues massées en désordre autour de petites placettes irrégulières.

- On s'attardera sur son **église San Roman**, dont le style gothique contraste avec le beau portail roman (souvent comparé à celui de Santiago à Puente la Reina ou à celui de San Pedro de la Rúa à Estella). Son arc intérieur lobé et l'influence mauresque qui se dégage du décor trahissent une inspiration arabe.
- À la sortie du village, le chemin empierré qui mène à Lorca est l'ancienne voie romaine.

Les chemins de Saint-Jacques
un pèlerinage authentique

Si vous souhaitez faire étape dans les refuges réservés aux pèlerins (nettement moins chers), pensez à vous munir du *Credencial* : ce carnet, tamponné à chaque étape, vous donne accès à ces gîtes. On l'obtient auprès de la **Société des amis de Saint-Jacques-de-Compostelle**, 8, rue des Canettes, 75006 Paris. ☏ 01 43 54 32 90, ou dans certaines paroisses.

Le plus important pèlerinage d'Europe au Moyen Âge est progressivement tombé dans l'oubli à partir du XVIe siècle, en raison de la montée du protestantisme en Europe du Nord et des guerres de Religion en France. Il connaît un renouveau impressionnant depuis 1950 et surtout depuis les années 1970, date à laquelle il est classé au Patrimoine mondial de l'Unesco. Le Pays basque est le point de jonction de toutes les routes venant de France et du nord de l'Europe.

► *La tradition demeure, et chaque pèlerin a son bâton et sa coquille, aussi appelée « bourdon ».*

■ Le pèlerin

Le premier de tous les pèlerins fut le roi des Asturies, Alphonse II. À l'annonce de la découverte miraculeuse du tombeau de saint Jacques, il se rendit en Galice, où un champ d'étoiles (en latin *campus stellae*) avait indiqué le site à des bergers, et y fit édifier la première église. D'autres fidèles suivirent, et les auberges et les hospices se multiplièrent à travers le Pays basque où convergeaient toutes les routes. La région fourmillait d'étrangers de passage qui arrivaient à pied ou à cheval, souvent à la suite d'un vœu. On les reconnaissait à leur long manteau et à leur imposant chapeau, à leur gourde et à leur bâton ferré qui servait aussi d'arme défensive contre les brigands de grand chemin. Aux gîtes d'étape, on s'échangeait renseignements et mises en garde. Certains faisaient leur plan de route en fonction de haltes parti-

À partir du milieu du XIIe s., un moine français du nom d'Aymeri Picaud rédige un *Guide du pèlerin* qui permet d'éviter les zones dangereuses et les passages difficiles, et de connaître les adresses de confiance et les visites à ne pas manquer.

culières, si bien qu'il existait une multitude de parcours. Arrivé à Compostelle, le pèlerin recevait une coquille (la plage en était jonchée) comme preuve qu'il avait accompli le pèlerinage jusqu'au bout. Au retour, il l'arborait fièrement, cousue à son chapeau ou à son revers de manteau. Elle devint ainsi l'emblème de Saint-Jacques, se retrouvant dans la décoration des églises, des monastères et même des statues tout le long de la route.

▼ *Entre Irún et Oyarzun, sur la voie côtière. Les routes principales se déclinent en centaines de variantes. En fonction des hôtelleries et des lieux de recueillement choisis, les chemins se multiplient à l'infini.*

■ Les grandes routes

La voie côtière était la plus pratique pour ceux qui venaient en bateau d'Angleterre, d'Irlande ou de l'Europe scandinave ; ils débarquaient à Bordeaux ou à Bayonne. Mais la majorité arrivaient par les Pyrénées. En France, il existe quatre principales routes au départ de Paris (*via Turonensis*, par Tours et l'Aquitaine), de Vézelay (*via Lemovicensis*, par le Limousin), du Puy (*via Podensis*, par l'Aubrac, Conques et Moissac) et d'Arles (*via Tolosana*, par Saint-Gilles-du-Gard, Toulouse et le col du Somport). Les trois premières se rencontrent à Ostabat, continuent jusqu'à Saint-Jean-Pied-de-Port, passent les Pyrénées à Roncevaux et gagnent Puente la Reina. La quatrième se poursuit au-delà du Somport par le chemin aragonais, le plus difficile et le plus haut de tous, qui se fond dans les trois autres à Puente la Reina. À partir de là, le chemin prend le nom de *Camino Francès*, car il est fréquenté par les pèlerins venus de France. Il se poursuit sur 692 km jusqu'à Compostelle.

■ Le renouveau

Dans les années 1950, la Société des amis de Saint-Jacques-de-Compostelle décida de faire revivre le pèlerinage. Dans les années 1970, le goût de la grande randonnée né de la mise en valeur des sentiers GR (grande randonnée) va favoriser les retrouvailles avec les anciens chemins. Le renouveau d'une certaine spiritualité, la vogue des vacances naturelles, contemplatives ou centrées sur le patrimoine ont ensuite participé au succès grandissant de Compostelle. De nombreuses auberges de pèlerins se sont vues réhabilitées ; les sentiers sont désormais empruntés par des voyageurs d'un nouveau genre, certains par piété réelle, d'autres pour le plaisir de la randonnée ou pour se retrouver. Ceux qui ne veulent pas faire la totalité du trajet s'essayent à de plus courts tronçons. Ainsi, il faut moins d'une semaine pour parcourir le Guipúzcoa, un peu plus pour aller de Roncevaux à Puente la Reina. Les plus belles portions du chemin s'étendent de Saint-Jean-Pied-de-Port à Puente la Reina, ou du monastère de Leyre à Estella. Les parties les plus sauvages traversent les montagnes du Guipúzcoa et les vallées reculées de l'Álava.

▲ *Non loin de Sangüesa, sur la* via Tolosana, *l'ermitage de San Adrian appartenait à l'abbaye bourguignonne de Cluny.*

Estella / Lizarra
la « Tolède du nord »

Dans un site grandiose et tourmenté, au bord de la rivière Ega, Estella était une étape majeure sur la route de Compostelle. Ses palais et ses églises nous rappellent qu'elle fut au Moyen Âge l'une des plus belles cités d'Espagne. Cosmopolite et commerçante, elle garda un rôle important même après le déclin du pèlerinage. Récemment y fut signé (1998) le pacte de Lizarra, accord entre le gouvernement espagnol et les différents partis basques pour un retour à la paix, rompu depuis par l'ETA.

Office de tourisme :
San Nicolás, 1 (à côté du palais des rois de Navarre).
☏ 948 55 63 01.
À 43 km au sud-ouest de Pampelune par la N 111.

Pour mieux comprendre le développement de la ville, commencez par sa partie la plus ancienne, le quartier de San Pedro, au sud de la rivière Ega. Il s'organise autour de la plaza de San Martín, à gauche à l'entrée de la ville en venant de Pampelune.

Un emplacement stratégique

Le village, qui existait déjà à cet endroit au temps des Romains, perdure sous le nom basque de Lizarra et se développe grâce à une décision du roi Sancho Ramirez de Navarre d'y installer une colonie de Francs. En 1090, il décrète un *fuero* fondant la nouvelle ville qui prend le nom d'Estella (« étoile » en espagnol). Son emplacement explique ce choix stratégique : entourée de crêtes et adossée à la montagne, Estella garde la route de Compostelle et assure la jonction entre la montagne et le bassin de l'Èbre. Mais ce choix avait des conséquences : il modifiait le tracé du chemin qui passait auparavant directement par Irache et par un hospice dépendant du monastère aragonais de San Juan de la Peña. Pour compenser la perte de bénéfices pour ces moines, il fallut leur concéder des droits sur les églises et établissements construits dans la nouvelle ville.

Naissance du quartier franc

Le palais des rois de Navarre fut érigé au sud de la rivière. Très vite, un quartier franc (des immigrés venus de Gascogne, du Languedoc et de Provence), le plus pittoresque de la cité, surgit tout autour. Parcouru par la calle de la Rúa, il concentre les plus beaux monuments, comme l'église San Pedro de la Rúa ou l'église del Santo Sepulcro, sur lesquelles les moines de San Juan de la Peña percevaient la dîme. Au Moyen Âge, le quartier regorgeait de maisons splendides, d'auberges et d'hospices pour pèlerins.

Expansion de la ville

Avec le succès commercial et spirituel, les extensions se multiplient et les Francs doivent accepter d'autres arrivants. Le provençal reste longtemps la langue usuelle d'Estella et les Francs gardent l'exclusivité de tout ce qui touche au pèlerinage (vente des fournitures diverses, services de banque, hébergement…). Vers l'est, dans le quartier de la Judería, s'installe au XVe s. une importante communauté juive. Au nord de la rivière, où se trouvent les vignobles du roi, un nouveau quartier se crée autour de l'église San Miguel, puis un autre encore autour de San Juan Bautista. La ville devient, outre un centre d'accueil, une importante place de marchés et a sa foire annuelle autour de la Saint-Michel. Au XIXe s., lorsque don Carlos conteste à sa nièce la couronne d'Espagne, il établit sa cour à Estella et en fait sa capitale.

▷ Le quartier de San Pedro

■ Le palais des rois de Navarre

Sur la plaza de San Martín.

Ouv. du mar. au sam. de 11 h à 13 h et de 17 h à 19 h ; dim. et fêtes de 11 h à 13 h. F. le lun. Gratuit.

L'ancien **palais des rois de Navarre** (aujourd'hui musée Gustavo de Maeztu, peintre de l'entre-deux-guerres), de style roman, date du XIIe s. Sa façade la plus intéressante est celle qui donne sur l'église San Pedro, dans la rue San Nicolás. On voit tout de suite que l'édifice d'origine n'avait qu'un étage : le toit du bâtiment primitif arrivait au niveau de la corniche ponctuée de modillons. Les quatre arcades ouvrant sur un vestibule sont surmontées de fenêtres bilobées encadrées et divisées par de fines colonnes à chapiteaux décorés.

- Les angles de la façade sont flanqués de colonnes superposées. C'est là que vous verrez les plus beaux **chapiteaux sculptés**. Celui de gauche, au sommet de la colonne inférieure, représente deux cavaliers qui s'affrontent suivant le thème médiéval de la lutte du héros chrétien contre le héros musulman, ici Roland contre Ferragut. On reconnaît Roland à son bouclier gravé d'une croix et Ferragut à sa cotte de mailles et à sa grosse tête. La scène se poursuit sur le côté avec le Maure désarçonné. Le chapiteau de la colonne de droite représente l'**enfer des avares**. On y voit un grand chaudron activé par des diables qui y jettent un méchant. Les autres, dont l'avarice est symbolisée par la bourse qu'on leur a liée autour du cou, attendent le châtiment.

▼ *Fenêtre en ogive, baies géminées… les maisons médiévales d'Estella arborent souvent de belles façades.*

■ L'église San Pedro de la Rúa

Face au palais, en haut d'un escalier imposant, l'édifice doit son allure de forteresse à une tour massive.

- On entre par un magnifique **portail roman** (fin XIIe - début XIIIe s.). Composé de huit arcs brisés, il se distingue par son arc intérieur lobé dans le style arabe. L'ensemble du décor géométrique dénote la même inspiration mauresque, déjà vue à l'église Santiago de Puente la Reina et à celle de Cirauqui.
- L'**intérieur** est de style roman tardif cistercien : on verra notamment de beaux chapiteaux sculptés et, dans l'absidiole de droite, une Vierge romane.
- Le **cloître** n'a conservé que deux galeries à colonnes jumelles délicatement sculptées : la galerie nord rassemble les scènes historiées relatives à la vie du Christ (la Mise au tombeau, le Massacre des Innocents,

Les fêtes d'Estella

Chaque premier vendredi d'août est dédié au patron de la ville, san Andrès, que l'on promène en procession. Suit toute une semaine de festivités : danses traditionnelles dans les rues, lâchers de taureaux (encierros) *le matin comme à Pampelune et corridas l'après-midi. Les instruments de musique typiques comme la* gaïta *et la* dulzaina *sont de sortie.*

Sur la place, le palais de justice porte un blason aux armes de Navarre et de France.

► *Le cloître de San Pedro de la Rúa. On ignore le sens de cette colonne « tordue » qui vient rompre (de façon d'ailleurs heureuse) l'harmonie de l'ensemble.*

l'Annonciation, la Nativité et l'Adoration des Mages), mais aussi de mystérieuses scènes de combat contre des fauves, le martyre de saint Laurent étendu sur le gril, la Passion de saint André et des scènes de la vie de saint Pierre, patron de l'église. La galerie ouest présente des thèmes décoratifs avec des animaux et des végétaux.
- On ne manquera pas le **chapiteau n° 14** : il est quadruple et posé sur un faisceau de quatre colonnes qui semblent torsadées et sont en fait rectilignes, obliques et coupées en biseau.

Une omoplate miraculeuse

Un jour de l'an 1270, un vieux pèlerin solitaire et malade arrive à Estella et y meurt d'épuisement. On l'enterre dans le cloître de San Pedro de la Rúa, mais la nuit, sa tombe brille d'un éclat presque insoutenable. Les moines font alors ouvrir le tombeau et découvrent dans le linceul du pèlerin un coffret contenant d'inestimables reliques, dont… l'omoplate de saint André (san Andrès). On s'aperçoit alors que l'inconnu n'était autre que l'évêque de Patras, en Grèce, parti déposer ce trésor à Compostelle. C'est ainsi que san Andrès fut choisi comme patron de la ville.

■ L'ancienne voie des pèlerins

Sur la plaza de San Martín, elle arrive de Pampelune par la calle de Rúa et file vers le sud par la calle de San Nicolás.

Bordée de belles maisons blasonnées, la **calle de San Nicolás** mène à la **porte de Castille** qu'empruntait le chemin de Compostelle vers Logroño.
- Dans l'autre direction, la calle de la Rúa est l'ancienne rue principale de la ville franque, autrefois jalonnée d'auberges pour les pèlerins. Ce sont de riches demeures gothiques et Renaissance qui s'y succèdent aujourd'hui. La rue se prolonge jusqu'à l'ancien quartier juif et arrive à l'**église del Santo Sepulcro**. Commencée à la période romane, elle est surtout remarquable pour son étonnante façade gothique très large, rythmée par des niches contenant les statues des apôtres et de fines voussures. Le décor représente la Cène et la Crucifixion. On y voit nettement l'influence française dans les lignes sobres et épurées.

Revenir sur ses pas pour emprunter le puente del Carcel, sur la rivière Ega.

Facilement identifiable, avec son arche unique et son profil brisé, le **puente del Carcel** (pont de la Prison) est la reproduction d'un ancien pont roman qui reliait le bourg franc au quartier nord (devenu quartier San Miguel) où se trouvaient les vignes et l'hôpital.

▷ Le quartier San Miguel

Devenu très commercial, ce quartier mérite le détour pour son église.

■ L'église San Miguel

Après avoir traversé le puente del Carcel, prendre à gauche la calle Ruiz de Alda. Un escalier monte à l'église.

Ouv. dim. mat. entre les offices et t.l.j. avant la messe à partir de 18 h 30 en hiver et 19 h 30 en été.

L'**extérieur** est un mélange désordonné de roman tardif et de gothique. En contournant l'édifice, on verra surtout le **portail nord**, splendide œuvre romane inspirée de l'art poitevin (les influences françaises venaient à la fois des immigrés et des pèlerins de passage).

- Au tympan, le Christ en majesté est entouré de tous les personnages de la Bible. Sur la première voussure se tiennent les anges, sur la deuxième, les vieillards de l'Apocalypse, la troisième accueille les personnages clefs de l'Ancien Testament, la quatrième ceux de l'Évangile et la cinquième les martyres des saints. Sur les petits chapiteaux, on reconnaît la conception et l'enfance de Jésus.
- De chaque côté du **portail**, des hauts-reliefs figurent deux groupes de quatre apôtres. À gauche, l'archange Michel terrasse le dragon à côté de la pesée des âmes ; à droite, la Résurrection et les saintes femmes au tombeau du Christ (noter la finesse de l'expression).
- L'**intérieur** de l'édifice est bâti dans un style gothique sobre. Il renferme un impressionnant retable baroque, une belle Vierge et un tableau de l'école hispano-flamande (1406) peint par Martin Périz, originaire de la ville.

■ Du vieux marché au quartier San Juan

Les marchés au Moyen Âge se tenaient sur la petite place Mercado Viejo (« vieux marché »), à l'arrière de l'église. On remarque que tout ici tourne le dos aux pèlerins qui fréquentaient l'autre côté de la rivière, comme si la topographie était à l'image de la rivalité entre les quartiers.

Revenir à la rue Ruiz de Alda et continuer vers l'ouest, où elle devient la calle Mayor.

Connue pour ses belles maisons typiques, la **calle Mayor** débouche plus haut sur la plaza de los Fueros et ses arcades traditionnelles, gardée par l'église San Juan Bautista, cœur du quartier San Juan qui a malheureusement subi l'urbanisation franquiste froide et impersonnelle.

Bonnes adresses

Restaurant *Navarra*, calle Gustavo Maeztu, 16, Los Llanos. ☏ 948 55 00 40. Vous goûterez à la cuisine traditionnelle et régionale dans une demeure décorée de céramiques. La *blanca de navarra* est exquise (glace au citron et au miel servie avec de la crème fraîche et des noix). Tout près de la gare routière et des cinémas, dans un beau jardin.

Hôtel *Yerri*, avenida Yerri, 35. ☏ 948 948 54 60 34. Un hôtel sans caractère, mais tout confort et bien pratique, à moins de 10 mn à pied de la vieille ville, près de la plaza de Toros, sur la route de San Sebastián et Vitoria.

▼ *Dans les pas des pèlerins à Saliendo de Urbiola.*

Les environs d'Estella

entre l'Ega et la vallée de l'Èbre

Entourée de montagnes, Estella s'ouvre par la rivière Ega sur le fertile bassin de l'Èbre. Au nord, les sierras d'Andia, d'Urbasa et de Loquiz forment une véritable barrière de plateaux désolés et de crêtes acérées, donnant au paysage une beauté sauvage. Le pèlerinage a laissé sa marque dans plusieurs villages et monastères perdus dans les collines.

■ Le monastère d'Iranzu

À 10 km au nord d'Estella par la NA 120, ne pas manquer l'embranchement à gauche à la sortie du village d'Abarzuza.

Ouv. de mai à sept. de 10 h à 14 h et de 16 h à 20 h; d'oct. à avr. de 10 h à 14 h et de 16 h à 18 h. F. lun. en hiver.

▲ *La Navarre est riche en abbayes romanes. Iranzu est l'une des plus anciennes.*

Fondé au Xe s., c'est l'un des plus anciens de Navarre. Dans un cadre sauvage et solitaire, blotti au pied d'une haute falaise de la sierra d'Urbasa, il est tenu par les moines théatins, un ordre italien. C'était à l'origine un monastère bénédictin auquel l'abbé de Cluny lui-même, Pierre le Vénérable, rendit visite lorsqu'il vint en Espagne.

- L'**église**, très sobre, affiche le style cistercien le plus pur et marque la transition vers le gothique. On retrouve à l'intérieur les caractéristiques de l'ordre : pureté des lignes, absides carrées. La statue de la Vierge d'Iranzu, en bois polychrome, est du XIIIe s.
- Le **cloître** romano-gothique des XIIIe et XIVe s. communique avec la salle capitulaire par un arc en plein cintre. Consolidé par des contreforts massifs, il porte la marque cistercienne dans l'extrême simplicité de son décor.
- Le portail d'entrée du monastère est clairement gothique. On peut visiter les cuisines voûtées d'ogives.

Le vin du robinet

À côté du monastère d'Irache à Ayegui, les bodegas *(caves) commercialisent le vin local. En souvenir de la tradition de secours au pèlerin (le chemin passe juste entre les caves et le monastère...), on a placé dans le mur deux robinets, l'un pour l'eau, l'autre pour le vin ! Ils ont même la forme de coquilles Saint-Jacques...*

■ Murieta et la vallée de l'Ega

À 13 km à l'ouest d'Estella par la NA 132a vers Vitoria-Gasteiz.

La route passe au sud de la petite sierra de Loquiz en traversant un maquis planté de chênes verts.

- De jolis villages se succèdent, comme **Murieta**, dont l'église est construite en pierres non taillées, ou **Acedo** et son église du XVIe s.
- Plus loin, en bifurquant à droite vers Zúñiga, puis Narcué, Ulibarri et Galbarra, on arrive au cœur de la petite **vallée de Lana**, sauvage et complètement enserrée dans les montagnes. On y cultive de minuscules parcelles

de terre ; on y perpétue également la tradition charbonnière, surtout à Viloria.

La route ramène à Acedo ; prendre la NA 129 vers Los Arcos.

On peut faire un détour par **Sorlada** et **Piedramillera** dont les églises renferment de beaux retables baroques.
- Tout près de Sorlada, la **basilique baroque de San Gregorio Ostiense** dresse son étonnante silhouette. Le saint patron est le protecteur des récoltes. De là, on a une vue superbe sur le contraste des montagnes, la plaine rouge de Mués et les pierres claires de Los Arcos.

Le monastère d'Irache

À 4 km au sud-ouest d'Estella par la N 111, dans le village d'Ayegui.

Ouv. du mer. au ven. de 9 h 30 à 13 h 30 et de 17 h à 19 h ; sam., dim. et fêtes de 8 h 30 à 13 h 30 et de 16 h à 19 h. F. lun. et mar. après-midi, ainsi qu'en déc.

Bâti sur le site d'un hôpital fondé en 1045, le monastère a abrité du XVIe au XIXe s. l'université bénédictine Santa María où étaient enseignés la théologie, l'art et la médecine, ce qui lui valut une certaine célébrité. Quelques objets ethnographiques sont présentés dans le cloître du XVIIe s., mais les explications ne figurent qu'en espagnol.
- L'**église**, commencée en style roman au XIIe s., fut terminée en gothique ; sa façade baroque est encore plus tardive (XVIIIe s.). Elle a néanmoins conservé son portail roman et même ses charnières d'origine.
- Le **cloître** le plus intéressant (il y en a deux) est celui du XVIe s., de style plateresque. Le mélange de styles ne manque pas de panache. L'intérieur, élégant, aux chapiteaux et coquilles sculptés, renferme une statue de Santa María la Real, patronne du lieu, en bois recouvert d'argent.

▲ *Ayegui, le* Camino de Santiago *et le monastère d'Irache.*

Vers la vallée de l'Èbre

Au sud d'Estella par la NA 122.

Ne pas manquer la petite route à droite menant à **Arellano**, sur une hauteur. Son église contient de rares **fresques gothiques** récemment restaurées *(si la porte est fermée, demander à l'une des dames du village : elles se partagent la garde de la clef)*.
- On poursuit jusqu'à **Allo**, aux maisons blasonnées et dont l'église contient de magnifiques retables. Là, prendre la direction d'Urbiola jusqu'au hameau d'Arroniz pour voir les ruines de la **villa romaine d'Arellano**.
- En reprenant la route principale d'Estella à Logroño, on peut visiter le village de **Villamayor de Monjardin** sur la colline, dont la forteresse médiévale défendait jadis l'entrée d'Estella. Sur l'un des chapiteaux du portail de l'église romane du XIIe s., on reconnaît la scène de lutte entre Roland et Ferragut vue au palais des rois de Navarre d'Estella. À l'entrée du village, la **fontaine gothique**, dite « des Maures », rappelle le problème que rencontraient les pèlerins pour se désaltérer en période de sécheresse.

Le circuit dans la vallée permet de découvrir la plaine fertile du bassin de l'Èbre dans lequel se jette la rivière Ega. Après les sierras, le paysage peut paraître monotone, avec ses immenses champs presque plats à perte de vue. De temps en temps, on traverse un village écrasé de soleil. Le joli village fortifié d'Aberín offre une belle vue sur la plaine.

De Los Arcos à Viana

Cette portion des routes de Compostelle offre quelques monuments rares et émouvants. Au nord, les premiers contreforts des sierras abritent de beaux villages et de petites chapelles perdues dans la nature. Au sud, la plaine de Navarre étire ses grands espaces vides…

▶ *La mairie de Viana est une belle bâtisse Renaissance. Sa façade plateresque est ornée de l'écusson de la ville.*

■ Los Arcos

À 19 km au sud-ouest d'Estella par la N 111.

Office de tourisme : dans la Casa Consistorial. ☏ 948 44 10 04.

Au Moyen Âge, cette halte importante sur la route des pèlerins en avait fait une ville étirée le long de la route et bordée de belles maisons. Malheureusement, malgré ses remparts et ses portes fortifiées, elle a perdu de son charme à cause des réhabilitations intempestives.

- L'**église Santa Maria de la Asunción** (XVIe s.), cependant, vaut le détour pour sa Vierge gothique, son retable baroque monumental rutilant et son cloître gothique flamboyant. Son clocher Renaissance, véritable chef-d'œuvre, fut construit par Martín et Juan de Landerrain.

■ Torres del Río

À 7 km au sud-ouest de Los Arcos par la N 11, à 26 km d'Estella.

Ce village plaisant possède de belles maisons navarraises blotties autour de l'église.

- La curieuse **église del Santo Sepulcro** (du Saint-Sépulcre), du XIIe s., est l'une des merveilles de la Navarre. Tout comme celle d'Eunate, son plan octogonal évoque l'architecture de l'église de Saint-Jean-de-Jérusalem. Plus haute et plus étroite que la chapelle d'Eunate, elle est équipée d'une imposante tourelle d'escalier et surmontée d'un lanternon, jadis allumé jour et nuit en mémoire des défunts, qui est la réplique miniature du corps principal de l'église.

- Son originalité réside dans sa **coupole** intérieure. Soutenue par des nervures qui s'entrecroisent en étoile, elle

Pour visiter l'intérieur de l'église de Torres del Río, demander dans le village la dame qui en garde la clef : elle vous réclamera une petite participation.

est visiblement d'inspiration musulmane, comme on peut le voir à L'Hôpital-Saint-Blaise ou à Sainte-Croix-d'Oloron, en Pays basque du nord. Cela confirme que la route de Compostelle était un axe important de diffusion des courants artistiques. De nombreux détails décoratifs sont évocateurs de l'art arabe.

- À l'entrée de l'abside, les chapiteaux historiés figurent à gauche une Descente de croix, à droite la Résurrection et les femmes au tombeau.

■ Vers la montagne de Codés

Au nord de Torres del Río par la NA 7200.

Non loin de Torralba del Río, ancien village fortifié, se trouve le sanctuaire **Nuestra Señora de Codés** qui domine la vallée d'Aguilar. Le premier ermitage fut construit près d'une grotte où l'on a retrouvé une Vierge à l'Enfant en 1350. Depuis, elle fait l'objet d'un pèlerinage le lundi de la Pentecôte. L'église actuelle, en grès rose, contient la statue habillée de tissu blanc, comme on en voit souvent en Espagne.

- Revenir sur ses pas et reprendre la route jusqu'à **Aguilar de Codés**, un autre beau village médiéval fortifié.
- Reprendre la route jusqu'au carrefour et tourner à droite vers **Genevilla**. L'église renferme l'un des plus beaux retables de Navarre, du XVIe s., en bois polychrome.
- Revenir jusqu'au carrefour et aller tout droit; une route spectaculaire mène à **Lapoblación**, splendide village blotti contre la falaise. Fondé par les rois de Navarre, il a conservé son église fortifiée et ses belles maisons.

■ Viana

À 38 km au sud-ouest d'Estella par la N 111. À 12 km au sud-ouest de Torres del Río.

Office de tourisme : plaza de los Fueros. ☏ 948 44 63 02.

Bâtie sur une colline à la frontière de la Navarre, Viana fait partie des étapes importantes sur les routes du pèlerinage. Fondée en 1219 par Sanche le Fort, elle fut très vite florissante grâce aux nombreux hospices et auberges. Les pèlerins arrivaient par la porte d'Estella et se rendaient à travers la ville jusqu'à l'ancienne église San Pedro, aujourd'hui en ruine.

- De sa splendeur passée, elle a conservé des édifices imposants, comme l'**ayuntamiento** (mairie) à arcades de style Renaissance plateresque, sur la plaza de los Fueros, mais aussi ses remparts et sa disposition le long d'une rue principale.
- L'**église Santa María** est célèbre pour son portail Renaissance monumental regorgeant de scènes sculptées. À l'intérieur, on verra un retable baroque du XVIIe s. et, dans l'atrium, le tombeau de César Borgia. Le frère de la célèbre Lucrèce Borgia, dont les origines sont espagnoles, fut tué en 1507 devant Viana alors qu'il combattait pour son beau-frère le roi de Navarre.

La terre rouge

À l'ouest de la montagne de Codés, la couleur rouge sombre de la terre et des pierres des maisons a intrigué les visiteurs. Ce territoire, qui de Codés s'étend vers l'est jusqu'à Piedramillera, Sorlada ou San Gregorio Ostiense, est appelé Berrueza. *Le contraste avec la couleur grise ou presque blanche des falaises des sierras en fait l'un des paysages les plus surprenants de la région.*

La Navarre centrale

La Navarre occidentale
p. 244

Au nord de Pampelune, la vallée d'Ultzama sépare les contreforts pyrénéens, à l'est, des sierras d'Aralar, d'Andia et d'Urbasa, à l'ouest. Là, le couloir d'Arakil est le point de départ de superbes randonnées dans un décor naturel grandiose.

La Navarre orientale
p. 254

Ocre, rouge et rose, les couleurs sont comme brûlées par le soleil ; les villages se fondent dans le décor minéral, déclinant les mêmes teintes douces. Le vignoble escaladant les collines succède au désert qui, aux Bárdenas, prend des allures de Far West…

◀ *Le paysage désertique des Bárdenas Reales.*

▼ *La Navarre occidentale.*

Au nord et à l'ouest de Pampelune, la Navarre occidentale, pays sauvage, est rythmée par le relief abrupt des sierras ; elle alterne forêts de chênes, pâturages et crêtes désolées et conserve l'authenticité de ses traditions, comme les carnavals aux rites étranges. Au sud et à l'est de la capitale, la Navarre orientale est plutôt celle des châteaux et des monastères gardant le souvenir des luttes médiévales contre les voisins aragonais ou les Maures. Les paysages y sont plus méditerranéens et desséchés, de modestes collines laissant la place à de larges plaines vides…

La vallée d'Ultzama

CARTE P. 243

À l'ouest de la route qui relie la France à Pampelune s'étend une vallée boisée, arrosée par plusieurs rivières, dont l'Ultzama. Encadrée de collines couvertes de hêtres et de chênes, elle est semée de beaux villages et de fermes qui se consacrent à l'élevage. Les habitants observent encore les anciennes traditions, comme celle du merveilleux carnaval de Lantz.

■ De la Bidassoa à Pampelune

Suivre la N 121A qui descend de la vallée de la Bidassoa vers le sud et la quitter à Almandoz pour suivre l'ancienne route de Pampelune, beaucoup plus pittoresque.

La route traverse des bois de chênes et rejoint le **col de Belate** qui marque le début de la descente des hautes collines de la Bidassoa vers le bassin de Pampelune que l'on compare souvent à une coquille.

- Après avoir retrouvé la route principale, bifurquer vers le village de **Lantz**, célèbre pour son carnaval rural exceptionnel, débutant en janvier et se poursuivant jusqu'au Mardi gras *(→ p. 248)*.

■ La vallée d'Odieta et la chênaie d'Orgi

À environ 5 km au sud du col de Belate, quitter la N 121A vers l'ouest et prendre la NA 4230.

La route passe de jolis villages navarrais typiques, comme **Alkotz** ou **Iraitzotz**, qui aligne de belles maisons fleuries et une église du XIVe s. le long de sa rue unique.

En rejoignant la NA 411, on arrive au village de Lizaso.

- **Lizaso**, qui ouvre sur la vallée d'Odieta, a consacré 80 ha à la **chênaie d'Orgi**, espace protégé dédié à l'arbre emblématique du Pays basque. Une bonne partie du domaine constitue un conservatoire botanique interdit au public, mais le reste offre de belles balades à l'ombre des chênes en suivant des sentiers aménagés et en lisant les explications techniques sur la forêt.

- Depuis Lizaso, vous pouvez tourner vers le sud et monter à la **colline de Guelbenzu**, un belvédère sur la vallée, barrée par les sierras à l'ouest.

■ Les villages d'Ultzama

Au nord-ouest de Lizaso, la NA 411 suit la vallée d'Ultzama en traversant d'autres charmants villages.

- **Larraintzar**, capitale de la vallée, est le plus important. Plus loin, **Auza** et **Eltzaburu** (à l'écart de la route), abondamment fleuris, méritent une escale. Ils sont parmi les plus beaux hameaux des environs et présentent de plaisants exemples d'architecture rurale navarraise.

Suivre la NA 411 et tourner à droite sur la NA 4114 en direction de Saldías.

La route traverse une splendide hêtraie, puis rejoint la NA 170. En la suivant vers l'ouest, on atteint le **col d'Usateguieta** et le village d'**Ezkurra** à travers de beaux paysages. La route encercle la vallée d'Ultzama avant d'arriver à **Leitza**, un gros village qui masse ses maisons nobles autour d'une église à arcades. Dans les environs, ne manquez pas les hameaux de **Uitzi** et **Gorriti**.

La route rejoint ensuite Lekunberri (→ p. 246). Suivre la A 15 vers Pampelune durant 8 km et prendre la NA 411 vers Udabe.

On retrouve le bord sud de la vallée d'Ultzama et d'autres villages attachants, tels **Latasa** avec ses maisons dominées par une église fortifiée, **Etxaleku** et sa chapelle au bord de la rivière (bifurcation vers la droite) ou **Beruete** (petite route vers le nord).

Les maisons rurales

L'architecture navarraise est particulièrement mise en valeur dans les villages de la vallée d'Ultzama. Les plus beaux sont Auza, Eltzaburu et Iraitzotz. En général, les maisons sont massives et cubiques, sous un toit à deux pentes couvert de tuiles plates. La base, les angles et les encadrements des ouvertures sont en grès rosé. Les fenêtres sont petites pour lutter contre le froid l'hiver et la chaleur l'été. Les portes sont souvent en plein cintre. Balcons et galeries sont prévus pour profiter au maximum du soleil, car l'hiver est assez humide et il peut neiger beaucoup. Dès le printemps, chacun fleurit sa maison en une débauche de géraniums rouges et roses. Dans les villages en pente, les maisons sont construites le long d'une rigole au centre de la ruelle pour drainer les eaux de pluie, comme à Auza.

Bonnes adresses

Hôtel-restaurant *Anayak*, Alkotz, vallée d'Ultzama. ☏ 948 30 50 05. À environ 28 km au nord de Pampelune, sur une petite route agréable, petit hôtel tout simple à prix modestes, mais avec le confort nécessaire.

Casa rural Artorena, Lizaso, vallée d'Ultzama. ☏ 948 30 65 30. Belle maison de pierre du XIVe s., au milieu du village. Tout confort, cuisine à disposition, petits prix. On y parle français.

La sierra d'Aralar

CARTE P. 243
Office de tourisme de Lekunberri : ☏ 948 50 72 04.

Frontière naturelle entre la Navarre et le Guipúzcoa, cette chaîne de montagnes a été déclarée parc naturel. Ses crêtes acérées dominent des forêts de hêtres et de vastes pâturages déserts où paissent les brebis donnant l'un des meilleurs fromages du pays. La région fut habitée très tôt, dès le Paléolithique – en témoigne le plus important groupe de dolmens du nord de l'Espagne.

► *La région est restée peu fréquentée. Des infrastructures pour le touriste limitées, mais des paysages grandioses et préservés.*

Sur la NA 7510 de Lekunberri à San Miguel, au kilomètre 5, face à un parking, un sentier mène aux **sources de la rivière Erzilla**, au cœur du cirque rocheux d'Aitzarreta.

Danger et dragon

Saint Michel est le patron du village d'Aralar depuis l'aventure de Teodosio de Goñi, un seigneur local à qui le diable avait fait croire que sa femme le trompait. Voulant tuer l'infidèle, il assassina par erreur ses parents. Condamné à errer enchaîné dans la sierra, il fut attaqué par un dragon. L'archange vint alors à sa rescousse, terrassa la bête qui disparut en enfer et délia le seigneur de son châtiment. En remerciement, le brave homme fit édifier à l'endroit même un sanctuaire dédié à son sauveur.

■ Lekunberri et la route des villages

À 36 km au nord-ouest de Pampelune par l'A 15.

Malgré la proximité de l'autoroute, Lekunberri a conservé de belles maisons nobles du XVIe s., surtout autour de l'église. Jadis, le roi d'Espagne autorisait ceux qui avaient rendu service à la couronne à arborer sur les façades le blason de la famille.

- L'ancienne gare (aujourd'hui office de tourisme) est le point de départ de la voie de **chemin de fer du Plazaola**, réhabilitée en sentier de randonnée dans les vallées de Larraun et de Leitza.
- De beaux villages s'éparpillent autour de Lekunberri. Vers le nord, la N 130 vers Tolosa conduit à **Betelu**, près d'une petite forêt de chênes verts, puis vers Arribe. Le long de la route, on peut bifurquer vers la sierra et les villages d'**Errazkin**, d'**Intza** ou de **Gaintza**.
- À l'ouest de Lekunberri, la NA 7510 monte vers le sanctuaire de San Miguel. Au passage, **Iribas** ou **Baraibar** donnent une idée de l'architecture rurale.

■ San Miguel de Aralar

À 15 km de Lekunberri par la NA 7510.

À 1 133 m d'altitude, le panorama est splendide sur les sierras d'Urbasa et d'Andia, avec, au centre, le mont Beriaín et l'ermitage San Doñato.

- Le sanctuaire devrait sa fondation à un seigneur local, sauvé par saint Michel. Un premier ermitage, bâti au VIIIe s., fut très vite l'objet d'un pèlerinage qui devint l'un des plus populaires de Navarre.

- Au IXe s., la petite chapelle initiale fut englobée dans une église plus importante dont l'abside et une partie des murs ont été conservées. Le reste de l'édifice est préroman (Xe s.) ; la chapelle intérieure fut restaurée au XIe s. À la même époque, l'afflux des pèlerins qui se détournaient des routes de Compostelle a conduit les moines à ajouter un hospice. La renommée du sanctuaire s'étendait très loin : le roi de Navarre lui-même y venait en pèlerinage, et lui faisait des dons importants. L'histoire dit qu'un roi y fut même guéri miraculeusement, ce qui amplifia la notoriété du site.

- De l'extérieur, l'édifice est d'apparence rustique. Sobre et massif, il a été exécuté en petites pierres de mauvaise qualité. L'abside centrale hexagonale est flanquée de deux absidioles.

- La visite commence par l'étroite galerie qui mène au porche ; c'est à l'intérieur que l'on comprend le système des **deux églises gigognes**. La nef et ses collatéraux sont bordés d'arcs en plein cintre et rythmés de piliers d'une extrême simplicité. La première travée de la nef est surmontée d'une coupole. La troisième travée est occupée par la petite chapelle initiale avec son toit à deux pentes.

- Le joyau de San Miguel est son **devant d'autel** en métal doré, placé à la façon d'un retable. Cette grande pièce (2 m de long sur 1 m de haut) est composée de **douze médaillons** émaillés représentant les apôtres, encadrant un émail central figurant une Vierge à l'Enfant, elle-même entourée et surmontée de huit autres plaques émaillées. Les détails des costumes et des visages, les couleurs d'une subtile harmonie, l'expression des personnages témoignent d'une très grande maîtrise. On attribue cette œuvre à un atelier limousin du XIIe s. ; cependant, certains motifs trahissent une influence espagnole et mozarabe qui suscite quelques doutes ; l'art espagnol avait peut-être déjà passé les Pyrénées, avec les pèlerins de retour ou par le biais des mariages et alliances entre les cours d'Europe.

Bonnes adresses

Hôtel-restaurant *Ayestarán*, Aralar, 22 et 27, Lekunberri. ☏ 948 50 41 27. Deux imposants édifices tout confort, au cœur du village. Demander les chambres avec vue sur la sierra d'Aralar. Prix moyens.

Quesos Bikain, Etxarri-Larraun. ☏ 948 50 41 17. L'une des fabriques traditionnelles produisant le célèbre fromage de brebis Idiazabal. Visite et dégustation en juil., août et Pâques de 10 h à 19 h ; de janv. à juin et de sept. à déc. le w.-e. de 10 h à 19 h.

▲ *La sierra d'Aralar vue depuis le Guipúzcoa voisin.*

La DOC Idiazabal

Cette appellation – Denominacion de Origen Calificada – *a récompensé la fabrication ancestrale d'un fromage traditionnel de brebis. Au* XIXe *s., mille bergers gardaient dans ces montagnes près de quarante mille brebis. Aujourd'hui, l'élevage reste une activité majeure, mais la fabrication est davantage réglementée. La qualité est restée la même, et l'Idiazabal est considéré comme l'un des meilleurs fromages d'Espagne. Fabriqué à base de lait de brebis cru, il est de taille moyenne, sa pâte est ivoire et sa croûte va du jaune pâle au gris selon sa maturité. Le terroir d'Idiazabal (situé en Guipúzcoa) inclut les sierras d'Aralar et d'Urbasa.*

Les fêtes navarraises

Comme les hautes vallées, la Navarre occidentale a conservé ses traditions séculaires. Qu'elles soient directement liées à d'anciens rites païens, comme le carnaval, ou célébrées en l'honneur du Christ ou d'un saint, elles sont toujours l'occasion de grandes réjouissances populaires au caractère rural et convivial. Pour la population, qui passe parfois des mois à les préparer, elles restent des moments intenses et chaleureux.

► *Le carnaval est un moment privilégié pour faire du bruit et animer la ville en musique. Ici, à Altsasu.*

■ Les carnavals ruraux

D'une manière générale, ils débutent fin janvier et s'achèvent le Mardi gras ou le mercredi des Cendres. Leur origine remonte à de très anciennes célébrations païennes ; ils correspondaient jadis au retour de la lumière après les jours les plus courts de l'hiver. Les paysans, alors en période d'inactivité, fêtent le renouveau de la végétation. C'est aussi une période d'abondance, car c'est souvent le moment où l'on tue le cochon, qui se conserve mieux au plus froid de l'hiver. Comme c'est le cas pour beaucoup de fêtes, le carnaval a fini par être christianisé et s'accompagne désormais d'évocations de la lutte entre le bien et le mal.

■ Le Miel Otxin de Lantz

Miel Otxin est un géant haut de 3 m, qui domine toutes les fêtes du carnaval de Lantz. Vêtu de rouge ou de couleurs vives, il porte un chapeau pointu dont les rubans ont remplacé les branches qui symbolisaient le retour du printemps. La figure du géant, qui serait un bandit des grands chemins, est portée sur les épaules d'un participant puis passée en jugement. À l'issue de la fête, on fait semblant de le tuer à coups de fusil et on le brûle devant le fronton de pelote. Durant le défilé, de jeunes gens déguisés de sacs de jute bourrés de paille ou de fougères, les *Ziripots*, symbolisent le mal et les difficultés de l'hiver finissant. Dans une autre catégorie, les *Zaldikos* sont déguisés en petits chevaux et sont chargés de régler leur compte aux méchants *Ziripots*, eux-mêmes aidés par les *Txatxos*. Ils sont tous armés de bâtons ou de balais. Tous les participants sont coiffés de hauts chapeaux pointus ornés de rubans multicolores figurant la renaissance de la nature. Avant que le Miel Otxin ne soit brûlé, les danseurs l'encerclent et se livrent à des figures particulières.

■ Les débauches d'Altsasu

Encore plus spectaculaire, le carnaval d'Altsasu culmine avec le défilé nocturne des *Momotxorroak* ou hommes-vaches, la nuit du Mardi gras. Affublés d'une énorme coiffure à cornes faite d'un panier renversé, recouverts de peaux de brebis et d'un tablier maculé de sang de poulet, armés de fourches de bois, ces personnages déchaînés se déplacent en bandes de quinze, effrayent les passants et se précipitent sur les filles de l'assistance pour soulever leur jupe. De temps à autre, leur chef sonne le rassemblement avec sa trompe et tous entament une danse guerrière. Les symboles liés à de très anciens rites de la fécondité sont indéniables.

Les sorcières tiennent également un rôle important et viennent rappeler les sinistres procès de l'Inquisition ; les fantômes des âmes damnées et les curés pittoresques complètent cet ensemble sauvage et coloré qui tranche avec le cadre un peu triste de la ville.

■ Corpus Christi et les pèlerinages

Tout aussi populaires, les processions religieuses qui accompagnent les grandes fêtes catholiques sont suivies d'une réelle ferveur, tout à fait dans l'esprit mystique espagnol. Corpus Christi (qui correspond à la Fête-Dieu française) donne lieu à des célébrations hautes en couleur.

Il faut toutefois souligner que des rites d'inspiration païenne se mêlent aux processions les plus catholiques. On y voit ainsi des « danses de l'arbre » et des costumes à rubans relevant de la même symbolique que celle des carnavals. De nombreux rites anciens liés aux cérémonies du solstice d'été perdurent à côté de la fête chrétienne. Ailleurs, des légendes sont venues fixer la piété populaire, comme à Aralar, où le défilé de Corpus Christi est une procession clinquante derrière une statue de saint Michel.

▲ *Capitale de la Navarre, Pampelune vit chaque année dans la fièvre les fameuses « Sanfermines ».*

Altsasu et le couloir d'Arakil

CARTE P. 243

Office de tourisme du Sakana : plaza de los Fueros à Altsasu. ☏ 948 46 83 43. Ouv. de début juil. à fin sept.

Cette étroite vallée sépare les deux masses des sierras d'Aralar, au nord, d'Urbasa et d'Andia, au sud. Au cœur de la Navarre bascophone, c'est l'un des fiefs des indépendantistes. Ce couloir, qui constituait autrefois une route secondaire pour les pèlerins de Compostelle, est la porte d'entrée vers les sierras d'Aralar, d'Urbasa et d'Andia.

Bonnes adresses

Casa rural Etxatoa, Oderitz. ☏ 948 50 44 49. www.etxatoa.pirineonavarro.org. Chambres rustiques aux murs de pierre dans une demeure blasonnée du XVIIe s. Sur la NA 750 qui remonte d'Irurtzun vers la sierra d'Aralar. On y parle français.

Hôtel-restaurant Izar-Ondo, route de Pampelune, Arbizu. ☏ 948 46 00 62. Une grosse maison navarraise chaleureuse. Petit hôtel très plaisant, à l'écart de la grande route qui traverse la vallée.

L'Artzai Eguna d'Uharte-Arakil

Les sierras d'Aralar, d'Urbasa et d'Andia sont des terres d'élevage, peuplées de bergers et de troupeaux. Chaque année, le dernier dimanche d'août, c'est le jour des bergers à Uharte-Arakil : on fête à la fois les fromages d'Idiazabal, spécialité de la région, et les chiens de berger, compagnons indispensables dans les pâturages et les chemins de montagne. Des concours récompensent les meilleurs artisans et les meilleurs chiens. Une série d'épreuves départage les tandems maître et chien les plus doués – les ordres du maître sont donnés uniquement par des sifflements…

■ Les villages de la vallée

Partir d'Irurtzun, au nord-ouest de Pampelune, au point de jonction de l'A 15 et de la N 240A. Cette dernière parcourt la vallée de bout en bout, mais on lui préférera l'ancienne route, qui la double sur presque toute la longueur.

On passe d'abord le défilé des Deux-Sœurs : à droite la sierra d'Aralar, à gauche la sierra d'Andia. Prendre à droite la bifurcation vers **Egiarreta**.

- L'**ermitage Santiago de Itsasperri**, l'une des chapelles isolées qui ponctuent la vallée, est de style roman tardif. Toute simple, elle a conservé de beaux éléments, comme son abside semi-circulaire ou son frontispice.
- **Uharte-Arakil** fut construit au Moyen Âge sur le principe des bastides fortifiées pour garder la vallée. C'est aujourd'hui un centre d'élevage ovin, qui accueille chaque année des rassemblements d'éleveurs et de bergers. Non loin de là, de l'autre côté de la rivière, l'ermitage de **Santa María de Zamartze** adopte le même style que celui de Santiago.
- On traverse ensuite plusieurs villages, comme **Lakuntza** et son église à clocher du XVIe s. ou **Arbizu** qui conserve une belle maison-tour médiévale, avant d'arriver à Etxarri-Aranatz.

■ Etxarri-Aranatz

À 22 km à l'ouest d'Irurtzun par la N 240A ou l'ancienne route.

Fondées en 1312 suivant un plan de bastide, il ne reste rien des anciennes fortifications, excepté quelques fondations. En revanche, l'**hôtel de ville** occupe un beau palais navarrais.

- Le village est surtout le point de départ pour de belles excursions. En voiture, on peut remonter au nord vers le Guipúzcoa, à travers la **sierra d'Aralar** et ses superbes paysages, en prenant la NA 120 vers Beasain et Donostia.
- Vers le sud et Estella/Lizarra, cette même route se faufile entre les **sierras d'Andia et d'Urbasa**, en passant par le col de Lizarraga (1 090 m). De là, vues splendides sur les forêts des flancs de la montagne et sur les minuscules villages. Le paysage est dominé par la silhouette

◀ *La Navarre occidentale est très boisée. Les nombreuses forêts de hêtres et de chênes offrent de belles balades aux amoureux de la nature.*

caractéristique de la falaise du mont Beriaín et de l'ermitage San Doñato, dans la sierra d'Andia.

- Ceux qui préfèrent les randonnées pédestres iront au camping d'Etxarri-Aranatz, d'où partent des sentiers bien balisés – on peut y demander des fascicules explicatifs. On peut faire une courte balade à travers la **chênaie d'Etxarri**, sur un sentier botanique très facile *(les numéros sur les arbres renvoient à l'un des dépliants)*.

- Deux randonnées beaucoup plus longues et ardues *(9,5 et 15 km, de 2 h 30 à 4 h)* permettent de suivre la **route des dolmens** (moyennement conservés) dans un cadre sauvage et agréable. On grimpe sur le flanc sud des montagnes d'Aralar, à travers des forêts de chênes puis de hêtres.

■ Altsasu / Alsasua

À 32 km d'Irurtzun par la N 240A. À 25 km au sud de Beasain par la N 1.

Petite ville industrielle un peu triste, Altsasu possède une jolie église de l'Assomption ; son ermitage Santo Cristo de Otadia renferme une très belle représentation du saint datant du XVIe s.

- Mais Altsasu est surtout le théâtre de l'un des **carnavals** les plus délirants de Navarre, qui vient démentir sa morosité habituelle. Les habitants se livrent à une débauche de danses sauvages et de rites ancestraux *(→ p. 249)*.

En prenant la direction d'Olazti au sud, on peut partir à la découverte de la sierra d'Urbasa par la NA 718.

■ L'ermitage San Pedro

En quittant la ville par l'église de l'Assomption, au nord, ce minuscule sanctuaire est construit au cœur d'un bois de chênes. Chaque année, le 29 juin, jour de la fête du saint, il est le cadre d'un pèlerinage très joyeux qui s'achève en chants, danses et bombance traditionnels.

Un paradis naturel

Les sierras d'Urbasa et d'Andia forment un plateau calcaire massif qui marque une transition climatique entre le nord, au climat atlantique humide et doux, et la plaine centrale, sèche et chaude. Servant de barrière aux dépressions atlantiques, la sierra collecte l'eau de pluie qui s'infiltre dans les fissures et ressort sous forme de sources (Urderra, Arteta, Riezu) autour desquelles pousse une végétation très riche. On y observe une faune très variée, du vautour au chat sauvage, en passant par le blaireau, la loutre et le sanglier. Les chênaies et les hêtraies sont épaisses, comme la forêt qui occupe 13 000 ha sur le plateau d'Urbasa, la plus grande du sud de l'Europe.

Les sierras d'Urbasa et d'Andia

CARTE P. 243

Ces deux impressionnants massifs montagneux (altitude maximale : 1 495 mètres) semblent se rejoindre pour former une infranchissable muraille de pierre grise. De jolies routes en lacet serpentent de village en village. Sur ce haut plateau, d'une superficie de plus de 200 kilomètres carrés, les forêts de chênes et de hêtres alternent avec les pâturages déserts où paissent brebis, vaches et pottiok. Une zone de 119 hectares a été classée parc naturel en 1987.

► *Les sierras de Navarre sont un véritable paradis pour les randonneurs, qu'ils soient amateurs ou entraînés.*

■ La sierra d'Urbasa

Que ce soit du nord et d'Altsasu ou du sud et d'Estella, suivre la NA 718 en direction du puerto (col) d'Urbasa.

C'est la moins élevée des deux, et celle que l'on peut découvrir en voiture. Elle se prolonge à l'ouest par la sierra d'Entzia qui domine la province d'Álava.

- Depuis Altsasu et Olazti, la route monte en tournants serrés jusqu'à l'impressionnante **falaise calcaire**. De part et d'autre, des pistes sont tracées pour les troupeaux : ne les prenez pas en voiture mais à pied si vous souhaitez pénétrer plus avant dans le massif.
- Dans la montée, après une série de virages en épingle à cheveux, une ravissante petite route bifurque vers l'est en direction d'**Otsaportillo**. Elle traverse une belle hêtraie et conduit à une maison forestière.
- La route principale, elle, arrive au **col d'Urbasa** au milieu d'un vaste pâturage. On remarque l'étonnant palais d'Urbasa, construit en 1700 par le marquis d'Andia.
- On descend ensuite vers Zudaire, où l'on peut bifurquer à droite en direction de Larraona ; on passe de jolis villages – San Martin, Eulate…

Bonnes adresses

Hôtel *Irigoyen*, route Estella-San Sebastián, Zudaire. ☏ 948 53 90 06. Tout simple et tout neuf, de petits prix, un confort très suffisant et une situation idéale pour les randonneurs.

Camping *Urbasa-Goiza*, plateau d'Urbasa. ☏ 948 39 10 04. Outre d'agréables emplacements dans un beau cadre, ce camping propose des chambres et un restaurant. On vous fournit aussi des directions pour les randonnées dans la sierra.

Casa rural Gatos Negros, Muez. ☏ 948 35 70 12. Chambres simples avec salles de bains à partager. Jardin avec barbecue. Petits prix. On y parle anglais et un peu de français.

- **Larraona** possède une église fortifiée du XIIe s. dont le portail roman est surmonté d'un calvaire. La présence de la coquille prouve que les pèlerins de Compostelle passaient aussi par ici. Les différences dans le style des maisons annoncent le changement de province.
- Depuis Zudaire, on peut choisir la petite route de Baquedano et faire la randonnée jusqu'à la **source de la rivière Urderra**, que les passionnés de canoë peuvent descendre de Zudaire à Estella.
- Il est également possible de visiter la sierra d'Urbasa en partant d'Etxarri-Aranatz par la NA 120 et en rejoignant le **col (puerto) de Lizarraga**, qui commande la vallée de séparation avec la sierra d'Andia voisine. C'est un vaste chaos de pierres d'une beauté austère et tourmentée.

La randonnée vers la cascade de l'Urderra part du village de Bakedano et rejoint la source à 2,6 km, au pied d'un spectaculaire cirque de pierre grise. Il est aussi possible de longer cette falaise, appelée balcon de Pilate (Balcón de Pilatos), par le haut. En venant d'Altsasu par la NA 718, passer le plateau d'Urbasa et s'arrêter sur le parking d'Iruleze. Le chemin est bien visible, mais attention au vertige au bord de la falaise !

■ La sierra d'Andia

Complètement sauvage car dénuée de la moindre route, elle se découvre « par petits bouts », ou à la faveur de grandes randonnées. On l'observe assez bien depuis le puerto de Lizarraga : on remarque qu'elle s'organise en deux lignes de crêtes séparées par une haute vallée.
- Pour y faire des randonnées, le mieux est de l'aborder par la face nord-est. En longeant le **couloir d'Arakil** (→ *p. 250*), on voit bien sa forme si particulière, une haute falaise grise émergeant de la verdure, évoquant une silhouette de navire renversé.
- En partant d'Irurtzun, prendre la NA 7010 vers le sud en direction d'Astrain, puis bifurquer vers **Ollo**, sur la NA 7020. C'est le point de départ de l'excursion vers San Doñato. Le village est construit dans un impressionnant cirque rocheux, qui s'enfonce dans la sierra.
- Poursuivre jusqu'à **Arteta**, où une belle source, abritée par une voûte, dévale entre les arbres. Avec le lac artificiel d'Eugi, elle contribue à l'alimentation en eau potable de Pampelune.
- Depuis Arteta, on peut partir en randonnée vers les sommets du **Leziza** (1 350 m) et du **Beriaín** (1 493 m), où se trouve l'ermitage.
- En suivant la NA 7020 en direction de Munárriz, la route est splendide et on passe par **Salinas de Oro**, anciennes salines où le sel était récupéré en faisant évaporer de la saumure.

Bric-à-brac poétique

La route menant à Arteta est ponctuée d'étranges sculptures métalliques qui annoncent le plus étonnant des musées ethnographiques. Son fondateur et propriétaire a patiemment rassemblé une invraisemblable collection d'outils et d'ustensiles du quotidien de la Navarre rurale. Certains datent du Moyen Âge, d'autres, plus prosaïques, font l'objet d'attachantes compositions rappelant les meilleurs exemples d'art brut. Ouv. t.a. de 10 h à 13 h 30.

■ L'ermitage San Doñato

La plus haute cime de la sierra, une arête à la silhouette si particulière, est coiffée d'un ermitage. La randonnée part d'Ollo et grimpe immédiatement sur le versant. À la fourche, prendre à gauche. On aperçoit alors l'ermitage, sur le point le plus élevé du massif, au bout d'une longue crête désolée. Les paysages sont bien sûr à couper le souffle, mais attention, la randonnée est longue. Une fois par an, le 7 août, l'ermitage accueille un pèlerinage très fervent et très fréquenté des fidèles de toute la région.

Pour la randonnée de San Doñato, compter 8 h en tout ; prévoir de l'eau et un chapeau (ajoutez un coupe-vent si vous montez hors été).

Le monastère de Leyre

CARTE P. 255
À 51 km à l'est de Pampelune par la N 240.
Renseignements : www.monasteriodeleyre.com

Là où la plaine meurt au pied des hautes falaises grises, aux frontières de la Navarre et de l'Aragón, les moines et les nobles du Moyen Âge devaient se tenir sur leurs gardes, prêts à se défendre. Aussi les monastères et les églises de la région sont-ils souvent fortifiés.

Bonne adresse

L'Hospederia de Leyre, **☏ 948 88 41 00. À l'intérieur du monastère, cet hôtel-restaurant constitue une halte agréable, avec petits déjeuners copieux pour affronter les balades de la journée.**

► *Le monastère se compose d'un bel ensemble de bâtiments de différentes époques.*

■ Un site exceptionnel

Ouv. de 10 h 15 à 14 h et de 15 h 30 à 19 h (18 h en hiver). Messes en grégorien à 7 h 30, 9 h et 19 h (18 h le sam.) ; le dim. à 8 h, 12 h, 18 h, 19 h et 21 h 10. ☏ 948 88 40 41.

Dominant le lac artificiel de Yesa, le monastère est installé dans un site grandiose. En surplomb se trouvent les immenses falaises grises de la sierra de Leyre et, face à lui, le lac et les vagues de collines conduisent à la grande plaine. Au sud des vallées du Salazar et de Roncal et au débouché de la vallée de l'Aragón sur le bassin de l'Èbre, l'endroit était jadis un point stratégique qui surveillait les frontières du royaume : les Aragonais à l'est, les Francs au nord et les Maures au sud et à l'ouest.

■ Un centre spirituel

Dès le IXe s., Leyre constitue un noyau évangélisateur. À l'écart des grandes voies d'invasion arabe, c'est là que se réfugient la cour du roi de Navarre et les évêques de Pampelune lorsque les Maures prennent la capitale en 924. Le monastère était alors le plus important du royaume, son centre spirituel et le lieu de sépulture des rois. Après la chute de l'Empire carolingien et les désordres du nord des Pyrénées, il se tourne vers le sud

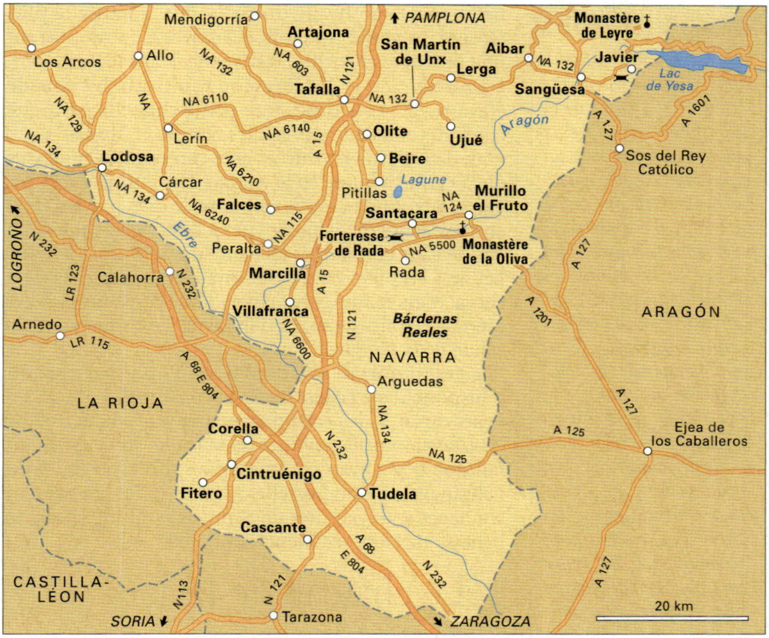

▲ *La Navarre orientale.*

et la culture mozarabe, et devient l'une des principales étapes du pèlerinage dès la fin du XIe s. La vie monastique est interrompue au XIXe s. mais, depuis 1962, une communauté bénédictine s'y est de nouveau installée.

■ Un édifice composite

On voit d'abord les imposants corps de bâtiment de style aragonais du XVIIe s., du monastère et de l'ancien palais des rois de Navarre et des évêques de Pampelune. Ils abritent aujourd'hui l'hôtellerie.

- D'une grande sobriété, le **chevet de l'église romane** date du début du XIe s., bâti d'une belle pierre rousse admirablement taillée. Avec ses trois absides de même hauteur, elle est tout en rondeurs, à l'exception de la tour carrée du clocher. C'est par ce côté que l'on accède à la crypte, qui en est la partie la plus ancienne.
- En descendant dans la **crypte**, on est frappé par la place qu'occupent les énormes piliers et leur faible hauteur. Il s'en dégage un certain archaïsme – elle servait d'assise à une église primitive. L'irrégularité des arcs, la simplicité malhabile du décor, les motifs de crosses et de rainures obliques formant des triangles évoquent un art préroman.
- On pénètre dans l'**église supérieure**, érigée en plusieurs périodes, en traversant la cour de l'hôtellerie. La

▼ *Ses puissantes colonnes aux chapiteaux encore maladroitement décorés donnent à la crypte de Leyre un aspect à la fois primitif et monumental.*

Un saint voyageur

Après avoir fait des études à Paris, François-Xavier (1506-1552) enseigne la philosophie au collège de Beauvais où il rencontre un autre érudit basque, Ignace de Loyola. Ordonné prêtre en 1537, il s'embarque pour l'Inde portugaise afin d'y établir les premières communautés chrétiennes. Ses traités et ses lettres seront à l'origine d'un grand nombre de vocations religieuses en Europe. On le retrouve au Japon en 1549 – notamment dans la ville de Yamaguchi, dont le nom se lit encore sur des places publiques ou des hôtels du Pays basque ! Canonisé en 1622, François-Xavier, l'un des patrons de la Navarre, aura marqué l'histoire missionnaire par ses méthodes modernes d'évangélisation, et son attachement à traduire les Évangiles dans les langues autochtones.

Les 1er et 2e dimanches de mars, le site accueille d'importants pèlerinages en l'honneur du saint. Vingt mille à trente mille pèlerins quittent Pampelune le soir à pied pour arriver à Javier pour la messe du matin.

▶ *Le château de Javier.*

Bonne adresse

Hôtel-restaurant *El Mesón*, Javier. ☏ 948 88 40 35. www.hotelmeson.com. Le plus tranquille des hôtels de ce village de pèlerinage propose des chambres confortables et un accueil agréable. Prix très raisonnables.

nef, de style gothique du XIVe s., est la partie la plus récente. La **voûte** sur croisée d'ogives a été ajoutée sur une première ébauche cistercienne. Dans le mur nord, à gauche, une grille ferme le tombeau des rois de Navarre. Du côté droit, une petite chapelle gothique contient un retable aux saintes Nunilo et Alodia.

- Les deux dernières travées et le chœur juste au-dessus de la crypte sont de style roman. On retrouve ici trois vaisseaux voûtés en berceau, terminés par les trois absides de même hauteur vues à l'extérieur, voûtées en cul-de-four et éclairées chacune d'une simple fenêtre. Les arcs en plein cintre ont une légère forme de fer à cheval. Cette partie encore maladroite constitue l'un des premiers édifices romans d'Espagne. Le chœur abrite la statue de la Vierge de Leyre.
- Le grand **portail occidental**, ou Porta speciosa, fut transporté dans l'église après la construction de la nef. Datés du XIIe s., les personnages accroupis du deuxième chapiteau, motifs typiques de la route, témoignent du fait que Leyre avait commencé à subir l'influence du pèlerinage de Compostelle. Au-dessus, les grands personnages sont exécutés dans un style raffiné (noter la richesse de leurs vêtements et bijoux).

▷ Le château de Javier

À 9 km au sud de Leyre par la NA 5410.

Ouv. t.l.j. de 9 h à 13 h et de 16 h à 19 h. ☏ 948 88 40 00.

Cette forteresse gothique constitue un bel exemple de château médiéval destiné à défendre l'accès à la Navarre.

- Du XIIIe s., il reste l'enceinte polygonale crénelée et la tour del Cristo contre laquelle furent érigés au début du XVIe s. le **palacio nuevo** (au premier étage naquit saint François-Xavier) et l'église Santa María. Celle-ci conserve une vierge romane du XIIIe s., un très beau christ gothique et une **fresque murale** représentant une danse de la mort.
- L'ensemble comprend également un réduit du XIe s. et un donjon.

Les vins de Navarre

Moins connus à l'étranger que les vins de La Rioja, ils sont surtout produits dans le sud et le centre de la province, entre Sangüesa et Tudela. Ce sont des vins riches en tanin, souvent très parfumés, qui ont généralement un fort degré d'alcool. Le vignoble d'appellation Navarra couvre 18 000 hectares; les coopératives assurent 85 % de la production. Le climat est doux et humide au nord, chaud et sec au sud.

■ Une collection de cépages

Le tempranillo, cépage de vin rouge, était autrefois le plus courant; il présentait la particularité de se tailler en buisson pour résister au vent et à la sécheresse. Mais avec la modernisation et les apports étrangers, les *bodegas* (caves) mélangent désormais les cépages. En Navarre, le tempranillo ne représente plus que 12 % pour 70 % de grenache, 7 % de viura (pour le vin blanc). On trouve également les cabernet sauvignon (3 %), merlot (2,5 %), mazuelo (2 %) qui apporte acidité, couleur et tanin, graciano (1 %) pour l'arôme, l'acidité et la finesse. De façon plus anecdotique, on peut citer les chardonnay, grenache blanc, malvoisie ou muscat à petits grains.

■ Les terroirs

On distingue cinq zones.
- Au nord-ouest, la **Tierra Estella** cultive surtout les grenache et tempranillo ainsi qu'un peu de graciano, de mazuelo et de viura, et produit les meilleurs vins blancs (issus du viura).
- Dans le **Valdizarbe**, au sud de Pampelune, on privilégie les mêmes cépages qu'en Tierra Estella. Le vin blanc de la *bodega* de Sarria, par exemple, est pâle et sec avec un arôme de fleur et de noisette.
- La **Baja Montaña**, au nord-est, de Lumbier à Javier, Sangüesa et Ujué, produit les meilleurs rosés.
- Au centre, de Tafalla à Lodosa, Olite et Artajona, la **Ribera Alta** est à visiter pour ses rouges et ses rosés.
- Enfin, la **Ribera Baja** s'étend au sud de la Navarre, de Tudela aux bords de l'Èbre, Fitero, Corella... On y trouve des rouges légers et des rosés, ainsi que du moscatel, un vin doux naturel.

▼ *À Irache, la traditionnelle fontaine du pèlerin propose eau et vin pour étancher sa soif. La Navarre produit du rouge à 50 %, du blanc à 6 % et le reste en rosé.*

Pour découvrir ces vins : ***bodega Irache*** près d'Estella, ***bodega de Sarria*** à Puente la Reina (Valdizarbe), bodegas ***Azpea*** ou ***Aristu*** à Lumbier (Baja Montaña) et les bodegas de San Martin de Unx, ***bodega Ochoa*** à Olite (Ribera Alta), ***bodega Principe de Viana*** à Murchante, et ***bodega Juan Chivite*** à Cintruénigo, toutes deux près de Tudela, en Ribera Baja.

Des vins en devenir

Longtemps connue pour ses rosés, la Navarre exporte peu. Des efforts sont faits sur la production des rouges – on a décidé de ramener le rosé à 30 % de la production –, sans atteindre la qualité de ceux de La Rioja. L'augmentation progressive de l'utilisation du cabernet sauvignon, la diminution de la grenache en faveur du tempranillo, la réduction du vieillissement en fûts pour augmenter le vieillissement en bouteilles encouragent cette tendance.

Sangüesa

Devenue riche grâce au pèlerinage, Sangüesa était au Moyen Âge la ville la plus importante de la Navarre orientale. Située sur le chemin aragonais qui arrive de France par le col du Somport et se dirige vers Puente la Reina, elle s'élève au bord de la rivière Aragón et bénéficie d'un climat chaud et sec.

CARTE P. 255

À 46 km au sud-est de Pampelune par la N 240 puis la NA 127.

Office de tourisme : calle Mayor, 2.
☏ 948 87 14 11.

Un brillant apogée

Le bourg vieux s'élevait sur le rocher de Rocaforte, au nord de Sangüesa, d'où il était plus facile de se défendre contre les incursions hostiles. Par la suite, les habitants descendirent dans la plaine pour tirer profit du passage des pèlerins.

En 1122, le roi Alphonse Ier décide de fonder une nouvelle ville, lui accorde un *fuero* et la dote d'une enceinte fortifiée. De nombreux Francs s'y installent. D'une fonction essentiellement défensive, elle passera à une mission d'ouverture et d'accueil. Auberges, hospices et palais s'établissent le long de la route et la cité s'enrichit rapidement. Le roi se fait construire un palais qui va constituer, avec le pont tout proche et la rue principale, l'axe de développement de la cité. Les chevaliers de Saint-Jean-de-Jérusalem s'implantent à leur tour en ville en ouvrant une commanderie qui attire une seconde vague de colons francs. Au XIIIe s., six paroisses et treize hospices ont pignon sur rue, et une petite colonie juive vient s'ajouter aux étrangers déjà implantés. De tout ce passage, Sangüesa retire une autre richesse, artistique cette fois. Ses monuments, notamment l'église Santa María, portent la trace des influences de lointaines contrées d'Europe ou de l'Aragón tout proche. Par la route de Compostelle, cet art se diffusera ensuite au reste de la Navarre et en Espagne.

Cette opulence, visible aujourd'hui aux nombreux palais et édifices préservés, durera jusqu'à la Renaissance. Après le déclin du pèlerinage, Sangüesa tombe dans l'oubli et doit se contenter de ses ressources agricoles, loin d'égaler la manne des pèlerins…

Le plan de la ville reproduit bien celui des villes de pèlerinage : une longue rue principale, la calle Mayor, autour de laquelle se sont construits les principaux édifices.

■ Santa María la Real

À l'entrée de la ville en venant de Pampelune, juste à côté du pont.

Elle fut bâtie dans l'enceinte royale, ce qui explique sa splendeur. Malheureusement, sa situation un peu en contrebas de la rue ne la met pas en valeur. Sa taille modeste renforce l'impression d'élévation accentuée par la tour-clocher.

- Son superbe **portail** du XIIe s. constitue l'un des chefs-d'œuvre de l'art roman espagnol, foisonnant de personnages et de scènes variées; la porte est encadrée, de chaque côté, de trois statues-colonnes et surmontée d'un **tympan** richement sculpté : en bas, on peut voir la Vierge entourée des douze apôtres sous de petites arcades, et, juste au-dessus, un Christ en majesté accompagné d'anges et de saints. À droite, la pesée des âmes

◄ *Le portail de Santa María la Real recèle des merveilles de sculpture médiévale. Les personnages et les animaux fantastiques rivalisent d'originalité.*

par saint Michel avec, du même côté, les visages grimaçants ou les corps nus des condamnés. De l'autre côté, les expressions de joie et de pureté désignent les élus.
- Les **voussures** sont gravées de multiples personnages illustrant divers métiers – violoniste, cordonnier, potier… Au-dessus des voussures, deux rangées de quatorze personnages sont postées sous des arcades. Les éléments les plus attachants sont sans doute les **écoinçons**, envahis de scènes très pittoresques – mégères affrontées, monstres… C'est là que l'on distingue les apports extérieurs ; ainsi, à droite, la légende nordique de Sigurd, un guerrier combattant un dragon et remettant ensuite le cœur du monstre. À gauche, une femme poursuivie par des serpents figure la luxure, ou encore Adam et Ève chassés du paradis…
- L'intérieur de l'église, très sombre, est dominé par un immense **retable** du XVIe s. de Georges de Flandres où siège la Vierge de Rocamadour. On observera les chapiteaux sculptés des absides, dont une superbe Fuite en Égypte. Le transept est coiffé d'une élégante **coupole**.
- En sortant, prendre la **calle Mayor**, bordée d'imposants palais navarrais baroques. Parmi eux, la mairie est l'ancien palais du prince de Viana, fils du roi d'Aragon.

D'autres églises sont dignes d'intérêt : San Salvador notamment (XIIIe s.) abrite un retable de Juan Berroeta du XVIe s. et de belles stalles de style plateresque provenant de Leyre. Sur l'A 127 en direction de Sos del Rey Católico, on pourra s'arrêter pour voir la superbe chapelle romane de San Adrián de Vadoluengo (première moitié du XIIe s.). Elle dépendait de l'abbaye française de Cluny.

Rocamadour et Compostelle

Tout le long de la route de Compostelle, les allusions à la Vierge de Rocamadour sont fréquentes. Ce pèlerinage à la Vierge était, il est vrai, tout aussi populaire au XIIe s. que celui de Saint-Jacques. De nombreux miracles étaient censés s'y produire, et beaucoup de pèlerins venus du nord de la France, sur la route de Compostelle, faisaient un détour par Rocamadour à l'aller ou au retour, offrant parfois une statue pour l'accomplissement d'un vœu ou pour remercier de l'accueil dont ils avaient bénéficié.

Tafalla et ses environs

CARTE P. 255

Au cœur du « jardin de la Navarre », connu pour ses vergers, et au croisement des axes Pampelune-Tudela et Sangüesa-Estella, cette petite ville dynamique est entourée de villages authentiques et de jolies chapelles à découvrir le long de petites routes bordées de vignobles.

Bonne adresse
à Tafalla

Restaurant *Tubal*, plaza de Navarra, 2. ☏ 948 70 08 52. Pour découvrir des plats traditionnels accommodés de façon originale et surprenante par *la* chef la plus appréciée de Navarre ! Ce sera aussi l'occasion de découvrir les bons vins de la région.

Tafalla

À 36 km au sud de Pampelune par la N 121 ou l'A 15.

Une visite à pied reste idéale pour goûter le charme de la vieille ville. Des **ruelles** étroites et ombragées montent et descendent, serpentent sans aucun ordre apparent… On y admire des palais et de belles maisons navarraises.

- L'**église Santa María** recèle un retable orné de scènes de la vie de la Vierge, sculpté par Juan de Anchieta au XVIe s. – il fut terminé par l'un de ses disciples après sa mort.
- Le **couvent de la Conceptión** et le manoir des Mencos, reliés par un arc au-dessus de l'ancien chemin royal, forment un bel ensemble. Le couvent, à la façade baroque, contient un magnifique retable peint par deux artistes flamands au XVIe s.

Artajona

À 11 km au nord-ouest de Tafalla par la NA 6030.

Voici l'une des plus belles places fortes médiévales de Navarre. Bâtie sur une butte, l'enceinte crénelée du XIIe s., le *Cerco*, est composée de douze tours carrées unies par des murs où passait jadis le chemin de ronde.

- L'**église San Saturnino** (fin du XIIIe s.), incluse dans la muraille, fut conçue comme un bastion de l'enceinte : on voit encore sur les voûtes de la nef le chemin de ronde, desservi par des escaliers latéraux. La tour carrée servit de salle de garde et de prison. À l'intérieur, on remarque un beau **retable** peint du XVIe s., une Vierge noire gothique et un reliquaire contenant le cœur du roi Carlos II.
- Hors les murs, un petit ermitage renferme la **Vierge de Jérusalem**, œuvre de métal doré ornée d'émaux datée de 1200 environ. Elle provient d'un atelier de Limoges et aurait été offerte à un croisé d'Artajona par Godefroi de Bouillon, en récompense pour son courage durant la conquête de Jérusalem. Elle fait l'objet d'un grand pèlerinage et de fêtes, le 8 septembre.

Autour d'Artajona, en prenant la route qui part derrière le cimetière, on pourra voir d'importants dolmens, comme ceux du Portillo d'Enériz ou de Farangortea.

Le défilé des hommes noirs

Le pèlerinage d'Ujué le plus important est celui de la Saint-Marc, le 25 avril. Il réunit les fidèles de toute la région d'Olite. Entièrement vêtus et cagoulés de noir, portant une lourde croix et des chaînes, les pénitents se rassemblent pieds nus près de la Cruz del Saludo, où ils chantent un cantique avant d'entamer leur marche en direction du monastère d'Ujué. Là, ils assistent à une messe chantée à la Vierge.

San Martin de Unx

À 11 km à l'est de Tafalla par la NA 132.

En découvrant ce village, on est frappé par l'étonnante

concentration de ***bodegas***, en plein terroir de la Baja Montaña : c'est le lieu idéal pour goûter les rosés de Navarre.

- La **chapelle Saint-Martin-de-Tours** *(pour la visite, s'adresser à la maison marquée d'un panneau « visitas guidas a la cripta » sur la gauche dans la ruelle qui monte à la chapelle)* est un petit édifice roman très simple (XIIe s., XVIe s.) avec une crypte « miniature », des vestiges de fresques également d'époque romane et un sol joliment pavé de galets formant des motifs compliqués.

Au centre du village de San Martin de Unx, l'église Nuestra Señora del Populo (Notre-Dame-du-Peuple) date, elle, du XIVe s. Le samedi qui suit le 27 avril, un grand pèlerinage à sainte Zita attire une foule de fidèles.

■ Ujué

À 18 km à l'est de Tafalla et à 8 km à l'est de San Martin de Unx par la NA 132 et la NA 5310.

Une jolie route traversant une petite sierra, patchwork de vignes et de champs d'oliviers, mène à cet adorable village médiéval aux maisons couleur de terre blonde. Bâti sur un promontoire d'où l'on a une vue exceptionnelle sur les Pyrénées et une partie de la Ribera, il est dominé par le **monastère Santa María**, qui servait d'avant-poste entre les Bárdenas et l'Aragón au Moyen Âge.

- On monte d'abord le long des étroites ruelles pavées, bordées de belles maisons anciennes jusqu'à l'**église**, dont le chevet est curieusement entouré d'habitations.

- Fondée à la fin du XIe s., elle a conservé sa triple abside romane; la nef, de style gothique du XIVe s., s'ouvre par un remarquable portail sculpté. À l'intérieur, on peut voir une statue de la Vierge en bois du XIIe s. partiellement recouverte d'argent au XIVe s.

- La visite du village peut prolonger celle des villages fortifiés.

À 1 km d'Ujué, la **Cruz del Saludo** (croix du salut) est le point de départ des processions vers Santa María, en l'honneur de la Vierge.

■ Aibar

À 35 km à l'est de Tafalla par la NA 132.

On pourra flâner dans les ruelles, si étroites que des passerelles réunissent les maisons… Aibar illustre fort bien l'urbanisation défensive du Moyen Âge, à une époque où le danger était partout, venant des Arabes de Tudela au sud ou des Aragonais à l'est. En 1452, le village fut assiégé par le roi d'Aragón, car les habitants avaient pris le parti de son fils rebelle, le prince de Viana, au cours des guerres civiles qui déchiraient les provinces. Malgré des accords de paix, la lutte reprit ensuite et le fils fut fait prisonnier par le père.

- Passé la minuscule place de la Mairie *(ayuntamiento)*, on ira voir l'**église San Pedro** qui couronne le village. Restaurée à la Renaissance, elle a conservé une intéressante partie romane et de splendides chapiteaux sculptés, dont certains sont ornés de motifs inhabituels (une sirène à deux queues, par exemple !).

Les villages fortifiés de la frontière

Depuis San Martin de Unx, prendre la NA 132 en direction de Sangüesa; on passe par le ***col de Lerga****. Entre les vignes et les oliviers plantés à flanc de colline apparaissent de beaux villages fortifiés comme* ***Lerga*** *ou* ***Gallipienzo*** (à droite, sur la NA 5320), *qui domine un magnifique panorama vers la frontière avec l'Aragón et possède une très belle église romane. Un peu plus loin sur cette même NA 5320,* ***Cáseda*** *s'enorgueillit d'une église gothique et d'un retable. À 3 km au sud de Cáseda, ne pas manquer le petit* ***ermitage de San Zoilo****, curieux édifice gothique avec un toit de pierres plates qui forme des vagues arrondies.*

Olite et ses environs

Cette ville attachante et préservée s'étend au cœur d'une région agricole et viticole très riche, ponctuée des éternels bourgs fortifiés de pierre blonde. Ancienne capitale des rois de Navarre, Olite est aujourd'hui celle du vin, comme en témoignent ses nombreuses *bodegas*. Les amoureux du passé peuvent séjourner dans l'ancien palais des rois de Navarre.

CARTE P. 255

Office de tourisme d'Olite : rúa Mayor, 1. ☏ 948 74 17 03.

À 5 km au sud de Tafalla par la N 121. À 43 km au sud de Pampelune par la N 121.

▼ *D'après les archives, on sait que le palais royal possédait une quinzaine de tours ; chacune d'elles avait un nom : tour des Atayalas, des Tres Coronas…*

À environ 12 km au sud d'Olite, après le beau village de Beire, la Laguna de Pitillas et son étang peuplé d'oiseaux constituent une vaste zone marécageuse où les passionnés de nature peuvent observer les oiseaux migrateurs (différents échassiers, canards, cigognes…).

■ Le coup de cœur des rois français

Les plus anciennes traces d'occupation du site remontent aux Romains, et l'on sait qu'un village fortifié existait déjà au Xᵉ s. pour garder la riche plaine alentour. C'est au XIIIᵉ s. que la cité attire l'attention des rois français de Navarre, qui transforment la petite place forte en une ville royale. La plus jolie façon de découvrir Olite et son château de rêve est d'arriver de San Martin de Unx par la NA 5303 ou par la petite route de Beire au sud. La ville neuve n'a aucun attrait mais, dès que l'on explore les vieilles rues, on tombe sous le charme… On se perd à plaisir dans le labyrinthe des escaliers, des ruelles et des recoins, en flânant le long des échoppes à l'ancienne, en levant le nez de temps à autre pour admirer les maisons nobles à blasons et balcons.

■ Le château des rois de Navarre

Ouv. d'avr. à sept. de 10 h à 14 h et de 16 h à 19 h (20 h en juil. et août) ; à Pâques et aux ponts de 10 h à 19 h ; d'oct. à mars de 10 h à 14 h et de 16 h à 18 h. ☏ 948 74 00 35.

Tout droit sorti d'une miniature médiévale, le château d'Olite fut construit au début du XVᵉ s. par le roi Carlos III, issu de la maison française d'Évreux. Il ne ménagea ni sa peine ni ses finances, engageant les meilleurs artistes et architectes de France et de Navarre pour exécuter un bel ensemble à l'harmonieuse asymétrie.

- Son allure militaire est trompeuse car ce fut une résidence royale d'agrément jusqu'en 1512. Le décor de

Les encierros

La Navarre centrale est la patrie du toro. *Le moindre village possède son arène, même minuscule. Quand le village est trop petit ou trop pauvre, on fait monter quelques gradins et on en organise une pour les fêtes. Tous ces villages sont le théâtre d'*encierros *spectaculaires et authentiques. On est loin des foules de la Saint-Firmin de Pampelune, et si l'on n'en a pas les moyens, on se contente de lâcher des vaches. Le tout est de courir devant les bêtes au galop, dans les rues du village, en rase campagne ou même en descendant un ravin, comme à Falces.*

style mujédar comprenait des murs et des sols carrelés de faïence, des plafonds sculptés et peints, des jardins suspendus et même une petite ménagerie. On connaît de nombreuses anecdotes sur la vie au château, la présence d'un lion, d'un chameau, d'une girafe et même de buffles, l'existence d'un fronton de pelote que l'on pratiquait déjà au XVe s...

- Hélas, en 1813, un général espagnol préféra le brûler que le voir tomber aux mains des armées napoléoniennes, détruisant les jardins et plusieurs tours. Il fut heureusement restauré presque en l'état d'origine.

- À l'intérieur, on est surpris par la taille des pièces, plutôt petites pour un tel édifice, et par leur disposition agréable, avec vue sur de ravissants jardins intérieurs. Ne pas manquer d'admirer la vue du haut des tours. Le poste de guet de la tour de Joyeuse-Garde est le plus élevé, à trois étages, tandis que la tour des Trois-Grandes-Fenêtres est la plus élégante. Si les jardins suspendus ne sont plantés que d'herbes aromatiques, il faut imaginer qu'ils comptaient jadis les plantes les plus exotiques (orange, cédrat, pamplemousse, jasmin)...

- Accolée au château, l'église **Santa María la Real** (XIIIe s.) fut utilisée comme chapelle royale. Le portail sculpté, du XIVe s., est orné d'épisodes de la vie de la Vierge, entourée des apôtres; le cloître est du XVe s. À l'intérieur, on verra un magnifique retable peint attribué au maestro de Agreda (XVIe s.), un christ en croix du XIVe s.

■ Le monastère de la Oliva

À 31 km au sud-est d'Olite par la N 121 et la NA 124.

Ouv. t.l.j. de 10 h à 13 h et de 15 h à 19 h.

Fondé par des moines cisterciens en 1149 sous le patronage d'une abbaye gasconne, ce monastère devint très vite l'un des plus riches d'Espagne, même si l'austère simplicité des bâtiments ne le laisse guère supposer. Saccagé par les armées de Napoléon en 1808, il fut abandonné en 1835 et devra attendre 1926 pour être réinvesti par les cisterciens.

- L'**église** du XIIe s. suit un plan en croix latine avec trois nefs très sobres; la seule décoration est celle des chapiteaux aux motifs végétaux. Le centre est occupé par les stalles des moines. L'atmosphère est celle du recueillement et de la spiritualité.

- Sur le côté, une porte mène au **cloître gothique** (XIVe s.), dont la finesse et l'élégance rappellent celui de Pampelune; il a gardé son dallage en galets de rivière. La **salle capitulaire** est un autre exemple de la perfection architecturale des cisterciens.

- Les alentours sont couverts de vignes, dont celles des moines qui produisent leur propre vin et ont leur *bodega*.

Bonnes adresses

à Olite

Parador Principe de Viana, plaza Teobaldos, 2. ☏ 948 74 00 00. Ce *parador* de grand charme est installé dans une partie du palais des rois. Décor médiéval très XVe s. mais avec le confort d'un hôtel grand luxe à prix raisonnables pour une qualité irréprochable.

Hôtel-restaurant *Merindad de Olite*, rúa de la Juderia, 11. ☏ 948 74 07 35. Beaucoup moins cher que le précédent mais avec du charme, petit établissement familial installé dans une maison de pierre de la vieille ville.

Un détour par Rada

Plus que le village qui porte ce nom (XIe-XVe s.), c'est l'enceinte fortifiée qui retient l'attention : on l'aperçoit perchée sur un piton rocheux. C'était l'ancienne place forte d'une riche famille navarraise, les Rada, et l'un des hauts lieux de défense du royaume. Les ruines, en cours de restauration, donnent une idée de la vie d'un tel village au Moyen Âge. La vue sur les Bárdenas et l'Aragón est splendide. En principe, ouv. du mar. au sam. de 10 h à 13 h 30 et de 15 h à 18 h; le dim. de 10 h à 14 h. F. le lun. Même si le portail est fermé, faire le tour de la muraille par la gauche : le mur y est très bas et permet d'entrer. Au sud d'Olite, prendre la N 121 jusqu'à Caparroso, à 22 km, puis à gauche la NA 5500. Après 3,5 km, une petite route à gauche mène à la forteresse.

CARTE P. 255
À environ 40 km au sud-est de Tafalla par la N 134.
www.lasbardenas.com

▲ *Sur 40 000 ha, les plateaux désertiques cèdent parfois la place à des étendues de végétation inattendues.*

► *Les Bárdenas Reales transportent le visiteur bien loin de l'Europe… On peut s'imaginer en Arizona, au Mexique ou, plus près, au Maroc…*

Les Bárdenas Reales

Au sud de la Navarre, les Bárdenas Reales composent un paysage étrange et inattendu, pratiquement désertique, qui évoque plus un décor de western que la plaine navarraise. Les plateaux pelés y alternent avec les ravins plissés, les cheminées de fée, les gorges sinueuses et les vagues d'argile claire qui s'étendent à perte de vue. Blanches ou grises sous le soleil de midi, roses ou orange dans la lumière du soir, les Bárdenas surprennent toujours.

Quelques villages bordent les Bárdenas. Ceux d'Arguedas et de Valtierra, au sud-ouest, alignent des habitations et des caves troglodytiques dont on voit les portes de bois dans les falaises.

■ Un décor minéral

La formation géologique de ce vaste bassin daterait de la première moitié de l'ère tertiaire, lorsque la formation des Pyrénées entraîna une accumulation de sédiments dans le bassin de l'Èbre. Les rivières des montagnes charriaient leurs dépôts : les plus grossiers – galets et petits rochers – étaient ceux des cours d'eau rapides et violents, les plus fins – argile, sable, calcaire, gypse, marne – ceux des plus calmes. Avec le temps, ces dépôts se sont superposés en strates, les éléments fins se cimentant entre eux. Ce cycle se prolongea de – 65 à – 25 millions d'années, puis les rivières qui traversent le bassin pour rejoindre l'Èbre ont érodé ces couches.

Bonne adresse

à Valtierra

Cuevas de Valtierra. ☏ 948 84 32 25. www.cuevasdevaltierra.com. Un moyen original de découvrir la région en logeant dans des cavernes troglodytes aménagées en petits appartements de 4 à 6 personnes. Pas de lumière du jour ou presque, le silence absolu et le confort. Prix avantageux, à la nuit, au week-end ou à la semaine.

■ Le travail de l'eau

Cette dépression fut jadis un riche pâturage boisé, où les bergers des vallées pyrénéennes menaient déjà leurs troupeaux durant l'hiver. La déforestation et les incendies ont eu peu à peu raison de cette végétation, laissant la terre à nu et entraînant une érosion massive. Lors des pluies violentes ou des crues, l'eau ruisselle à la surface des marnes imperméables, qui finissent par s'affaisser en coulées de boue. C'est ainsi que les versants ont pris cette allure ravinée, en constante évolution. Les différentes strates de sédiments ne s'érodent pas de la même manière, ce qui explique que là où le sol est plus résistant, l'érosion laisse une butte, plus ou moins élevée, qui peut former une cheminée de fée. Au bord des plateaux tabulaires, on comprend bien ce phénomène d'érosion différentielle : les couches plus dures résistent, tandis que les couches inférieures meubles se creusent, laissant des tables en surplomb. Les petits cours d'eau qui parcourent les Bárdenas y creusent des gorges sinueuses.

■ Les paysages

Dans les Bárdenas, on distingue la dépression centrale ou *Bárdena Blanca*, ainsi nommée car elle se compose de gypse et de marnes. Avec ses ravins torturés, ses montagnes ruiniformes et ses collines usées, c'est la plus spectaculaire. La végétation y est rare et clairsemée, c'est une steppe à graminées en grosses touffes. Dans les cuvettes et les canyons, l'eau stagne et la concentration saline est importante (on voit parfois des cristaux blancs) : c'est le domaine de la soude et de la salicorne. La *Bárdena Negra*, au sud, est constituée d'argile rouge et de calcaire, beaucoup plus fertiles. On y trouve quelques pins d'Alep, des chênes kermès, des genévriers ; c'est aussi une terre de culture de céréales et de pâturage hivernal. Outre les reptiles, lièvres et lapins, les Bárdenas sont peuplées d'oiseaux de toutes sortes, surtout des rapaces (gypaète barbu, aigle royal, vautour fauve, percnoptère d'Égypte...) et des gravelots du désert, rares en Europe. En période de migration, les clochers des villages de ceinture accueillent les cigognes.

■ Le fief des bergers

Les Bárdenas sont inhabitées sans pour autant être désertées : depuis 882, leur usage a été accordé aux habitants de la Ribera de Tudela et des vallées de Roncal et du Salazar, en remerciement de leur soutien dans la défense du royaume contre les Arabes. Les bergers obtinrent ainsi le droit de pacage, de couper du bois et de construire des cabanes pour l'hivernage. Aujourd'hui encore, les bergers descendent à pied le sentier de la *cañada real*, ou arrivent en camion. Ils attendent au bord de la Bárdena la Saint-Michel, le 29 septembre, avant les premiers froids : un coup de feu tiré près du monument aux bergers d'El Paso, au nord, annonce officiellement qu'ils peuvent pénétrer dans la zone avec les troupeaux. Ils passeront ensuite sept mois dans leurs cabanes avant de retourner sur les alpages au printemps, vers la mi-mai.

Un champ de tir occupe la partie centrale de la Bárdena Blanca depuis 1951. Dédié aux exercices de l'armée de l'air espagnole et de l'OTAN, le contrat arrivait à échéance en 2001 mais il a été renouvelé. Des exercices sporadiques de tirs aériens ont lieu uniquement en semaine et obligatoirement entre 8 h et 17 h, sauf pour les exercices nocturnes, autorisés jusqu'à 23 h.

À la découverte du désert

Les meilleurs mois sont mai, juin et septembre. Peu avant le village d'Arguedas (sur la NA 134 en venant de Tudela), *une route goudronnée permet de traverser la Bárdena Blanca en voiture en passant par la colline d'Aguilares. À droite et à gauche, des chemins carrossables permettent de contourner le champ de tir et de pénétrer au cœur de la Bárdena, puis de continuer vers le nord et de sortir à El Paso. Mais la meilleure façon de partir à la rencontre des Bárdenas reste la marche ou le VTT. Un sentier pédestre bien balisé* (5 h a.-r.) *part de l'ermitage de Nuestra Señora de Yugo* (au nord d'Arguedas par une petite route; très belle vue) *vers le Castillo de Peñaflor, château du XIII*e *s. où la reine de Navarre fut emprisonnée pour infidélité par son mari musulman. D'autres sentiers partent de la route carrossable à gauche du polygone de tir. En VTT ou à pied, ne vous y aventurez pas par temps de pluie : l'argile devient glissante et dangereuse, et vous risquez de vous embourber.*

Tudela

CARTE P. 255
À 100 km au sud de Pampelune et à 64 km au sud de Tafalla par la N 121 puis la NA 134.
Office de tourisme : calle del Juicio, 4 (face au portail de la cathédrale). ☏ 948 84 50 58.

Avec plus de 26 000 habitants, Tudela est la deuxième ville de Navarre. Plus espagnole que navarraise, elle n'a rien d'une ville basque. Située à un carrefour économique, au bord de l'Èbre et aux confins de l'Aragón et de la Castille, elle s'est longtemps posée en rivale de Pampelune.

Une ville cosmopolite

Fondée en 802 par Amrus Ibn Yusuf al-Muwallad pour sécuriser le pont sur l'Èbre (le seul, durant des siècles, entre Saragosse et Logroño), sa position stratégique en fait un avant-poste musulman face à la résistance des chrétiens de Pampelune ou de Castille. Tudela demeure sous tutelle arabe jusqu'en 1119, date à laquelle elle est conquise par un Normand pour le compte du roi de Navarre. Nouveau poste défensif au sud du royaume, elle abrite longtemps trois communautés – juive, chrétienne et musulmane –, qui cohabitent en bonne intelligence. De cette coexistence naît un important foyer artistique, et le fait d'être la ville préférée de Sanche le Fort lui vaut un essor culturel et architectural non négligeable. En 1390, lorsque Carlos III lui accorde un *fuero* et le statut de ville, elle est la plus importante cité de Navarre. Cet élan est stoppé par sa conquête par Ferdinand V d'Aragon pour le compte de sa femme Isabelle de Castille. Elle négocie cependant le maintien de son *fuero*, mais les Juifs sont expulsés en 1498 et les musulmans en 1516, quand ils n'ont pas été christianisés. Le rayonnement intellectuel de Tudela ne se remettra pas de ces mesures radicales, et la ville déclinera peu à peu pour n'être plus qu'un florissant centre agricole, au cœur de la Ribera.

Bonne adresse

Bar Aragon, plaza de los Fueros, 13. Endroit idéal pour déguster des tapas arrosées d'un petit vin local.

En arrivant du nord et de Pampelune, la première chose que l'on voit est l'impressionnant pont sur l'Èbre, long de 380 m et comptant dix-sept arches. Bien qu'ayant perdu ses tours défensives, il reste l'un des symboles de la ville – il figure d'ailleurs sur son écusson. Passé le pont, l'église romane de la Magdalena, d'une grande simplicité, présente cependant un portail sculpté remarquable : le tympan est orné d'un Christ en majesté, les voussures sont finement décorées et les chapiteaux racontent la Passion du Christ.

■ La cathédrale

Bâtie sur les vestiges de la grande mosquée, sa conception était à l'origine celle d'une église romane classique avec ses absides semi-circulaires, mais elle s'est achevée dans un style cistercien, avec le rajout de deux absides carrées.

- On entre par la façade ouest et un portail exceptionnel, dit **portail du Jugement** (XIIe-XIIIe s.), déjà caractéristique du style gothique, orné de scènes tirées de la Genèse ou représentant le Jugement dernier.

- À l'intérieur, la **nef** annonce aussi le style gothique : les piliers donnent l'impression de faisceaux de colonnes, les arcs sont brisés et s'élèvent très haut pour soutenir une voûte en croisée d'ogives. À l'étage supérieur, les fenêtres sont typiquement gothiques, comme si, en s'élevant, la construction franchissait les évolutions de l'architecture.

- Cette sobriété est démentie par le mobilier d'une extrême richesse. À gauche, la première chapelle contient un Christ gisant aux traits tirés par la souffrance. La deuxième chapelle est celle de Santa Ana, la patronne de la ville. Fermée par de lourdes grilles de bronze rutilant, elle représente le summum de l'art baroque. La chapelle suivante abrite une Vierge des douleurs très sombre.

- À droite du chœur, on notera la statue polychrome de la **Vierge à l'Enfant** du XIIe s. Le **grand retable** de style hispano-flamand (1487-1494), œuvre de Pedro Díaz de Oviedo, figurant des scènes de la vie de la Vierge, est constitué de tableaux gothiques de toute beauté. Les teintes sombres mariées aux ors et la finesse du traitement sont remarquables.
- À gauche, remarquer les **gisants gothiques** du début du XVe s., exécutés par Janin L'Home (ou Lome de Tournai), artiste flamand établi en Navarre, pour le chancelier de Navarre et sa femme.
- Le **cloître** (1186-1200), de style roman tardif, illustre bien l'importance prise par la sculpture, désormais pleinement intégrée dans l'architecture. Les chapiteaux portent des scènes très évocatrices (les noces de Cana, la résurrection de Lazare, l'entrée de Jésus à Jérusalem...).
- Le palais épiscopal abrite le **musée de Tudela**, présentant une collection d'art sacré.

Ouv. du lun. au ven. de 10 h à 13 h 30 et de 16 h à 19 h; sam. et j. fériés de 10 h à 13 h 30. F. le dim.

- De l'autre côté de la place de la cathédrale, le **musée d'Art moderne** est consacré à une collection de peintures basques et françaises, principalement de 1850 à 1950.

Ouv. du lun. au ven. de 10 h à 13 h 30 et de 16 h à 19 h; w.-e. et j. fériés de 10 h à 13 h 30.

- On pourra flâner dans les **ruelles** alentour. Au 13, calle Rúa, le **palais d'Ibanez Luna** (XVIe s.) a gardé ses balcons de fer forgé, des sculptures et un étage supérieur splendide alignant fresques et fenêtres à arcades; calle Herrerias, le **palais du marquis de Huarte** (XVIIe s.) est orné de décorations baroques en trompe-l'œil.

◄ *Sur la plaza de los Fueros, les maisons à arcades du XVIIIe s. alignent les blasons des villes basques ayant reçu un fuero et des mosaïques figurant la corrida.*

La descente de l'ange funambule

La fête de Pâques est marquée par une curieuse cérémonie qui se déroule sur la plaza de los Fueros. La maison de l'Horloge représente la porte du ciel : le samedi, un mannequin de bois figurant Judas est suspendu au balcon avec un pétard allumé qui le fait sauter en tous sens et envoie ses vêtements sur la place; les enfants de la ville se les partagent en souvenir. Le dimanche matin, un câble est tendu d'en haut jusqu'à la statue de la Vierge voilée de noir, en bas sur la place. Un enfant déguisé en ange entouré d'un nuage de coton est accroché au câble et lancé, sous les cris de la foule, vers la statue dont il arrache le voile pour symboliser la résurrection.

Chaque année, durant une semaine autour de la Sainte-Anne, le 26 juillet, la ville fête sa patronne et la sort de la cathédrale en procession colorée. Des défilés se succèdent avec les géants et les groupes de danses régionales, sans oublier les traditionnels lâchers de taureaux – les *encierros* – et, chaque soir, les corridas.

La Ribera de l'Èbre

CARTE P. 255

De l'occupation musulmane, la vallée de l'Èbre a conservé une tradition horticole très vivante. Vergers et cultures maraîchères ont fait la richesse du bassin avant même le Moyen Âge. À l'écart des flux touristiques, quelques villages authentiques ponctuent un paysage de petites sierras et de champs à la terre rouge.

Le dimanche suivant le 8 septembre, fête de la Vierge, les pèlerins montent le chemin de croix pieds nus ou à genoux. La légende veut que la Vierge soit apparue à Cascante au XIIe s., ce qui explique la ferveur des pèlerinages.

■ Cascante

À une dizaine de kilomètres au sud-ouest de Tudela par la N 121 C.

Une colline au milieu des champs d'oliviers, un site apprécié dès l'époque romaine et, au sommet, la jolie **chapelle Nuestra Señora del Romero** (fin du XVIIe s.). On y accède par une galerie de trente-neuf arcades. Au pied du chemin de croix, l'église Nuestra Señora de la Victoria est de style mudéjar.

- Au sud de Cascante, **Tulebras** abrite le plus ancien couvent de cisterciennes d'Espagne, fondé en 1134. Détruit lors des guerres entre l'Aragón et la Castille, il a été reconstruit et mêle les styles roman et gothique. À l'intérieur, beau mobilier – autel roman, curieuse statue articulée du XVIIe s., retable du XVIe s.
- À l'est de Tulebras, **Ablitas** conserve les ruines de son château médiéval, et son église un retable sculpté du XVIe s.

▲ *L'église du monastère Santa María de Fitero a gardé son beau chevet roman.*

■ Fitero

À 23 km à l'ouest de Tudela par la NA 160.

Aux confins de la Navarre et de la Castille, le **monastère cistercien Santa María** (fin du XIIe-début du XIIIe s.) a été édifié dans un style de transition romano-gothique ; il a gardé un beau mobilier – retables Renaissance, plafonds à fresques baroques… – et son trésor – reliquaires et coffret arabe.

- Le **cloître** de style plateresque (XVIe s.) est l'œuvre de Balthasar Fèbre, originaire d'Arras ; dans la salle capitulaire du XIIIe s., on verra d'élégants chapiteaux sculptés.
- Sur le flanc de la colline dite « du château », une curieuse construction voûtée de brique, le « réfrigérateur des moines », conservait jadis la neige en hiver et était utilisée en été pour la conservation.

Sur la NA 693 en remontant vers Corella, Cintruénigo, capitale de l'albâtre depuis des siècles, conserve quelques ateliers, mais aussi la réputée *bodega* de Juan Chivite.

■ Corella

À 9 km au nord de Fitero par la NA 693.

La reine d'Espagne, épouse de Philippe V, fit la renommée de ce bourg agricole au XVIIIe s. Ayant recouvré la santé grâce au climat sec de Corella, elle y attira la cour et tout le monde fit construire des palais. On y créa même une académie de peinture !

- La vieille ville vaut la visite pour ses jolies places à l'espagnole – la plaza de los Fueros, ou celle de l'*ayuntamiento* (mairie) – et ses étonnants palais baroques. La dernière semaine de septembre, autour de la Saint-Michel, la ville est le théâtre d'*encierros*. Les fêtes de Pâques sont également très pittoresques.

■ De l'Aragón à l'Ega

Au nord de l'Èbre, plusieurs villages méritent un petit périple, au bord des rivières Aragón, Arga et Ega.

- Au nord de Corella, de l'autre côté de l'Èbre, **Villafranca** est un village à l'allure très méditerranéenne, avec ses vieilles maisons de brique piquées de nids de cigognes, ses tuiles polychromes et son adorable plaza de los Fueros. Encore un peu plus au nord, **Marcilla** a conservé un superbe château médiéval du XIIIe s. Au nord-ouest, le long de l'Arga, **Falces**, blotti contre une falaise, est dominé par son église. Sur la plaza de los Fueros s'élève la jolie mairie du XVIIIe s. Des *encierros* spectaculaires y ont lieu l'avant-dernier dimanche du mois d'août : lâchées du haut de la falaise, les vaches déboulent le long de sentiers étroits et escarpés !
- En remontant encore la vallée de l'Arga, on atteint **Miranda de Arga**, gros village aux maisons baroques pressées autour de l'église gothique (superbe retable et Vierge en bois polychrome du XIVe s.).
- Vers l'ouest et la vallée de l'Ega, on arrive à **Lerin**, étonnant village perché à 434 m sur un curieux promontoire rocheux surgi de la plaine. La falaise abrite quelques maisons troglodytes. L'église possède un splendide retable baroque.
- Redescendre ensuite la vallée vers l'Èbre jusqu'à **Cárcar**, ancienne place forte aux rues irrégulières, avec une église tout en pierre rose. Juste derrière, des gradins en pierre au pied de l'église donnent sur la plaza de los Fueros.

■ Lodosa

À 23 km au nord-ouest de Calahorra par la NA 134.

La traversée de la ville révèle d'emblée sa spécialité : le *pimiento del piquillo*, un petit poivron rouge à peine piquant, que l'on fait sécher au soleil enfilé en collier sur de longues ficelles. Les façades en sont couvertes en saison, rappelant les piments rouges d'Espelette (dans le Labourd) ; une boutique sur deux ou presque en vend, secs ou à l'huile, en conserve. On les prépare simplement sautés à la poêle, en accompagnement des viandes ou des poissons, ou encore farcis de viande hachée.

Trésors du marché

Ce sont les Arabes qui les premiers ont apporté leur savoir-faire horticole. Dès le Moyen Âge, les techniques d'irrigation et la construction de canaux ont permis à cette activité de se développer. Le bassin de l'Èbre est ainsi devenu un véritable jardin où l'on fait pousser, outre les traditionnels piments, tous les légumes appréciés sur les marchés : les asperges, les artichauts ou les petits cœurs de laitue…

Bonne adresse

Conservas Perón, av. de Navarra, 42. ☎ 948 69 34 01. Parmi les conserveries de Lodosa, celle-ci est l'une des plus authentiques, pour acheter les piments, mais aussi les énormes asperges locales.

▼ *Tout comme le piment d'Espelette, celui de Lodosa possède ses lettres de noblesse. Il bénéficie de sa confrérie, d'une appellation contrôlée et même d'un logo distinctif (un L et un P rouges entrelacés).*

L'Álava

Vitoria / Gasteiz p. 272
La capitale de l'Euskadi a su se faire connaître et reconnaître, notamment grâce à ses nombreux musées.

Laguardia p. 286
Entre salines et vignobles, la ville est un bon point de chute pour découvrir le sud de l'Álava et faire une excursion en Navarre.

Labastida p. 291
Est-ce la capitale du vin de La Rioja ? Le nombre de vinothèques le laisse penser, mais d'autres villes revendiquent le titre !

Province continentale, l'Álava offre des paysages variés. Entourée de sierras sauvages, elle est formée d'un vaste plateau à dominante rurale et à faible peuplement. De son histoire mouvementée, elle a conservé un beau patrimoine – villages fortifiés, maisons seigneuriales – et une culture cosmopolite. Capitale administrative de l'Euskadi, Vitoria a grandement contribué à sa notoriété.

◄ *Au sud de l'Álava s'étendent les vignobles de La Rioja ; le prestige et la qualité de leurs vins ont largement passé les frontières…*

Vitoria / Gasteiz
la ville des musées

CARTE P. 271

Office municipal de tourisme : plaza General Loma.
☏ 945 16 15 98.
www.turismoalava-vitoria.org
À 66 km au sud-est de Bilbao par la E 5 et la N 622.

La capitale de la province occupe un plateau situé à 525 mètres d'altitude, entouré de sierras sauvages. Si Bilbao et Donostia sont rivales depuis des siècles, Vitoria connaît un essor relativement récent. Élue capitale de l'Euskadi, elle a attiré de nombreuses entreprises et s'est considérablement étendue, sans perdre pour autant le charme de ses vieux quartiers.

N'espérez pas vous garer dans la vieille ville, qui se visite de préférence à pied. L'idéal est de laisser son véhicule aux environs de la gare ou de la nouvelle cathédrale.

Une terre convoitée

Les Celtes de l'âge du fer s'installent sur cette plaine fertile, passage obligé vers le sud, bâtissent leurs villages sur les hauteurs et fondent ainsi un oppidum sur la colline de Vitoria. À leur tour, les Romains s'intéressent à la plaine, où ils cultivent du blé et de la vigne. Ils font passer leur grande route de Bordeaux à Astorga au pied de l'oppidum et construisent leur propre ville à Iruña – qui a conservé de passionnants vestiges. Les historiens pensent que Vitoria fut fondée en 581 par le roi wisigoth Léovigild. Ensuite, les chroniques sont muettes jusqu'en 1181, date à laquelle le roi de Navarre Sanche le Fort décide de la fortifier pour la protéger des Castillans, et de lui concéder un *fuero*. En 1202, le roi de Castille incendie la ville primitive, vite reconstruite de manière concentrique autour du noyau d'origine s'étageant sur les pentes de la colline. Les cathédrales Santa María et San Pedro sont édifiées durant le XIIIe s., avant celles de San Miguel et de San Vicente. À cette époque, les quartiers s'enrichissent de belles maisons, de palais et de couvents.

Une ville florissante

Après être repassée sous le joug de la Castille, Vitoria perd peu à peu sa vocation militaire et développe une activité commerciale et artisanale. Les noms de rues datant de cette époque-là évoquent encore aujourd'hui les corps de métiers qui y étaient représentés : *Zapatería* (cordonnerie), *Herrería* (forge), *Correría* (poste), auxquels se sont rajoutés *Cuchillería* (coutellerie) ou *Tintorería* (teinturerie). Ce nouveau quartier a fini par constituer le cœur de la vieille ville, et existe toujours. L'expansion s'est poursuivie au cours des siècles suivants, et les bâtisses ont gagné en beauté au fur et à mesure que les artisans s'enrichissaient. Au XVe s., Vitoria est devenue un lieu de passage important et une ville florissante qui accueille les marchands transportant le fer des mines, le vin, la laine ou le miel. D'importants marchés se tiennent dans la plaine au pied de la colline. Pour compenser la dénivellation entre le bourg d'origine et la plaine, on décide au XVIIIe s. de les relier par une succession de promenades sur trois niveaux différents, « Los Arquillos ». En 1813, Wellington, aidé par les troupes espagnoles, écrase les armées napoléoniennes et les oblige à se replier vers la France. La bataille de Vitoria marque d'ailleurs la fin des prétentions espagnoles de Napoléon. Durant les guerres de Succession d'Espagne, la ville est à nouveau envahie par les carlistes, mais elle s'accrochera à sa position de neutralité, avant de retomber dans l'oubli.

INCONTOURNABLES

Le musée provincial des Beaux-Arts	p. 274
Le musée d'Art sacré	p. 274
Le *casco viejo*	p. 275
Le musée Fournier des cartes à jouer	p. 275

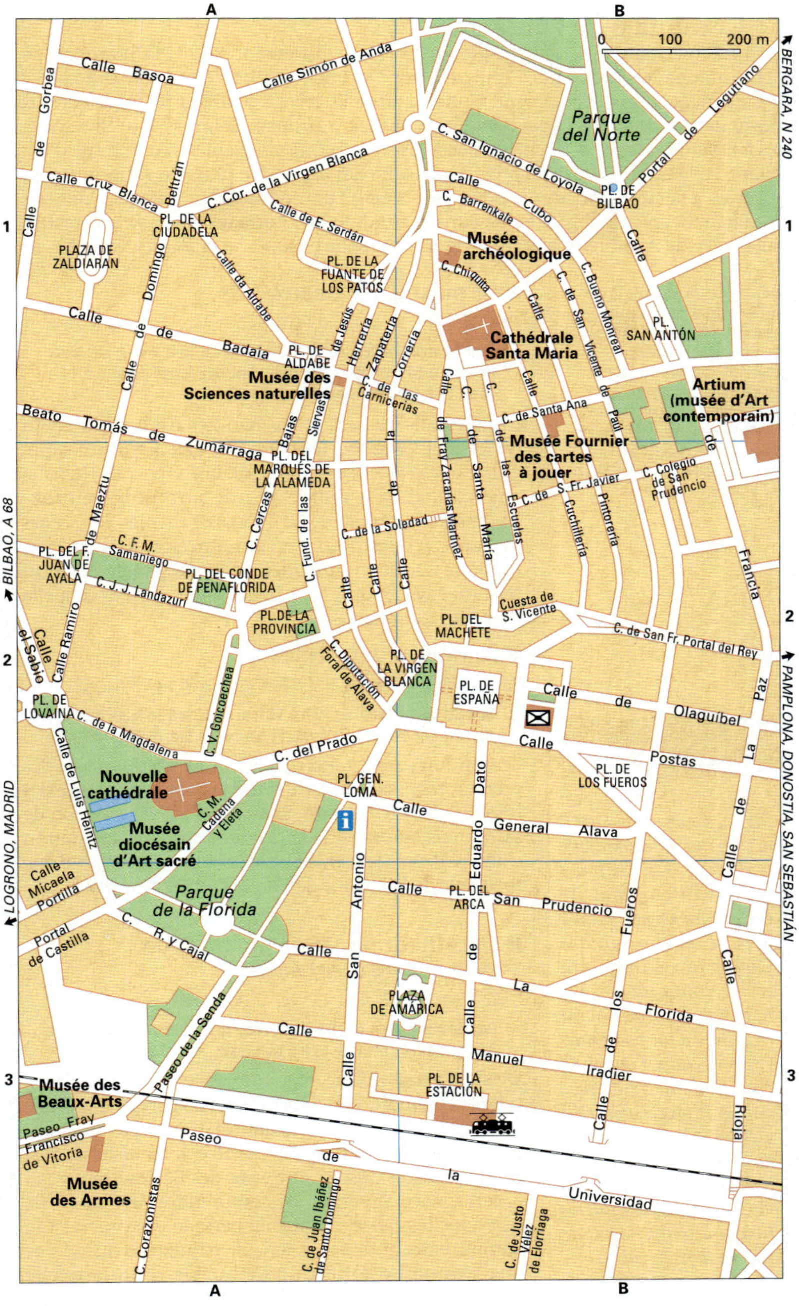
A
B
0
100
200 m
BERGARA, N 240
BILBAO, A 68
LOGROÑO, MADRID
PAMPLONA, DONOSTIA, SAN SEBASTIÁN
1
2
3
Calle Basoa
Calle Simón de Anda
Calle de Gorbea
Calle Cruz Blanca
C. Cor. de la Virgen Blanca
C. San Ignacio de Loyola
Parque del Norte
Portal de Legutiano
PL. DE BILBAO
Calle Cubo
C. Barrenkale
Calle de E. Serdán
PL. DE LA CIUDADELA
Calle Domingo Beltrán
PLAZA DE ZALDIARAN
Calle da Aldabe
PL. DE LA FUANTE DE LOS PATOS
Musée archéologique
C. Chiquita
C. Bueno Monreal
C. de San Vicente de Paúl
Calle Francia
PL. SAN ANTÓN
Cathédrale Santa Maria
Calle de Badaia
PL. DE ALDABE
C. de Jesús
Herrería
Zapatería
Correría
Musée des Sciences naturelles
C. de las Carnicerías
Artium (musée d'Art contemporain)
Beato Tomás de Zumárraga
C. de Santa Ana
Musée Fournier des cartes à jouer
Bajas
Siervas
PL. DEL MARQUÉS DE LA ALAMEDA
Calle de Fray Zacarías Martínez
C. de Santa María
C. de las Escuelas
C. de S. Fr. Javier
C. Colegio de San Prudencio
Cuchillería
Pintorería
Calle de Maeztu
C. Cercas
C. Fund. de las
C. de la Soledad
Calle de la
C. F. M. Samaniego
PL. DEL F. JUAN DE AYALA
C. J. J. Landazuri
PL. DEL CONDE DE PENAFLORIDA
PL. DE LA PROVINCIA
Cuesta de S. Vicente
PL. DEL MACHETE
C. de San Fr. Portal del Rey
Calle el Sabio
Calle Ramiro
C. Diputación Foral de Álava
PL. DE LA VIRGEN BLANCA
PL. DE ESPAÑA
Calle de Olaguibel
Calle de la Paz
PL. DE LOVAINA
C. de la Magdalena
C. V. Goicoechea
C. del Prado
Calle Postas
PL. DE LOS FUEROS
Calle de Luis Heintz
Nouvelle cathédrale
C. M. Cadena y Eleta
PL. GEN. LOMA
Calle General Álava
Calle Eduardo Dato
Musée diocésain d'Art sacré
Calle Micaela Portilla
Calle San Antonio
PL. DEL ARCA
Calle San Prudencio
Calle de los Fueros
Parque de la Florida
Portal de Castilla
C. R. y Cajal
Calle La Florida
Paseo de la Senda
PLAZA DE AMÁRICA
Calle Manuel Iradier
Calle Rioja
Musée des Beaux-Arts
PL. DE LA ESTACIÓN
Paseo Fray Francisco de Vitoria
Paseo de la Universidad
Musée des Armes
C. Corazonistas
C. de Juan Ibáñez de Santo Domingo
C. de Justo Vélez de Elorriaga

La capitale de l'Euskadi

En 1980, Vitoria sort de sa léthargie : le 23 mai, le Parlement basque l'élit capitale de la Communauté autonome. Depuis, elle connaît une expansion étonnante et accueille le Parlement et le gouvernement. Outre les administrations centrales, les sièges sociaux des grandes entreprises et des banques, on assiste à l'implantation de nouvelles sociétés telles que Mercedes, Michelin, Kas-Pepsi… Proportionnellement au nombre d'habitants, elle est désormais la province basque qui exporte le plus. Sa position stratégique en a fait une plate-forme privilégiée pour les transports de l'Europe du Nord vers le Maghreb, grâce à la voie ferrée Paris-Madrid. Mais Vitoria reste une ville agréable, aménagée de nombreux espaces verts, qui accueille chaque été plusieurs festivals.

Commencer la visite de la ville par le sud, où les places de parking sont plus nombreuses. L'ensemble de la ville se concentre sur une surface relativement modeste, entièrement accessible à pied. À l'exception du nouveau musée d'Art contemporain, l'entrée dans tous les musées de Vitoria est gratuite.

■ Le musée des Beaux-Arts

Paseo de Frey Francisco, 8. PLAN A3

Ouv. du mar. au ven. de 10 h à 14 h et de 16 h à 18 h 30; sam. de 10 h à 14 h et de 17 h à 20 h; dim. et j. fériés de 11 h à 14 h et de 17 h à 20 h. F. lun. ☏ 945 18 19 18.

Installé dans un petit palais néo-Renaissance du début du XXe s., il conserve les collections de **peinture espagnole** des XVIIIe et XIXe s., avec de nombreux portraits et paysages. Mais le musée aborde surtout la **peinture basque** de la période 1850-1950, par thèmes. Les scènes de genre (celles d'Arteta, Zubiaurre ou Maeztu, par exemple) donnent une idée de la vie sociale et culturelle du Pays basque. Ne pas manquer, dans la chapelle du palais, un retable peint du XVIe s.

■ Le musée des Armes

Paseo de Frey Francisco, 3. En face du précédent. PLAN A3

Ouv. du mar. au ven. de 10 h à 14 h et de 16 h à 18 h 30; sam. de 10 h à 14 h; dim. et j. fériés de 11 h à 14 h. F. lun. ☏ 945 18 19 25.

Les amoureux d'armures anciennes y découvriront des pièces rares et étonnantes, certaines ciselées comme des bijoux, telles celles d'un guerrier italien du XVe s. ou de samouraïs japonais de la fin du XVIe s. La présentation d'armes, depuis la préhistoire, de costumes divers et d'une maquette de la bataille de Vitoria complète la visite.

La descente de Celedón

Les fêtes de la Virgen Blanca s'ouvrent le 4 août, à 18 h, par une amusante tradition. Un filin est tendu du sommet de l'église San Miguel jusqu'à la place, puis on lance le Celedón, *mannequin représentant un personnage populaire de l'Álava « coiffé » d'un parapluie. C'est le coup d'envoi de cinq jours de fête, avec danses et processions religieuses. L'animation est assurée par les* blusas, *bandes de jeunes gens vêtus de blouses qui se livrent à toutes sortes de facéties dans la ville.*

■ La cathédrale María Inmaculada et le musée d'Art sacré

Calle Monseñor Cadena y Eleta, 2. PLAN A2

Ouv. du mar. au ven. de 10 h à 14 h et de 16 h à 18 h 30; sam. de 10 h à 14 h; dim. et j. fériés de 11 h à 14 h. F. lun. ☏ 945 18 19 18.

De style néogothique, aussi désignée comme la « nouvelle » cathédrale, elle date de 1907. Sa crypte est ornée de thèmes bibliques. Le déambulatoire a été aménagé pour accueillir le musée d'Art sacré et le fonds d'art classique, autrefois exposé au musée des Beaux-Arts.
- Bien agencé, il permet de comprendre l'évolution de l'art dans les églises, depuis la période préromane. On admire, entre autres, une série de **triptyques** du XVe s. et une étonnante collection de **bustes-reliquaires** de

saintes en bois peint d'un réalisme saisissant. Parmi les chefs-d'œuvre, noter le *Saint François méditant* du **Greco** ou le *Christ sur la croix* de **José de Ribera**.
- En sortant, le romantique **parc de la Florida**, avec ses kiosques à musique et son jardin botanique, est occupé en décembre par une crèche grandeur nature de près de trois cents personnages. En le quittant par l'angle nord-est, emprunter la calle General Álava jusqu'à la **calle Eduardo Dato**, principale artère commerçante de la ville, bordée de terrasses de cafés où déguster des tapas. Elle conduit vers le nord à la plaza de España.

▲ *Plaza de la Virgen Blanca ; au fond, l'église San Miguel.*

■ Plaza de España et plaza de la Virgen Blanca

PLAN B2

Carrée, bordée d'arcades à la manière espagnole, la **plaza de España** (autrefois plaza Nueva) fut conçue au XVIIIe s., lors des grands travaux d'urbanisation, et servit ensuite de modèle à d'autres villes (Estella, Bilbao, Donostia…).
- Opérant la jonction entre les artères modernes et les quartiers médiévaux, la **plaza de la Virgen Blanca** est entourée d'immeubles auxquels ont été rajoutés des bow-windows au début du XXe s. Au centre, en souvenir de la victoire contre Napoléon en 1813, une statue équestre de Wellington accompagné du général Álava.
- Dominant la place, l'**église San Miguel**, du XIVe s., abrite un retable baroque sculpté du début du XVIIe s. C'est le sanctuaire de la patronne de la ville, la Vierge Blanche, point de départ des fêtes de la Blanca.

▲ *Les clefs de voûte de l'église San Miguel portent les blasons des riches marchands donateurs.*

■ Le *casco viejo* (vieille ville)

PLAN B2

À côté de l'église San Miguel, au sommet des escaliers, la **plaza del Machete** et **Los Arquillos** forment l'harmonieux ensemble d'édifices et de placettes à escaliers et à portiques qui permit de compenser la dénivellation de terrain entre la vieille ville et les nouveaux quartiers.
- Dans la rue du même nom, l'**église San Vicente** (XVe s.) reçut au XVIe s. des ajouts de style plateresque. Le portique date de 1931, construit avec des éléments de l'ancien couvent Saint-François.
- De là, toute la colline est encerclée de ruelles bordées de vieilles maisons blasonnées et de palais.

■ Le musée Fournier des cartes à jouer

Cuchillería, 54. PLAN B1

Ouv. du mar. au ven. de 10 h à 14 h et de 16 h à 18 h 30; sam. de 10 h à 14 h; dim. et j. fériés de 11 h à 14 h. F. lun. ☏ 945 18 19 20.

Il est installé dans un des plus somptueux palais de la vieille ville, construit en 1525 sur une ancienne tour défensive. On y découvre la plus importante collection au monde de cartes à jouer, rassemblée par un imprimeur spécialisé français installé à Vitoria en 1868.

Bonnes adresses

Hôtel *Dato*, calle Eduardo Dato, 28. ☏ 945 14 72 30. En plein centre, sur la rue piétonne reliant la gare à la vieille ville, chambres tout confort à prix abordables, mais sans parking.
Hôtel-restaurant *Palacio de Elorriaga*, Elororiaga, sur la N 104. ☏ 945 23 36 16. À 5 mn en voiture du centre-ville, direction Pampelune par la N 104, cette ferme du XVIIe s. a été admirablement rénovée en hôtel de charme. Bonne table. Les prix restent abordables pour la qualité.
Restaurant *Dos Hermanas*, Madre Vedruna, 10. ☏ 945 13 29 34. À l'ouest de la nouvelle cathédrale, ce restaurant propose une cuisine régionale classique mais excellente : thon servi sur lit de poivrons et ragoût de queue de bœuf.
Confiserie Goya, calle Dato, 20. Décorée comme une bonbonnière, cette boutique à l'allure rétro vend toutes les gourmandises locales.

▲ *Comme il se doit, le tympan central du portail de la cathédrale Santa María accueille la Vierge Marie.*

Douceurs basques

Les confiseries de Vitoria sont particulièrement appréciées des amateurs de douceurs sucrées. On ne manquera pas de goûter les incontournables touróns *et les chocolats, sans oublier les* vasquitos, *les* nescafés *et la* goxua, *présentés dans de belles boîtes fantaisie.*

Outre les presses à imprimer, on admire jeux miniatures, humoristiques, cartes circulaires, publicitaires, géographiques, historiques, russes, chinoises, indiennes, japonaises…

■ Autour de la cathédrale Santa María

Au bout de la calle Cuchillería. PLAN B1

La **cathédrale Santa María** a été érigée aux XIIIe et XIVe s., sur les restes d'anciennes fortifications, sans doute à l'emplacement d'une église romane. Le chœur de style platéresque et la tour carrée à cadran solaire datent du XVIe s. Elle s'ouvre par un porche gothique espagnol aux tympans richement sculptés. L'intérieur abritait des œuvres de Van Dick, du Caravage, de Rubens, mais fait l'objet d'une vaste campagne de travaux depuis l'an 2000, prévue pour durer dix ans. Les fouilles ont révélé des secrets sur l'histoire de l'édifice et de la ville. De passionnantes visites guidées des travaux sont organisées.

Visites sur réservation uniquement, de 11 h à 14 h et de 17 h à 20 h. ☏ 945 25 51 35 ou sur www.catedralvitoria.com

- La **plaza de la Brullería**, derrière la cathédrale, et les rues alentour conservent de belles maisons anciennes, comme celle du **Portalón**, ancienne auberge médiévale en pierre, brique et pans de bois sombre.
- À proximité, le **Musée archéologique** rassemble les pièces issues des fouilles dans toute la province d'Álava : périodes paléolithique, néolithique et romaine.

Calle Correria, 116. PLAN B1

Ouv. du mar. au ven. de 10 h à 14 h et de 16 h à 18 h 30 ; sam., dim. et j. fériés de 11 h à 14 h. F. lun. ☏ 945 18 19 22.

- Au n° 100 de la calle Correria, la **tour Hurtado de Anda** est peut-être le plus ancien édifice de la ville (XIIe s.), appartenant au système défensif de la première cité.
- Au n° 39 de la calle Herrería, la **tour de Doña Otxanda** (XVe s.) abrite le **musée des Sciences naturelles** évoquant les milieux naturels du Pays basque.

Ouv. du mar. au ven. de 10 h à 14 h et de 16 h à 18 h 30 ; sam. de 10 h à 14 h ; dim. et j. fériés de 11 h à 14 h. F. lun. ☏ 945 18 19 24.

- Dans la même rue, l'**église San Pedro** (XIVe s.) possède un tympan remarquable. Son portail est un bon exemple de gothique espagnol.

■ Artium, le musée d'Art contemporain

Calle de Francia, à l'est de la vieille ville. PLAN B1/B2

Ouv. du mar. au ven. de 11 h à 20 h ; sam., dim. et j. fériés de 10 h 30 à 20 h. F. lun. ☏ 945 20 90 20. www.artium.org

Inauguré en 2002, il expose dans des volumes clairs et spacieux l'évolution de l'art basque et espagnol depuis le XXe s. Outre une présentation tournante du fonds permanent de mille six cents œuvres, il propose des expositions temporaires.

Les environs de Vitoria

CARTE P. 271

Implantée au cœur d'une petite plaine sans caractère, Vitoria est entourée de sierras et de collines, mais défigurée par les nombreuses routes qui se croisent en tous sens. Quelques sites remarquables méritent toutefois que l'on s'y attarde.

■ Le château de Mendoza

À 11 km à l'ouest de Vitoria par l'A 3302.

Ouv. de mai à sept. du mar. au ven. de 11 h à 14 h et de 16 h à 20 h; sam. de 11 h à 15 h; dim. et j. fériés de 10 h à 14 h. F. lun.

Cette ancienne forteresse, propriété de l'une des plus puissantes familles alavaises, appartenait à la ceinture de places défensives qui gardaient l'accès à la plaine de Vitoria. Constitué d'un donjon et d'une enceinte flanquée de tours, il héberge un petit musée d'héraldique. À côté des différentes armoiries, quelques costumes de la province sont exposés, telles les coiffes des femmes, dont la position indiquait l'état matrimonial.

■ Trespuentes

À 4 km de Mendoza par l'A 3302 et l'A 3306.

Cet agréable village ancien a conservé son **église fortifiée** et sa jolie **fontaine** ornée d'un saint Jacques différent du traditionnel pèlerin piéton : représenté à cheval, celui-ci est le Matamoros (tueur de Maures).

- Le très beau **pont médiéval** permet de rejoindre à pied en 20 mn le site d'Iruña *(voir encadré)*.
- En partant de Trespuentes, il est aussi possible de visiter le **jardin botanique de Santa Catalina**, planté autour des ruines romantiques d'un ancien monastère.

Ouv. l'été du mar. au ven. de 10 h à 14 h ; w.-e. et fêtes de 10 h 30 à 20 h. En hiver, rens. au ☏ 945 18 19 18.

■ Le monastère d'Estíbaliz

À 10 km au sud-est de Vitoria par l'A 132.

Le monastère **Santa María de Estíbaliz** est l'un des hauts lieux de l'histoire sacrée de l'Álava. C'est un joyau de l'art roman, édifié au XIe s. à l'emplacement d'un sanctuaire encore plus ancien. L'arrivée sur les lieux est un peu gâchée par l'immense parking et par la construction d'un austère édifice moderne en béton abritant la crypte.

- L'**église** présente toutefois un merveilleux portail, dont le délicat décor à motifs géométriques évoque l'art celte. En la contournant, on note les corbeaux ouvragés du chevet. L'intérieur recèle de beaux chapiteaux sculptés

L'oppidum romain d'Iruña

Ce site archéologique est celui d'un ancien oppidum vraisemblablement occupé depuis le Néolithique. Du temps des Romains, ce village se trouvait au bord de la grande route reliant l'Espagne à Bordeaux. Bien que les objets découverts sur place soient exposés au Musée archéologique de Vitoria, la visite du petit musée permet de comprendre l'organisation du site, car ce que l'on voit sur place n'est pas facile à interpréter. Au sud de Trespuentes, accès par l'A 3302 puis l'A 3304. Ouv. de mai à mi-oct. du mar. au ven. de 11 h à 14 h et de 16 h à 20 h (de 11 h à 15 h le reste de l'année) ; sam. de 11 h à 15 h; dim. et fêtes de 10 h à 14 h. F. lun.

▲ *Vue du lac Uribarri.*

des thèmes bibliques habituels, ainsi qu'une Vierge romane polychrome du XIIe s. Le dimanche, la messe y est chantée en basque et on accroche les sept drapeaux de l'Álava autour du chœur.

- Dans la partie la plus récente du complexe, une petite boutique propose à la vente les produits du monastère.
- En ressortant, on aperçoit la **voie romaine** qui reliait Bordeaux à Astorga s'éloigner dans les collines. Au Moyen Âge, le site était encore beaucoup plus important qu'aujourd'hui et comptait une place de marché ainsi qu'un champ de tournois.
- Les amateurs de randonnée peuvent faire de belles balades dans les environs : le monastère est situé sur le tracé du GR 38.

■ Les lacs Uribarri et Urrunaga

Au nord de Vitoria par l'A 3002.

Les rivières Barrundia et Zadorra alimentent deux **lacs artificiels** aménagés en base de loisirs. Ils servent également de halte aux oiseaux migrateurs, visibles en automne et au printemps. Situés au pied de la sierra de Gorbeia, qui marque la frontière avec la Biscaye, ils alimentent Bilbao et Vitoria en eau.

- Sur la rive du lac Urrunaga, le village d'**Elosu** abrite le **musée de la Céramique basque** et le dernier atelier utilisant un four traditionnel, classé monument historique. La production rend compte de la céramique populaire basque.

Ouv. du lun. au ven. de 10 h à 13 h et de 16 h à 19 h; sam. de 10 h à 13 h.

- Au nord-ouest d'Elosu s'étend la sierra de Gorbeia, offrant de nombreuses possibilités de randonnée à pied ou en VTT.

Le parc naturel de Gorbeia

La sierra de Gorbeia est un massif impressionnant couvrant plus de 200 km^2. À cheval sur les provinces d'Álava et de Biscaye, il se compose de hautes falaises calcaires grises percées de grottes et de galeries, de pâturages peuplés de bergers et de forêts de hêtres, de noisetiers et d'ormes. La faune est riche et variée : cerfs (plus de mille), sangliers, blaireaux, nombreux rapaces… Le sommet le plus élevé, au nord-ouest des lacs, est le mont Gorbeia, qui délimite la frontière entre les deux provinces à 1 481 m d'altitude. À l'occasion du passage au XXe s., le pape avait recommandé d'ériger des croix monumentales sur les plus hauts sommets. La première, sur le Gorbeia, mesurait 33 m de haut et fut emportée par le vent, de même que la seconde, haute de 25 m. On se rabattit alors sur une plus modeste de 18 m, qui, cette fois, demeura fichée en terre…

Salvatierra/Agurain et ses environs

CARTE P. 271
À 26 km à l'est de Vitoria par la N 104 et la N 1.
Office de tourisme : calle Mayor, 8.
☏ 945 31 25 35.
www. cuadrillasalvatierra.org

La vallée de Salvatierra est encadrée de plusieurs sierras : celle d'Urquilla, au nord, culminant à plus de 1 500 mètres et celles d'Entzia et d'Urbasa, au sud, avec des sommets dépassant les 1 000 mètres d'altitude. Dès que l'on quitte la plaine, on rencontre d'étroites vallées, des forêts et des villages fortifiés qui recèlent quelques trésors sacrés, comme les fresques murales de Gaceo et Alaiza.

■ Salvatierra / Agurain

À 26 km à l'est de Vitoria par la N 104 et la N 1.

La ville doit son développement à sa position stratégique sur une petite éminence, à la sortie du défilé d'Altsasu et à l'entrée de la plaine de l'Álava. Au Moyen Âge, c'était une place forte défendant la province mais aussi une étape sur la route de Compostelle. Après la bataille décisive de Vitoria, elle fut endommagée par les troupes de Napoléon en retraite vers la France. Pendant les guerres carlistes, ses murailles furent partiellement détruites et les pierres réutilisées pour d'autres fortifications.

- Ses églises ressemblent à d'imposants bastions et les maisons de la vieille ville rappellent sa splendeur passée.
- La **calle Mayor** est l'axe central de la vieille ville. On y trouve de belles maisons blasonnées, comme aux n°s 40 et 42. Au milieu, petite place ombragée d'auvents.
- Du côté est de la muraille, l'**église San Juan** illustre avec les remparts, le chemin de ronde et les meurtrières, le rôle défensif de la ville. Son abside est d'ailleurs incluse dans les fortifications. Cet édifice mélange les styles : façade Renaissance décorée et intérieur gothique de la première moitié du XVIe s., où les peintures de Mateo de Zabelia (XVIIe s.) retracent la vie de saint Jean ; le retable baroque est de Pedro de Obril, peintre flamand.
- L'**église Santa María**, à l'autre bout de la calle Mayor, présente une allure quasi militaire. Sa construction, étendue de la fin du XIVe au XVIe s., mélange différents styles : l'ensemble est de facture gothique et le chœur de style plateresque. Notez la balustrade et le grand blason impérial de 1521 signifiant l'incorporation de la ville à la couronne d'Espagne. Les petits blasons figurent les armes de la ville. Le grand retable Renaissance, consacré à la Vierge, date de 1587.

▲ *Aux alentours de Salvatierra.*

Un choix crucial

Plusieurs critères président au choix de la route à prendre pour Compostelle. Au Moyen Âge, le pèlerinage était avant tout un voyage intérieur, destiné à implorer le pardon ou à remercier d'un événement heureux. Le principal problème tenait aux dangers rencontrés; on suivait donc de préférence des voies déjà tracées. La Via Aquitania *était, à cet égard, pratique : bien empierrée, sans trop de dénivellations, relayée par des ponts ou des gués fiables. La voie côtière, qui traverse les terres par le tunnel de San Adrian, fut jusqu'au* XIIe *s. l'une des plus fréquentées. Lorsque Aymeri Picaud rédigea son* Guide du pèlerin, *il décrivit principalement les routes franchissant les cols pyrénéens, laissant dans l'ombre la voie de l'Álava.*

▲ *Le tunnel naturel de San Adrian formait une partie de la* Via Aquitania, *qui reliait Burdigala (Bordeaux) à Astorga.*

■ Les alentours

Par l'A 3138 et la l'A 2128.

Le village d'**Eguilaz**, à 4 km à l'est, abrite le **dolmen d'Aizkomendi**, découvert sous un tumulus en 1832. Ce monument funéraire est constitué de onze énormes dalles de pierre.

- Au sud de la N 1, les hameaux de **Bikuña** et **Munain** ont conservé de belles maisons et d'intéressantes petites églises.

- L'église d'**Okariz**, vers le sud, allie tous les styles de construction depuis le XIIe s., et sans doute même quelques éléments romains.

- **Arrizala**, à 2 km au sud de Salvatierra, permet de voir un autre mégalithe, le **dolmen de Sorginetxe** – la « maison de la sorcière ».

■ Alaiza et Gaceo

À 3 et 6 km au sud-ouest d'Agurain par l'A 310 et l'A 4140.

Le hameau d'**Alaiza** contient une petite église dont les **fresques**, du tout premier gothique, aux couleurs ocre et rougeâtres, ont été découvertes derrière un retable baroque. Plusieurs thèmes sont présentés de façon naïve : luttes contre les musulmans, dessins de châteaux, d'églises, de guerriers, de monstres et d'animaux. Sur les côtés, on identifie des figures de pèlerins à leur bâton et à leur besace. Le style est visiblement influencé par l'art mozarabe et rappelle les tapisseries médiévales. Le sol de l'église comportait des pierres tombales, aujourd'hui exposées au Musée archéologique de Vitoria.

- Le village de **Gaceo**, tout près d'Alaiza en direction de Vitoria, recèle un trésor du même genre dans son église vouée à saint Martin de Tours *(ouverte le dimanche matin ou sur rendez-vous à l'office de tourisme d'Agurain)* : on a découvert des **fresques** du début du XIVe s. sous plusieurs couches d'enduit, derrière un retable, à l'occasion de la réfection entreprise en 1967. Elles occupent le chœur et sa voûte. Conçues pour expliquer aux fidèles les doctrines des Évangiles, elles sont l'œuvre d'un peintre accompli. On y voit un Christ en majesté, dominant une crucifixion, le Jugement dernier, les élus au ciel… À noter, sur le côté gauche, l'Annonciation et la Visitation. Sur le côté droit, des damnés cuisent dans un chaudron, et un animal mythique, figurant l'entrée de l'enfer, avale les nouveaux arrivants…

■ Le tunnel de San Adrian

À 6 km à l'est de Salvatierra par la N 1, bifurquer sur l'A 3020 vers Araia.

Les murs d'**Araia** sont couverts de graffitis politiques et de slogans en faveur du rapprochement des prisonniers basques.

- Parmi les nombreuses routes menant à Compostelle, celle du littoral arrivait d'Aquitaine et de Bayonne en passant par le Guipúzcoa, Irún et Tolosa, avant de franchir les crêtes de la sierra d'Urquilla pour déboucher sur la haute plaine d'Álava, au-dessus d'Araia. Plus tard, au Moyen Âge, c'était le chemin emprunté par les pèlerins qui ne voulaient pas franchir les Pyrénées, préférant suivre le littoral le plus longtemps possible. D'autres choisissaient cette option parce qu'ils arrivaient en bateau au fond du golfe de Gascogne, en provenance d'Angleterre, d'Irlande, de Scandinavie ou de Bretagne.

▲ *Le tracé de l'ancienne voie romaine est par endroits bien visible.*

Dans le village d'Araia, monter la rue au-dessus de l'église (en sens unique). Sur la gauche, on arrive à une maison construite sur un haut mur remblayé, un peu comme une maison fortifiée. Prendre à gauche à cet endroit et continuer jusqu'à la fourche où il faut tourner à droite. La route conduit au parking de San Adrian.

- On verra des vestiges de l'ancienne **voie romaine**, grande route de l'époque. Un sentier fléché mène en 1 h 30 à l'entrée du tunnel. N'hésitez pas à y pénétrer : il paraît étroit, mais s'élargit très vite. Au milieu, le minuscule **ermitage** aurait abrité un hospice pour les blessés ou les malades.
- Il débouche en haut de la vallée de la rivière Orio, en Guipúzcoa, qui descend vers Tolosa et Donostia.

■ Zalduondo

À 3 km à l'ouest d'Araia.

Situé sur le chemin de Compostelle, Zalduondo conserve une partie de l'ancienne voie romaine que suivaient les pèlerins – sur la place du village, une salle rassemble toutes les informations sur le pèlerinage.
- L'**église San Saturnino de Tolosa** possède un très beau retable baroque du XVIIe s.

◀ *Non loin de Zalduondo, une croix « balise » le chemin de Saint-Jacques.*

La folie carnaval

Le carnaval de Zalduondo est directement influencé par les croyances païennes, hanté de personnages et d'animaux de légende. Le Marquitos est un grand mannequin bourré de paille, portant un masque de vieillard et un collier d'œufs évidés, symboles de l'abondance. Livré à ses juges pour tous les malheurs survenus au village durant l'année écoulée, il est brûlé vif au milieu de la liesse. La Vieille incarne la lutte de l'abstinence contre la fête. Elle porte le Vieux sur ses épaules, figurant le poids des malheurs vécus. Eux aussi, comme Marquitos, sont jetés à bas et brûlés, dans l'espoir de vaincre les difficultés passées. L'ours symbolise la mort de la vieille année, la sortie de l'hiver et le renouveau de la nature. Son hibernation est vue comme un séjour parmi les morts et la légende veut qu'il transporte les âmes dans son ventre, les libérant à chaque pet. Il est à souligner que nombre des facéties carnavalesques sont très scatologiques. Il est ainsi coutume d'ingurgiter un maximum d'aliments, tels les haricots secs, provoquant des flatulences à même de libérer les âmes… Les brebis sont le symbole de la richesse paysanne.

- Le **palais Lazarraga**, du XVIe s., est aussi appelé *casa de los Gizones* (maison des hommes), en raison des deux atlantes qui portent le blason de la famille Lazarraga. Surdimensionnées par rapport à la taille de la façade, ces statues laissent rêveur quant aux prétentions de ses commanditaires… À l'intérieur, un petit Musée ethnographique régional reconstitue les coutumes quotidiennes des environs : la cuisine, les techniques agricoles, les stèles discoïdales des cimetières, mais aussi les particularités du pèlerinage de Saint-Jacques… On ne manquera pas les belles fresques murales du palais, ni les explications concernant le carnaval de Zalduondo, souvent considéré comme l'archétype du carnaval rural basque.

Ouv. seulement le sam. de 17 h 30 à 19 h et le dim. de 12 h à 14 h. ☏ 945 30 43 74.

- Avant de quitter le village, on notera sur la place du village, près du fronton, la **statue-fontaine de Celedón**, figure célébrée des fêtes de la Virgen Blanca de Vitoria.

On peut rejoindre le tunnel de San Adrian en prenant, derrière l'église, la route en direction de Marutegui et de Zumarraundi.

- Entre Zalduondo et le village d'Araia, à l'est, la **chapelle romane** de San Julian et Santa Basilia de **Aistra**, du Xe s., est l'une des plus anciennes de l'Álava.

▷ La montaña Alavesa

Un paysage de roches et de forêts

Au sud de Salvatierra, après avoir traversé une zone de plaine, la route s'élève progressivement vers les petites sierras qui constituent l'est de la province. La sierra d'Entzia est le prolongement vers l'ouest de la sierra d'Urbasa, à cheval sur la frontière entre la Navarre et l'Álava. Les cols, peu élevés (800 à 900 m), mènent à des vallées étroites et encaissées, ponctuées de beaux villages fortifiés qui semblent toujours garder le passage.

■ Opacua et la sierra d'Entzia

À 5 km au sud-est d'Agurain par l'A 2128.

À Opacua, on s'arrêtera pour voir l'église du XIIIe s. La route monte ensuite le long de beaux chaos rocheux pour atteindre le **col d'Opacua** *(puerto de Opacua)*, à 1 020 m d'altitude, d'où l'on a une vue exceptionnelle sur la plaine et la sierra d'Urquilla. Les amateurs de botanique savoureront la traversée de cette zone de boisement mixte, de chênes verts, d'ifs, de frênes et de genévriers. À partir du col, on peut bifurquer à gauche vers le col d'Urbasa en traversant la sierra d'Entzia et une partie de la sierra d'Urbasa qui la prolonge. Les paysages sont superbes et sauvages, propices à de belles randonnées le long des sentiers de bergers. La vallée d'Arana se découvre sur la gauche.

La vallée d'Arana

CARTE P. 271

Office de tourisme d'Antoñana : à l'entrée du village, en contrebas du monument à la gloire du cheval. ☏ 945 41 02 26.

Orientée nord-est/sud-ouest, cette vallée se faufile en altitude, entre les sierras d'Entzia et de Loquiz. C'est un vaste plateau creusé par l'érosion, dont les terres fertiles ont permis l'implantation de plusieurs petits villages pittoresques et anciens, massés autour de leurs chapelles.

■ Kontrasta

À 15 km au sud-est de Salvatierra par l'A 2128.

Au cœur de la haute vallée, cet ancien village fortifié est dominé de part et d'autre par le mont Murube (1 128 m) au nord, et la crête de l'Otzamendi (1 255 m) au sud.

- L'**église** du village, bâtie au XIIIe s., est fortifiée. Au Moyen Âge, elle servait de refuge aux fidèles en cas d'attaque ennemie.
- De l'autre côté de la petite place, l'**ermitage de Nuestra Señora de Elizmendi** (Notre-Dame-de-la-Montagne) date de la période préromane. Il serait construit avec des pierres récupérées dans des édifices romains – certaines d'entre elles sont néanmoins gravées de motifs solaires évoquant les Celtibères.

■ San Vicente de Arana / Done Bikendi Harana

À 8 km au sud-ouest de Kontrasta par l'A 2128.

L'**église fortifiée** de ce hameau vaut le détour *(demander la clef au n° 1 de la calle Uriondo, en face de l'édifice)*. À l'intérieur, au fond, on remarque une sorte de **galerie-balcon** en pierre sculptée soutenue par des arcatures gothiques – les clefs de voûtes sont en forme de clef de saint Pierre et de fleurs de lys.

- Le **chœur** est surprenant : la partie inférieure est sculptée en forme de grotte. Les motifs géométriques ou les sculptures d'animaux fantastiques évoquent l'art roman ancien. À l'intérieur, trois belles statues en bois polychrome du XIVe s. figurent le Christ entouré de deux saints locaux.
- Le plus bel élément est le **retable en bois peint** du XVe s., représentant la Cène, la Crucifixion, Jésus devant Pilate, le martyre de Sébastien avec ses flèches et le jugement de saint Jacques. On remarquera les expressions des visages, sans oublier le démon et la démone qui soutiennent l'autel... Enfin, on verra aussi un tableau de l'école espagnole du XVIe s., qui illustre la punition des péchés en enfer.

La route pittoresque se poursuit vers le sud jusqu'à Santa Cruz, sur le versant nord de la sierra de Codés.

Le cheval et la brebis

Comme ses voisines d'Urbasa, d'Andia et d'Aralar, la sierra d'Entzia fait partie du terroir du fromage de brebis Idiazabal. Bien que ce village se trouve en Guipúzcoa, l'appellation est autorisée pour un secteur beaucoup plus large, chevauchant les quatre provinces d'Álava, de Navarre, du Guipúzcoa et de Biscaye. Vous remarquerez la prédominance des pâturages et des troupeaux de brebis qui conditionnent un mode de vie essentiellement pastoral. Dans ces prairies d'altitude, le pottok leur tient compagnie ; celui des environs est plus grand que le petit cheval basque rencontré sur les versants des Pyrénées.

Le long de la sierra de Codés

À 28 km au sud-ouest de Kontrasta par l'A 2128 et l'A 126.

Cette petite sierra, en Navarre, vient compléter la ceinture de montagnes qui encerclent l'Álava. Son versant nord est parsemé de beaux villages qui recèlent des trésors d'art sacré.

Au sud-ouest de Santa Cruz, prendre la route A 126 pour faire une petite incursion en Navarre, le long de la frontière avec l'Álava.

- **Genevilla**, à 6 km environ de Santa Cruz, possède une église qui renferme l'un des plus beaux retables de Navarre. De style Renaissance (XVIe s.), il est composé de dix-sept scènes sculptées en bois polychrome recouvert de riches dorures.
- 3 km plus loin, le village de **Cabredo** mérite la visite pour le mobilier sacré de son église : un retable principal de style baroque et un autre entièrement rococo figurant l'*Ecce homo*.
- On terminera ce détour par le hameau de **Marañon**, dont l'église possède un magnifique retable hispano-flamand du XVe s., mélangeant une peinture délicate et des sculptures polychromes aux couleurs exquises.

Antoñana

Revenir ensuite sur Santa Cruz et emprunter l'A 132. À 35 km au sud-est de Vitoria.

À Antoñana, au n° 7 de la calle Mayor, la belle maison blasonnée fut bâtie en 1565 – un petit passage couvert mène à l'ancien chemin de ronde aujourd'hui occupé par des jardins. Les murailles ne sont qu'en partie conservées. Il est possible de voir le donjon carré au bout de la même rue.

Ce joli village beige et rose, dominé par la lourde silhouette de son église, a gardé une partie de ses murailles médiévales. Fortifié par le roi de Navarre Sanche le Sage en 1182, pour garder la vallée de la rivière Ega, il a conservé tout son caractère médiéval. On flânera avec plaisir dans le dédale des ruelles et des petits passages couverts.

- Les vieilles maisons mêlent pierres et pans de bois, et ont souvent de lourdes portes de bois cloutées. Ici ou là, un fer à cheval est cloué sur le mur comme porte-bonheur ; sous un passage voûté près de l'église, on verra même une petite porcherie… En faisant le tour du village, à part quelques maisons neuves, l'ensemble paraît inchangé depuis des siècles.
- Au bout du village, un vieux **lavoir** de pierre et de tuiles dégage une fraîcheur bienvenue au fort de l'été.
- L'**église San Vicente** possède un beau portail gothique surmonté d'une Mise au tombeau. Son porche donne accès à l'intérieur des remparts.
- Depuis l'esplanade nord, on a une belle vue sur les falaises des sierras d'Entzia et de Loquiz. Les amateurs de marche à pied peuvent emprunter le sentier de grande randonnée PR A61 (GR 1) qui contourne la colline Alavesa.

■ Le parc naturel d'Izki

À Antoñana, quitter l'A 132 pour l'A 3136 en direction de Buxanda.

Ce bel espace préservé occupe les contreforts de la sierra cantabrique, une zone de moyennes montagnes calcaires (700 à 1 177 m), plantées d'épaisses forêts de hêtres et surtout de chênes tauzins. Il est traversé par la rivière Izki et de nombreux ruisseaux. Sauvage et peu fréquenté, il abrite de nombreux rapaces, une très rare espèce de pic, des loutres, chats sauvages et même le desman des Pyrénées.

- **San Roman de Campezo**, paisible village blotti au pied d'un éperon calcaire, est situé sur le tracé du GR 1, départ de belles randonnées. Ne pas manquer l'**ermitage rupestre de San Roman**, émouvante chapelle troglodyte ornée de peintures.

Bifurquer ensuite vers Korres, sur l'A 4124.

- **Korres** est un beau village fortifié de montagne, le seul situé à l'intérieur du périmètre du parc. Il garde l'entrée du défilé de l'Izki et possède une modeste **maison du parc** proposant la carte et une quinzaine de circuits de randonnée bien balisés.

Ouv. d'avr. à sept. t.l.j. sauf lun. de 10 h à 19 h ; d'oct. à mars du mar. au ven. de 9 h à 15 h, w.-e. et fêtes de 10 h à 14 h 30 et de 15 h 30 à 17 h 30. ☏ 945 41 05 02.

- Après avoir serpenté entre les éperons rocheux, la route mène à **Maeztu**, un village gardé par un saint Christophe tout à fait kitsch. Noter les belles maisons blasonnées. Dans l'église, sur le retable, c'est la Vierge et non le Christ qui porte la Croix.
- À environ 3 km vers le sud en direction d'Antoñana, le village d'**Atauri**, construit dans une gorge, ne manque pas de charme et conserve ses maisons fortifiées. La curieuse église commande le passage, avec une entrée en contrebas.

Le chêne, emblème basque

Dans de nombreuses civilisations, le chêne est un arbre sacré, symbole de force et de sagesse. Les Celtes le vénéraient particulièrement, et c'était l'arbre emblématique des druides. Au Moyen Âge, il était courant de rendre justice sous un chêne (on se souvient du bon roi Saint Louis…). Au Pays basque, il est devenu l'emblème des nationalistes et de la résistance au pouvoir central, symbolisé par le célèbre chêne de Guernica – ville biscayenne dont les habitants se sont toujours opposés aux décisions de Madrid.

Laguardia / Biasteri

CARTE P. 271
À 52 km au sud-est de Vitoria par l'A 2124 et l'A 124, via Peñacerrada.
Office de tourisme : plaza de San Juan, 1. ☎ 941 60 08 45. www.laguardia-alava.com

Cette bastide médiévale, l'une des plus jolies villes d'Álava, est la porte d'entrée et la capitale du célèbre vignoble de La Rioja alavesa. Étagée à flanc de coteau sur un promontoire tourné vers le sud et le fertile bassin de l'Èbre, elle est gardée par la sierra de Cantabria au nord. Ses belles maisons de pierre dorée, ses *bodegas* et ses remparts en font l'une des étapes les plus agréables de la région.

Bonne adresse

Posada Mayor de Migueloa, calla Mayor de Migueloa, 20. ☎ 941 12 11 75. Dans le palais de Viana, un des meilleurs restaurants de La Rioja. Agneau rôti et pommes de terre *a la riojana* sont parmi ses spécialités.

L'une des premières bastides navarraises

Les environs de Laguardia attestent que la région était peuplée depuis fort longtemps. On a en effet découvert de nombreux vestiges néolithiques et la trace d'un important village de l'âge du fer tout près de la ville. Un roi de Navarre, Sancho Abarca, avait bâti un château au Xe s. pour résister aux attaques des musulmans. Convaincu de l'importance stratégique du site, un autre roi de Navarre, Sanche le Sage, y fonde une bastide un siècle et demi plus tard, et lui accorde un *fuero* et le statut de ville. Elle tient son nom – à l'époque, en 1164, La Guardia de Navarra – de ce rôle de gardienne chargée de protéger le flanc sud-ouest du royaume. Il suffit de se tenir sur les remparts pour s'en convaincre : adossée à la sierra de Cantabria, la ville domine toute la vallée de l'Èbre, jusqu'à la frontière avec la Castille.
Au XIIIe s., face à la menace grandissante des Castillans, c'est au tour de Sanche le Fort de la faire fortifier. Le vieux centre-ville et les remparts datent de cette époque. En 1461, elle est annexée par la Castille et perd dès lors de son importance stratégique; la reine Isabelle la Catholique crée la Tierra de Laguardia et l'inclut dans l'Álava. Bien qu'endommagée au cours des siècles par les conflits successifs, elle a gardé tout son charme. Elle doit sa richesse actuelle aux vignobles qui l'entourent.

▼ *Les statues du portail de Santa María de los Reyes.*

■ Les portes de la ville

La vieille ville a conservé son plan médiéval, ses murailles et ses portes d'entrée. On pénètre dans le vieux centre par la **puerta de la Carniceria**, construite au XVe s.

- Un panneau en azulejos porte un message de bienvenue : « Paix à ceux qui arrivent, santé à ceux qui y habitent et bonheur à ceux qui partent. » Quatre autres portes, toutes du XIIIe s. (comme les remparts), donnent accès à la ville médiévale.
- Le centre du bourg s'organise à partir de la **plaza Mayor** à arcades et de trois rues principales, la calle Mayor, la calle de Pagaños (« des païens ») et la calle Santa Engracia, qui alignent des maisons anciennes. Avant de quitter la place, remarquer l'amusante horloge qui s'anime à midi et à 20 h, un peu comme une horloge suisse : le

cachimoro et deux danseurs sortent et dansent sur un air populaire de la Saint-Jean, la grande fête de la ville.

■ L'église Santa María de los Reyes

Au bout de la calle Mayor.

Ouv. de juin à fin nov. aux heures de messe. Le reste de l'année, s'adresser à l'office de tourisme pour les visites guidées.

La construction de l'église Santa María de los Reyes commença au XIIe s. Le joyau en est le **portail gothique**, de la fin du XIVe s. : caché par une seconde façade rajoutée au XVIe s., il a parfaitement traversé les siècles.

▲ *Le tympan et les voussures du portail de Santa María de los Reyes.*

- Sa qualité artistique est époustouflante : toutes les sculptures de pierre ont conservé leur polychromie, ce qui donne à l'ensemble une vie et une force étonnantes. Au centre, la Vierge couronnée tient un minuscule Enfant Jésus. Sur les côtés sont représentés les douze apôtres et, au tympan, une série de scènes de la vie de la Vierge : on distingue l'Annonciation, la Visitation, l'adoration des Mages, pour finir avec l'Assomption. Les voussures portent d'élégants personnages étirés sous des dais délicatement sculptés. Les anges se mêlent aux grappes de raisin pour rappeler la première richesse de la ville. On pourra ensuite rejoindre la **tour abbatiale**, emblème de Laguardia.

■ L'église San Juan

À l'autre bout de la ville, dans l'ancien quartier juif, l'église San Juan est encore plus populaire puisqu'elle abrite la statue vénérée de la **Virgen del Pilar**, la seule, prétend-on ici, devant laquelle s'agenouillent les habitants de Laguardia. La statue date du XVIe s. : richement vêtue, couronnée et baguée, la Vierge brandit le blason de la ville – un château et deux clefs – en souriant d'un air épanoui. Elle préside aux **fêtes de la Saint-Jean** *(du 23 au 29 juin)* durant lesquelles on se livre à toutes sortes de danses autour du personnage coloré du *cachimoro*, paré de grelots. Viennent ensuite les parties de pelote et les lâchers de vaches dans la calle Mayor.

Bonnes adresses

Hôtel-restaurant *Marixa*, Sancho Abarca, 8. ☏ 945 60 01 65. Juste en face de l'entrée dans la vieille ville, agréable petit hôtel familial, tout confort, à prix moyens. Les chambres donnant sur la vallée sont les plus calmes et les plus agréables.

Posada Mayor de Migueloa, Mayor de Migueloa, 20. ☏ 945 62 11 75. www.mayordemigueloa.com. Dans une ruelle de la vieille ville, ce petit hôtel de caractère fait aussi restaurant. Murs de pierre, poutres sombres et décoration typiquement espagnole.

Castillo del Collado, paseo el Collado, 1. ☏ 945 62 12 00. www.euskalnet.net/hotelcollado. Véritable petit castel romantique aux chambres de style gothique décorées avec goût. Luxe et caractère pour des prix encore abordables. En contrebas des remparts, au sud de l'église. Possède un restaurant.

Une ville sur caves

Juchée sur son promontoire, la ville est bâtie sur un véritable gruyère. Le vignoble génère une telle richesse que chaque maison possède sa propre bodega. *Le sous-sol est entièrement constitué de ces caves identifiables aux grilles d'aération sur le sol. On en compte près de trois cents dans le centre historique, si bien que l'on craint de voir un jour s'effondrer les rues. La municipalité a donc pris des mesures draconiennes : circulation automobile intra-muros interdite, à l'exception des ambulances, et revêtement spécifique pour prévenir les infiltrations d'eau de pluie.*

Les environs de Laguardia

CARTE P. 271

La région viticole de La Rioja alavesa s'étend au sud de la sierra de Cantabria vers la vallée de l'Èbre. Nettement barrée au nord par la ligne de falaises de la sierra, elle est protégée des vents du nord et bénéficie d'un climat doux et ensoleillé. Elle est constituée d'une succession de *mesetas*, reliefs calcaires orientés au sud, particulièrement propices à la culture de la vigne et de l'olivier.

Le centre thématique du vin

Aux portes de Laguardia, sur la route de Logroño, la villa Lucia abrite un musée consacré aux particularités du vin de La Rioja alavesa. On y découvre les différents cépages et les méthodes de vinification. La visite peut s'achever par une dégustation. Ouv. du mar. au dim. de 10 h à 14 h et de 17 h à 20 h. F. le lun. ☏ 945 60 00 32. www.villa-lucia.com

■ Les lagunes de Laguardia

Visibles depuis la terrasse est de la ville de Laguardia, ces lagunes protégées occupent des cuvettes peu profondes, remplies d'eau saumâtre en raison de la teneur en sel du sol et des résurgences salines. Elles sont alimentées par l'eau de pluie en automne et en hiver, et se vident avec la chaleur.

- En été, seule la plus grande, la **lagune del Prao de la Paul**, reste en eau. Les autres s'assèchent peu à peu et se couvrent de vase et d'une croûte de sel. Surprenantes au milieu des terres, ces salines constituent un milieu naturel salin similaire à celui des marais côtiers; on y trouve toutes les plantes adaptées aux marais salants. En outre, elles offrent une étape bienvenue aux oiseaux migrateurs et aux échassiers qui aiment vivre près des vasières – hérons cendrés, bécasses, aigrettes, vanneaux… Des sentiers balisés permettent d'en faire le tour. Certains partent de l'A 3216, au sud de Laguardia, et conduisent au Prao de la Paul *(demander à l'office de tourisme de Laguardia)*.

■ La Hoya

À 800 m au nord-est de Laguardia par l'A 3228.

Ouv. de mai à mi-oct. du mar. au ven. de 11 h à 14 h et de 16 h à 20 h, le sam. de 11 h à 15 h, le dim. de 10 h à 14 h; de mi-oct. à fin avr. du mar. au sam. de 11 h à 15 h et le dim. de 10 h à 14 h. F. lun. Entrée gratuite.

Cet étonnant site archéologique, fondé à la fin de l'âge du bronze (vers 1500 av. J.-C.), fut habité jusqu'à la fin de l'âge du fer (vers 200 av. J.-C.), vraisemblablement par des peuplades venues du Nord, notamment des Celtes, qui se sont mêlés aux habitants de la région et aux Ibères, arrivés par la suite.

- On peut voir les excavations et parcourir les anciennes rues pavées bordées des bases des maisons.

- La visite du **musée** est cependant plus évocatrice de la vie quotidienne de ses anciens occupants. Une

Les cathédrales du vin

En parcourant le vignoble, on s'étonne de l'architecture ambitieuse des bodegas. *Jadis inspirée du mujédar, du gothique ou de la Renaissance espagnole, leur conception fait désormais appel aux plus grands noms de l'architecture d'avant-garde. Ainsi, la* **bodega Ysios**, *près du site archéologique de La Hoya, est née du talent de Santiago Calatrava, concepteur de l'aéroport de Bilbao. Son étonnante toiture plissée en titane repose comme une aile d'oiseau au milieu des vignes. À Samaniego, c'est la gigantesque* **bodega Baigorri** *de l'architecte guipúzcoan Iñaki Aspiazu. Mais la palme reviendra sans conteste à la* **bodega Marques del Riscal** *à Elciego, commencée en 2003 et prévue pour 2005, elle sortira des cartons de Frank Ghery, le créateur du musée Guggenheim de Bilbao. Sa maquette annonce une structure audacieuse, dont la hauteur atteindra celle du clocher de l'église !*

maquette du village celtibère permet d'imaginer les conditions de vie à cette époque reculée. De nombreuses explications sont fournies, et le produit des fouilles est exposé dans des vitrines. Les ustensiles, comme les poteries, sont rudimentaires tandis que d'autres objets portent la marque d'un réel sens artistique. À noter : tout ce qui se rattache au cheval, l'une des grandes conquêtes des Celtes.

■ Elciego

À 5 km au sud-ouest de Laguardia par l'A 3210.

Ce petit village conserve de belles maisons anciennes blasonnées, dont on admirera les balcons de fer forgé. La jolie mairie *(ayuntamiento)* du XVIIIe s. porte encore le blason impérial avec l'aigle bicéphale ; l'**église San Andrès** possède un superbe mobilier, dont un opulent retable et des stalles Renaissance.

- Le village respire la prospérité : le vignoble s'affiche partout. Elciego s'enorgueillit en effet de ses quatorze *bodegas* (caves), parmi les plus célèbres du pays.

■ Kripan et la sierra de Cantabria

Quitter Laguardia par l'A 3228 en direction d'Elvillar.

La route s'élève peu à peu le long des versants sud de la sierra, au milieu des vignobles. Juste avant Elvillar, au kilomètre 68, un panneau indique le **dolmen de la Hechicera**, formé de dix dalles massives.

- Le village de **Kripan** est dominé par de massives falaises calcaires, au pied desquelles une épaisse forêt invite à la randonnée. À partir du cimetière, de l'autre côté du vieux pont, une ancienne voie romaine conduit à Elvillar *(4 h a.-r.)*.

Le sens de la fête

À tout seigneur tout honneur, le vin fait l'objet de l'une des fêtes les plus joyeuses des environs. Chaque année, entre la mi-septembre et le début novembre, un village différent accueille la fête des vendanges de La Rioja, qui rassemble une foule considérable, pour des dégustations, danses folkloriques et concours de force basque. Parmi les fêtes moins profanes, outre la Saint-Jean et la Saint-Pierre, fin juin, ne pas manquer, à Elciego, la Sainte-Isabel (1er juillet) et la fervente procession de la Vierge, le 8 septembre.

- De Kripan, poursuivre ensuite l'A 3220 en direction de Meano et de Lapoblación, sur une route splendide à travers un paysage sauvage. À Lapoblación, tourner à gauche vers **Bernedo**, en traversant la sierra de Cantabria. Cet ancien village fortifié, construit au pied du versant nord de la sierra, est dominé par les hauteurs de la Peña Alta (1 245 m). Au-dessus, une randonnée mène à l'ermitage de Nuestra Señora de Okon, qui surplombe le paysage.

■ Les grottes de Laño et Faido

Respectivement à 36 et 44 km de Laguardia. À Bernedo, suivre la A 2126 qui devient la BU 7410.

▲ *Les grottes du hameau de Faido révèlent une chapelle incrustée dans le roc et de superbes peintures rupestres.*

Après 14 km sur la BU 7410, en direction de Vitoria, tourner à gauche vers Laño. La route vers Faido part aussi de la BU 7410 vers la gauche, 3 km plus loin.

- Les grottes aménagées servirent d'abri aux hommes préhistoriques, puis aux moines et aux ermites. On peut se faire une idée assez juste de leur vie rudimentaire et ascétique.

- À l'écart de la route, le hameau de **Faido** possède des grottes similaires qui abritent une **chapelle troglodytique** de la Virgen de la Peña ; à l'intérieur, on verra des fresques sommaires et des tombes.

■ Peñacerrada et le col de Herrera

Après la visite des grottes de Faido, reprendre la BU 7110 vers Vitoria puis bifurquer à gauche vers le sud, sur la BU 7500 en direction de Peñacerrada.

On quitte progressivement la plaine de Vitoria pour s'élever vers la sierra de Cantabria.

- Au pied de la montagne, le village de **Peñacerrada** gardait jadis le col de Herrera et la frontière entre Navarre et Castille. Sa porte d'accès massive et les vestiges de remparts laissent imaginer son importance. On y admire encore d'élégantes maisons nobles et la jolie église Nuestra Señora de la Asunción (mélange de roman et de gothique).

- La route s'élève ensuite vers le **col de Herrera** (1 110 m) avant de descendre vers La Rioja alavesa. Un belvédère, le **balcón de La Rioja**, est équipé d'une table d'orientation et offre un superbe panorama de la plaine viticole, de Logroño à Haro. Le relief plissé des *mesetas* se voit distinctement.

- Une autre **route pittoresque**, l'A 3202, quitte Peñacerrada vers le sud-ouest en direction de Labastida, traverse la sierra et contourne le mont Toloño par le sud.

Bonne adresse
à Samaniego

Palacio Samaniego, Constitucíon, 12. ☏ 945 60 91 51. www.palaciosamaniego.com. Petit hôtel-restaurant de caractère, dans un ravissant palais du XVIIe s. Jolies chambres, cuisine délicieuse et prix raisonnables. Une étape de charme à 6 km de Laguardia vers le col de Herrera.

Labastida

CARTE P. 271

Tout comme Laguardia, Labastida est une ancienne ville frontière d'une importance stratégique indéniable. Désormais, elle n'a plus à se défendre contre les Maures ou les Castillans, mais elle rivalise avec ses voisines pour revendiquer le titre de capitale du vignoble de La Rioja alavesa. Le vin est là encore omniprésent et les caves nombreuses…

■ Au pied du mont Toloño

À 20 km au nord-ouest de Laguardia par l'A 124 et la LR 132.

Le cadre de cette ville aux pierres dorées est saisissant : à l'arrière-plan, la longue crête du mont Toloño lui sert d'écrin et de barrière protectrice contre les vents du nord, l'isolant dans une boucle de l'Èbre. La date de fondation de la ville n'est pas précisément connue, mais on sait qu'un *fuero* lui fut octroyé en 1196 par Sanche le Fort, roi de Navarre. Celui-ci ne profita pas longtemps de la position stratégique de la ville, qui rejoignit en 1200 le giron de la Castille. Elle perdit peu à peu ses fonctions défensives pour devenir un gros bourg agricole dominé par la viticulture, qui a depuis fait sa richesse. Comme ses consœurs de La Rioja, elle aligne les *bodegas* et les *vinotecas* (vinothèques), boutiques spécialisées dans la vente du vin.

■ De la calle Mayor à l'église Nuestra Señora de la Asunción

On privilégiera une visite à pied de la ville. L'entrée principale s'effectue par la **puerta de Larrazuria**, qui conduit à la plaza de la Paz où se trouve l'*ayuntamiento* (mairie) du XVIIe s. Le vieux centre s'organise autour de la rue principale, la **calle Mayor**, bordée de maisons anciennes construites aux XVIe et XVIIe s.

- L'**église Nuestra Señora de la Asunción** mérite la visite pour sa décoration intérieure. Dès l'entrée, l'œil est immédiatement attiré par le gigantesque retable baroque du XVIIe s., incroyable chaos de dorures et de sculptures. Mesurant 18 m de haut sur 14 m de large, il est sculpté de scènes de la vie des saints ou de l'Évangile, de statues, d'angelots… L'**orgue**, construit en 1789, est un véritable chef-d'œuvre. On notera aussi la porte de la sacristie, de style gothique finissant ou première Renaissance. À voir, dans le fond de l'église, les **litières** décorées que les hommes portent durant les processions religieuses.
- Près de l'église, des escaliers mènent à l'**ermitage del Cristó**, tour romane fortifiée.

Certaines maisons de la calle Mayor sont blasonnées, comme le n° 16. Noter le hall pavé de galets de rivière du n° 19, ou encore les balcons de fer forgé et l'auvent sculpté du n° 15.

Fêtes patronales : du 5 au 8 août.
Fête des vendanges : vers la mi-septembre.

Les restaurants de Labastida proposent des plats traditionnels comme les *patatas con chorizo* (pommes de terre revenues avec du chorizo) ou les côtelettes cuites à la braise de sarments… le tout accompagné, bien sûr, de vin de la région.

Le Noël des bergers

Le 24 décembre, la ville célèbre la messe du coq (misa del gallo) à laquelle participent les habitants. Déguisés en bergers, ils exécutent les danses traditionnelles et chantent des cantiques de Noël. À la suite des Rois mages, une grande procession arpente les rues de la ville à la recherche de la crèche avant de rejoindre l'église pour la messe.

CARTE P. 271

Les vignobles de La Rioja
la route des bodegas

Le climat sec et ensoleillé du sud de l'Álava, la protection des sierras contre les vents du nord et le sol calcaire des coteaux orientés vers le sud constituent autant d'atouts pour un vignoble de qualité. Les Romains, devinant un terrain favorable, avaient déjà importé la vigne. Son exploitation s'organisa à plus grande échelle à partir du Moyen Âge. Aujourd'hui, les vins de La Rioja sont les plus prestigieux d'Espagne.

► *Taille des ceps de vigne dans un vignoble de La Rioja.*

Le musée du vin de La Rioja et la station œnologique de contrôle des vins se trouvent à Haro, petite ville médiévale.

► *En Navarre, le musée d'Irache présente les vins de La Rioja et les techniques de fabrication.*

■ Une appellation contrôlée

La Rioja bénéficie de l'appellation d'origine contrôlée (DOC, *Denominacion de origen calificada*) depuis 1991. Sous le terme général de Rioja, il faut distinguer trois régions, ou sous-appellations, qui produisent des vins assez différents. L'aire délimitée de production s'étend près de l'Èbre sur environ 47 000 ha. La plus célèbre et la plus prestigieuse des trois régions est **La Rioja alta**, juste au sud de l'Álava et de la Navarre, qui compte environ 3 900 ha d'appellation Rioja et où la productivité atteint 40 hl/ha.

Des traces d'exploitation du vignoble datant du Ier s. ont été retrouvées dans **La Rioja baja**. Cette deuxième région encadre l'Èbre plus à l'est, autour de San Adrian et de Calahorra. Elle déborde sur le sud de la Navarre et produit seulement 17 hl/ha. **La Rioja alavesa** enfin, qui s'étend en Álava, au-dessus de l'Èbre, autour de Laguardia, Elciego et Labastida, englobe quatorze communes et rejoint La Rioja alta, produisant 35 hl/ha.

■ La Rioja alavesa

Bénéficiant de son appellation propre, La Rioja alavesa offre un paysage traditionnel de vignobles piqués d'oliviers et d'abris de vignerons coniques de pierres sèches. Des murets, également de pierres sèches, séparent les exploitations. Un détail typique distingue ces vignobles de ceux que nous connaissons : le tempranillo, un cépage traditionnel espagnol, n'est pas palissé mais taillé en buisson. Dans la région, on compare les vins de La Rioja à ceux de Bordeaux. Il y a une certaine parenté puisque le succès du vignoble est né de l'installation dans les environs de vignerons bordelais ruinés par l'oïdium entre 1857 et 1862, puis par l'épidémie de phylloxéra à partir de 1868. Ils ont apporté ici leur savoir-faire et leurs méthodes de vinification.

■ Les cépages et les vins

Les deux principaux cépages de La Rioja sont le **tempranillo** qui donne des vins rouges et le **viura**, que l'on utilise pour les blancs. Certains blancs confidentiels sont produits à partir de la malvoisie, cépage originaire de Grèce qui leur apporte arôme et densité. Au tempranillo, qui reste la base de tous les bons riojas rouges, ont été ajoutés d'autres cépages comme le mazuelo, utilisé en complément pour les rouges, ou le grenache pour les rosés. Dans l'ensemble, le vin de La Rioja est donc un vin d'assemblage, fruité, assez fort en alcool, riche en tanin, ayant du corps. Certains vins qui vieillissent mal, en raison de la taille en buisson et du pressage de tout le raisin, sont à consommer dans l'année. D'autres, plus chers, sont récoltés selon la méthode bordelaise – le raisin est égrappé avant d'être foulé – et se conservent mieux. Les qualités et les prix varient bien sûr en fonction des *bodegas* et des années – 1994, 1995, 1997, 1998, 2001 étaient bonnes ; 1965, 1967, 1971 et 1972 sont à éviter.

Les riojas blancs sont moins connus. Les meilleurs sont ceux qui vieillissent en fûts, mariant viura et une petite proportion de malvoisie, notamment les *reserva* (vieux de deux ans dont au moins six mois en fûts) et *gran reserva* (vieux de plus de quatre ans dont plus de six mois en fûts). Parmi les meilleurs, citons le Ygay Reserva (bodega de Murrieta) ou le Viño Tondonia (bodega López de Heredia). Pour des vins à maturation plus courte, issus du viura pur, essayez ces mêmes caves qui proposent de bons vins blancs très aromatiques.

Les vins qui vieillissent mal sont appelés *tintos del año* ou *tintos joven*, vins de l'année ou vins jeunes. Ceux qui se conservent mieux portent le nom de *tintos de crianza*.

Quelques bonnes adresses

Les caves les plus réputées à **Elciego** *sont les bodegas Salceda ou Domecq, qui produisent de bons rouges de garde, et la bodega de Riscal, la plus ancienne de La Rioja alavesa, pour ses rosés puissants et ses rouges secs. Les vins de Nuestra Señora de Remelluri, à Labastida, sont des rouges très recherchés – l'un d'eux est exclusivement produit à base de tempranillo.*

*- Le village d'***Oyón***, au sud de l'Álava, constitue aussi une étape intéressante pour sa bodega* Martínez Bujanda (Conde de Valdemar Gran Reserva).

- À **Haro***, dans La Rioja alta, la Compaña Vinícola del Norte de España et la bodega López de Heredia proposent d'excellents vins rouges de garde.*

- La bodega de Murrieta, à **Logroño***, produit un délicieux rosé à l'ancienne, un rouge superbe, le Castillo de Ygay, et un bon blanc sec, le Ygay Reserva. Les bodegas Campo Viejo font partie des plus importantes, avec une production de 20 millions de bouteilles annuelles. Elles vendent des vins vieillis sept ans (dont trois en fûts de chêne), comme le* gran reserva *Marqués de Villamagna.*

Les vallées du sud-ouest

CARTE P. 271

L'ouest de l'Álava est formé d'une succession de petites sierras d'altitude, séparées par de hautes vallées isolées, à l'ouest de l'autoroute qui descend de Bilbao. En remontant le cours de l'Èbre, à l'ouest de Miranda, s'étendent des paysages champêtres entièrement préservés.

Attention : sur certaines cartes espagnoles, l'A 2625 est nommée A 625.

■ De l'Èbre à Tuesta / Tosta

Quitter Labastida vers l'ouest en direction de Miranda, puis suivre la berge nord de l'Èbre par l'A 2122.

Après **Fontecha** et ses deux châteaux reliés par un souterrain, la route longe le fleuve au plus près, jusqu'à **Sobrón**, un village médiéval blotti au pied de falaises vertigineuses et de pentes boisées. L'Èbre y traverse un défilé spectaculaire. La partie ancienne du village se perche à 3 km de la route principale, dans un repli de la sierra (route pentue et tortueuse, agréable à pied, beaux panoramas).

▲ *Classées « monument historique », les salines de Añana sont en cours de restauration. Un circuit pédestre de découverte permet de faire le tour du site en 30 mn.*

Revenir sur ses pas et bifurquer vers le nord sur l'A 2625 / A 625. À 4 km, tourner à droite vers Tuesta sur l'A 2622.

- Le village de **Tuesta / Tosta** a conservé de beaux vestiges. L'**église** romane Nuestra Señora de la Asunción possède un magnifique portail à tympan sculpté, orné du Christ en majesté accompagné de la Vierge et des rois d'Israël. En contournant l'église, on bénéficie d'une belle vue sur la vallée de Valdegovia, qui marque la transition entre les paysages atlantiques des vallées du nord et les paysages méditerranéens du bassin de l'Èbre. Le calvaire date du XIIIe s.

■ Añana

À 5 km à l'est de Tuesta par l'A 2622.

Le très beau village d'Añana, site classé, a longtemps vécu de l'exploitation du sel. À flanc de montagne, il étage ses ruelles, ses placettes et ses maisons blasonnées.

- Tout en haut, le **couvent des Madres Commandoras de San Juan de Acre** (mères « commandeuses » de saint Jean d'Acre) est un édifice sévère d'où l'on a un panorama splendide sur la vallée et la ville.

Le parc naturel de Valderejo

À 26 km au nord-ouest de Tuesta par l'A 2625 et l'A 2622.

C'est le plus « reculé » et le plus ancien des parcs de l'Álava. Pour s'y rendre, traverser Espejo et son palais, puis bifurquer vers **Villanañe**, qui conserve le château des Varona, l'une des plus puissantes familles nobles d'Álava. Construit au IXe s., il appartient à la même famille depuis quarante générations !

- Tout près de là, sur la petite route secondaire en direction d'Osma, on peut visiter l'**ermitage de Nuestra Señora de Angosto**, construit près d'une grotte où la Vierge serait apparue à un berger.

De Villanañe, continuer vers San Millán pour sa chapelle romane. La route vers le parc de Valderejo part à gauche dans le village et passe ensuite par le hameau d'Arroyo. Très étroite par endroits, elle se faufile entre la rivière et une falaise de calcaire gris.

- 5 km après Arroyo, on arrive à l'entrée du parc et au village de **Lalastra**, admirablement restauré, à l'image des hameaux de montagne du Moyen Âge. Tout y est : l'adorable église du XIe s. et sa très vieille horloge, entourée de ses maisons anciennes, le four à pain, le moulin, l'atelier du forgeron et même un terrain pour jouer aux boules.

- Créé en 1992, le **parc** couvre près de 3 500 ha. Les habitants vivent principalement de l'élevage ovin et, de plus en plus, du tourisme. Les paysages sont splendides : défilés sauvages où planent les vautours et les aigles, rapides de la rivière Purón (surtout au printemps) et faune variée – chats sauvages, chevreuils, sangliers… Le sommet le plus élevé est le **mont Lerón** (1 235 m), au nord de Lalastra.

La sierra de Arcamo

Rejoindre l'A 2625 et la remonter vers le nord.

À droite, une petite sierra culminant à plus de 1 100 m délimite deux jolies vallées. Pour découvrir celle du sud, prendre à droite l'A 3318 vers **Carcamo** ; ce village possède une belle église du début du XIVe s., et l'un des plus anciens ermitages d'Álava, daté de 1050. La route se poursuit vers l'est, au pied de la sierra formée d'un massif calcaire percé de nombreuses grottes – pas moins de 216 ont été répertoriées. La région était abondamment peuplée durant la période celte, et de nombreux villages fortifiés se sont édifiés sur d'anciens *oppida*.

En arrivant à Morillas, prendre l'A 3314, route secondaire qui remonte vers le nord en serpentant autour de l'autoroute.

- À **Zuhatzu / Kuartango**, on peut tourner à gauche pour parcourir la **vallée de Kuartango** qui borde, au nord, la sierra de Arcamo. Comme il s'agit d'un cul-de-sac, les villages et les paysages sont restés intacts et semés de ponts à l'ancienne.

Bonnes adresses

Casa rural Patxo Etxea, route de Bilbao, 50, Espejo. ☏ 945 35 10 16. Sur l'A 2625, cette maison traditionnelle en pierre propose des chambres toutes simples à petits prix. Fait table d'hôtes.

Casa rural Valderejo Etxea, Lalastra. ☏ 945 35 30 85. Hébergement très simple mais confortable, au cœur du parc de Valderejo, cette maison propose aussi les repas. Idéal pour les randonneurs.

Casa rural Torre Samaniego, Barron. ☏ 945 36 23 50. www.asalinasetc.com. À 4 km à l'est de Carcamo, cette belle tour du XVe s. est restaurée en chambres d'hôtes tout confort. Possibilité de repas.

Au bout du village de Lalastra, la maison du parc fournit des explications sur la faune et la flore et propose des itinéraires de randonnées de tous niveaux, y compris des balades faciles à faire avec des enfants – se munir de chaussures de marche.
Ouv. de juin à mi-oct. de 10 h à 19 h ; de mi-oct. à mai de 10 h à 15 h ; w.-e. de 11 h à 14 h et de 16 h à 19 h. F. le lun.

Les salines

Le système d'exploitation des salines de Añana remonte à l'Antiquité. L'eau salée de la rivière Muera est captée et conduite dans des bassins carrés et plats construits en escalier à flanc de coteau, où elle s'évapore en laissant une fine croûte de sel. Ce sel est récolté avec de larges râteaux sans dents, en bois, que l'on utilise aussi pour racler le fond des bacs. Plus de cinq mille terrasses carrées, montées sur des pilotis forment ainsi un étrange amphithéâtre, auquel on accède par des échelles vétustes. On n'en exploite guère plus de trois cents aujourd'hui, mais le spectacle reste fascinant.

Les vallées du nord-ouest

CARTE P. 271

Malgré l'autoroute qui la traverse et l'attraction des villes industrialisées telles que Vitoria et Bilbao, cette région a pu être préservée. Dès que l'on s'éloigne du grand axe de passage, les petites routes s'enfoncent dans de paisibles vallées qui ont conservé leur caractère rural pastoral et leurs traditions séculaires. Les montagnes ne sont jamais loin, mais l'on ressent, à la nature plus verdoyante, la proximité de l'Atlantique.

Le vœu à la Vierge

Chaque année, le 9 mai, les habitants de la vallée viennent jurer fidélité à la Vierge de la Antigua. Depuis 1639, une procession précédée des croix et des bannières sacrées se rend à l'église pour renouveler le vœu de garder la Vierge comme patronne de la vallée. Après la messe, on danse les entradillas, *danses traditionnelles.*

Bonne adresse

à Orduña

Pasteleria Larrea, plaza de los Fueros, 13. Une épicerie-pâtisserie des années 1950, où acheter des conserves à l'ancienne (piments, thon, asperges) et un grand choix de petits macarons au détail.

Attention : les randonnées dans la sierra sont toutes assez difficiles, donc à ne pas faire sans entraînement ni sans de bonnes chaussures de marche. Une carte des randonnées est vendue à la maison du parc, ouverte de 10 h à 19 h (17 h en hiver), fermée le lundi.

■ Murguia et ses environs

Office de tourisme : à côté de la mairie. ☏ 945 43 01 33.

À 15 km au nord-ouest de Vitoria par la N 622.

Chef-lieu de la vallée de Zuaia, cette petite ville se trouve au centre d'une région de « tourisme vert ». Les parcs aménagés et la beauté des paysages attirent nombre de familles de Vitoria.

- À la sortie est du village, bifurquer vers le sud pour visiter, à quelques kilomètres, l'**ermitage de Nuestra Señora del Oro**, érigé sur un promontoire rocheux. Il s'agit d'un ancien monastère construit en pierres grises au début du XVIe s. Sa silhouette austère veille sur la vallée boisée; de là, beau panorama sur la **sierra de Gorbeia**. Un pèlerinage s'y déroule chaque 15 août et 8 septembre pour les fêtes de la Vierge.
- On accède à la **maison du parc de Gorbeia** en prenant la route d'accès qui part de la N 622 à la sortie de Murguia, vers le nord-ouest. Différents itinéraires de randonnée dans le parc et la sierra de Gorbeia sont proposés *(→ p. 356-357)*.

► *Orduña. La façade de la casa Consistorial affiche un bel écusson de la ville.*

■ La cascade de Goiuri

À 8 km au nord-ouest de Murguia par l'A 2521 vers Orduña. Sur la droite, une petite route conduit à Goiuri.

L'érosion trace de petites dépressions dans la pierre calcaire où se collectent les eaux qui tombent en contrebas. La **cascade de Goiuri** dégringole de plus de 100 m de haut dans la rivière Altube. Elle est parfois à sec en été.

■ Orduña

À 20 km au nord-ouest de Murgia par l'A 2521.

Cette petite ville se trouve en Biscaye, enclavée dans l'Álava. Bien que construite dans un site superbe de la vallée du Nervión, dominée par une falaise grise, la ville n'a pas vraiment de cachet. Elle a subi l'industrialisation de toute la vallée depuis Bilbao. Elle possède malgré tout quelques atouts, comme son curieux plan radial de dix rues convergeant vers la place centrale et ses belles maisons blasonnées.

▲ *L'église Santa María, à Orduña, possède un impressionnant retable qui couvre entièrement le mur.*

- L'**église Santa María**, construite au XVe s. sur un pan de l'ancienne muraille de la ville, contient un admirable triptyque flamand polychrome de la même époque, consacré à saint Pierre.
- Sur la **plaza de los Fueros**, beaux édifices des XVIIe et XVIIIe s. : l'église et le collège des Jésuites (1694), ou la **maison de la douane** (1782), de style espagnol classique, avec ses arcades et l'écusson de l'Espagne où l'on reconnaît la couronne royale et les armes de Charles IV. Jadis, la ville était un important poste de douane sur la route vers la Castille.
- Une petite route quitte la ville en direction du **sanctuaire de la Antigua**, une Vierge qui serait apparue à cet endroit.

■ La haute vallée du Nervión

Au sud d'Orduña par l'A 2625 en direction du col d'Orduña.

Avant de monter sur les hauteurs de la sierra, faire un détour par le village de **Delika** qui garde un impressionnant canyon de pierres grises. Le Nervión y prend sa source dans la sierra Salvada en une chute de plus de 300 m, avant de partir vers la mer à Bilbao.

- En reprenant l'A 2625 vers le **col d'Orduña**, on s'élève de façon très spectaculaire à flanc de falaise, avant d'aborder des paysages à couper le souffle, chaos rocheux et vastes plateaux. Un belvédère sur la gauche offre un balcon vertigineux sur la source du Nervión.
- La route, toujours superbe, s'enfonce ensuite au cœur d'un plateau presque désert, à la beauté austère.

▲ *Le Nervión prend sa source entre les hautes falaises de Delika.*

Laudio/Llodio et ses environs

CARTE P. 271

Laudio et Amurrio, importantes villes industrielles de l'Álava, ont curieusement conservé des traditions agricoles, comme les fêtes populaires et les marchés. La nature, dominée par l'agriculture, est resplendissante, comme en témoigne la verte vallée d'Ayala.

■ Laudio / Llodio

À 21 km au nord d'Orduña par l'A 625.

Un village existait déjà ici au Xe s., mais la première charte date de 1093. La vallée est passée successivement sous la coupe de la Biscaye puis de l'Álava. En 1349, elle est vendue au seigneur d'Ayala, une puissante famille de la région.

- Chaque année se tient la **foire de San Blas**, une foire au cochon, le dernier samedi de janvier. C'est l'occasion de déguster toutes sortes de cochonnailles artisanales. Lors des fêtes de la Saint-Roch, le 16 septembre, toutes les sociétés gastronomiques de la ville préparent un grand banquet pour les habitants.

▲ *À Amurrio.*

- Laudio accueille également le **musée basque de la Gastronomie**, dans une belle maison du XVIIIe s. Il présente tout ce qui touche à l'art de la table : les meubles traditionnels de la cuisine, les techniques de préparation typiques, les ustensiles, les poteries… Une collection de céramiques présente tous les « gros mangeurs » célèbres, de Gargantua à Pepe Botella – surnom donné en Espagne à Joseph Bonaparte, installé sur le trône d'Espagne par Napoléon, et qui avait, paraît-il, un bon coup de fourchette ! On y verra aussi des menus signés par les plus grands chefs, et une présentation des confréries gastronomiques et des produits traditionnels basques.

Avenue Maestro Elorza, le long de la rivière.
Ouv. les ven. et sam. de 17 h 30 à 20 h 30; les dim. et fêtes de 10 h 30 à 13 h 30. Entrée gratuite.

- Avant de quitter la ville, prévoir une escale à l'**église San Pedro** pour son curieux auvent en métal édifié au XIXe s. À l'intérieur, beau retable doré.

▲ *Amurrio, retable de l'église Santa María.*

■ Amurrio

À 16 km au sud de Laudio par l'A 635.

Des concours de gastronomie mais aussi de force basque y sont organisés.

◀ *La verte vallée d'Alaya est ponctuée de maisons basques traditionnelles. Ici, non loin d'Amurrio.*

- L'**église Santa María** possède un impressionnant retable en trois parties.

La vallée d'Ayala et Quejana / Kexaa

À Amurrio, l'A 624 remonte vers le nord-ouest pour longer la petite vallée d'Ayala.

Cette vallée doit son nom à la puissante famille qui possédait tous les environs. On traverse plusieurs hameaux plaisants, dans un cadre vert qui respire déjà le climat atlantique.

- À **Respaldiza**, le champ de Zaraobe est particulièrement symbolique : les représentants de la Terre d'Ayala s'y réunissaient jadis pour leurs assemblées générales.
- Un peu plus loin, à l'écart de la route, au pied de collines vertes et boisées, le village de **Quejana** dresse sa silhouette dominée par le château massif des Ayala. Il s'agit d'une imposante bâtisse carrée, comprenant des tours, des créneaux et une chapelle fortifiée insérée dans la muraille. À l'intérieur, un musée retrace essentiellement l'histoire de cette famille. De beaux objets – des tableaux, un reliquaire gothique en argent, la copie d'un retable gothique (l'original est présenté dans un musée de Chicago) – sont également exposés, ainsi que des tombeaux.

Visites du lun. au ven. de 11 h à 14 h; le sam. de 11 h à 14 h et de 16 h à 18 h; dim. et fêtes de 12 h à 14 h.

Artziniega

À 15 km au nord-ouest d'Amurrio par l'A 624.

À l'extrémité de la vallée, ce village fortifié s'élève dans un site de caractère. Il a conservé des ruelles bordées de maisons Renaissance et une église de la même époque, dont le fronton triangulaire annonce le renouveau architectural du XVIIIe s. Comme toutes les églises des environs, elle possède un auvent. Artziniega est aussi renommée… pour son boudin, une spécialité locale.

Bonnes adresses

Hôtel-restaurant *Los Arcos de Quejana*, Quejana. ☏ 945 39 93 20. Perdu dans les collines, un manoir du XIVe s., restauré et agrandi d'une aile moderne, pour une étape de calme absolu à prix moyens.

Hôtel-restaurant *Torre de Artziniega*, Cuesta de Luciano, 3, Artziniega. ☏ 945 39 65 00. www.hoteltorre.com. Belle demeure fortifiée du XIIIe s., chambres confortables et table de qualité en font une étape de choix à prix très raisonnables.

Exclusivement entre hommes

Les sociétés gastronomiques sont une particularité du Pays basque du sud. Il s'agit de clubs fermés, uniquement réservés aux hommes qui s'y adonnent au plaisir de cuisiner, de déguster et de boire ensemble. Parmi les membres, le bodeguero *est chargé de veiller à l'approvisionnement et au choix des vins. Les adhérents, les* socios, *se réunissent régulièrement, en général une fois par mois. Exclues de ces réunions, les femmes se sont mises à fonder des confréries du même genre. Pour adhérer à une société, il faut être approuvé par tous les* socios *et payer son droit d'entrée, approchant les 305 euros.*

Le Guipúzcoa

Hondarribia/Fuenterrabia p. 302
Ses maisons aux balcons peints et fleuris sont un enchantement pour le promeneur.

Donostia / San Sebastián p. 306
Aujourd'hui encore, la station balnéaire demeure la rivale frontalière de sa cousine Biarritz.

Getaria p. 315
Un port de pêche de caractère dans un décor magnifique.

Sanctuaire de San Ignacio de Loyola p. 324
Ce haut lieu du catholicisme fait la fierté des Basques.

Le Guipúzcoa est la province la plus touristique du Pays basque sud ; c'est aussi l'une des plus riches et des plus industrialisées d'Espagne depuis fort longtemps grâce à ses mines de fer. Son littoral est ponctué de villages de pêcheurs, et ses plages de belles villas du XIXe siècle. Les Guipúzcoans ont conservé intactes leurs traditions, leurs fêtes et leur langue : c'est ici que l'euskara est le plus parlé. Peu romanisée, si ce n'est à Irún, cette région ne fut longtemps qu'un lieu de passage pour les pèlerins venus par la mer et un enjeu stratégique entre la Navarre et la Castille.

◀ *Les vignobles de Txakoli s'étendent aux alentours de Getaria.*

Hondarribia et ses environs

CARTE P. 301

Office de tourisme de Hondarribia : Javier Ugarte, 6. ☏ 943 64 54 58. www.bidasoaturismo.com

À l'embouchure de la rivière Bidassoa, Hondarribia est une charmante petite ville. Son vieux quartier fortifié aux ruelles tortueuses rejoint un port de pêche animé, où les maisons à pans de bois jouxtent les tavernes. D'un côté, les crêtes du Jaizkibel dominent l'un des plus beaux paysages côtiers du Guipúzcoa ; de l'autre, Irún est une véritable plate-forme commerciale qui bourdonne de l'activité de ses marchés.

► *La mairie d'Irún.*

Bonnes adresses

Hôtel *Palacete*, plaza de Gipuzkoa, 5. ☏ 943 64 08 13. www.hotelpalacete.net. Ouvert en 2003, ce petit hôtel occupe une belle maison ancienne sur une place très calme. Agréable terrasse et déco contemporaine réussie dans ce cadre historique. Prix moyens.
Hôtel *Obispo*, plaza del Obispo. ☏ 943 64 54 00. www.hotelobispo.com. Très belle maison noble transformée en hôtel de charme. Plus cher que le précédent.
Parador de el Emperador, plaza de Armas, 14. ☏ 943 64 55 00. www.parador.es. Dormir dans l'ancien palais de Charles Quint, aménagé dans la meilleure tradition espagnole, est un luxe qui se paye (autour de 160 € en haute saison).

▲ *Le port d'Hondarribia.*

■ Irún et la zone frontière

À 2 km au sud-ouest de la frontière avec la France par la N 1.

Le premier contact avec l'Espagne s'établit aux abords d'Irún, qui, avec Behobia toute proche, ne semble être qu'un énorme nœud routier et ferroviaire, et où les camions s'agglutinent à la frontière. Important carrefour urbain du temps des Romains, Irún n'a été, pendant des siècles, qu'un faubourg de Hondarribia.
- L'ensablement de la baie a entraîné le déplacement du port vers Hondarribia. La ville doit son essor économique à la ligne de chemin de fer Paris-Madrid inaugurée au XIXe s. Détruite lors des guerres carlistes en 1874, Irún est une ville moderne sans grand caractère, et l'un des grands centres commerciaux du nord de l'Espagne.
- À voir, l'**église paroissiale Andra Mari del Juncal** pour sa statue romane de la Vierge, la plus ancienne de la province.

■ Hondarribia / Fuenterrabia

À 4 km au nord d'Irún par la N 1.

Hondarribia est une ville admirablement préservée située au bord de l'estuaire. Le vieux quartier est toujours fortifié et délimité par la **puerta de Santa María**, ouverte dans les remparts au XVe s. et surmontée du blason de la ville et d'une statue de la Vierge.

- La calle Mayor, pavée et pentue, aligne de superbes maisons – certaines sont blasonnées – et de minuscules boutiques à l'ancienne. Passer devant l'**église Santa María**, aussi nommée **Nuestra Señora de la Asunción y del Manzano** – de l'Ascension et du pommier, peut-être en référence aux nombreux vergers des environs. De style gothique, remaniée au fil des siècles, elle est assez imposante avec son clocher dôme ; beau retable doré à l'intérieur. Dans cet édifice fut célébré, par procuration, le mariage de l'infante d'Espagne Marie-Thérèse avec Louis XIV.

- Sur la ravissante **plaza de Armas**, entourée de maisons à pans de bois aux balcons peints et fleuris, on remarquera le *Parador*, hôtel de luxe installé dans un ancien **palais gothique** (XVe-XVIe s.) où séjourna Charles Quint en personne. De l'esplanade, belle vue sur la ville des pêcheurs en contrebas et sur la baie. Plusieurs ruelles pittoresques descendent de l'autre côté, vers le quartier du port. Les hautes maisons traditionnelles aux balcons croulant sous les géraniums alternent avec les tavernes.

■ Les crêtes du Jaizkibel

À 9 km au sud-ouest d'Hondarribia par la GI 3440. Suivre les panneaux en direction de Guadalupe et Jaizkibel.

À ne pas manquer, la portion de littoral qui fait suite à Hondarribia vers l'ouest. La route serpente entre les collines verdoyantes et offre des vues sur la baie jusqu'à l'**ermitage de Nuestra Señora de Guadalupe**, siège d'un important pèlerinage le 8 septembre en remerciement à la Vierge pour une autre victoire contre la France. On y joue du tambour et on y défile dans le style militaire de la San Marcial d'Irún, mais avec plus de ferveur encore. Le petit sanctuaire abrite une statue de la Vierge noire de Guadalupe, enchâssée dans les dorures et souvent noyée sous les fleurs. Sous la galerie extérieure à colonnes, une énorme coquille évoque les pèlerins de Compostelle.

- La route se poursuit ensuite sur les pentes du **mont Jaizkibel** (445 m). Des hauteurs, vue sur la côte déchiquetée et sur les versants verdoyants et abrupts plongeant dans la mer. C'est un paysage de lande à ajoncs, de chênes verts, de pins maritimes et de fougères épaisses, ponctué de tours de guet. Un sentier part de la route et permet de monter au sommet de la crête pour un superbe panorama. En redescendant ensuite vers Pasaia, le choc visuel est total : on aborde ici le Guipúzcoa industriel avec ses immenses entrepôts, ses graffitis militants et sa grisaille fanée qui cachent pourtant l'un des ports les plus séduisants de la côte.

▲ *On découvrira les maisons fleuries d'Hondarribia au cours d'agréables promenades.*

La tamborrada de la San Marcial

Le passage des armées françaises en Guipúzcoa a frappé les esprits. Napoléon, qui avait l'intention d'annexer le Guipúzcoa, y envoya ses troupes conquérantes. Elles furent vaincues par Wellington en 1813 et durent se rabattre précipitamment sous l'œil moqueur de la population. Par dérision, celle-ci commença à imiter les roulements de tambours des régiments en faisant le plus de bruit possible. Peu à peu, cette tamborrada s'incorpora aux fêtes de la San Marcial, le patron de la ville depuis 1522. D'impressionnants défilés militaires sont organisés le 30 juin, regroupant plus de six mille hommes armés qui déchargent leurs fusils et se rendent en procession à l'ermitage du saint.

Pasaia Donibane et ses environs

CARTE P. 301

Pour arriver à Pasaia Donibane, depuis Lezo ou le Jaizkibel, suivre les panneaux Donibane. Le parking est obligatoire à l'entrée du village. La partie la plus attrayante du port se situe au-delà, en direction de l'embouchure.

Entre les flancs du mont Jaizkibel et Donostia s'étend une région côtière qui conjugue toutes les facettes du Guipúzcoa. De part et d'autre de la rivière d'Oiartzun, on passe d'un port de pêche au charme intact à une vaste zone industrielle sur l'autre rive, d'un village ravissant à une ville triste et sans attrait, des falaises vertigineuses du littoral à l'enclave verte d'un parc naturel.

► *Le port de Pasaia Donibane est bien protégé au fond de l'estuaire.*

Bonne adresse
à Pasaia Donibane

Restaurant *Casa Cámara*, pasajes de San Juan, 79. ☏ 943 52 36 99. Dégustation de crustacés choisis dans l'aquarium, avec vue sur l'océan.

Souvenirs français

Deux Français marquèrent l'histoire de Donibane. La Fayette, le premier, avait choisi le port pour s'embarquer vers les Amériques afin de ne pas compromettre la France. Victor Hugo, ensuite, y séjourna en 1843 et tomba sous le charme de ses quais encaissés. Les habitants du village honorent ces deux hommes pour leur lutte politique contre la dictature et pour leur engagement en faveur des libertés, valeurs particulièrement emblématiques au Pays basque. Les maisons où ils vécurent sont signalées par une plaque.

■ Pasaia Donibane / Pasajes

À 19 km au sud-ouest d'Hondarribia par la GI 3440.

À l'origine, Pasaia était constituée de deux bourgades situées de chaque côté de l'estuaire. Donibane, sur la rive droite, dépendait d'Hondarribia tandis que San Pedro, sur la rive gauche, appartenait à la ville de Donostia. À la fin du XVIIIe s. et au début du XIXe s., les deux villages s'affranchirent et s'unirent pour fonder Pasaia qui connut un essor avec l'arrivée du chemin de fer. Chaque quartier développa ses caractéristiques : **San Pedro** – comme Errenteria et Lezo, en amont – adopta un profil résolument industriel, peu attrayant, tandis que **Donibane** resta exclusivement un charmant port de pêche.
- Ce **port** est construit dans une profonde échancrure maritime, le long d'un quai coincé contre la falaise. Les rez-de-chaussée des maisons sont construits en gros blocs de grès jaune polis par les années et séparés par d'innombrables petits escaliers qui montent à l'assaut du coteau. L'un d'entre eux mène à la **chapelle** qui domine le village. La rue s'étire au bord de la ria par une succession de passages couverts sous les maisons, entrecoupés de restaurants et de bars sombres et minuscules. Un amusant **oratoire**, remerciant le ciel de

la victoire des Vascons contre Charlemagne à Roncevaux, se situe près de l'embarcadère de la navette qui rejoint l'autre rive.
- Le rivage est piqué de grands pieux usés, auxquels s'accrochent les barques multicolores, le tout dans une odeur de poisson frais.
- Tout au bout du quai, l'esplanade de l'**église néoclassique** accueille les vieux du village venus voir passer les bateaux. De là, la vue sur le village et sa falaise est magnifique.

■ Lezo

À 1,5 km au sud-est de Donibane par la GI 3440.

En amont de Donibane, sur la rive droite, le bourg de Lezo mérite un détour. Il abritait, dès le XVIe s., des chantiers de construction navale. Ses corsaires réputés ramenaient la richesse au village.
- La **basilique Santo Cristo**, construite à la fin du XVIe s. à la place d'un ancien ermitage, est intéressante à visiter. L'extérieur sobre est en grès doré, avec un porche à colonnes Renaissance et un clocheton. L'intérieur recèle un rare **Christ gothique** (XIIIe s.) qui se distingue par son absence de barbe – on n'en recense que trois de ce genre au monde –, et un beau retable du XVIIIe s. La basilique est généralement fermée sauf pendant les messes.

■ Oiartzun et le parc naturel d'Aia

À 5 km au sud-est de Lezo par la GI 2134.

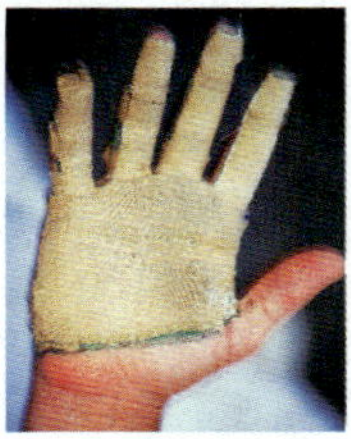

On accède à ce village en remontant la rivière vers l'intérieur des terres. La mairie est particulièrement jolie. Son porche, transformé en fronton de pelote, garantit l'animation les beaux soirs d'été.
- Plusieurs routes pittoresques partent d'Oiartzun dans les collines et rejoignent le **parc naturel d'Aia**. Au cœur d'un paysage de carte postale se succèdent des virages en épingle bordés de nombreuses fermes. La GI 3633 mène aux confins du Guipúzcoa et de la Navarre, au pied du **mont de Bianditz** (840 m). La GI 3420 mène à Lesaka, dans la vallée navarraise de la Bidassoa en passant par le **col d'Arritxulegi** et ses cromlechs. La GI 3631, qui rejoint Irún, longe **Peñas de Aia**, à plus de 800 m d'altitude. Ces crêtes sont le point le plus élevé du parc.

■ La forteresse de San Marcos

Bien indiquée depuis le bourg de Renteria.

Cette citadelle du XIXe s., construite dans le style militaire cher à Vauban, domine les environs. Elle joua un grand rôle durant les guerres carlistes. Depuis le haut des murailles, le panorama est exceptionnel.

▲ *Les courses de traînières ne passionnent pas que les habitants de Pasaia : on vient de loin voir glisser les longs bateaux.*

▲ *Pasaia est aussi l'occasion de découvrir une architecture traditionnelle de brique, qui donne ses couleurs à la ville.*

◄ *Tous les ans en septembre, le village d'Oiartzun accueille la finale du championnat de pelote à main nue, pour beaucoup la « forme la plus pure de pelote ».*

Une agréable randonnée consiste à suivre le tracé de l'ancien chemin de fer qui menait aux mines de fer d'Arditurri en partant d'Oiartzun.

▲ *À Oiartzun, les demeures blasonnées voisinent avec les maisons paysannes à pans de bois.*

Donostia/ San Sebastián

une station balnéaire chic

PLAN P. 308-309
À 13 km au sud-est d'Irún par la N 1.
Office de tourisme : calle Reina Regente, 8. ☏ 943 48 11 66.
www.sansebastianturismo.com

Considérée comme la plus élégante station balnéaire d'Espagne, Donostia est aussi une ville universitaire dynamique et une cité industrielle qui compte plus de 180 000 habitants. Elle occupe un site magnifique : une admirable baie entourée de deux collines et bordée d'immeubles Belle Époque. Son port de pêche et ses vieilles rues escarpées font face à la petite île de Santa Clara située au milieu de l'anse.

▲ *San Sebastián s'étale le long de la Concha, entre le mont Urgull et le mont Igueldo.*

Du monastère au bourg stratégique

À l'origine, la ville n'était qu'une bourgade établie autour d'un monastère, qui, fondé sous le nom de Saint-Sébastien-le-Vieux sous le règne des rois de Navarre, dépendait de celui de Leyre. Il servait de refuge aux pèlerins qui évitaient l'intérieur des terres. L'intérêt stratégique du site en fit bientôt une place forte. Un château et des remparts y furent construits au XIIe s. En 1180, le roi Sanche le Sage lui octroya des *fueros*. Le port commandait l'accès à la côte et aux villes de l'intérieur par la vallée d'Oria. Mais, malgré la protection de la rade, il n'était pas aussi profond que celui de Donibane et conserva sa fonction de port de pêche. Aujourd'hui, il ne reste presque rien de cette splendeur médiévale, puisqu'une douzaine d'incendies ont ravagé Donostia depuis le XIIIe s. Le dernier survint en 1813. Les armées de Napoléon s'étaient réfugiées dans la ville où elles furent assiégées par les troupes de Wellington alliées aux Espagnols et aux Portugais. Les combats furent extrêmement violents et un gigantesque incendie détruisit la ville.

Une ville reconstruite

Le vieux quartier actuel est le résultat de la reconstruction. La ville doit sa vocation touristique première aux souverains espagnols qui la choisirent comme résidence d'été. La reine Isabelle II y fut envoyée par son médecin pour soigner une maladie de peau. Elle s'installa en ville avec sa suite durant l'été 1845 et y revint ensuite chaque année jusqu'en 1868. C'est à elle que les habitants doivent une bonne partie des aménagements de la ville moderne, comme la démolition des remparts qui bridaient son expansion. Un village agricole existait déjà au fond de la baie, séparé de la ville par une vaste étendue de marécages impraticables et de bancs de sable. De grands travaux furent entrepris pour les assécher et offrir de nouveaux terrains à l'urbanisme naissant. Une seconde impulsion fut donnée à la fin du XIXe s. par les séjours de la reine María Cristina, épouse d'Alphonse XII. Aujourd'hui, la cité est l'une des plus élégantes stations balnéaires du pays. Ville universitaire, elle est animée toute l'année.

INCONTOURNABLES

La vieille ville	p. 307
Le musée San Telmo et les toiles de Sert	p. 307
La promenade des plages	p. 312
La vue depuis le mont Igueldo	p. 312

▷ La vieille ville

Au sud de la baie.
PLAN C1/D1, A3/B3
Se garer près du palais des Congrès ou dans l'un des parkings d'Alameda del Boulevard.

Un quartier très vivant

Entre Alameda del Boulevard – belle promenade plantée d'arbres – au sud, et le mont Urgull au nord, les étroites ruelles pittoresques et les bars à tapas délimitent un espace chaleureux, particulièrement animé le soir. C'est l'emplacement de l'ancienne cité fortifiée, qui concentre tous les plus beaux monuments.

■ La plaza de la Constitución

Au cœur du vieux quartier, c'est là que toutes les grandes festivités de la ville sont lancées. Outre sa remarquable ordonnance classique, rythmée d'arcades à l'espagnole, et ses jolies couleurs gris et jaune, elle se distingue surtout par ses balcons numérotés. Jadis, elle accueillait les corridas et les numéros servaient à attribuer les places.

▲ *L'orgue Cavaillé-Col de la basilique fut fabriqué à Paris au XIXe s.*

■ L'église San Vicente

Construite en 1507 dans un style gothique basque très austère, elle est la plus ancienne de la ville.
- À l'intérieur, on est surpris par la nef très courte qui rend encore plus imposant le gigantesque retable (XVIe s.) : sur quatre niveaux, il foisonne de scènes sculptées.
- Le reste du **mobilier** présente de bons exemples de la foi populaire, comme une Vierge entourée d'angelots, au-dessus de pécheurs implorants léchés par les flammes de l'enfer. Noter aussi un bel *Ecce homo* couronné d'épines.

La plupart des églises sont ouvertes le matin de 8 h 30 ou 9 h à 13 h, et en fin d'après-midi à partir de 16 h 30 ou 17 h et jusqu'à 20 h.

■ Le musée San Telmo

Plaza de Zuloaga, 1.

Ouv. du mar. au sam. de 10 h 30 à 13 h 30 et de 16 h à 19 h 30 ; le dim. de 10 h 30 à 14 h. ☏ 943 48 15 80. Entrée gratuite.

Hébergé dans un ancien couvent dominicain édifié en 1551, il sort d'une longue période de restauration qui s'achève enfin. Le monument lui-même est superbe, distribuant les collections autour du cloître (XVIe s.), un exemple de transition entre le gothique et la Renaissance, et une chapelle à la voûte élégante.
- Le premier étage abrite les **peintres européens** à partir du XVIe s. (Greco, Rubens…) et une salle consacrée à l'artiste basque Ignacio Zuloaga.
- Le deuxième étage rassemble les plus grands **peintres basques**, des scènes de genre à l'abstraction, en passant par le paysage ou le portrait.
- La chapelle est sans doute le point culminant de la visite, admirablement restaurée pour accueillir les **sept toiles monumentales** du peintre catalan José María Sert, réalisées à partir de 1929. Sur une surface de toile de 784 m², onze scènes spectaculaires et tourmentées racontent l'histoire du Guipúzcoa, ses traditions et ses croyances.

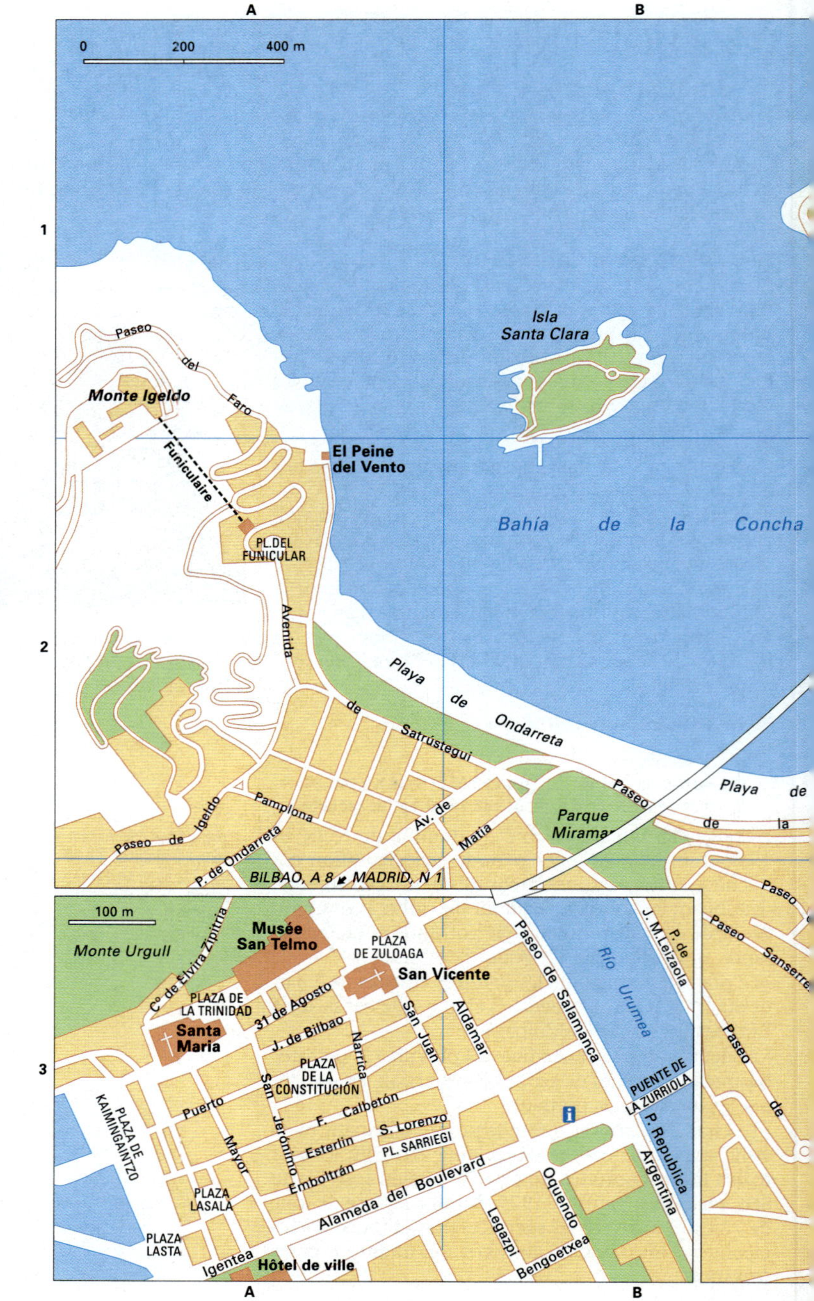
A
B
0
200
400 m
1
2
3
Paseo del Faro
Monte Igeldo
Funiculaire
El Peine del Vento
PL.DEL FUNICULAR
Isla Santa Clara
Bahía de la Concha
Avenida de Satrústegui
Playa de Ondarreta
Playa de
Paseo de la
Parque Miramar
Pamplona
Paseo de Igeldo
Av. de Matia
P. de Ondarreta
BILBAO, A 8
MADRID, N 1
100 m
Monte Urgull
Cº de Elvira Zipitria
Musée San Telmo
PLAZA DE ZULOAGA
San Vicente
PLAZA DE LA TRINIDAD
31 de Agosto
Santa Maria
J. de Bilbao
Narrica
San Juan
Aldamar
Paseo de Salamanca
Río Urumea
P. de J. M. Leizaola
Paseo
Paseo Sanserre
Paseo de
PLAZA DE LA CONSTITUCIÓN
PLAZA DE KAIMINGAINTZO
Puerto
San Jerónimo
F. Calbetón
S. Lorenzo
Esterlin
PL. SARRIEGI
Mayor
Emboltrán
Alameda del Boulevard
PUENTE DE LA ZURRIOLA
P. Republica Argentina
Oquendo
Legazpi
Bengoetxea
PLAZA LASALA
PLAZA LASTA
Igentea
Hôtel de ville

C
D
Château de la Mota
Monte Urgull
Musée naval
PL. KAIARRIBA
Paseo Nuevo
San Vicente
Santa Maria
Hôtel de ville
Alameda del Boulevard
Paseo de Salamanca
Aldamar
Playa de la Zurriola
Av. de la Zurriola
P. de Ramón M. Lili
P. de la Republica Argentina
Colón
Zabaleta
Paseo
Miracruz
PL. DE EUSKADI
IRUN, N 1
PL. DE GUIPÚZCOA
Oquendo
Camino
PL. DE ESPAÑA
PTE STA CATALINA
Parque de Alderdi Eder
Andia
Av. de la Libertad
Echaide
P. de los Fueros
Paseo de Francia
Bergara
Marcial
Arrasate
Getaria
Fuenterrabia
Loiola
San Martin
Urbieta
Gare ferroviaire R.E.N.F.E. (Estación Norte)
PONTE M. CRISTINA
PLAZA X.ZUBIN
PL.DEL BUEN PASTOR
PL. DE BILBAO
Musée d'Art contemporain Koldo Mitxelena
Cathédrale
PLAZA DE ZARAGOZA
Paseo de la Concha
San Bartolomé
Urdaneta
Easo
Larramendi
Prim
Paseo del Arbol de Guernica
Rio Urumea
Paseo Urumea
Paseo de F. Garcia Lorca
PLAZA ZUBIETA
Concha
San
Aldapeta
Beloka
Paseo de
PLAZA EASO
San Roque
Eusko Tren (Estación de Amara)
PLAZA CENTENARIO
Parque Cristina Enea
Parque Basoerdi
Parque de Araba
Parque
San Roque
Baena
Lazkano
Paseo de
Av. de Sancho el Sabio
Paseo de Bizkaia
PLAZA DEL SAUCE
Baroja
Paseo de Izostegi
P. M. Collado
PLAZA PIO XII
IRUN, A 8, Aéroport
1
2
3

Bonnes adresses

Ganbara, San Jeronimo kalea, 21. Dans une ruelle de la vieille ville, à l'ouest de la plaza de la Constitución, un endroit prisé des locaux pour grignoter des tapas mais où l'on peut aussi dîner.

Pension Itxasoa, San Juan kalea, 14. ☏ 943 42 01 32. Petite pension de famille très calme, chambres avec vue sur mer, dans la vieille ville, près du musée San Telmo.

Pension Donostiarra, San Martin kalea, 6. ☏ 943 42 61 67. www.pensiondonostiarra.com. Dans le barrio romantico, au premier étage d'un immeuble, tout confort.

■ La basilique Santa María

Agosto kalea, 31. PLAN A3

De l'extérieur, la façade baroque de grès jaune, gardée par un saint Sébastien percé de flèches, est très spectaculaire, avec sa profusion de sculptures.

- À l'intérieur, les autels baroques se disputent la place. Le principal abrite la **Virgen del Coro**, Vierge noire et patronne de la ville, que l'on sort pour les processions.
- Sur le côté de l'église, la petite **plaza de la Trinidad** conserve son ancien fronton de pelote et des gradins témoignant de la popularité de ce sport, même en ville.

■ Le Musée naval

Paseo del Muelle, 24. PLAN C1

Ouv. de 10 h à 13 h 30 et de 16 h à 19 h 30 ; le dim. de 11 h à 14 h. F. lun. et j. fériés. ☏ 943 43 00 51.

Dans la rue de la basilique, on retrouve le **port de pêche** et ses quais de pierre où s'amarrent encore les barques.

- Le Musée naval évoque l'histoire maritime des Basques, à l'aide de maquettes et d'archives. On y découvre l'évolution des techniques de pêche et de navigation.

■ L'Aquarium

Plaza Carlos Blasco de Imaz. PLAN C1

Ouv. de 10 h à 20 h, 22 h de début juil. à mi-sept.

Plus que les collections et habituels aquariums et malgré leurs cinq mille poissons, c'est l'**océanorium** qui vaut le détour. Un énorme tube de verre traverse le bassin océanique, permettant d'observer la vie marine comme si l'on nageait au milieu des poissons.

■ Le mont Urgull

Revenir le long du quai et emprunter l'escalier qui part à flanc de coteau, avant la basilique Santa María. PLAN A3

Le chemin escarpé conduit au solide **château de la Mota**, construit pour remplacer celui de Sanche le Fort. Le roi de France François Ier y fut emprisonné après sa défaite de Pavie.

- Plus loin, le **cimetière des Anglais** rappelle leur rôle dans les guerres carlistes. Le sommet de la colline est couronné par la statue du **Sagrado Corazón** (Sacré-Cœur), haut de 30 m. La vue sur la ville et la baie est superbe.

L'année en fêtes

La plus emblématique est la San Sebastián, le 20 janvier. La veille, à minuit, le maire hisse les drapeaux au son d'une fanfare. Les membres des confréries gastronomiques parcourent alors la ville pour la tamborrada. *Durant 24 h retentit un vacarme effrayant, qui peut durer plusieurs jours. D'autres manifestations ont lieu chaque année, comme le carnaval ou la fête de la Saint-Jean. En juillet se tient un prestigieux festival de jazz, suivi de la fête de Saint-Ignacio – le patron du Guipúzcoa – et d'une grande* tamborrada. *La* semaña grande *a lieu la semaine précédant le 15 août. Enfin, pour Noël, on promène dans les rues l'*Olentzero, *le charbonnier des montagnes.*

La ville moderne

Le barrio romantico

C'est ainsi que l'on nomme la ville nouvelle, délimitée par les plages à l'ouest et la rivière à l'est. Conçue à partir de la seconde moitié du XIXe s., elle est beaucoup plus aérée que les vieux quartiers, parcourue de larges avenues plantées d'arbres et bordées d'immeubles nettement influencés par le néo-classicisme français.

▲ *La haute flèche de la cathédrale du Bon-Pasteur domine fièrement le centre de la ville.*

La plaza de Guipúzcoa

PLAN D1

Véritable oasis d'eau et de verdure, elle est occupée par un jardin de palmiers et de yuccas, et bordée de belles boutiques sous d'imposantes arcades néo-classiques.

- Sur le côté ouest, le **palacio de la Deputación** (conseil régional) a été conçu par les mêmes architectes que la mairie de la ville (autrefois le casino).

- Vers le sud, traverser l'avenida de la Libertad et emprunter Getaria kalea, qui aligne les immeubles opulents à frontons, corniches et galeries de tous les styles. Elle mène à la plaza de Bilbao.

La plaza de Bilbao et le pont María Cristina

PLAN D2

Avec sa forme circulaire, ses balcons de fer forgé et son jet d'eau central, cette jolie place rompt le damier régulier du quartier.

- La rivière Urumea qui borde le quartier est toute proche, vers l'est. On arrive devant le **pont María Cristina**, baptisé d'après la reine qui contribua à augmenter encore le prestige de la station. Inauguré en 1905, il s'inspire de l'esprit du pont Alexandre-III à Paris.

La cathédrale du Bon-Pasteur *(Buen Pastor)*

À l'ouest de la plaza de Bilbao. PLAN D2

De style néo-gothique très élaboré (XIXe s.), elle est surtout intéressante pour son mobilier, tel le retable de la Vierge qui rappelle celui de la basilique Santa María, tout aussi naïf avec ses flammes de l'enfer roses. Noter le Christ gisant recouvert de dentelles dans son cercueil de verre, de style très espagnol…

- Dépendant de la cathédrale, le **musée diocésain** présente d'intéressantes collections d'art sacré.

Ouv. l'été de 10 h à 13 h et de 17 h à 19 h; l'hiver de 10 h à 13 h et de 16 h à 18 h. F. dim., lun. et fêtes.

L'art des tapas

Donostia est le paradis des tapas, aussi appelées pintxos *ou* banderillas. *Dès le début de la soirée, les comptoirs des bars se couvrent d'amuse-gueule préparés à partir des recettes traditionnelles de la région ou de toute l'Espagne. L'heure de l'apéritif à Donostia tient de l'art de vivre : hommes et femmes de toutes les classes sociales s'y retrouvent entre amis pour grignoter ces entrées typiques avec un verre de vin local ou d'apéritif. La variété des tapas est confondante : tartelettes au poisson, calamars frits ou en sauce, anchois ou moules farcis, chorizo, petits pâtés au foie, boulettes de viande, omelettes miniatures…*

■ La promenade des plages

La promenade préférée des Donostiarrak (habitants de Donostia) est le **paseo de la Concha**, planté de tamaris et bordé d'une somptueuse balustrade ouvragée, l'un des symboles de la ville.

- Elle part de l'ancien casino (aujourd'hui la mairie) et se prolonge le long des plages. La baie de la Concha – « coquille », en raison de sa forme caractéristique – est délimitée à droite par le mont Urgull, au centre par l'**îlot de Santa Clara** (une navette y conduit en été, pour ceux qui veulent profiter de sa grande terrasse) et à gauche par le mont Igueldo.
- Entre les deux plages de la Concha et d'Ondarreta, le **palais de Miramar**, de style cottage anglais, et son parc offrent, à mi-parcours, une escale de verdure.
- La balade se poursuit vers le pied du mont Igueldo jusqu'au plus fameux emblème de la ville, le *Peine del Vento* (peigne du vent), sculpté par Eduardo Chillida.

▷ Les environs

■ Le musée Chillida

Au nord-ouest d'Hernani, sur la GI 2132.

Ouv. en juil. et août et à Pâques de 10 h 30 à 19 h, dim. de 10 h 30 à 15 h; de sept. à juin de 10 h 30 à 15 h. F. mar.

Une belle ferme du XVIe s. et un vaste parc planté d'arbres offrent un écrin bucolique à l'œuvre du célèbre sculpteur. C'est d'ailleurs Eduardo Chillida lui-même, aujourd'hui disparu, qui avait conçu cet ensemble particulièrement réussi.

■ Le mont Igueldo

Prendre le pittoresque funiculaire, au bout de la plage d'Ondarreta, ou y aller en voiture en suivant les panneaux depuis Ondarreta. C'est de là que les **vues sur la baie** sont les plus époustouflantes.

- Un **parc d'attractions** un peu désuet (il date de 1912) conserve des installations d'une autre époque, comme la montagne suisse, dans un site grandiose.
- En continuant après les parkings sur la pittoresque petite route, on arrive à **Orio**, après avoir traversé de splendides paysages *(→ p. 314)*.

Le parc de Miramon et le musée de la Science

Au sud du centre-ville, de l'autre côté de l'autoroute, c'est tout un quartier de haute technologie qui voit peu à peu le jour. Dans cet espace travaillé par les architectes et les urbanistes, le musée de la Science est un vaste ensemble interactif mettant la science à portée de tous, au moyen d'expériences et d'expositions. La terre, la lumière, la mécanique, les systèmes de communication, les matériaux sont expliqués. Toutes les notices et les dispositifs audio sont fournis en français pour les expériences interactives et pour le planétarium. Ouv. de juin à sept. de 10 h à 20 h (11 h dim. et fêtes); d'oct. à mai de 10 h à 19 h (11 h dim. et fêtes).

Cidre et cidreries

Le cidre est l'ancêtre des boissons basques. Au Moyen Âge, le pommier était l'une des bases de l'économie rurale. Les *fueros* réglementaient sévèrement sa culture et veillaient au respect des normes de fabrication. Nombreuses dans tout le Pays basque jusqu'à la fin du XIXe siècle, les cidreries se concentrent désormais principalement dans le Guipúzcoa.

■ Une boisson populaire

Au XIXe s., à l'apogée du cidre basque, la production des vergers atteignait 40 000 t par an. À l'époque, la consommation annuelle de cidre était de 150 l par habitant ! On l'exportait vers Bayonne et même jusqu'en Normandie. Mais les guerres carlistes, le développement des vignes et l'industrialisation ont entraîné la disparition progressive des vergers. Aujourd'hui, on ne produit plus que 4 000 t de pommes par an, quantité insuffisante pour la production de cidre. Les bonnes cidreries utilisent encore leurs propres pommes. Fin septembre, les fruits tombés à terre sont ramassés, triés et pressés pour en extraire un moût jaunâtre et sucré. Ils sont ensuite mis en barriques. Durant les trois mois qui suivent, le *sidrero* surveille la fermentation jusqu'au moment jugé propice à la mise en bouteilles, traditionnellement à la lune décroissante. La qualité et le goût du cidre dépendent des variétés de pommes sélectionnées – acides, amères ou douces – pour que le produit final soit équilibré. Les tonneaux sont finalement ouverts à la mi-janvier : les cidreries peuvent alors accueillir le public.

■ Les cidreries : plaisir d'hiver

La coutume voulait qu'à l'ouverture des barriques, les habitants des environs viennent tester le nouveau cidre moyennant une contribution. C'est ainsi qu'est née la tradition du *txotx* (prononcer « tchotch »; en basque : brindille), en référence au morceau de bois qui bouche le tonneau. Comme il est plus fort et plus acide que son cousin normand, il est difficile d'en boire beaucoup sans manger; on apportait donc le nécessaire pour déjeuner ou dîner tous ensemble sur de simples tables de bois. Fortes de leur succès, les cidreries ont fini par proposer une restauration simple. Certaines, ouvertes toute l'année, fonctionnent comme des restaurants et sont à éviter. Les vraies cidreries n'ouvrent qu'en hiver – ce sont encore des fermes traditionnelles où l'on peut apporter son pique-nique.

▲ *À la fin mars, les cidreries ferment leurs portes ; le cidre restant est vendu en coopératives et les agriculteurs retournent aux champs. Ici, la cidrerie d'Astigarraga.*

▲ *La fête du cidre se déroule dans une ambiance chaleureuse et conviviale.*

La route du cidre

Pour trouver d'authentiques cidreries, privilégier la région d'Hernani (suivre la GI 3410 au sud-est d'Hernani). Pour des cidreries ouvertes à l'année qui méritent une visite, rendez-vous au village d'Astigarraga, chez Petritegi ou Kako Sagardotegia. Le village accueille la fête du cidre le 26 juillet avec une messe et une bénédiction des pommiers.

La côte du Guipúzcoa
de port en port

CARTE P. 301

Office de tourisme de Zarautz : Itsasertza. ☏ 943 83 09 90. www.turismozarautz.com

Les dimanches de septembre, de grandes processions se rendent au mont Ernio pour guérir des maladies, suivant des rites d'inspiration païenne.

Bénéficiant de la notoriété de Donostia, les petits ports du littoral ont très vite été fréquentés par les riches Madrilènes qui venaient y goûter la fraîcheur authentique de l'Océan. Si les reines aimaient Donostia, Franco préférait Zarautz où il venait à la pêche au thon. Dans ce sillage, de belles villas se sont construites, parfois relayées par des immeubles sans caractère. La côte dans son ensemble a toutefois conservé son charme et ses paysages splendides.

▲ *De façon fort poétique, les Basques attribuent le pétillant du txakoli aux embruns de la mer.*

Bonnes adresses
à Zumaia

Casa rural Landarte, Artadi, 1. ☏ 943 86 53 58. www.landarte.net. Une vraie adresse de charme à la déco multicolore très réussie, avec des espaces à vivre, un grand jardin et une vue sur la mer, au loin. Belle ferme traditionnelle à 500 m de la route côtière, sortie est de Zumaia.

Talasso hotel Zelai, playa Itzurun. ☏ 943 86 51 00. www.hotelzelai.com. Une situation idéale au-dessus de la plage, bel hôtel au décor fonctionnel et agréable. Bon rapport qualité-prix si l'on ne prend pas les soins thalasso.

À l'office de tourisme de Zarautz, demander la carte des itinéraires de randonnée dans les environs ainsi que la brochure en français des « Sites et balades à découvrir ».

■ Orio

À 17 km à l'ouest de Donostia par la route du mont Igueldo.

C'est un port étiré le long d'un méandre de la rivière Oria. Si ses quais n'ont guère de charme, ils sont le fief de l'une des meilleures équipes de traînières du Pays basque, que l'on peut voir ramer sur la ria les soirs d'été. La vieille ville est un dédale de ruelles en pente et d'escaliers qui mènent à l'**église baroque San Nicolás de Bari**.

■ Le parc naturel de Pagoeta

À 10 km au sud d'Orio par la GI 2631 en direction d'Aia.

Le parc naturel de Pagoeta couvre 1 200 ha de collines et culmine au **mont Pagoeta** (710 m). Un peu avant **Laurgain**, une maison du parc et des panneaux décrivent l'habitat de la région et permettent de s'orienter.

- Le **jardin botanique d'Iturraran** présente toutes les espèces végétales (plus de mille) du Pays basque *(explications en basque et en espagnol)*.
- Un sentier mène à **Agorregi**, un ancien site sidérurgique du XVIIe s., avec ses installations hydrauliques, ses moulins, sa forge…

Reprendre la route d'Aia, jusqu'au parking d'Arrospide. De là part une belle randonnée vers la forêt menant au sommet du mont Pagoeta (2 h a.-r.).

Les amateurs de randonnée continueront sur cette même route puis prendront la direction du sommet d'Andazarrate, après lequel on suit le panneau pour l'auberge d'Iturriotz et la **chapelle San Juan**. Un chemin contourne la chapelle et s'élève à flanc de colline. Au premier plateau, on aperçoit le sommet du **mont Ernio**.

■ Zarautz

À 6 km au nord-ouest d'Orio par la N 634.

Très à la mode dans les années 1960, cette station a la plus grande plage du Guipúzcoa, fort appréciée des surfeurs. Elle est longée par **le Malecón**, une agréable promenade. Le port manque de charme mais la vieille ville mérite le détour.

- Dans la rue principale, la **kale Nagusia**, on remarquera un palais-tour fortifié (XVe s.), la **torre Luzea** (au n° 28). Un petit marché couvert propose tous les produits du terroir.
- La tour de Zarautz abrite un petit **musée** de l'histoire de la ville.

Ouv. de mi-sept. à mi-juin le sam. de 18 h à 20 h; vacances de Noël et Pâques t.l.j. de 18 h à 21 h; de mi-juin à mi-sept. du mar. au sam. de 18 h à 21 h, dim. et j. fériés de 12 h à 14 h et de 18 h à 21 h.

- L'**église Santa María la Real**, devancée par un porche profond, est séparée de son clocher. À l'intérieur, un superbe retable abrite une Vierge à l'Enfant.
- Devant la plage, le **palais de Narros** (1536) servit de villégiature à la reine Isabelle II.

■ Getaria

À 4 km au nord-ouest de Zarautz par la N 634.

Getaria est implantée sur un site exceptionnel : une petite baie arrondie protégée par ses falaises et son îlot rocheux. Sur le port de pêche, le bâtiment à arcades abrite la **confrérie des pêcheurs**. Au bout du quai, on remarquera la petite niche creusée dans la maçonnerie où une Vierge veille sur les marins en partance. Lors de la fête des pêcheurs, le dernier dimanche de mai, le curé de la paroisse vient en procession bénir les bateaux dans une ambiance pittoresque.

- L'**église San Salvador**, dont l'architecture épouse la pente, domine le village. La nef est inclinée et en biais vers le chœur. Les voûtes, les rosaces et le triforium en grès rosé forment un bel exemple de gothique basque. En comparant les parties basses et les parties hautes, on distingue l'évolution du roman au gothique – l'église fut construite entre 1200 et 1420 environ. À noter, la statue du Christ en agonie, la Vierge des sept douleurs et les retables sculptés. À l'extérieur, un passage voûté sous le chœur donne une vue sur la crypte où sont enterrés les ancêtres de la reine Fabiola de Belgique.
- Le **mont San Antón** – appelé *el raton*, « la souris », pour son profil – surplombe le port et offre de superbes vues sur toute la côte. Son ascension fait l'objet d'une jolie promenade *(compter 1/2 h)*.
- Prendre la route côtière vers Zumaia. Dans la chapelle du hameau de **San Prudentzio**, une pierre aux pieds de la Vierge est censée soulager les migraines si l'on y frotte son front… À voir aussi, la chapelle d'**Askizu**.

■ Zumaia

À 6,5 km à l'ouest de Getaria par la N 634.

Le **musée Zuloaga** est installé dans un jardin du bord

▲ *Zarautz. De style gothique, la torre Luzea est l'un des plus importants manoirs de la province.*

Le txakoli

Ce vin blanc mousseux, très sec, est un produit typique des collines proches de Getaria et de Zarautz. On le retrouve aussi à Bakio, en Biscaye. Il est issu du cépage curixketu et n'est produit à l'ancienne que dans ce minuscule terroir. Il se marie à merveille avec les fruits de mer et les poissons. Le 17 janvier, pour la San Antón, on déguste le txakoli de la dernière vendange.

Le musée Balenciaga, situé à côté de l'office de tourisme de Getaria, rappelle que le grand couturier est natif du village et présente des photos, vidéos, dessins et plusieurs de ses créations. Le long de sa maison natale, un escalier conduit aux anciennes fortifications de la ville. Ouv. du mar. au dim. de 10 h à 14 h et de 16 h à 19 h. F. dim. après-midi et lun.

À Zumaia, demander la visite guidée « trekking » à l'office de tourisme. ☏ 943 14 33 96. www.zumaia.net

▲ *Le port de Zumaia, à l'embouchure de l'Urola.*

▲ *Dernier port du Guipúzcoa, Mutriku est aussi l'un des plus charmants.*

Un explorateur basque

Magellan ne fit pas le premier le tour du monde. L'auteur de cet exploit est un Basque né à Getaria : Juan Sebastián Elcano. En 1519, il s'embarque sur le navire de Magellan ; lorsque celui-ci se fait tuer par des cannibales aux Philippines, il prend le commandement de l'expédition et boucle le tour en 1522.

de mer. Né en 1870, ce portraitiste, très en vogue durant l'entre-deux-guerres, avait débuté à Paris auprès des avant-gardistes et des symbolistes. Le musée expose principalement sa collection de tableaux de maîtres, dont le Greco ou Goya. Les jardins entourent la **chapelle de Santiago**, ancienne étape sur les chemins de Compostelle.

Ouv. du mer. au dim. de 16 h à 20 h de mars à mi-sept. Le reste de l'année sur r.-v. ☏ 943 86 23 41.

- L'**église San Pedro** est un édifice fortifié du XVIe s. On atteint son parvis clos par un escalier le long du mur. Le retable doré de style Renaissance est une œuvre rare exécutée par Anchieta, sculpteur né à Azpeitia en 1540, formé en Italie et fortement influencé par Michel-Ange.

Ouv. en juil. et août de 18 h à 20 h.

- Du port, on montera à l'**ermitage San Telmo**, minuscule chapelle perchée sur une falaise vertigineuse. À l'intérieur, le saint porte une maquette de bateau à voiles. De la terrasse, on peut voir les **falaises de flysch**, une particularité géologique fascinante. La falaise ressemble à un mille-feuille de dalles grises et roses, qui se prolonge dans la mer en une curieuse plate-forme acérée, visible à marée basse. En contrebas, la **plage d'Itzurun** constitue une promenade agréable.
- Au hameau d'**Elorriaga**, à 3 km, le belvédère offre l'un des plus beaux panoramas de la côte.

■ Deba

À 16 km à l'ouest de Zumaia par la N 634.

La plage pâtit de sa proximité avec la ligne de chemin de fer, mais la vieille ville est plaisante et animée.
- L'**église Santa María la Real**, de style gothique (XIVe-XVIe s.), mérite le détour pour son splendide portail en pierre polychrome, son retable Renaissance de la Vierge et son joli cloître d'inspiration arabe.

■ Mutriku

À 4 km au nord-ouest de Deba par la GI 638.

Tout en escaliers et en ruelles pentues, le village surplombe le port, niché au pied de la falaise. Un petit môle sépare le mouillage en deux : de chaque côté s'alignent les barques multicolores. L'équipe locale de traînières s'entraîne les soirs d'été, au large de la jetée.
- Au-dessus du port, le village s'étage en un lacis de venelles animées jusqu'à la jolie **place Txurruka**, dominée par une église néo-classique. Dans la Conde de Motrico kalea, qui y mène, on remarquera le **palais Zabiel**.
- Près du port, plus discrète, l'**église Santa Catalina**, à la façade classique ornée de quelques tableaux baroques, est le lieu de rendez-vous des femmes du quartier qui viennent y chanter des cantiques en basque.

La pêche au thon
une technique préservée

Le Pays basque est la dernière région où l'on pratique encore la pêche au thon avec les thoniers bolincheurs traditionnels, qui capturent l'appât vivant ensuite utilisé pour pêcher le thon à la canne. Le Guipúzcoa et la Biscaye utilisent encore à grande échelle cette technique ancestrale.

▲ *Le séchage des filets après la pêche.*

■ La guerre du pélagique

Dans les années 1970, la pêche traditionnelle au thon a peu à peu cédé la place au pélagique, un immense filet long de 350 m et profond de 50 m traîné par deux puissants bateaux. S'il ramène bien sûr des quantités imposantes, ce type de filet endommage le poisson. La Bretagne ou la Vendée s'y sont malgré tout résolues pour des questions de rentabilité. Au Pays basque, quelques patrons pêcheurs s'accrochent à la pêche à la canne, arguant de la meilleure qualité du poisson et de la sauvegarde des milieux naturels. En effet, depuis l'apparition des pélagiques, les gisements de poissons diminuent de façon alarmante. Le Pays basque espagnol est à ce titre mieux loti, puisque les pélagiques y sont interdits et les bateaux traditionnels subventionnés et modernisés. En France, aucune mesure n'a été prise en faveur des « canneurs ». La chute des cours menace leurs revenus et les oblige à des sorties plus longues et moins rentables.

La saison du thon s'étend de juin à juillet pour le thon rouge, jusqu'en octobre pour le blanc. Le reste de l'année, les bateaux se consacrent à la pêche à la sardine jusqu'en mars, puis à l'anchois, en utilisant les bolinches – filets tournants.

▲ *Les cabanes colorées des pêcheurs répondent aux teintes vives de leurs bateaux.*

■ Une longue attente

Pour les canneurs, qui ne peuvent compter sur un ratissage large, il faut d'abord localiser les bancs de thons. Le sonar et les écrans ont remplacé l'instinct et l'expérience. Dès qu'un banc est repéré, un cri retentit, lançant un signal au marin chargé d'appâter. Il lance au loin sardines et anchois vivants, conservés dans le vivier du navire. Un rideau de pluie est pulvérisé par des rampes d'arrosage le long de la coque pour la cacher aux poissons. Les canneurs s'installent le long du bastingage et accrochent les sardines vivantes aux hameçons. Lorsqu'un thon mord, il est prestement hissé à bord – un thon rouge pèse de 15 à 25 kg, parfois jusqu'à 50 kg, et mesure plus de 1 m. On le décroche ensuite de l'hameçon avec un crochet qui sert à l'achever. Le scénario se répète ainsi durant plusieurs heures jusqu'à ce que le banc s'éloigne. Il faut ensuite rincer le poisson à grandes eaux et le descendre dans les cales réfrigérées, avant de retourner au port.

▲ *Un système de poulies est fixé au mat pour aider les pêcheurs à remonter le thon à bord.*

Tolosa et la vallée d'Oria

CARTE P. 301

À 22 km au sud de Donostia par la N 1.

Office de tourisme : Tolosaldea Tour. Santa María plaza, 1. ☎ 943 69 74 13. www.tolosaldea.net

Tolosa est une ville étrange et paradoxale, partagée entre son héritage industriel et ses traditions populaires, entre ses indignations politiques et sa passion du commerce. Située au point de rencontre de plusieurs vallées, sur la route vers la Navarre et le sud, elle semble condamnée à un trafic de plus en plus important.

Une histoire mouvementée

On a retrouvé des traces de présence humaine dans les environs de Tolosa qui remonteraient au Néolithique. La ville elle-même ne fut fondée qu'en 1256, fortifiée pour garder cette vallée stratégique. Le roi de Navarre qui régnait à l'époque sur la province avait nommé un gouverneur tyrannique, si bien que les Tolosans excédés, suivis des Guipúzcoans, le renversèrent et demandèrent à rejoindre le giron de la Castille. Point de passage obligé, la ville fit payer une taxe à tous ceux qui transitaient par la vallée. Sa première vocation industrielle naquit dès le XVIe s. grâce aux forges. Située sur la route de tous les envahisseurs, elle subit de nombreux revers. Partiellement détruite par les Français en 1794, puis éprouvée par les guerres carlistes, elle fut toutefois la capitale du Guipúzcoa durant une dizaine d'années (1844-1854), avant d'être détrônée par Donostia. Elle connut un second développement industriel avec l'implantation de la première usine à papier en 1842, suivie par une quinzaine d'autres qui en firent la capitale de l'industrie papetière. Aujourd'hui, la plupart ont fermé. Les dernières se consacrent à la fabrication de machines spécifiques. La confection des célèbres bérets basques est également l'une des activités de Tolosa. Appelés *txapels*, ils sont produits aujourd'hui au rythme de 1 800 par jour. La crise et les fermetures d'usines ont touché cette ville de 18 000 habitants, qui a conservé son profil ouvrier et son engagement politique militant. À Tolosa, on vénère les séparatistes – une statue a été érigée au premier militant de l'ETA tombé sous les balles de la garde civile en 1968, aux portes de la ville – et l'on manifeste régulièrement pour le rapatriement des prisonniers et l'amnistie politique.

▼ *Le vieux quartier de Tolosa a conservé de belles maisons de brique.*

Tolosa compte une trentaine de sociétés gastronomiques et accueille de nombreuses manifestations culturelles qui font vivre la tradition basque. Son carnaval est l'un des plus animés d'Euskadi.

■ Le long de la rivière Oria

La ville mélange avec un certain charme vieux palais fanés, maisons banales et marchés colorés, le tout dominé par les clochetons baroques de l'**église Santa María**, des XVIe et XVIIe s.

◄ *Au nord de l'église Santa María, sous les arcades, se tient tous les samedis le pittoresque marché aux fleurs.*

Le **musée de la Confiserie** passionnera les gourmands : il décrit toutes les spécialités et les méthodes de fabrication depuis le XVIIe s.
Lechuga kalea, 3. ☏ 943 67 07 27. Ouv. du mar. au sam. de 17 h à 20 h. Entrée gratuite.

Les bérets basques de la maison Elosegui sont considérés comme les meilleurs du monde. Ils peuvent même être réalisés sur mesure.

Au n° 11 de la kalea Ibaiondo est installé un luthier renommé, qui réalise toutes sortes d'instruments traditionnels basques.

- Bordé d'arcades ocre, le marché couvert du **Tinglado**, construit sur pilotis, est célèbre dans tout le Guipúzcoa. À l'intérieur, vous trouverez fromages d'Idiazabal, haricots rouges de Tolosa, confiseries et biscuits.
- Le vieux quartier, inséré dans un méandre de la rivière, s'étend entre la Kale Pablo Gorosabel et l'**église Santa María** du XVIe s. Ce bel édifice de style gothique basque, avec une façade baroque, date de 1761. Autour de l'église, beaux **palais baroques**.
- Les marchés sont réputés : le plus célèbre est le **marché aux produits locaux** qui longe la rivière. On y trouve des haricots secs, denrée emblématique de la ville, des légumes des maraîchers des environs, mais aussi des pâtisseries traditionnelles, comme le *xaxu*, sorte de massepain. Le samedi, il est particulièrement animé et résonne des conversations en basque. Le **marché d'Arostegieta kalea** est le plus ancien, mais ne propose pas spécialement de produits de la région. De façon moins régulière et en fonction des saisons, *El Triangulo*, près de Foruen plaza, accueille les **foires à thème** – aux haricots, au vin, au fromage… Enfin, pour son animation, essayez la **foire aux bestiaux**, chaque lundi après-midi.

■ La vallée d'Oria

À l'ouest de Tolosa par la GI 2634 et à l'est par la GI 2133.

Très industrialisée, elle a perdu son charme naturel. En revanche, les nombreuses vallées transversales, parsemées de villages bâtis à flanc de collines, sont restées intactes. Au nord-ouest, la route Villabona-Orio rejoint le parc de Pagoeta et traverse les hameaux de **Zizurkil** et d'**Asteasu**.
- Au sud-est, la route de Lekunberri (N 130) suit la rivière Araxes. De part et d'autre, les villages typiques de **Gaztelu** ou d'**Altzo** ont été préservés.
- Vers l'ouest, la route d'Azpeitia offre de beaux panoramas sur le **mont Ernio**, site privilégié pour la randonnée.

Le géant d'Altzo

Altzo doit sa célébrité à Mikel Jokin Eleizegi, né au village en 1818 et surnommé le « géant d'Altzo ». Il mesurait 2,35 m pour 232 kg. Ses pieds atteignaient 42 cm comme le prouve l'empreinte conservée dans sa ferme natale, près de son effigie. Cet homme était capable de soulever des pierres de 250 kg. Il s'exhiba dans toute l'Europe pour gagner sa vie et rencontra rois et reines avant de finir ses jours à Altzo, âgé seulement de 43 ans.

Le Goierri

CARTE P. 301

Dominé par la silhouette caractéristique du mont Txindoki, le Goierri est la patrie du fromage d'Idiazabal. Cette région est constituée de petites vallées agricoles très vertes, entourées des montagnes des sierras d'Aralar et d'Urquilla, qui délimitent la province du Guipúzcoa, la Navarre et l'Álava.

▶ *L'ancienne voie romaine d'Aitzgorri, sur le chemin de Compostelle.*

Ordizia

À 37 km au sud-ouest de Donostia par la N 1 et la GI 2131.

Porte d'entrée du Goierri, cette ville industrielle, spécialisée dans la construction ferroviaire, a conservé un agréable quartier ancien concentré autour du marché, l'un des plus importants du Guipúzcoa – les prix fixés ici servent de référence à toute la province. Chaque mercredi, tous les produits de l'agriculture locale sont vendus par les producteurs eux-mêmes.

- À l'est, une jolie route mène à **Zaldivia** puis grimpe vers les flancs du Txindoki jusqu'à l'**ermitage de Larraitz** qui offre une vue imprenable.

Idiazabal

À 6,5 km au sud-ouest d'Ordizia par la GI 2131.

Ce village a donné son nom à la plus célèbre appellation de fromage de brebis d'Espagne. Le terroir ne se limite pas à cette seule région, il s'étend sur une large zone, à cheval sur les quatre provinces du Guipúzcoa, de Navarre, d'Álava et de Biscaye, comprenant les pâturages des sierras d'Aralar, d'Urbasa, d'Andia et d'Entzia. La plupart des bergers du Goierri fournissent le lait pour la fabrication de ce fromage. Le village en lui-même compte quelques belles maisons, dont des palais-tours des XIIIe et XIVe s., et la jolie **église San Miguel**.

- Quitter Idiazabal vers le sud en direction d'Altsasu. La route longe l'étroite vallée de la rivière Ursuaran jus-

Festivités à Ordizia

*Les fêtes du village ont gardé toute leur saveur rurale. Celle des bergers, qui marque le départ de la transhumance, a lieu le premier dimanche d'avril. La fête de la Santa Ana, le 26 juillet, célèbre la patronne de la ville : c'est l'occasion de l'*esku-dantza de Santaneros*, une tradition remontant à 1509 qui invite les couples mariés dans l'année à exécuter une danse particulière. Autour du 8 septembre, pendant les fêtes basques, se tient une grande foire aux fromages. Un concours est organisé : le fromage vainqueur est alors vendu aux enchères !*

qu'au **col d'Etxegarate**, entre la sierra d'Aralar, à gauche, et la sierra d'Urquilla, à droite, puis redescend très vite vers la Navarre.

Au croisement, prendre à droite la GI 2637 en direction de Zegama et de la vallée d'Oria.

- Passer le **col d'Otzaurte** qui offre un beau point de vue sur la vallée. De là, un sentier part vers la sierra d'Urquilla et rejoint le **tunnel de San Adrian**.

Le parc naturel d'Aitzgorri

Constitué principalement de la chaîne des montagnes d'Aitzgorri, culminant à 1 549 m, ce parc couvre 18 000 ha de collines, crêtes, forêts et vallées encaissées. Il englobe le tunnel de San Adrian et s'étend vers l'ouest jusqu'au canyon d'Arantzazu. Formé d'un massif calcaire, il compte de nombreuses grottes et galeries formées par l'érosion des rivières souterraines et rassemble des zones essentiellement pastorales, vouées à l'élevage ovin et à la production de fromage de brebis. Les randonneurs apprécieront les belles balades sur le versant sud de la sierra d'Urquilla.

Zegama

À 8 km d'Otzaurte.

Ce joli village de montagne aligne quelques belles maisons. Sur les toits de tuiles, de grosses pierres servent à retenir la neige, abondante en hiver.

Zerain

À 6 km de Zegama par la GI 2637 et la GI 3520.

Le village de Zerain domine la vallée voisine de l'Urola. Perdu dans la montagne, il recèle un patrimoine intéressant, comme le magnifique **palais Jauregi**, exemple de l'architecture rurale noble du Guipúzcoa.
- Le **musée ethnographique**, Herriko museoa, est installé dans une maison basque. On remarque le buste de Goya : sa famille était originaire de Zerain. Le musée lui-même présente la vie et les traditions rurales du Guipúzcoa, au moyen d'une projection vidéo (langues étrangères au choix). Une belle collection d'objets usuels de l'artisanat traditionnel est présentée. On remarque un *pataka* en châtaignier – ancêtre du youpala, pour apprendre aux enfants à marcher – et une jolie panoplie d'outils de fromager.
- Dans le bas du village, devant le fronton, la **prison** du XVIIe s. se trouve à l'intérieur de l'auberge; il faut donc demander au patron pour voir le cul-de-basse-fosse qui était utilisé pour enfermer les prisonniers en partance pour les galères.

Musée ethnographique et prison ouv. t.a. du lun. au ven. de 10 h 30 à 13 h 30 et de 15 h 30 à 18 h 30, w.-e. de 11 h à 14 h et de 16 h à 19 h.

La ferme basque d'Itsaso/Ezkio
La ferme Igartubeiti date du XVIe s. Son originalité vient de l'importance du bois dans sa construction. Très bien préservée et réaménagée comme au temps des paysans du XVIIe s., elle permet d'approcher le mode de vie rural des vallées basques. À une dizaine de kilomètres au nord de Zerain, sur la route qui relie Beasain à Zumarraga.
Ouv. de juil. à sept. t.l.j. sauf lun. de 10 h à 14 h et de 16 h à 19 h; d'oct. à juin mer. et ven. de 10 h à 14 h; w.-e. et fêtes de 10 h à 14 h et de 16 h à 19 h.

Le bonheur ou la pluie

Clouées aux portes des maisons de ces vallées reculées, vous pourrez remarquer de grosses fleurs de chardon séchées. Les Basques leur ont donné un fort joli nom, iguski lore : *les fleurs du bonheur. Plus prosaïquement, elles servent de baromètre aux bergers : elles s'ouvrent par temps sec et se referment pour annoncer la pluie.*

► Segura était, au Moyen Âge, un passage obligé entre la France et la Castille.

■ Segura

À 3 km à l'est de Zerain par la GI 3520 et la GI 2637.

Située au cœur de la vallée d'Oria, cette petite ville a conservé sa splendeur ancienne héritée du Moyen Âge. Fondée en 1256, elle servait de sentinelle pour la défense de la Castille, après la mainmise sur l'Álava. Fief d'une des plus puissantes familles d'Álava, les Guevara, dont elle était un poste avancé en Guipúzcoa, elle gardait l'accès au tunnel naturel de San Adrian – long de 60 m – emprunté par les anciens pèlerins. Il ne reste que deux portes de cette véritable forteresse. Ses maisons sont presque toutes de véritables palais, témoins de l'opulence passée. Le plus imposant est bien sûr celui des Guevara, couvert de blasons. La ville s'anime plus particulièrement durant la **semaine sainte**, l'une des rares à être célébrées en Guipúzcoa. Le vendredi saint est le jour de procession des pénitents, vêtus de robes et de cagoules noires.

■ Le parc naturel d'Aralar

Au sud de Beasain par la GI 120, près d'Ordizia.

La route traverse le village d'**Ataun**, situé sur l'ancienne route de Compostelle. Il abrite l'**hospice Santiago**, qui renferme une statue du saint et une église. Pour la Saint-Martin, le 11 novembre, ont lieu des représentations en costumes évoquant les légendes populaires.

- La route monte ensuite au **col de Lizarrusti** puis en Navarre à Etxarri, en passant par une belle forêt de hêtres et de résineux.

- Le **parc naturel d'Aralar** se compose de plateaux, de pâturages et de hêtraies inaccessibles en voiture. C'est l'occasion de faire de superbes randonnées, mais il est nécessaire de se procurer les itinéraires à la maison du parc, au col de Lizarrusti, car le balisage n'est pas toujours clair ; une maquette du massif permet de comprendre sa physionomie. Un tiers seulement de la superficie du parc est en Guipúzcoa, le reste appartient à la Navarre. Il forme la ligne de partage des eaux pour le Pays basque : les rivières du versant guipúzcoan coulent vers l'Atlantique, celles du versant navarrais vers le bassin de l'Èbre et la Méditerranée. De nature calcaire, le massif est percé de grottes qui furent très tôt habitées. Cette région concentre le plus grand nombre de menhirs et de dolmens de tout le Pays basque.

La vallée d'Urola

CARTE P. 301

La rivière Urola prend sa source dans les montagnes de l'Aitzgorri et se jette dans l'Océan à Zumaia. Sur tout son parcours, elle occupe une vallée étroite, encadrée de pics avoisinant les 900 mètres d'altitude. Ponctuée d'imposants villages, elle est aussi appelée la « vallée du fer », en raison de son ancienne activité métallurgique. On y accède en venant de Tolosa par le mont Ernio, ou en remontant du littoral par Zestoa.

◄ *Massif et impressionnant, le sanctuaire de Loyola reflète assez bien la puissance et la richesse de la Compagnie de Jésus.*

Deux très belles balades à faire à pied en prenant l'une ou l'autre des petites routes qui encadrent le palais Lili. L'une file le long du ruisseau, au milieu des arbres. L'autre s'élève dans les collines au travers de paysages typiques du Pays basque.

■ Zestoa

À 10 km au nord d'Azpeitia par la GI 631.

Ancienne ville d'eaux peu à peu désertée par les curistes, Zestoa est clairement partagée en deux. Les hôtels désuets sont souvent occupés par une clientèle de retraités, allemands principalement, venus profiter de la station thermale.

- Le vieux centre, défraîchi mais authentique et populaire, est bardé de banderoles séparatistes. La place pavée encadrée d'arcades et occupée par une lourde église baroque accueille des lâchers de vaches en septembre.
- Les environs offrent une agréable randonnée. L'Urola est enjambée par un beau **pont gothique**. En longeant l'autre rive, on accède au **palais Lili**, un édifice gothique du XVᵉ s. en mauvais état. Suivre ensuite la direction d'Ekain, le long d'un ruisseau très ombragé. Juste derrière l'école, au pied des rochers, se trouve l'un des plus intéressants vestiges préhistoriques du Pays basque, la **grotte d'Ekain** : elle renferme des peintures rupestres paléolithiques figurant des chevaux *(visite sur rendez-vous, avec très longue liste d'attente)*. Devant l'intérêt du public, un musée et une reconstitution de la grotte et des peintures sont prévus au bord du ruisseau.

Ezpata dantza, la danse des épées

L'ermitage de la Antigua est le théâtre d'une étrange danse guerrière dont la tradition remonte au XVᵉ s. Les jeunes hommes l'exécutent en portant une courte épée dans chaque main et en réalisant des sauts. Ils pénètrent en dansant dans l'église et commencent à réaliser leurs figures devant la statue de la Vierge. L'ez-pata dantza est considérée *comme un hommage à Dieu et une introduction à la cérémonie. Elle serait, semble-t-il, héritée des guerres féodales qui déchirèrent la région au XVᵉ s.*

▼ *Les fonts baptismaux de l'église San Sebastián d'Azpeitia accueillirent le futur saint Ignace.*

La vallée du fer
À la sortie de Legazpi vers Oñati, le **musée Lenbur**, dans le parc de Mirandaola, évoque le passé métallurgique de la vallée, depuis les forges jusqu'aux usines, et l'organisation des maisons, des villages et du quotidien autour de cette activité. Différents sites répartis autour du village présentent la forge, les artisans, l'école et l'habitat. Ouv. du mar. au ven. de 10 h à 14 h et de 15 h 30 à 17 h, sam. de 10 h à 14 h et de 16 h à 18 h, dim. et fêtes de 10 h à 14 h. F. lun. ☏ 943 73 04 28. www.lenbur.com

▲ *Le portique intérieur du sanctuaire est composé de cinq statues représentant les jésuites fondateurs de la Compagnie. Ici, celle de saint Ignace.*

■ Azpeitia

À 25 km au nord-ouest de Tolosa par la très belle GI 2634.

Considérée comme l'une des capitales de la métallurgie du Guipúzcoa, la ville, fondée en 1027, a conservé son quartier médiéval et d'anciens palais : la maison-tour Enparan, près du vieux pont ; la **maison Basozabal** (XVe s.) et surtout la **maison Antxieta**, construite en 1507 en brique rouge dans le style arabe par un musicien de cour du roi d'Espagne. La profusion de balcons en fer forgé dans la ville est d'inspiration espagnole.
- L'**église San Sebastián** présente une façade conçue à l'image d'un arc de triomphe.
- La gare désaffectée abrite le **musée du Chemin de fer**. Sur trois étages, de vieilles locomotives, des wagons anciens, dont certains sont tout en bois, racontent l'histoire du transport ferroviaire en Pays basque. Vous verrez aussi bien des machines à vapeur du XIXe s. que les premières locomotives électriques, des tramways, une voiture de pompiers, des wagons de luxe avec velours et dentelles, et une grande variété d'objets, de jouets, de photos et d'uniformes se rattachant au train.

Ouv. de juil. à sept. du mar. au sam. de 10 h 30 à 14 h et de 16 h à 19 h 30, dim. et fêtes de 10 h 30 à 14 h ; d'oct. à juin du mar. au ven. de 10 h à 13 h 30 et de 15 h à 18 h 30, sam. de 10 h 30 à 14 h et de 16 h à 19 h 30, dim. et fêtes de 10 h 30 à 14 h.

■ La vallée d'Erezil

À l'est d'Azpeitia, on pourra faire un agréable circuit dans les vallées transversales : prendre la route GI 2634 vers **Erezil** et le pied du mont Ernio. Le paysage est sauvage et verdoyant – douces collines sur fond de crêtes acérées, rivières très poissonneuses. Les villages comptent de belles maisons traditionnelles du Guipúzcoa.
- Le **mont Ernio**, qui domine le village d'Erezil, est une destination populaire de pèlerinages. Il est aussi fréquenté par les amateurs de parapente.
- 8 km après Erezil, tourner à droite pour revenir vers Azpeitia par une toute petite route, en passant par **Beizama**, un autre village de montagne qui possède une maison de la nature et un petit musée ethnographique.

■ Sanctuaire de San Ignacio de Loyola

À 2,5 km au sud-ouest d'Azpeitia.

Ce sanctuaire est l'un des principaux lieux saints du catholicisme. Il fut édifié sur le domaine qui appartenait à la famille. La reine Marie-Christine d'Autriche, veuve du roi d'Espagne, racheta le terrain pour en faire don aux jésuites. Ceux-ci firent venir un architecte de Rome : les travaux débutèrent en 1689 pour s'achever en 1738. Le sanctuaire se compose de trois parties : une énorme basilique au centre, la maison natale (XIIIe s.) d'Ignace et le collège.

- La **basilique** attire immédiatement l'attention en raison de ses proportions gigantesques, de l'alternance de ses pierres grises et de ses marbres noirs. De forme circulaire, elle est coiffée d'une coupole de 65 m de haut et devancée par un vaste perron menant à un fronton à trois arcades. Le blason au-dessus de l'arcade centrale est celui de la maison d'Autriche. L'**intérieur** dénote le même goût de la grandeur sévère, avec une débauche de marbre sculpté. La coupole (diamètre intérieur : 22 m) est décorée de peintures baroques. L'autel est un ouvrage baroque tout en marqueterie de marbre.
- Incluse dans l'enceinte, la **maison** fut construite comme les maisons-palais de la région, cubique et massive. Démantelée en 1456, elle fut restaurée en brique rouge dans le style mudéjar en vogue à l'époque. L'intérieur abrite la statue d'Ignace blessé sur un brancard, des collections d'art sacré – reliquaires, retables –, ainsi qu'une belle Vierge noire de Montserrat.

■ Azkoitia

À 6 km à l'ouest d'Azpeitia par la GI 631.

Cette petite ville industrielle est fière de sa **basilique Saint-Martin-de-Tours**. Cette église du XVIIe s. est le témoin de l'architecture de la Contre-Réforme. Elle contient un superbe retable du XVIe s. et un calvaire.
- Le vieux centre comprend quelques belles maisons anciennes.

■ Urretxu

À 15 km au sud d'Azkoitia par la GI 631. Suivre la route de Zumarraga, qui emprunte la gorge de l'Urola, à l'ombre des arbres.

Le village a conservé un charme campagnard, malgré l'industrialisation de la ville voisine. Autour de la statue d'Iparraguirre, qui composa l'hymne national basque – *Gernikako Arbola* –, la place principale est entourée de très belles maisons et d'une mairie en pierre.
- On s'arrêtera à **Zumarraga** pour visiter l'**ermitage Santa María de la Antigua**, datant du XIIe ou du XIIIe s. C'est l'un des plus anciens sanctuaires romans du Guipúzcoa, et l'un des plus célèbres avec Loyola et Arantzazu. L'extérieur, orné d'un portail gothique, est d'une grande sobriété. L'intérieur, tout aussi sobre, ressemble à une halle. On admirera l'énorme charpente et la galerie, soutenues par de massifs piliers de pierre. Les sculptures sont simples : motifs géométriques et figures stylisées. Le chœur renferme la statue de la Vierge de la Antigua, qui fait l'objet d'un pèlerinage fervent et original le 2 juillet.
- À voir aussi dans les environs, les hameaux d'**Ezkio** et d'**Itxaso**, à l'écart de la route GI 632 vers Beasain. Non loin du second, l'**ermitage de Kizkitza**, où l'on prie pour les marins, possède même un phare qui guidait jadis les bateaux !

▲ *La basilique Saint-Martin-de-Tours d'Azkoitia est encadrée de deux hautes maisons nobles.*

Ignace de Loyola

Né vers 1491, le jeune Ignace s'engage d'abord dans l'armée du roi de Navarre et mène une vie plutôt dissolue. En 1521, il est blessé lors du siège de Pampelune par les Français. Convalescent à Loyola, il décide de vouer sa vie à Dieu. En 1522, il se retire dans une grotte et commence à rédiger un recueil de conseils spirituels avant d'entreprendre un voyage en Terre sainte, puis des études de théologie. En 1528, il part pour Paris et s'inscrit à la Sorbonne. Durant son séjour en France, il se lie notamment avec un jeune érudit basque, François-Xavier. Ordonnés prêtres tous deux en 1537, ils doivent renoncer à évangéliser la Palestine et s'engagent au service du pape pour élaborer la Contre-Réforme. En 1540, ils fondent la Compagnie de Jésus – l'ordre des Jésuites – dont Ignace prend la tête. Les jésuites vont se consacrer principalement à l'enseignement et ouvrent rapidement de nombreux collèges. Très vite, leur pouvoir au sein de l'Église va se renforcer.

Les bergers basques
une vie à part

▲ *Les bergeries traditionnelles se reconnaissent à leurs beaux murs de pierre.*

Figure emblématique du Pays basque, au nord comme au sud, les bergers mènent une vie singulière, à l'écart du rythme quotidien de la population rurale. Gardiens de la tradition, passant de longs mois entre hommes loin des villages, ils ont largement contribué à conserver vivants le patrimoine régional, ses contes et ses danses.

■ Au rythme de la nature

La vie du berger est essentiellement rythmée par les cycles de la nature. La plus grande partie du Pays basque étant montagneuse, les troupeaux ne peuvent y séjourner l'hiver. À cette saison, les bergers ont regagné les vallées et vivent une vie sédentaire dans les fermes, occupés à surveiller le troupeau qui séjourne dans les granges ou les bordes, et à le déplacer de pacage en pacage. Avant le début du printemps, en février, commence la période de la traite, qui va durer jusqu'à la fin du mois de juin ou au début de juillet, après quoi les brebis sont taries. Mai est le mois de départ vers les pâturages d'été. En juillet, le berger s'acquitte de deux tâches difficiles : la tonte des moutons, pour laquelle plusieurs d'entre eux se prêtent main-forte, et la saillie des brebis qui mettront bas à l'automne. En août et au début du mois de septembre se tiennent les foires et les marchés aux fromages. Les bergers y vendent souvent leur production, comme à Ordizia ou à Tolosa, ou encore à Tardets, en Soule. Septembre est aussi le mois du retour dans la vallée. Les mois de novembre et de décembre correspondent à la naissance des agneaux qu'il faut surveiller afin qu'ils soient suffisamment résistants pour affronter la transhumance.

▲ *Pendant l'estivage, les bergers habitent dans des cayolars, généralement entourés d'enclos.*

■ La transhumance

Début mai, les bergers préparent les troupeaux pour la montée sur les pâturages d'altitude où ils vont passer l'été. Ils examinent chaque bête, écartant celles qui sont

Comprendre • Les bergers basques

estropiées ou qui viennent de mettre bas. Les plus fortes et les boucs sont équipés de sonnailles, des cloches différentes pour chaque troupeau afin de les distinguer les uns des autres. Le chien de berger prend ici toute son importance : il aide à rassembler le troupeau et poursuit les brebis égarées – les concours de chiens de berger sont des moments incontournables; les plus prisés sont ceux d'Oñati, en Guipúzcoa, et d'Aramits, en Barétous. Le départ de la transhumance est l'occasion d'une joyeuse fête suivie par tout le village. Les troupeaux s'ébranlent à la première heure du matin pour des trajets variables selon les régions, allant d'une journée pour les vallées du piémont à une semaine pour ceux qui remontent des Bárdenas. De mai à septembre s'écoulent ensuite de longs mois de solitude et de célibat, passés entre hommes, à parler, danser ou chanter les airs traditionnels. Pour eux, le retour au village signifie aussi les retrouvailles avec les proches.

▲ *Chaque bête est marquée du signe de sa ferme pour faciliter son identification sur les pâturages.*

La transhumance s'effectue dans les deux sens : les bergers de montagne, qui ne peuvent passer l'hiver en altitude, rejoindront le moment venu des pâturages de plaine, au nord ou au sud de la chaîne montagneuse, jusque dans les Landes ou les Bárdenas.

■ Vivre dans un cayolar

Généralement, plusieurs bergers se partagent un cayolar à tour de rôle. Autrefois, un troupeau moyen de cinq cents brebis était gardé par sept bergers qui se divisaient les tâches et s'octroyaient un jour de repos par semaine. Les vieux cayolars disposaient donc de sept niches pour les affaires de chacun. Les tâches étaient variées et clairement distinctes : deux veillaient à la fabrication du fromage, un gardait les agneaux, un autre les brebis non laitières, un autre encore les brebis laitières et s'occupait de la traite... Aujourd'hui, ce type de fonctionnement n'existe pratiquement plus. Le berger est souvent exploitant d'une ferme. Un roulement semaine par semaine est organisé entre plusieurs bergers. Chacun s'occupe alors seul du troupeau – surveillance et traite –, la fabrication du fromage étant assurée en bas à la ferme. La productivité en lait est maximale en mai et en juin. À cette saison, on trait et on prépare le fromage trois fois par jour. La première traite a lieu très tôt le matin. Certains bergers préparent encore eux-mêmes le fromage dans les cayolars, essentiellement dans la région d'Idiazabal. Après la dernière traite du soir, ils se retrouvent pour dîner puis se couchent tôt pour être frais et dispos le lendemain à l'aube.

Suivant les régions, les pâtures et les races de brebis, les fromages varient et valent tous d'être goûtés. Plus ou moins forts suivant leur « âge », on pourra les déguster de différentes façons : ainsi, l'Ossau-Iraty (France) est délicieux avec de la confiture de cerises noires. Côté espagnol, on marie plutôt le fromage avec la pâte de coings.

Bergara

Construite au cœur de la vallée industrielle du Deba, qui joint le Guipúzcoa à l'Álava, Bergara est une petite ville qui mérite une halte, malgré la tristesse de sa zone industrielle. Le vieux centre rassemble des monuments magnifiques, témoins de son ancienne splendeur.

CARTE P. 301

À 10 km au nord-ouest de Zumarraga par la GI 632.

Office de tourisme : plaza Martín Agirre. ☏ 943 77 91 28.

Bonne adresse

Hôtel *Ormanzabal*, Barren kalea, 11. ☏ 943 76 36 50. Une belle maison de pierre du XVIIIe s., pour des chambres tout confort, au décor rustique. Prix moyens.

Une ville en perpétuelle évolution

Le site était peuplé depuis la préhistoire et un village existait déjà en 1050. La ville de Bergara elle-même a été fondée par le roi de Castille en 1268. Alphonse X venait alors de conquérir les trois provinces vasconnes. L'agglomération, sur les rives du Deba, offrait une position de choix sur la route vers l'Océan. Elle devint très vite un important centre commercial, renforcé par une agriculture florissante et la présence de voies de communication. La ville prit son envol à partir du XVIIe s. lorsque l'industrie métallurgique se développa parallèlement à l'agriculture, avec les importantes fabriques d'armes blanches. De belles demeures surgirent autour de la plaza Martín Agirre, où les jésuites fondèrent le séminaire royal.

La ville fut le théâtre de la paix fragile qui mit fin à la première guerre carliste. Malgré le déclin des forges au XIXe s., Bergara, comme le reste de la vallée, reste une ville industrielle grâce au textile et aux teintures.

Bergara conserve un beau centre historique et accueille toujours de pittoresques marchés agricoles, surtout lors des fêtes de la Saint-Martin, autour du 18 septembre, ou durant la fête de l'élevage, le 12 octobre, en l'honneur de la Vierge.

■ Visite de la ville

À l'entrée de Bergara, l'**église Santa Marina**, massive et carrée, à la mode gothique basque, est couronnée d'un clocher du XVIIe s. et devancée d'un bel auvent, également carré. À l'intérieur, la nef révèle un élégant style classique.

- Sur la place de la mairie, ce classique bâtiment baroque à arcades s'élève sur le site de l'ancien séminaire des jésuites.

- La vieille ville est constituée de splendides maisons anciennes blasonnées, comme la **casa Jauregui** et ses bas-reliefs sculptés – rue Bidekurutzeta – ou la **casa Arrese**, à l'angle de Arrese kalea et Barren kalea.

- Derrière la mairie, l'**église San Pedro** vaut le détour pour son beau portail et son clocher Renaissance. L'intérieur, accessible le soir à l'heure de la messe (19 h), abrite un retable platéresque et une *Adoration des Mages* de Ribera.

Oñati

CARTE P. 301
À 20 km au sud de Bergara par la GI 627 et la GI 2630.
Office de tourisme : calle San Juan. ☏ 943 78 34 53. www.onati.org

La vieille ville, entièrement piétonne, réserve de belles surprises : la plaza de los Fueros, la mairie, l'évêché gothique, le palais des Lizarraga et les maisons blasonnées valent le coup d'œil.

Capitale éphémère choisie par don Carlos pendant les guerres carlistes, Oñati demeure l'un des villages les plus originaux de la province.

De lutte en lutte

Le passé de la ville se résume à une longue suite de luttes sans fin entre les puissantes familles locales qui se disputaient le pouvoir. Durant tout le Moyen Âge, la ville revêtit une importance capitale. Adossée à la montagne, elle commandait le passage vers le tunnel de San Adrian. Au sud de ce tunnel s'étendait l'Álava et les riches terres des puissants Guevara et de leurs cousins, les Lizarraga. Pour mieux défendre l'accès à leur fief, ils tentèrent une mainmise sur Oñati. Face à cette noblesse de la terre se trouvait la respectable famille des Uribarri, spécialisée dans l'élevage. Durant des siècles, ils se firent une guerre sans merci, sur fond de conflits entre les royaumes des environs, la Navarre et la Castille. La ville garda ainsi un statut original, dépendant de l'Álava alors qu'elle était sur le territoire guipúzcoan. Les choses changèrent en 1845, quand elle rejoignit officiellement le Guipúzcoa. L'avènement de l'industrie métallurgique et de l'exploitation du fer réconcilia les familles au XVIIIe s. : elles décidèrent de s'unir pour mieux développer les usines et enterrèrent leurs vieilles querelles. De sa longue histoire, Oñati garde une allure seigneuriale, de superbes édifices, des palais, des couvents et surtout sa célèbre université fondée en 1548, la première et la seule du Pays basque durant trois siècles et demi.

◄ *La façade Renaissance du monastère de Bidaurreta, fondé en 1510 par un membre de la famille Lizarraga, cache en fait un style gothique.*

■ L'université Sancti Spiritus

Elle fut construite par l'évêque de Zuazola, sur ses propres deniers. Né à Oñati et vice-roi de Navarre, il souhaitait encourager la création littéraire basque et édifier un modèle sur le plan architectural. Il fit alors appel à un sculpteur français, Pierre Picart, dont le père avait construit la cathédrale de Burgos. Si l'évêque humaniste fut par la suite nommé archevêque de Grenade, il engloutit néanmoins tous ses biens dans cet édifice.

Manifestations populaires

La fête patronale de la San Miguel a lieu le 29 septembre. Le dimanche précédent, une foule immense accourt pour participer ou assister au plus prisé des concours de chiens de berger. Une série d'épreuves permet de distinguer les champions.

- La **façade**, élégante et équilibrée, est une fidèle illustration du style Renaissance espagnol. Son entrée monumentale présente des superpositions de registres classiques, colonnes, moulures et frontons, mais elle est surchargée de statues allégoriques comme on en voit dans le style plateresque. La façade elle-même est sobre, en belle pierre blonde, mais les toitures des bâtiments sont aussi chargées de statues et les angles présentent la même superposition que le portail. Les saints comme Jérôme ou Agathe y côtoient des figures de la mythologie, tels des centaures, Hercule…

▲ *L'université Sancti Spiritus est le monument phare de la ville d'Oñati.*

- À droite de l'entrée, la petite chapelle possède un beau **retable** en bois polychrome du XVIe s. où l'on reconnaît saint Sébastien et les flèches de son martyre, saint Michel terrassant le dragon…
- L'**entrée** présente un plafond à caissons sculptés vraisemblablement influencé par l'art arabe. Le cloître, classique et bien proportionné, mène par des arcades aux salles de classe et aux archives. En haut de l'escalier, levez la tête et admirez le magnifique plafond en bois sculpté.

L'église San Miguel

Ouv. aux heures de messe, le soir vers 19 h et le dim. à 11 h.

L'église San Miguel mélange tous les styles. Construite à la période gothique (XVe s.), sa nef, sobre, contraste avec l'opulent retable baroque doré du maître-autel et sa profusion typique de grappes et d'angelots joufflus, dominé par la statue de Miguel, le saint patron.
- Dans le **cloître**, curieusement édifié à cheval sur la rivière, on peut admirer le **Christ polychrome** du XIVe s. Dans la chapelle du fond, on appréciera le gisant du Christ recouvert de dentelles et la Vierge vêtue de voiles noirs, ainsi que les retables et les représentations imagées des saints, comme la décollation de Jean Baptiste avec sa tête sur un plateau ou, plus loin, le martyre de saint Miguel, missionnaire local tué par les Japonais d'Okinawa.

Le monastère de Bidaurreta

L'intérieur recèle plusieurs détails originaux. Le sol est entièrement recouvert par les tombes des habitants de la ville. Chaque plaque est munie d'un anneau pour la soulever, et numérotée en référence aux différentes maisonnées. Le **retable** principal est en bois naturel – inhabituel dans la région – tandis que les autres affichent la richesse traditionnelle. La messe dominicale est chantée en basque, depuis la galerie, par les sœurs de la communauté du monastère.

Bonne adresse

Hôtel-restaurant *Soraluze*, quartier Uribarri. ☏ 943 71 61 79. Sur la route d'Arantzazu, cet hôtel moderne sans caractère offre tout de même une belle vue sur la vallée et tout le confort à petits prix.

Corpus Christi

Parmi les plus pittoresques des Fête-Dieu – Corpus Christi *– du Pays basque, celle d'Oñati est l'occasion d'une procession originale. Des habitants déguisés, figurant les douze apôtres, défilent masqués et escortent le personnage de l'archange Miguel, élu chaque année pour sa force et sa haute taille. Il porte une armure de 25 kg et de somptueux vêtements. La procession est ouverte par la Vierge d'Arantzazu et animée par les danses traditionnelles de* Corpus Christi *qui célèbrent l'archange et son escorte.*

Le sanctuaire d'Arantzazu

CARTE P. 301
À 9 km au sud-est d'Oñati par la GI 3591.
Basilique ouv. t.l.j. de 10 h à 18 h 30.

Au pied de la sierra d'Aizkorri, le sanctuaire de Nuestra Señora de Arantzazu est le plus réputé du Pays basque. Outre son importance religieuse, il est l'un des hauts lieux de la langue et de la musique basques. Le cadre grandiose de la sierra lui confère un attrait supplémentaire sauvage et mystérieux.

■ Un emblème sacré

La tradition affirme qu'en 1469, un berger aurait trouvé l'image de la Vierge dans un arbre. Une chapelle puis un ermitage furent construits et attirèrent de plus en plus de pèlerins. Après une communauté de dominicains, ce sont les franciscains qui s'installent sur le site en 1499. Le sanctuaire doit surtout son succès à Ignace de Loyola, qui y vint en pèlerinage en 1522 avant de décider d'entrer dans les ordres.

L'endroit lui-même est chargé de symboles. La montagne environnante est empreinte des légendes de la déesse Mari, maîtresse des tempêtes et de la foudre. Les grottes de la sierra sont autant de sites magiques dans l'imaginaire populaire.

Les moines vénèrent la Vierge, culte fondamental dans tout le Pays basque, et entretiennent aussi la culture basque. Durant les guerres carlistes, le sanctuaire devint le symbole de la foi, de la tradition et de la résistance, ce qui lui valut d'être rasé en 1834 par les adversaires de don Carlos. Sous Franco, il fut l'emblème de l'identité basque réfractaire à la dictature. C'est pourquoi sa reconstruction, décidée en 1950, suscita un financement populaire spontané et l'on ne fit appel qu'à des artistes basques ou établis au pays pour bâtir l'édifice.

■ Un édifice moderne

On atteint le monastère par une route sinueuse et spectaculaire qui traverse des paysages superbes : elle surplombe de vertigineuses falaises. Le sanctuaire actuel est une réalisation dépouillée, austère et impressionnante. De hautes façades en pointes de diamant se dressent sur fond de précipices et de montagnes boisées. La frise sculptée de la basilique représentant les apôtres est l'œuvre d'Oteiza ; les portes de fer ont été conçues par Chillida et l'impressionnant retable est une œuvre de Muñoz – 30 m^3 de bois sculpté pour héberger la Vierge d'Arantzazu, du XIVe s.

Bonne adresse

à Oñati

Hôtel-restaurant *Sindika*, Arantzazu. ☏ 943 78 13 03. Au-dessus du sanctuaire, un hôtel pour pèlerins et randonneurs un peu vieillot mais doté du meilleur confort (sauna et piscine devant la montagne) à tout petits prix. Réserver.

La sierra d'Aizkorri

Le monastère est le point de départ d'une splendide randonnée au cœur de la sierra d'Aizkorri, dominée par quatre pics de plus de 1 500 m d'altitude. Le sentier s'élève dans la forêt, rejoint les pâturages piqués de mégalithes et part à l'assaut des monts Aketegi (1 551 m) et Aizkorri (1531 m), crêtes acérées de la sierra, calcaire percé de multiples grottes et conservant le souvenir des vieilles superstitions et de la déesse des tempêtes. Une fois par an, lointain héritage païen ou marche de pénitence, les moines d'Arantzazu gravissent le sommet pour bénir les cultures des paysans de la province, que la Vierge protège. Le sentier permet ensuite de rejoindre le tunnel de San Adrian.

La Biscaye

Depuis la construction du musée Guggenheim, Bilbao, la capitale de la Biscaye, est devenue l'une des destinations touristiques européennes. Le célèbre édifice est l'emblème du renouveau d'une cité industrielle lourdement éprouvée par les crises, et celui d'une Communauté basque jeune et dynamique. Le littoral, les ports pittoresques, l'arrière-pays sauvage et accidenté, les ermitages reculés – étapes sur la route de Compostelle – constituent les principaux atouts de cette province. Ancienne possession navarraise rattachée à la Castille, la Biscaye a conservé une certaine indépendance tout au long de son histoire. Sa richesse minière, son industrie très tôt développée, son dynamisme commercial en font la province la plus riche et la plus florissante d'Espagne.

◄ *Vue aérienne de Lekeitio.*

La côte de Biscaye
un littoral contrasté

CARTE P. 333

Office de tourisme de Lekeitio : Independantzia Emparantza. ☏ 946 84 40 17.

Office de tourisme de Bermeo : Askatasun Bidea. ☏ 946 17 91 54.

Office de tourisme de Bakio : Urkizaur, 28. ☏ 946 19 33 95.

Depuis Ondarroa jusqu'à l'embouchure de la rivière Nervión, la côte biscayenne fait suite à celle du Guipúzcoa. Elle se compose de la même succession de ports de pêche et de villages, mais est restée plus sauvage et mieux préservée de l'industrie et du tourisme. Avec la réserve d'Urdaibai, le patrimoine naturel fait l'objet d'une protection scrupuleuse. Juste en retrait de l'estuaire qui porte son nom, la ville de Guernica, symbole universel de l'identité basque, rappelle la douloureuse histoire de la Biscaye sous Franco.

▶ *La corniche de la partie supérieure de l'église Santa María d'Ondarroa est ornée de statues et témoigne de l'influence architecturale de la Bourgogne et de la Flandre.*

■ Ondarroa

À 54 km à l'ouest de Donostia par la route côtière N 634 puis GI 638.

Établi sur l'estuaire de la rivière Artibay, ce port de pêche s'étend à l'intérieur des terres, le long d'un large canal entrecoupé de ponts, dont le plus ancien date de l'époque médiévale. Le vieux centre de la ville, fondée au XIVe s., occupe une île artificielle encerclée.

- L'**église Santa María** est un édifice gothique fortifié, bâti à partir de 1480.
- Une promenade conduit à l'embouchure de la rivière. On accède à un **pont blanc** conçu par le célèbre architecte Santiago Calatrava, qui évoque un squelette de baleine, souvenir de la pêche traditionnelle de la région. De là, monter au **belvédère** qui offre une belle vue sur le port.

Quitter ensuite Ondarroa vers Lekeitio. La route côtière est ravissante et ombragée, surplombant un rivage escarpé au milieu des pins et des eucalyptus au parfum entêtant.

- Juste avant d'arriver à Lekeitio, la jolie **plage de Karraspio** est une petite baie fermée par un îlot.

Bonne adresse
à Lekeitio

Hôtel *Zubieta*, portal de Atea. ☏ 946 84 30 30. www.hotelzubieta.com. Une adresse rare, au charme fou, dans le parc d'un ancien palais, à 5 mn à pied du centre-ville et de la plage. Déco de goût et prix abordables.

Automobilistes, soyez vigilants : entre Ondarroa et Lekeitio, vous croiserez beaucoup de randonneurs.

◄ *Ses plages ont fait la réputation de Lekeitio. Au loin, l'îlot Saint-Nicolas.*

■ Lekeitio

À 12 km au nord-ouest d'Ondarroa par la BI 3428.

Ici encore, les ruelles pentues partent à l'assaut de la colline. La reine Isabelle II y venait régulièrement et s'y trouvait en 1868, lors de la rébellion qui la mena à l'exil.
- L'**église Santa María de la Asunción**, construite durant le XVe s., est considérée comme l'exemple de la perfection du style gothique dans toute la Biscaye. Massive, soutenue par une volée d'arcs-boutants, elle tourne le dos à la mer. Sobre à l'extérieur, à l'exception du portail et des fines galeries, elle présente un intérieur équilibré avec arcades en ogives, triforium et voûte nervurée.
- Elle doit sa renommée à l'immense **retable du maître-autel** *(12,50 m sur 9,50 m ; prévoir des pièces de 1 euro pour la lumière)*. Seuls ceux de Tolède et Séville le surpassent ; il date de 1512 et fut exécuté par un artiste flamand. Il s'agit d'une mosaïque de scènes sculptées retraçant la vie de la Vierge sur quatre étages. Dans une profusion de dorures, de dais et de dentelles sculptées, apparaît au centre la statue de la Vierge de la Antigua – à qui était dédiée l'église précédente – et, juste au-dessus, celle de l'Ascension de la Vierge, patronne actuelle.
- L'**abside** abrite plusieurs retables. Le premier, sur la gauche, présente un saint Pedro martyr, qui se tient bien droit malgré le couteau planté dans sa tête. Plus loin, derrière le chœur, on verra le retable baroque de Notre-Dame de la Antigua et son émouvante Vierge à l'Enfant (XIIe s.). À droite, le retable de saint Pierre le représente avec la clef du paradis. Sur la droite de la nef, une **chapelle latérale** réunit quelques objets d'art sacré : une belle Trinité – le Père, le Fils et la colombe du Saint-Esprit – de style gothique anglais (XIVe ou XVe s.), un petit retable flamand de la Passion du Christ, deux tableaux flamands – *Fuite en Égypte* et *Mort de san José* – et une Marie-Madeleine. La pécheresse est représentée avec de longs cheveux défaits et un décolleté avantageux pour rappeler ses vices. Les nombreux objets flamands témoignent de l'importance des liens commerciaux maritimes de Lekeitio avec la Flandre.

▲ *Le port de pêche de Lekeitio, niché au pied du mont Calvario, est particulièrement pittoresque.*

La fête des pêcheurs

Le 29 juin, jour de la Saint-Pierre – patron des pêcheurs –, Lekeitio est le théâtre d'une danse originale, la kaxarranka. *Huit pêcheurs portent en procession une grande malle de bois à la manière d'un cercueil. Un danseur exécute des séries de figures et de sauts debout, sur la malle qui avance. L'exercice demande maîtrise, équilibre et habileté de la part du danseur, force et concentration de la part des porteurs.*

- Le **trésor** de l'église rassemble des vêtements sacerdotaux et de la vaisselle sacrée (XVIe-XVIIIe s.). Enfin, toujours à droite, la chapelle de la Vera Cruz abrite un **crucifix** de 1588 dans un retable de bois ciré.
- Prendre ensuite la route qui longe la côte. Elle traverse **Ispaster**, ancienne ville florissante comme l'attestent ses belles maisons.
- L'**ermitage San Martin**, du XVe s., possède un curieux autel : c'est une vieille roue de moulin.
- La **plage d'Ogeia**, avec ses barbecues et ses tables de pique-nique, est l'une des plus agréables des environs.
- La route mène ensuite à **Ea**, petit port de pêche blotti entre les falaises.

▲ *Depuis la route, une vue splendide sur le minuscule port d'Elantxobe, enserré dans de longues jetées et accroché à de hautes falaises boisées.*

■ Elantxobe

À 17 km au nord-ouest de Lekeitio par la BI 3238.

Implanté depuis le Moyen Âge, Elantxobe est abrité par le puissant **cap Ogoño**, le point le plus élevé de la côte. Le village est si escarpé qu'une seule longue route relie son centre au port. De nombreux escaliers permettent aux habitants de déambuler à travers les ruelles en pente. Dans la journée, le port est étonnamment calme avant de s'animer au retour de la pêche. Le spectacle est animé, odorant et coloré.
- Ceux qui aiment la marche n'hésiteront pas à monter vers le haut du village en direction du cap Ogoño : une petite route traverse les quartiers ruraux et offre de beaux panoramas.

Reprendre la route côtière vers Guernica, qui serpente au cœur de paysages splendides, en arrière du cap Ogoño.

- On passe d'abord la **plage de Laga**, au pied de l'impressionnante falaise du cap, puis on arrive à l'embouchure de la ría de Guernica, le long de la très belle **plage de Laida**, bordée de dunes sauvages. Avec ses vagues, elle constitue un spot de surf très prisé. Cette large langue de sable fin ferme presque complètement la ría.
- La route s'éloigne ensuite de l'Océan pour contourner le fond de l'estuaire. Au village de **Gautegiz / Arteaga** apparaît la silhouette du château de Gautegiz, repérable à sa haute tour crénelée. Cette fantaisie néo-gothique un peu prétentieuse fut construite au XIXe s. pour l'impératrice française Eugénie, d'origine espagnole.

Bonnes adresses

Hôtel *Itsasmin*, calle Nagusia, 32, Elantxobe. ☏ 946 27 61 74. www.itsasmin.com. Petit hôtel familial, au-dessus du port. Accueil sympathique et petits prix.

Taverna Jatetxearen, Basondo. Au pied des grottes de Santimamiñe, cette auberge de montagne propose une agréable terrasse et des jeux pour les enfants. Plats traditionnels et nourrissants pour les retours de randonnée.

Casa rural Ozollo, quartier d'Ozollo, Gautegiz/Arteaga. ☏ 946 25 10 13. En contrebas du château de Gautegiz, cette belle ferme ancienne en activité propose des chambres propres et confortables.

■ Les grottes de Santimamiñe

Bien indiquées depuis la route de Gautegiz à Kortezubi, dans le quartier de Basondo.

Vis. accompagnées du lun. au ven. à 10 h, 11 h 15, 12 h 30, 16 h 30 et 18 h. F. w.-e. et j. fériés. Groupes de 15 personnes, au moins, mais qui se constituent assez facilement en saison.

La commune de **Kortezubi** s'enorgueillit de posséder l'un des plus beaux vestiges de la préhistoire basque. On atteint ces grottes, découvertes en 1916, en grimpant plus de 300 marches dans la forêt. Elles furent utilisées au Paléolithique, puis à l'âge du bronze. Leur principal intérêt réside dans les fresques rupestres représentant un cheval entouré de bisons, de cerfs ou d'ours que les archéologues datent entre 14 000 et 10 000 ans av. J.-C. Cette partie est actuellement fermée pour travaux, mais on peut admirer les concrétions calcaires des galeries.

■ La forêt peinte d'Oma *(bosque pintado)*

Départ de la randonnée en face du parking de l'auberge Jatetxearen, près de la montée vers les grottes. Compter 1 h a.-r.

Le sentier s'élève entre les pins et les eucalyptus, pour rejoindre en 30 mn le début du parcours. Il s'agit en fait d'une galerie d'art à ciel ouvert, conçue en 1984 : le peintre **Agustín Ibarrola** s'est servi de centaines de troncs d'arbres comme supports multicolores. Selon sa position et l'angle de vue, le promeneur compose à chaque pas un nouveau tableau. Une série de silhouettes stylisées indiquent un itinéraire et renforcent la perspective, transformant un simple bois de pins en un lieu magique.

■ Guernica

À 7 km au sud-ouest des grottes de Santimamiñe par la BI 2238. À 36 km de Lekeitio par la route côtière.

Cette ville sans réel cachet doit sa célébrité au tableau fameux de Picasso. Pour les Basques, elle est emblématique de leur identité à bien d'autres titres. Lorsque les habitants de Biscaye et du Guipúzcoa prirent le parti des républicains contre Franco, Guernica fut la cible des représailles franquistes. Le 26 avril 1937, les avions de l'unité aérienne allemande Condor, au service de Franco, piquèrent délibérément sur le marché, tuant en priorité les civils. L'indignation internationale fut énorme et l'événement inspira au peintre cubiste sa célèbre toile. Quasiment tout le centre-ville a été reconstruit.

- On accède à l'**arbre de Gernika** en montant au-dessus du square Pablo-Picasso. Le chêne actuel date du XIXe s. Une jeune pousse, destinée à prendre le relais, fut plantée en 1979, lors de la création de la Communauté autonome basque.
- Le palais du **Parlement de Biscaye**, édifié en 1826, est l'un des rares édifices à avoir résisté au bombardement. Il abrite un grand vitrail où figurent symboliquement les représentants des villages réunis au pied de l'arbre.
- Les passionnés d'histoire basque et espagnole peuvent visiter le musée **Euskal Herria** de Guernica, où sont développés les épisodes des guerres qui ont déchiré les provinces.

Ouv. du mar. au sam. de 10 h à 14 h et de 16 h à 19 h, dim. de 11 h à 15 h. F. lun.

▲ *Le vieux tronc du célèbre chêne de Guernica – il a plus de 300 ans –, devant lequel les rois juraient d'observer les* fueros, *est abrité sous un dôme porté par de lourdes colonnes.*

Le chêne de Guernica

C'est aussi le nom de l'hymne national basque. Certes, il n'a plus la fière allure qu'il devait avoir au Moyen Âge. Durant des siècles, ce chêne, planté près d'un ermitage sur une colline de la ville, abritait sous ses branches les assemblées générales de la Biscaye. Les représentants de tous les villages y discutaient de l'administration de la province, de la justice, des conflits et débattaient de la survivance des fueros. *Lors des guerres carlistes, la Biscaye et Guernica prirent le parti de don Carlos contre la reine d'Espagne. En 1876, lorsque le gouvernement espagnol tenta d'abolir les* fueros, *cet arbre et, par extension, la ville devinrent le symbole de la résistance basque à l'uniformisation centrale.*

▲ *Palette de bleus, d'émeraude et de blond, la ría de Guernica est digne des plus beaux clichés des mers du Sud…*

- Le parc, en face de l'église, présente deux sculptures modernes, l'une d'**Henry Moore** figurant un personnage dans un abri, et l'autre d'**Eduardo Chillida** représentant la Maison du père – le monument à la paix.

Sortir de la ville en direction de Bermeo pour reprendre la rive gauche de l'estuaire de la ría de Guernica. Vous traverserez une zone naturelle d'exception : la réserve d'Urdaibai.

- Une randonnée pédestre permet de découvrir au plus près l'estuaire de la ría en reliant Guernica à Mundaka (13,5 km) et de découvrir la **réserve d'Urdaibai** (→ *p. 341*). Elle démarre juste au nord de la ville, sur la rive gauche après le dernier pont, et colle au tracé du cours d'eau, là où il est canalisé, entouré de **roselières** et peuplé d'oiseaux. La balade aborde ensuite un paysage plus typique de l'estuaire, la ría s'élargit, ponctuée de larges bancs de sable, et arrive au village de **San Kristobal** (on peut aussi commencer la promenade à cet endroit, à 6 km environ de Mundaka). Avant d'arriver aux immenses plages qui font le charme de Mundaka, on passe quelques anciens embarcadères en bois.

■ Mundaka et ses environs

À 12 km au nord-ouest de Guernica par la BI 2235.

Passer le premier parking herbu, traverser les rails et tourner aussitôt à droite pour arriver à la plage de sable fin de **Busturia**, située entre Mundaka et Guernica. Elle est abritée et équipée d'une aire de pique-nique et de petits snack-bars.

- Mundaka est sans doute le village le plus charmant de toute la côte. Les paysages de l'estuaire sont superbes, et les surfeurs apprécient tout particulièrement les vagues bleues bien ourlées et le sable blond et fin. Des ruelles étroites, quelques quais et jetées enchevêtrés autour de barques colorées, une succession de petites places à l'ombre des platanes et l'impression que le temps peut s'arrêter. Une grande église tourne le dos à la ría. Juste derrière, les rochers et l'eau claire invitent à la baignade. En été, une navette permet de gagner la plage de Laida, de l'autre côté de l'estuaire. Une image idyllique à la hauteur de la réserve d'Urdaibai.

■ Bermeo

À 3 km au nord-ouest de Mundaka par la BI 635.

Il s'agit du port de pêche le plus emblématique de Biscaye. Ses marins et ses pêcheurs sont réputés depuis sa fondation, au XIIIe s., lorsqu'il se vit octroyer des *fueros*. Surnommé la « tête de la Biscaye », Bermeo fit l'objet de querelles et de luttes incessantes entre les puissantes familles de la province – c'était un mouillage de premier choix et un site maritime stratégique. À partir du XVIIe s., les combats se calmèrent et Bermeo devint le

L'or des baleines

La pêche à la baleine fit longtemps la fortune des pêcheurs basques. On la chassait pour sa chair et ses os, mais surtout pour son huile qui alimentait les lampes. Durant les XVe et XVIe s., les Basques en avaient le quasi-monopole et vendaient leurs prises en Angleterre et en Hollande. On chauffait les morceaux de baleine dans de larges chaudrons jusqu'à ce que la graisse se sépare de la chair. On la recueillait et on la versait dans des récipients remplis d'eau. La graisse flottait, tandis que les déchets coulaient au fond. Après un dernier filtrage pour éliminer toutes les impuretés, on la stockait dans des barriques.

premier port de pêche d'Espagne. Mais la ville ne put développer son industrie en raison du site escarpé, laissant ainsi la prééminence à Bilbao.

- Aujourd'hui, son charme tient à ses ruelles pentues et sinueuses, les escaliers qui se multiplient pour faire le tour du port, séparé en deux zones distinctes. Le **port principal**, le plus vaste, bourdonnant d'activité, accueille les gros navires de pêche et les conserveries, tandis que le **petit port**, plus pittoresque et calme, aligne les vieilles barques de bois. La pêche est omniprésente. La confrérie des pêcheurs *(kofradia)*, en activité depuis 1353, est l'une des plus anciennes du pays.

- Le **musée de la Pêche** est hébergé dans la torre Ercilla, ancien manoir de l'une des grandes familles locales. La pêche et ses techniques sont exposées sur quatre étages : les bateaux, les dangers de la mer mais aussi la vie des pêcheurs, leurs angoisses et leurs souffrances comme le suggèrent les ex-voto offerts.

Ouv. de 10 h à 13 h 30 et de 16 h à 19 h 30 ; dim. de 10 h à 14 h 15. F. lun.

■ San Juan de Gaztelugache

À 9 km au nord-ouest de Bermeo par la BI 3101.

On s'armera de courage pour monter près de 250 marches en pente jusqu'à l'**ermitage**. Au passage, on croisera les quatorze stations du chemin de croix. Tout en haut, l'édifice de style roman appartenait jadis aux moines templiers. Des messes y sont dites dans une immense ferveur lors de la Saint-Jean, le 24 juin.

- L'**intérieur** est dédié aux marins : des ex-voto figurent des bateaux, une proue de navire avec la tête du saint s'avance derrière l'autel, une énorme hélice est fichée dans le mur… La légende veut que l'on vienne ici soigner ses insomnies et ses cauchemars : il suffirait de prier le saint et de faire tourner la cloche de l'ermitage…

■ Bakio

À 12 km à l'ouest de San Juan de Gaztelugache par la BI 3101.

Ce paisible village marin doit sa notoriété à sa longue plage, qui attire les citadins de Bilbao autant que les surfeurs. C'est aussi, avec Getaria et Zarautz, le terroir du *txakoli* avec de nombreuses caves à visiter.

▲ *À partir de San Juan de Gaztelugache, la vue sur la côte et ses hautes falaises est époustouflante.*

◄ *Le port principal de Bermeo.*

Bonne adresse

à Mundaka

Hôtel *Mundaka*, Florentino Larrinaga, 9. ☏ 946 87 67 00. www.hotelmundaka.com. Joli hôtel aux chambres claires et impeccables, tout près du port.

Hôtel *Atalaya*, Itxaropen kalea, 1. ☏ 946 17 70 00. www.hotel-atalaya-mundaka.com. Hôtel confortable avec une terrasse fleurie de glycine au printemps.

▲ *Perché sur un îlot, l'ermitage de San Juan de Gaztelugache est à peine rattaché aux falaises du rivage. On le rejoint par un étroit passage battu par la houle de l'Atlantique.*

- La route côtière se poursuit ensuite vers l'ouest, au cœur d'une belle forêt d'eucalyptus et de paysages superbes.
- Pour admirer le minuscule **port d'Armintza**, protégé par une seule jetée, monter au calvaire qui surplombe le quai et offre le panorama sur la côte découpée.

Plentzia est désormais reliée à Bilbao par la ligne 1 du métro.

■ Gorliz et Plentzia

À 21 km et 23 km au sud-ouest de Bakio par la BI 2101.

Ces deux villes se partagent l'une des baies favorites des habitants de Bilbao, et comptent un grand nombre de résidences secondaires. Ayant échappé à l'industrialisation massive des environs de la grande cité biscayenne, elles misent sur leur plage immense appréciée des surfeurs. Un agréable sentier côtier permet de faire une petite randonnée vers le phare, le long des falaises.

■ Le château de Butrón

À 7 km au sud-est de Plentzia par la BI 3704.

Ouv. d'oct. à mars du mar. au ven. de 10 h 30 à 17 h 30, les sam. et j. fériés de 11 h à 18 h; d'avr. à sept. t.l.j. de 10 h 30 à 20 h. F. dim.

Chaque année, au mois de juillet, Getxo accueille un festival de jazz de qualité, tandis qu'en septembre, ce sont les chants de marins qui sont à l'honneur.

À l'intérieur des terres, au cœur d'un paysage vert et boisé, le château dresse sa surprenante silhouette – tout en tourelles et créneaux à la façon d'un château de Walt Disney. Construit au XIXe s., dans le style néo-gothique de Viollet-le-Duc – l'architecte était un de ses disciples –, il occupe le site d'un ancien domaine de la famille Butrón. Au Moyen Âge, les seigneurs du premier édifice contrôlaient la région et l'approvisionnement en eau. La restauration néo-gothique fut commandée par un marquis qui voulait l'offrir à sa nouvelle épouse.
- L'**intérieur** est ouvert à la visite – le guide parle espagnol uniquement – et aménagé de meubles du XIXe s. pour la plupart. Un montage audiovisuel et des reconstitutions évoquent la vie médiévale des seigneurs du lieu. La descente aux oubliettes et le point de vue depuis les tours complètent la visite.

Le pont de Biscaye

Inauguré en 1893, ce pont transbordeur en fer est le plus ancien du monde. Souvenir de l'âge d'or industriel, il s'inspirait des réalisations de Gustave Eiffel en France. Détruit en 1937, lors de la guerre civile, il fut reconstruit à l'identique en 1941. La nacelle, changée en 1964 puis en 1998, est suspendue à un impressionnant portique dont la structure évoque bien la tour Eiffel. Elle glisse au-dessus de l'eau entre les deux berges. Depuis 1999, une passerelle desservie par un ascenseur permet aux piétons de bénéficier d'une belle vue de l'estuaire et du port, à 50 m de hauteur.

■ Getxo

S'étirant vers la mer, le long de l'estuaire du Nervión, Getxo est la promenade dominicale favorite des Bilbaianos (habitants de Bilbao).
- Bordée d'orgueilleuses **villas** de tous les styles, notamment anglais, sa **plage** est fréquentée en toute saison, par les baigneurs ou les marcheurs. Malheureusement gâchée par la perspective de la rive industrielle, juste en face, la ville, devenue le quartier résidentiel chic, compte de nombreux bars et restaurants branchés. À côté des voiliers et yachts du nouveau port de plaisance, il ne reste presque plus rien du pittoresque **quartier des pêcheurs**.
- L'autre curiosité de Getxo est le **pont transbordeur** qui la relie à Portugalete, sur l'autre rive du Nervión (en fonction jour et nuit : 0,24 € piéton, et 1,30 € voiture).

La réserve d'Urdaibai

un patrimoine naturel protégé

Couvrant 220 kilomètres carrés sur vingt-deux municipalités, la réserve de la biosphère d'Urdaibai a été créée par l'Unesco en 1984 afin de contrôler son développement économique et sauvegarder son environnement. Sa superficie représente environ 10 % de celle de la Biscaye, regroupe les versants de la ría de Guernica et inclut les deux villes qui l'encadrent, Guernica et Bermeo.

■ Un équilibre fragile

L'estuaire de la ría de Guernica est une vaste zone humide, la plus importante du Pays basque. Les rivières à faible pente sont encadrées de zones marécageuses où l'eau salée ou saumâtre alterne avec l'eau douce. La proximité de l'Océan implique des variations constantes suivant le rythme des marées. On y trouve aussi des torrents de montagne. Les versants étagent, sur de courtes distances, tous les types de végétation – prairies, zones cultivées, forêts... La présence de deux villes d'importance menace constamment cet équilibre naturel fragile, au point de rencontre de différents milieux. L'exploitation de la biosphère, comme toutes les réserves, est strictement surveillée de façon à concilier en toute harmonie le développement industriel, les activités agricoles et l'urbanisation pour préserver une cohabitation équilibrée de l'homme et de la nature. Les visiteurs sont assurés de découvrir un cadre naturel intact : plages superbes, eau claire, marécages et forêts sauvages.

▲ *L'estuaire de la ría de Guernica sert de relais aux oiseaux migrateurs en route vers l'Afrique, mais héberge aussi une large variété d'espèces en raison de la diversité de ses paysages.*

■ Une faune et une flore originales

On a recensé vingt-cinq milieux végétaux différents sur toute la superficie de la réserve. La diversité de la flore s'explique par la variété des habitats – les marais, la côte et les bancs de sable – propices à un certain type de végétation. Les forêts qui couvrent les versants sont principalement constituées de résineux et de chênes verts, et accueillent oiseaux et mammifères. Le long du littoral règnent les espèces océanes – oiseaux marins, poissons, crustacés et mollusques. La rivière et ses marais sont un refuge pour les amphibiens et les mammifères d'eau saumâtre, mais surtout une étape sur les grandes voies de migration.

Bilbao

une ville en mutation

CARTE P. 333
À 86 km à l'ouest de Donostia et 110 km de la frontière française (Hendaye) par l'A8/E70.

Office de tourisme : calle Rodriguez ARIAS 3. Ouv. du lun. au ven. de 9 h à 14 h et de 16 h à 19 h 30. ☏ 944 79 57 60. www.bilbao.net

INCONTOURNABLES

Capitale de la Biscaye, grande rivale de Donostia, Bilbao concentre la plus grande partie de la population de la province. L'agglomération regroupe près d'un million de personnes sur vingt-huit communes implantées de part et d'autre de l'estuaire du Nervión, soit près de la moitié de la population totale de l'Euskadi.

Un port commercial

Bilbao a été implantée au Moyen Âge sur l'estuaire de la rivière Nervión, au débouché du nord de l'Espagne. Dès le IXe s., les habitants des environs, des marins pour la plupart, ont entretenu des rapports commerciaux avec les Normands. Les produits castillans – essentiellement la laine – y transitaient vers le nord de l'Europe. À l'époque, le port de Bermeo était son principal rival. Le fleuve donna l'avantage à Bilbao. Dans un premier temps, elle comportait deux centres différents : la rive gauche regroupait les habitations des mineurs et des ouvriers des forges, tandis que la rive droite concentrait les activités portuaires et marchandes. Les deux étaient réunies par le pont San Antón. Le port se fixa à 7 km à l'intérieur des terres pour se protéger de l'influence des marées. L'accès à la cité, gardée par des tours, impliquait le paiement d'un péage. Le monopole de la ville fut encore renforcé au XIVe s. lorsque la route principale entre Orduña et Bermeo passa par le pont San Antón. Bilbao devint dès lors un passage obligé. Sur la route de Compostelle, les pèlerins s'y arrêtaient, lui assurant un apport culturel et social immense et favorisant des liens commerciaux.

Émergence d'une métropole

Au XVIe s., l'organisme équivalant à la chambre de commerce avait des bureaux à Londres, Bruges, Gand et Hambourg. Ses bâtiments jouxtaient la mairie et l'église San Antón. Le cœur de la cité était le *casco viejo* ou « 7 rues », en souvenir des artères d'origine. Peu à peu, l'explosion industrielle, la métallurgie, la sidérurgie et les constructions navales ont donné naissance à une immense métropole, le 2e port d'Espagne après Barcelone et le premier poumon industriel du pays. Parallèlement, le commerce florissant a entraîné l'éclosion de banques et de sociétés de services. La ville souffrit de l'invasion napoléonienne en 1818 puis des guerres carlistes – elle fut assiégée à trois reprises – mais conserva son importance économique. La fin du XIXe s. marqua l'expansion urbaine de la cité d'origine. Les nouveaux quartiers ou *ensanche* s'étendirent de l'autre côté de la rivière pour connaître une expansion spectaculaire au XIXe s.

Le déclin

Bilbao atteint son apogée au début du XXe s., enrichie par la vente du fer destiné à fabriquer armes et navires anglais durant la Première Guerre mondiale. Le déclin commence avec la guerre civile et la surpopulation : nombre de ruraux affluent vers la ville pour y trouver du travail. Le protectionnisme étroit du gouvernement franquiste entraîne un ralentissement des investissements et un vieillissement de l'industrie. La crise internationale de la sidérurgie et la concurrence finissent par avoir raison de l'économie de la cité qui s'effondre durant les années 1970-1980.

Une ville transformée

Difficile de croire à ce marasme lorsque l'on arrive à Bilbao aujourd'hui. La ville a subi ces dernières années des changements d'une grande ampleur. Sur le plan économique, la volonté de renouveau s'est manifestée par un réel intérêt pour les nouvelles technologies. Le port a repris sa place de premier port européen à destination du continent américain. Partout, les friches industrielles laissent la place à d'ambitieux projets urbains et culturels, dont le musée Guggenheim est le symbole – son installation a généré près de quatre mille emplois. Le niveau de chômage a rejoint celui du pays et baisse toujours de façon régulière, et la Bourse est redevenue la seconde d'Espagne. Les grands travaux – musées, palais des Congrès, ponts, port, nouvel aéroport, métro – sont les témoins d'un dynamisme étonnant.

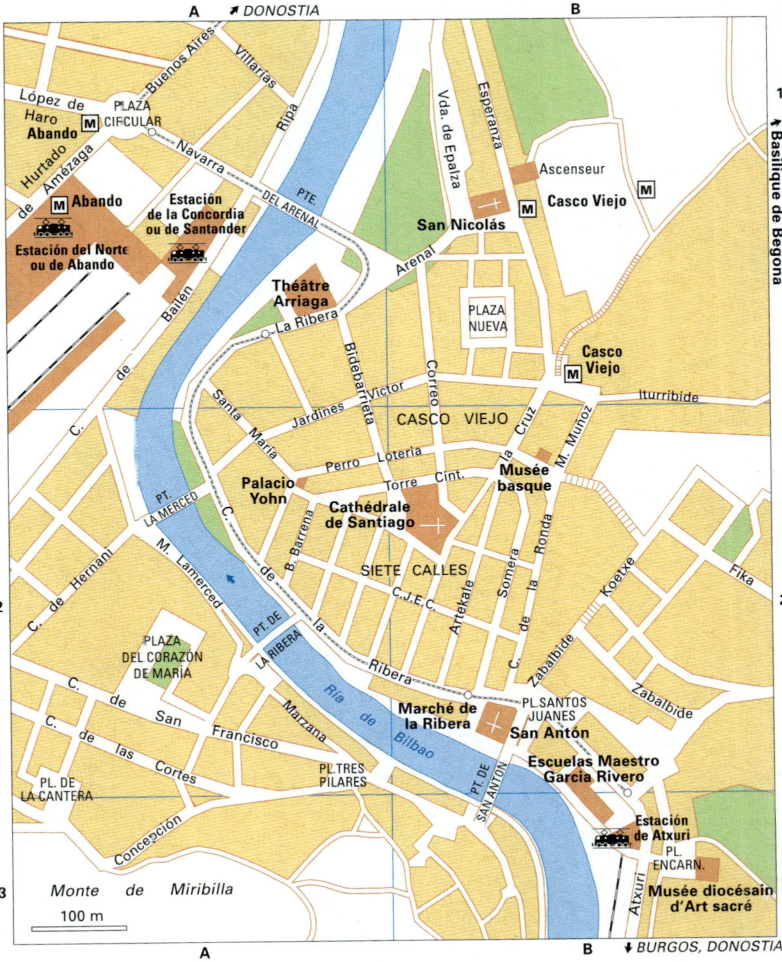

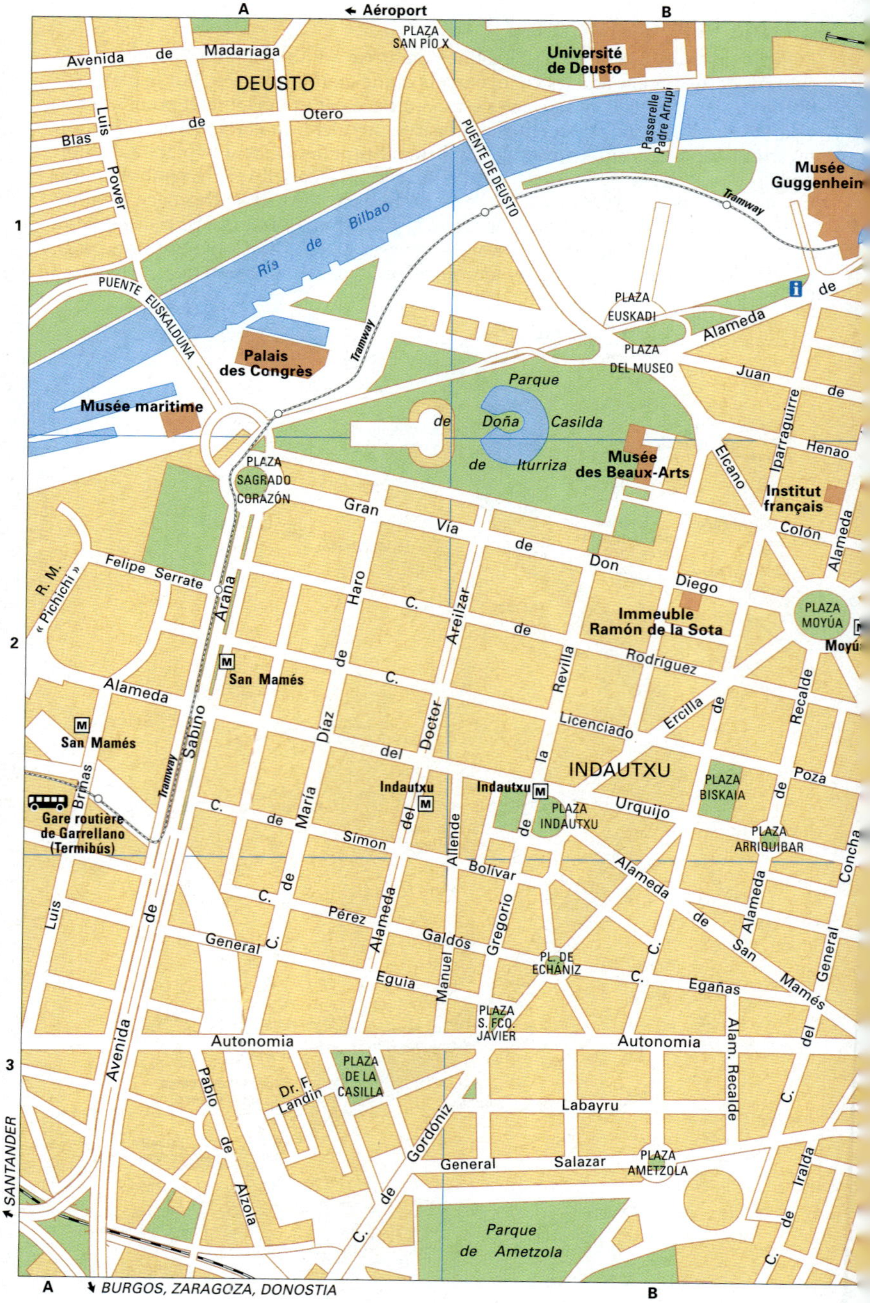
A
Aéroport
B
1
2
3
A
B
SANTANDER
BURGOS, ZARAGOZA, DONOSTIA
PLAZA SAN PÍO X
Université de Deusto
DEUSTO
Avenida de Madariaga
Luis Power
Blas de Otero
Ría de Bilbao
PUENTE DE DEUSTO
Passerelle Padre Arrupi
Musée Guggenheim
Tramway
PUENTE EUSKALDUNA
Palais des Congrès
Musée maritime
PLAZA EUSKADI
PLAZA DEL MUSEO
Alameda de Juan de Henao
Parque de Doña Casilda de Iturriza
Musée des Beaux-Arts
Elcano
Iparraguirre
Institut français
PLAZA SAGRADO CORAZÓN
Gran Vía de Don Diego López de Haro
Colón
Alameda
PLAZA MOYÚA
Moyúa
R. M. « Pichichi »
Felipe Serrate
Sabino Arana
C. de Haro
C. Areilzar
Immeuble Ramón de la Sota
C. de Rodríguez
San Mamés
Alameda
San Mamés
C. del Doctor Areilza
Licenciado de la Revilla
Ercilla
Recalde
INDAUTXU
Poza
PLAZA BISKAIA
Indautxu
Indautxu
PLAZA INDAUTXU
Urquijo
PLAZA ARRIQUIBAR
Brinas
Gare routière de Garrellano (Termibús)
C. de Simón Bolívar
María Díaz de Haro
Allende
Alameda de San Mamés
Alameda
Concha
General
Luis
C. de Pérez Galdós
General
C. de Gregorio de la Revilla
PL. DE ECHÁNIZ
C. Egañas
Eguia
Alameda
Manuel Allende
PLAZA S. FCO. JAVIER
Autonomía
Autonomia
Alam. Recalde
C. del General
Avenida de Sabino Arana
PLAZA DE LA CASILLA
Dr. F. Landín
Pablo de Alzola
C. de Gordoniz
Labayru
General Salazar
PLAZA AMETZOLA
C. de Iralda
Parque de Ametzola

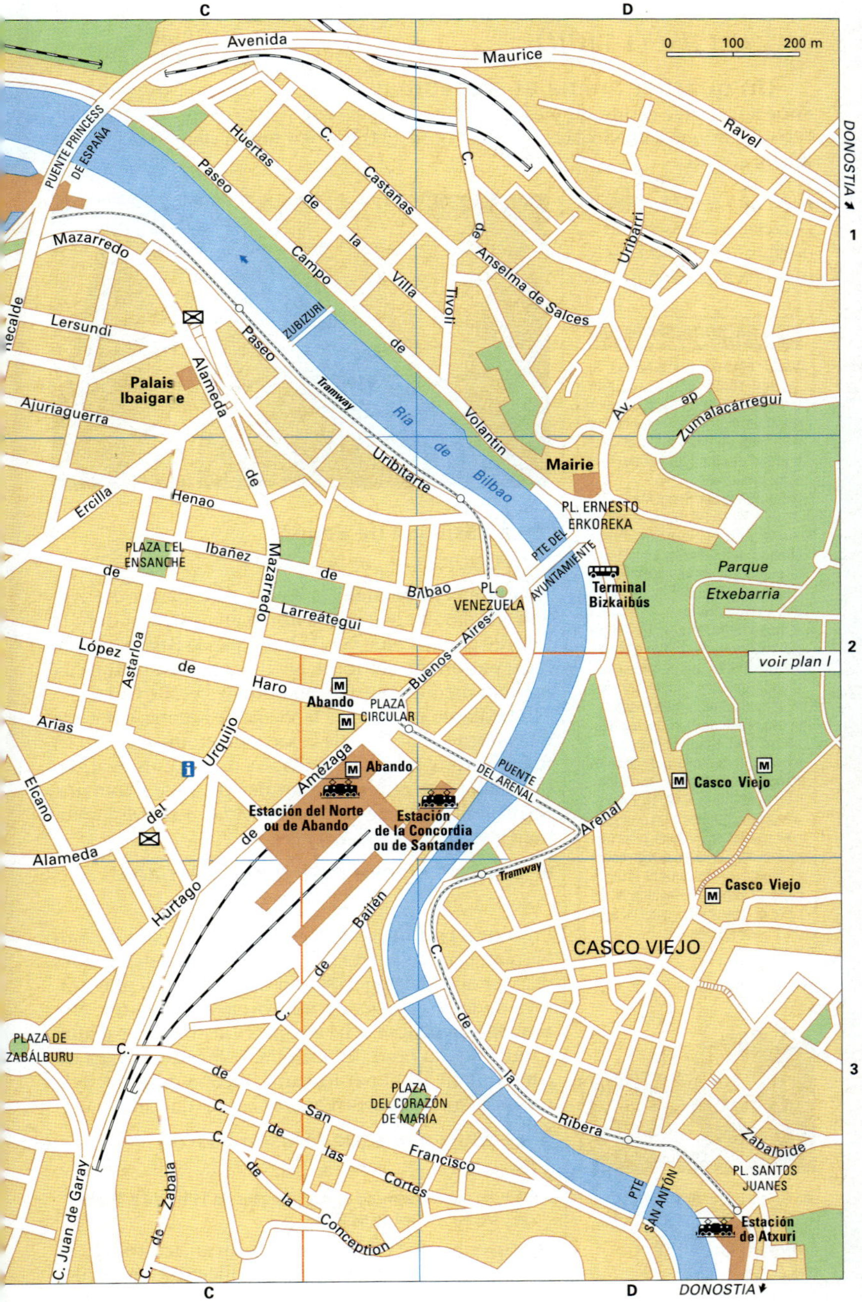
C
D
0
100
200 m
Avenida
Maurice
Ravel
DONOSTIA
1
2
3
PUENTE PRINCESS DE ESPAÑA
Mazarredo
Lersundi
Paseo
Huertas
de
la
Villa
C.
Castañas
Campo
de
Volantin
C.
de Anselma de Salces
Tivoli
Uribarri
ZUBIZURI
Paseo
Uribitarte
Tramway
Ría de Bilbao
Alameda
de
Mazarredo
Palais Ibaigarre
Ajuriaguerra
Ercilla
Henao
PLAZA DEL ENSANCHE
Ibañez
de
Bilbao
de
Larreátegui
López
de
Haro
Astarloa
Arias
Elcano
Urquijo
Av.
de
Zumalacárregui
Mairie
PL. ERNESTO ERKOREKA
PTE DEL AYUNTAMIENTE
Terminal Bizkaibús
Parque Etxebarria
PL. VENEZUELA
Buenos Aires
voir plan I
Abando
PLAZA CIRCULAR
Amézaga
Abando
Estación del Norte ou de Abando
Estación de la Concordia ou de Santander
PUENTE DEL ARENAL
Arenal
Casco Viejo
Casco Viejo
Tramway
CASCO VIEJO
del
Alameda
de
Hurtago
Bailén
de
C.
PLAZA DE ZABÁLBURU
C.
de
San
Francisco
C.
de
las
Cortes
C.
de
la
Concepción
PLAZA DEL CORAZÓN DE MARÍA
C.
de
la
Ribera
Zabalbide
PL. SANTOS JUANES
PTE SAN ANTÓN
Estación de Atxuri
C. Juan de Garay
C. de Zabala
DONOSTIA

▷ Le *casco viejo*

PLAN I, B1/B2; PLAN II, D3

Un quartier animé et chaleureux

Situé sur la rive droite du Nervión, dans un méandre de la rivière, il s'étend de l'église baroque San Nicolás (1756) au nord à l'église San Antón et au marché de la Ribera au sud.

► *La cathédrale Santiago. Le chœur s'élève sur trois niveaux : grandes arcades, triforium et fenêtres hautes.*

Bonnes adresses

Victor Montes, plaza Nueva, 8. ☏ 944 15 56 03. Sur la belle plaza Nueva, voici l'endroit pour grignoter d'exquises tapas autour d'un verre de bon vin. Décor chaleureux et choix immense. Fait aussi restaurant.
Hôtel *Iturrienea*, Santa María, 14. ☏ 944 16 15 00. Dans le *casco viejo*, une vraie adresse de charme, avec mobilier chiné ici et là, poutres et pierres apparentes, peintures d'artistes basques, le tout à prix moyens.
Barcelo hôtel Nervión, paseo del Campo Volantín, 11. ☏ 944 45 47 00. www.barceloclavelhoteles.com. Grand hôtel ultramoderne, un peu impersonnel mais bien placé sur la rive droite du Nervión, non loin du Zubizuri. Grand confort à prix moyens et restaurant de qualité.
Petit Palace Arana, calle Bidebarrieta, 2. ☏ 944 15 64 11. www.hthotels.com. Un peu plus cher que les précédents, mais très raffiné, dans un style design sobre et réussi, parfaitement intégré dans un immeuble historique. Au cœur du *casco viejo*, juste en face du théâtre Arriaga.

▲ *Le théâtre Arriaga entend redonner à Bilbao l'animation culturelle des années 1950.*

■ La basilique de Begoña

PLAN I, HORS PLAN par B1

Avant de pénétrer dans la vieille ville, passer derrière San Nicolás et prendre le surprenant ascenseur dont la tourelle grise conduit vers la basilique de Begoña. De là, beau panorama sur toute la ville. Les plus courageux peuvent prendre l'escalier au bout de la calle Cruz.
- La basilique est dédiée à la Vierge de Begoña, patronne de la Biscaye. Elle date de la seconde moitié du XVIe s. et fut construite grâce aux dons des marchands et armateurs. Elle reste un important lieu de piété populaire. Même les joueurs de football de l'*Atletico de Bilbao* viennent y présenter leurs trophées…

■ La plaza Nueva et le théâtre Arriaga

PLAN I, A1/B1

En redescendant vers le *casco viejo*, au sud de San Nicolás, la plaza Nueva, encadrée de profondes arcades de style néo-classique, est l'un des centres les plus animés de la cité. Siège de nombreuses festivités, elle accueille un petit marché aux puces le dimanche matin.
- Tout près, au bord de la rivière, le **théâtre Arriaga** fut construit en 1890 par Joaquín Rucoba dans un style néo-baroque inspiré de l'opéra Garnier de Paris.

■ Le Musée basque *(Museo Vasco)*

À l'est de la plaza Nueva. Calle Cruz, 4. PLAN I, B2

Ouv. du mar. au sam. de 11 h à 17 h, dim. de 11 h à 14 h. F. lun. et j. fériés. ☏ 944 15 54 23.

Le Musée basque est installé dans un ancien collège de jésuites. Sur quatre niveaux, les collections archéologiques et ethnographiques résument l'histoire du Pays basque. Au dernier étage, une maquette en relief permet de se représenter la configuration du pays. Ensuite, une série de reconstitutions et de documents évoquent la vie de la cité et son économie.

■ *Siete calles :* les « 7 rues »

PLAN I, A2/B2

Le vieux quartier abrite la **cathédrale Santiago**, le plus ancien édifice de la ville. Commencée en 1379 à l'époque gothique, elle a été remaniée en 1571 après un incendie. Elle présente un plan classique, un décor flamboyant et un cloître gothique. La façade et le clocher, de Severino de Achúcarro, sont une imitation gothique datant de 1891.

- Au centre de la place, la fontaine de marbre rose date de 1785. Non loin de là, dans la calle Perro, la **fontaine del Perro**, très populaire, fut, dit-on, construite avec des pierres de l'ancien rempart de la ville.
- On flânera ensuite dans les ruelles ombragées des environs, bordées de bars et de *tavernas* animés, en se dirigeant vers le sud et le **marché de la Ribera** – surprenante structure jaune amarrée au bord du Nervión.
- L'**église San Antón**, sur le site d'une ancienne forteresse, fut bâtie aux XIVe et XVe s. par un artiste flamand, Guiot de Beaugrant. C'est au pont San Antón, juste à côté, qu'on devait payer le péage, au Moyen Âge.

■ Le musée diocésain d'Art sacré

Plaza de la Encarnación. PLAN I, B3

Ouv. du mar. au sam. de 10 h 30 à 13 h 30 et de 16 h à 19 h ; dim. et fêtes de 10 h 30 à 13 h 30. F. lun. ☏ 944 32 01 25.

Hébergé dans le **couvent de la Encarnación**, il présente avec goût d'intéressantes collections d'art religieux.

- Le premier étage concentre l'**orfèvrerie**, les **vêtements** et l'**art moderne**. On note ainsi de belles croix de procession, encensoirs, coffrets ou couronnes en argent. Une série de vêtements sacerdotaux, dont certains remontent au XVIe s., surprennent par la richesse des broderies et des couleurs.
- Le deuxième étage rassemble la **statuaire** (émouvantes Vierges romanes et gothiques). Ne pas manquer le Christ gothique de 1320, dont les plaies semblent saigner, ou une pietà de 1505 qui a du mal à tenir un Christ à la tête énorme... Remarquer aussi un joli retable portatif baroque, rouge et or, et une sainte Madeleine de 1760 très réaliste.
- Revenir vers la rivière et longer la rive pour contourner le vieux centre et rejoindre le pont del Arenal, près du théâtre Arriaga. Sur l'autre berge, on aperçoit ce qui fut le second noyau originel de la ville, encore peu mis en valeur.

▼ *La cathédrale Santiago constituait une étape sur la route de Compostelle. Autrefois, le conseil municipal se réunissait sous son porche Renaissance.*

▲ *L'église San Antón, construite en 1433, faisait jadis face au point de péage du pont du même nom.*

Une ligne de tramway relie le quartier de San Antón au palais des Congrès en suivant les quais. Un parcours pratique et agréable pour aller du *casco viejo* au musée Guggenheim ou au Musée maritime.

▲ *La gare Abando.*

Le phénomène Calatrava

Si Frank Ghery, père du Guggenheim, est la nouvelle star de Bilbao, celui qui fait couler le plus d'encre est certainement Santiago Calatrava. Cet architecte de Valence a conçu le Zubizuri, et dessiné la tour de contrôle et le nouveau terminal de l'aéroport de Bilbao. Cette immense réalisation de verre et de métal semble s'élancer vers les pistes comme un bec d'oiseau géant, évoquant le profil d'un volatile préhistorique. En France, la gare TGV de Lyon-Satolas et le pont de l'Europe à Orléans partagent cette même élégance gracile.

Le long de la Gran Via, plusieurs édifices retiennent l'attention : la Banque d'Espagne au n° 10, œuvre néo-classique d'un architecte allemand (1923) ; la Banque de Bilbao, classique avec ses hautes colonnes corinthiennes et sa statue du dieu Mercure ; ou encore, au n° 45, l'immeuble de Ramón de la Sota, construit sur cinq étages au début du XXe s., dans un style néo-régional. Au n° 44, l'architecture surchargée du bâtiment témoigne de la richesse de ses occupants ; au n° 48, de puissantes tours décorent les angles de l'immeuble. Dans la rue Colón de Larreátegui, le n° 30, de pierre et d'ardoise, s'inspire de l'architecture parisienne.

▷ *L'ensanche*

PLAN II, B2/C2

La ville nouvelle du XIXe siècle

À l'ouest du pont del Arenal, c'est un quartier aux vastes avenues plantées d'arbres et aux immeubles de différents styles. Certains ont été démolis pour laisser la place à des façades austères et sans caractère. Les perspectives sont toutefois préservées et certains joyaux architecturaux méritent la visite.

■ La gare de la Concordia

À gauche, une fois passé le pont.

Elle est reconnaissable à son fronton vert et jaune marqué « Santander-Bilbao ». Construite en 1902, elle servait de terminus à la ligne de chemin de fer qui apportait le charbon des mines pour alimenter les hauts-fourneaux. Sa configuration intérieure est assez étrange : les voies se trouvent en effet à l'étage.

■ Le long de la Gran Via

De la plaza Circular à la plaza del Sagrado Corazón.

Trois grandes places commandent le plan général et distribuent les rues en étoile : la **plaza Circular**, la **plaza Moyúa** et la **plaza del Sagrado Corazón**. Elles sont réunies par un axe appelé la **Gran Via**, initialement le pôle financier de la ville, véritable Wall Street basque.
- Le début de la Gran Via est marqué par deux institutions de la vie locale : la **Bourse**, qui a rythmé la vie économique de Bilbao et reste la deuxième d'Espagne, et la Sociedad la Bilbaína, le club privé le plus sélect de la ville, inspiré du modèle britannique – les rapports de Bilbao et de l'Angleterre ont toujours été étroits et privilégiés.
- En face, le **siège social du métro**, qui dessert les rives gauche et droite de l'estuaire jusqu'à Plentzia. L'architecture futuriste du réseau fut confiée à Norman Foster.
- Près de la **plaza Moyúa**, à l'angle de Colón de Larreátegui et d'Alameda de Recalde – qui conduit au musée Guggenheim –, se trouve la **maison Montero**, aussi connue sous le nom de maison Gaudí, d'après le célèbre architecte catalan. Elle fait partie des quelques immeubles Art nouveau de la ville, avec ses balcons ouvragés, ses corniches et ses fenêtres originales.

Regagner ensuite le bord du Nervión par la calle Ercilla, puis, en face, la calle Marina.

■ Le front de rivière

Le long de la rive gauche du fleuve.

Le **paseo Uribitarte** est une agréable promenade qui longe la berge jusqu'au nouveau Musée maritime. C'est là que l'on découvre l'ambitieuse transformation de la ville, au fil des nouveaux ponts, des parcs et d'un mobilier urbain futuriste.

- On passe d'abord la silhouette gracile du **Zubizuri** (1997), une passerelle blanche en forme de parabole, réalisée par l'architecte Calatrava. L'aménagement du front de rivière s'inscrit dans le vaste projet de réhabilitation du **quartier Abandoibarra**, des anciens chantiers navals, de construction d'immeubles, de commerces et d'espaces verts, confié à l'urbaniste Cesar Pelli.
- Face au Guggenheim (on voit sa façade la plus belle), la **passerelle Padre Arrupe** (2002), bel ensemble de bois exotique et de métal, enjambe le Nervión en direction de l'**université de Deusto**, l'une des plus prestigieuses d'Espagne, fondée par les jésuites.
- Passé le pont de Deusto, on aborde les dernières innovations, autour du palais des Congrès. Le **pont Euskalduna** (1997) surprend par son architecture tout en courbes.

▲ *Façades graphiques le long du Nervión.*

■ Le Musée maritime

En contrebas du pont Euskalduna.

Ouv. du mar. au jeu. de 10 h à 18 h, du ven. au dim. de 10 h à 20 h. F. lun. ☏ 902 13 10 00. www.museomaritimobilbao.org

Symboliquement installé à la place des anciens chantiers navals qui marquèrent la gloire puis le déclin de la ville, il fait partie du projet global de réhabilitation du front de rivière.
- À l'intérieur, les expositions permanentes et temporaires présentent le passé du port, de la marine marchande, de la pêche et des constructions navales.
- À l'extérieur, les anciennes cales alignent une collection de navires, de la simple barque de pêcheur au bateau à vapeur en passant par le voilier.

■ Le musée des Beaux-Arts

Au sud du musée Guggenheim par Alameda Mazarredo.

Ouv. du mar. au sam. de 10 h à 20 h, dim. et fêtes de 10 h à 14 h. F. lun. ☏ 944 39 60 60.

Lui aussi profondément rénové en 2001, il complète la visite du musée Guggenheim. De splendides collections couvrent toute l'histoire de l'art depuis le Moyen Âge, en deux axes : l'**art ancien** et l'**art moderne et contemporain**.
- Parmi les œuvres les plus belles, ne pas manquer la salle des primitifs, les peintres flamands (tel *Les Changeurs*, de Quentin Metsys, XVIe s.), une splendide *Annonciation* par le Greco ou un saisissant *Saint Sébastien soigné par les saintes femmes*, de José de Ribera.
- Parmi les peintres basques, bien mis en valeur, noter les tableaux de Zubiaurre, Maeztu, Echevarria ou Zuloaga. La succession de salles dédiées à l'art moderne permet de suivre l'évolution de la peinture à partir de la fin du XIXe s. Plus proches de nous, les œuvres contemporaines laissent une belle place à Eduardo Chillida et aux artistes basques.

Le musée Guggenheim
un joyau culturel

Abandoibarra, 2. Près de puente Princess de España. PLAN II, B1
Ouv. du mar. au dim. de 10 h à 20 h. F. lun, sauf en juil. et août. ☏ 944 35 90 90. www.guggenheim-bilbao.es

Puppy, le chien fleuri qui garde l'entrée du musée, fut conçu par l'Américain Jeff Koons. Destiné à n'être que temporaire, il connut une telle popularité qu'il fut promu gardien permanent du temple et en devint même l'un des symboles. Son manteau de fleurs est irrigué par un système interne.

Vedette incontestée du Pays basque, le musée Guggenheim est depuis son inauguration en 1997 le pôle culturel du sud de l'Europe. L'ambition du projet et l'architecture de l'édifice l'ont placé au rang des plus grands musées du monde.

Un Américain en Europe

Né en 1929 à Toronto (Canada), Frank Ghery se démarque, dans les années 1970, par son utilisation de matériaux non nobles, et l'importance qu'il accorde à l'image rendue par l'objet – et par extension, par l'édifice. Il réalise plusieurs projets en Europe (Disneyland à Marne-la-Vallée, l'American Center à Paris et, bien sûr, le musée Guggenheim à Bilbao). De fait, il est sûrement l'un des architectes américains les plus connus de par le monde. Particulièrement attaché à l'idée selon laquelle l'architecture se pose comme une synthèse de tous les arts, Ghery sait à merveille jouer avec les volumes, la lumière et la matière.

■ Un projet fou

L'idée d'initier un grand projet culturel à Bilbao remonte aux années 1980, lorsque le gouvernement basque imagina de possibles reconversions pour la ville. À l'époque, en pleine crise de la métallurgie et des constructions navales, l'idée, follement ambitieuse, paraissait surtout déraisonnable et irréalisable. On décida malgré tout qu'un musée d'Art moderne et contemporain serait au centre de ce dispositif de réhabilitation.

■ Le mécénat idéal

En 1991, les Basques demandent à la fondation Guggenheim de participer au projet. Créée en 1937, elle possède l'une des plus importantes collections d'art moderne et contemporain au monde, à tel point que moins de 10 % de ces collections sont exposées en même temps. Elle gère les deux musées Guggenheim de New York, la collection Peggy Guggenheim de Venise, le musée de Bilbao et le Guggenheim Hermitage de Las Vegas. Une fois l'accord signé entre le gouvernement basque et la fondation en 1992, on a attaché un soin tout particulier à son architecture, qui devait représenter à la fois le renouveau complet de la cité et la démarche artistique de qualité qui est la « signature Guggenheim ». C'est l'architecte **Frank Ghery** qui présente le projet s'intégrant le mieux au tissu urbain existant, tout en proposant une vision forte pour les futurs aménagements des rives du Nervión. De fait, les fantastiques vagues de titane posées au bord de la ría semblent presque naturelles dans ce quartier de la ville. Que l'on arrive par la berge ou par la calle Iparraguirre, la silhouette stupéfiante de l'édifice s'intègre parfaitement au lieu. Le coût d'un tel projet fut à la mesure de l'ambition, c'est-à-dire énorme : plus de 100 millions de dollars. Le Pays basque s'enorgueillit de l'avoir assumé (et supporté). La fondation Guggenheim, pour sa part, en gère l'exploitation commerciale.

Un auditorium accueillant des conférences, projections de cinéma expérimental et débats complète la visite qui s'achève traditionnellement avec la boutique et le café-restaurant, tenu par le Basque Martin Berasategui. Avis aux amateurs : c'est l'un des meilleurs chefs d'Euskadi.

■ Une prouesse architecturale

Au départ, des friches industrielles, de vieux entrepôts désaffectés, la proximité de l'énorme pont de la Salve, les rails du chemin de fer, un dénivellement de 16 m. À l'arrivée, un étonnant mariage de deux matériaux devenus les symboles de la ville : la pierre blonde des bâtiments classiques et de fines lamelles de titane qui évoquent le passé métallurgique. L'ensemble est constitué de la juxtaposition de volumes rectilignes en pierre, et d'éléments curvilignes recouverts d'une « peau » de titane – des lamelles de 0,38 mm d'épaisseur. La complexité des courbes et de leurs jonctions fut calculée et établie par ordinateur. Les différents volumes sont reliés par d'immenses parois de verre qui assurent lumière et légèreté. En effet, l'une des idées maîtresses de l'architecte était d'introduire la lumière naturelle dans toutes les salles d'exposition, même si la mise en valeur des œuvres impliquait aussi un éclairage artificiel.

▲ *Les innombrables écailles de titane reflètent la lumière changeante ; les volumes semblent se modifier de minute en minute. La couleur elle-même varie selon l'heure du jour, le soleil ou la teinte du ciel.*

■ Découvrir l'édifice

Lorsque l'on arrive directement sur l'entrée principale, côté calle Iparraguirre, le Guggenheim est une apparition gigantesque. De larges marches descendent telle une rampe vers l'entrée pour compenser la dénivellation entre la ville et la berge. Malgré sa taille impressionnante, le musée n'est pas plus haut que les édifices environnants. Pourtant, côté rivière, il mesure plus de 55 m de haut et sa surface atteint 24 000 m^2 ! Avant d'y entrer, on le contournera pour admirer la façade côté ría. Un bassin renvoie ses reflets, composant un tableau changeant dont on ne se lasse pas.

▼ *Le Guggenheim de Bilbao a mille visages. L'un des plus évidents est son allure de paquebot gigantesque. D'aucuns y voient même le cuirassé* Potemkine *!*

■ À l'intérieur du « temple de l'art »

Le vestibule conduit à l'atrium – le cœur de la structure – qui confirme le génie de Ghery : d'une hauteur de 55 m, il s'élève vers une verrière en forme de fleur de métal qui diffuse la lumière naturelle aux dix-huit salles, soit 10 000 m^2 d'exposition, et dessert une terrasse sur l'arrière de l'édifice, côté rivière.

- Les différentes salles d'exposition sont toutes articulées autour de l'atrium par un savant jeu de passerelles suspendues et incurvées, de tours d'escaliers et d'ascenseurs vitrés. La moitié des salles suit un plan octogonal classique correspondant à l'extérieur aux structures de pierre, tandis que l'autre moitié adopte la forme irrégulière des volumes recouverts de titane.

- Au rez-de-chaussée, une **galerie gigantesque**, longue de 130 m et large de 30 m, s'ajoute à ce dispositif. Elle correspond, à l'extérieur, à la partie qui passe sous le pont de la Salve et aboutit à la tour.

▲ *Tel un écho à la rivière, un « jardin d'eau » borde la plus longue façade du musée.*

■ Collections et expositions

Le fonds permanent, complété par des prêts de la fondation Guggenheim, compte des œuvres d'artistes contemporains majeurs, principalement à partir de la seconde moitié du XXe s. Le musée suit une politique d'acquisition avant-gardiste, mais s'appuie surtout sur le principe de **grandes expositions temporaires** permettant de comprendre l'évolution artistique actuelle. Au rythme de trois ou quatre par an, elles présentent tantôt un artiste basque, tantôt un courant ou un collectionneur, tantôt un thème précis.

- La conception architecturale du musée, l'asymétrie des volumes, les parcours qui s'entrecroisent apparentent la déambulation à un **itinéraire de découverte**. Les grands volumes permettent le recul par rapport aux œuvres, qui sont très espacées et suffisamment isolées les unes des autres pour que leur lecture soit claire et agréable. Certaines sculptures, comme le *Serpent* de Richard Serra, fascinantes sinuosités de métal brut, sont ainsi avantageusement exposées.

Les Encartaciones

CARTE P. 333

Office de tourisme de Balmaseda : campo de las Monjas, 1. ☏ 946 80 13 56.

On désigne sous ce nom la partie occidentale de la Biscaye, coincée entre la Cantabrie, la Castille et le cours du Nervión. Il s'agit d'une région montagneuse aux abords de la chaîne cantabrique. Les vallées encaissées sont parsemées de somptueux villages. Les Encartaciones ont su préserver de superbes paysages qui marient vertes prairies et versants boisés. C'est aussi une zone résidentielle chic pour les riches habitants de Bilbao. La ville principale, Balmaseda, est célèbre pour son incroyable semaine sainte.

■ Galdakao

À 11 km au sud-est de Bilbao par la N 634.

L'**église Santa María de Elizalde** *(clef dans la maison à escalier devant le bâtiment)* est un sanctuaire du tout premier gothique, encore marqué par l'influence romane. La galerie couverte date de la Renaissance. L'intérieur, une sobre nef à une seule travée, se caractérise par un mobilier exceptionnel ; le **retable** sculpté du XVe s. est formé de vingt-quatre panneaux représentant la Passion. Les nombreuses coquilles Saint-Jacques rappellent que ce fut une étape sur la route de Compostelle.

■ Portugalete

Sur la rive gauche du Nervión, au nord-ouest de Bilbao. On y arrive en suivant les quais depuis le centre-ville de Bilbao, ou en empruntant l'autoroute vers Santander, sortie Portugalete/Puente Bizkaia/Getxo.

Fondé au XIVe s., ce port s'est développé à partir du XVIe s. autour de la pêche et de la construction navale. C'est ici que fut construit la bateau de Juan Sebastián Elcano, celui qui fit le premier tour du monde en 1522.

- Portugalete est relié à Getxo, de l'autre côté des 160 m de rivière, par le pont transbordeur. Autrefois riche et industrieux grâce à la sidérurgie et aux mines de fer des environs, le port tomba en décrépitude sous Franco, mais ses belles demeures, ses façades colorées et son quai agréable font l'objet d'une remise en valeur dans l'esprit de celle de Bilbao.

■ La route du fer

Prendre l'autoroute Bilbao-Santander, sortie Ortuella. Suivre les panneaux « valle de Trapaga », puis « La Arboleda ». Possibilité ensuite de prendre le funiculaire ou la BI 3755.

Les versants escarpés des **Peñas Negras**, qui dominent l'estuaire du Nervión, étaient occupés par de nombreuses mines de fer. Une série de villes ouvrières sans attrait s'est développée dans les petites vallées, donnant à la rive gauche sa réputation de zone industrielle, encore

Une région rurale

Les Encartaciones sont vouées à l'élevage et aux cultures. On y produit traditionnellement du txakoli, *le vin blanc typique de la Biscaye et du Guipúzcoa. Les marchés et foires des environs sont l'occasion de découvrir les spécialités – le miel des montagnes, les cochonnailles et le fromage d'Idiazabal produit dans les sierras voisines. Les villages des environs accueillent régulièrement des manifestations, comme la foire de San Andres, à Gordexola (1er dimanche de décembre), ou la foire aux moutons à laine, à Sopuerta (26 septembre).*

▲ *Le musée des Encartaciones d'Avellaneda est installé dans un manoir du XVe s. qui abritait, jadis, l'assemblée des représentants des villages de la région.*

stigmatisée par le déclin de la sidérurgie. Si les abords urbains sont très laids, les paysages sont superbes, avec de hautes collines rocailleuses et des prairies très vertes.

- Les mines à ciel ouvert sont désormais fermées et rendues à la nature, composant d'étonnants gradins de pierre envahis par la végétation. Certains, comme le site de **La Arboleda**, sont même aménagés pour les randonneurs, les vététistes ou les golfeurs. Deux options pour s'y rendre : par la route ou par le pittoresque **funiculaire de la Reineta**, qui véhiculait jadis les mineurs. On traverse une série de paysages spectaculaires, panoramas sur l'estuaire enchâssé dans les montagnes et la ville de Bilbao au fond.

Revenir sur ses pas et emprunter la N 634 vers Ortuella/Santander jusqu'à Gallarta. Monter vers le haut du village et suivre les panneaux « Museo minero ».

- **Gallarta** est une autre ville minière assez triste, entourée par les cicatrices rocailleuses des anciennes mines à ciel ouvert, mais elle accueille désormais un petit **musée de la Mine**. Porté par un ancien mineur, collectionneur patient, il est installé sur le site de la dernière mine en activité, Bodovalle, fermée en 1993, et présente toute l'histoire des mines de Biscaye.

Ouv. du lun. au ven. de 11 h à 14 h, w.-e. de 16 h à 19 h. ☏ 946 36 36 82.

■ Avellaneda

À 23 km au sud-ouest de Bilbao par la BI 636 et la BI 3602.

Le **musée des Encartaciones** présente l'histoire locale depuis la préhistoire jusqu'à aujourd'hui. Un plan en relief permet de bien visualiser la région. Vue sur la vallée et le cimetière depuis la terrasse.

Ouv. du mar. au sam. de 10 h à 14 h et de 16 h à 18 h, dim. de 10 h à 14 h. Entrée gratuite. F. lun. ☏ 946 50 44 88.

■ Balmaseda

À 6 km au sud-ouest d'Avellaneda par la BI 3602 et la BI 630.

Balmaseda possède les plus anciens *fueros* de toute la Biscaye (1199). Les premières richesses de la ville furent le bois des forêts environnantes et l'ébénisterie. Ses fabriques de meubles étaient réputées. Balmaseda était une étape majeure sur la route reliant la Castille au littoral. Les troupeaux de moutons en transhumance vers les ports côtiers passaient par là. On institua donc un système de péage pour tirer profit de cette affluence. Les seigneurs de Biscaye y avaient également créé un important marché. Sa position sur un axe majeur de communication est d'ailleurs bien plus ancienne, puisqu'une voie romaine traversait déjà le site. Cette position favorable lui valut d'être la capitale naturelle des Encartaciones, et de s'enrichir considérablement. En outre, elle possédait une importante colonie juive – après l'Inquisition, c'était

▲ *La place San Severino est le cœur de la ville de Balmaseda.*

◀ *De l'ancienne entrée principale de la cité de Balmaseda, il ne reste que le vieux pont médiéval à trois arches, gardé par la tour fortifiée qui abritait l'ancien péage.*

un fait très rare en Espagne –, qui apporta son savoir-faire commercial et financier.

- La vieille ville est adossée à la montagne, le long de la rivière Kadagua. Son centre s'organise autour de la **plaza San Severino**. La mairie, construite en 1743, conserve un porche inhabituel : on l'appelle « la mosquée » en raison de son style arabe. Le long de la calle Pio Bermejillo, on admirera les belles demeures ainsi que le **palacio de Horcasitas**, ancien hôtel des douanes – la plus belle façade, de style baroque, donne dans l'autre rue, la calle Bajera Martín Mendia.

Bonne adresse
à Balmaseda

Hôtel *San Roque*, campo de las Monjas, 1. ☎ 946 10 22 68. Joli hôtel aménagé dans un ancien couvent du XVIIe s. Prix moyens et bon confort.

■ La vallée de Carranza

Quitter Balmaseda vers le nord par la BI 630. Après Traslaviña, Villaverde de Trucios et le col de La Escrita, on arrive dans la vallée de Carranza.

C'est la région la plus sauvage et la moins peuplée de Biscaye. Dans le **parc de Bizkaia**, un sentier de découverte permet d'observer les animaux des montagnes, évoluant dans de vastes enclos.

- **Biañez** possède une église romane fortifiée (XIIe s.). Bien que partiellement en ruine, elle a conservé ses fresques.
- Après le village de **Ranero**, les **grottes de Pozalagua** présentent des concrétions calcaires et des peintures rupestres *(pour visiter, il faut constituer un groupe d'au moins six personnes)*.

▲ *L'église gothique San Severino, à Balmaseda, présente un beau portail. À l'intérieur, belle Vierge à l'Enfant en bois polychrome.*

Les mines de Biscaye

La Biscaye fut, au XIXe s., l'une des toutes premières productrices de fer au monde, même si son industrie minière a ensuite connu un sérieux déclin. À l'époque, on fournissait ici 10 % de la production mondiale. La montagne au-dessus de Bilbao était alors un gigantesque site d'extraction du minerai, particulièrement intéressant car pauvre en phosphore. Si le fer a fait la fortune des marchands et des industriels de Bilbao, les mines employaient une population d'ouvriers souvent démunis, chassés des campagnes par la faim et la misère. Les propriétaires des mines les logeaient dans de simples cabanes. Parmi les mineurs, des femmes et des enfants – plus agiles pour se glisser dans les étroits couloirs – travaillaient souvent dix à douze heures d'affilée.

La sierra de Gorbeia

CARTE P. 333

Au sud-est de Bilbao par l'A 68 ou la BI 625 vers Vitoria.

Office de tourisme Gorbeia-Urkiola : Gudarien Emparantza, à Areatza. ☏ 946 31 72 04.

Au sud-est de Bilbao, la route en direction de Vitoria longe la sierra de Gorbeia, qui sépare la Biscaye de la province de l'Álava. On pénètre dans une région sauvage et reculée, dominée par les terres agricoles, les forêts et les hautes crêtes des sierras. De lourdes fermes traditionnelles, qui marient la pierre et le bois, jalonnent la route.

■ Orozko

À 24 km au sud-est de Bilbao par l'A 68 ou la BI 625.

Ce village est typique de l'habitat basque, qui repose sur l'exploitation des fermes familiales. Les haricots secs – spécialités locales – sont servis en ragoût avec du porc et des saucisses dans tous les restaurants. Dans le centre du village, on remarque quelques belles maisons blasonnées et la mairie de pierre construite au XVIIIe s.

- Sur la place se trouve également un petit **musée du Berger** qui développe les spécificités du métier et le style de vie des environs.

■ Ibarra

À 5 km au sud-est d'Orozko par la BI 3513.

Ce ravissant hameau est accroché aux flancs de la sierra. Il compte quelques belles maisons, une petite église du XVe s., un couvent et un ermitage roman datant du pèlerinage de Compostelle.

- Le village voisin d'**Ugalde** a conservé son moulin à l'ancienne. La route serpente ensuite à travers les collines piquées de jolies fermes, passe un col avec, en arrière-plan, la lourde silhouette de la sierra grise, puis redescend jusqu'au village d'Artea.

■ Artea

À 9 km au nord-est d'Ibarra par la BI 3513.

Étape sur le chemin de Compostelle, ce village bien modeste compte plusieurs centres d'intérêt.

- L'**ermitage Santiago** est connu pour sa statue polychrome de saint Jacques « tueur de Maures » chevauchant un blanc destrier *(Santiago Matamoros)*.
- L'**église San Miguel** se distingue par son clocher de bois et sa splendide charpente, qui rappellent l'importance de ce matériau dans la région. À l'intérieur, le mobilier est remarquable : chemin de croix du XVIe s., retable peint, tabernacle polychrome et statue romane de saint Michel et d'un dragon à l'allure domestique.
- Au centre du village, un petit **écomusée** est installé dans une superbe ferme du XVIe s. – ustensiles domestiques,

Faune et flore de la sierra

La végétation de la sierra se partage entre les pâturages qui accueillent les troupeaux et les épaisses forêts à feuilles caduques (chênes et hêtres principalement). Outre les brebis, premières composantes de l'important cheptel, on y élève aussi les bovins et les chevaux. La vie sauvage y reste très préservée, notamment avec les cerfs, introduits en 1957 et particulièrement bruyants à la saison du rut. On y recense aussi des chats sauvages, martres ou putois, ainsi qu'un grand nombre de rapaces.

◄ *Le parc naturel de Gorbeia.*

outils agricoles et mobilier rural présentés en situation.
- Les férus d'histoire seront ravis de visiter le **musée de l'Histoire du nationalisme basque**, ou fondation Sabino Arana, du nom du pionnier de l'indépendance basque au XIXe s. Il retrace, à partir de différentes archives, l'histoire de l'autonomie – depuis la création du drapeau (l'*ikurriña*), la fondation des premiers partis nationalistes, l'implication des Basques dans la Résistance française, les actions antifranquistes jusqu'à la proclamation en 1979 de l'Euskadi, la Communauté autonome basque.

Ouv. du mar. au sam. de 10 h à 14 h et de 16 h à 19 h; dim. de 11 h à 14 h. Entrée gratuite. ☏ 946 31 72 86.

■ Areatza

À 2 km au sud-est d'Artea.

Ce beau village a été entièrement classé monument historique. L'originalité de son église du XVe s., **San Bartolomé**, tient à ses statues disproportionnées. On apprécie ses petites rues pavées et ses belles demeures anciennes – la **maison Gortazar** et sa façade baroque peinte, ou celle de la calle de la Piedad, de style arabe – et d'autres bâtisses médiévales traditionnelles.

Continuer ensuite vers le sud en direction de Vitoria jusqu'au col de Barazar.

En remontant au nord-est d'Areatza par la N 240 et la BI 2543, on peut faire un détour par Dima. L'ermitage de la Piedad contient une belle pietà derrière ses grilles de fer forgé, tandis que l'église baroque San Pedro abrite un retable d'une surprenante sobriété. La vallée se prolonge ensuite vers Oba, avec un autre ermitage dédié à saint Jacques, preuve que des routes vers Compostelle quadrillaient les environs.

■ Le col de Barazar et le parc naturel de Gorbeia

À 12 km au sud-est d'Areatza par la N 240.

En montant vers le **col de Barazar**, la route traverse des paysages splendides et atteint une belle forêt aux essences variées, à l'image de celles qui tapissaient jadis la région. Le bois fournissait le matériau pour construire les navires et une partie des maisons, ainsi que pour fabriquer le charbon de bois qui alimentait les fournaises des forges. Désormais, le déboisement massif est stoppé et un effort de reboisement a été entrepris. Les prairies servent de pâturages aux brebis des troupeaux qui donnent l'excellent fromage d'Idiazabal.

Le parc naturel de Gorbeia

C'est le parc le plus vaste du Pays basque avec plus de 20 000 ha. Il englobe des pâturages, des forêts, des rivières, des marécages et les hautes crêtes de la sierra, qui culmine au mont Gorbeia, à 1 481 m d'altitude. Le massif montagneux lui-même présente le lourd profil caractéristique de ces hauts plateaux calcaires percés de grottes et de rivières souterraines. La région porte les traces d'une présence humaine remontant au Néolithique – dolmens, tumuli…

Durango et ses environs

CARTE P. 333

À 25 km au sud-est de Bilbao par l'A 8 vers Donostia.

Office de tourisme de Durango : Zabala kalea, 2. ☏ 946 03 00 30. www.durango-udala.net

Située au bord d'une rivière, protégée par les montagnes et ouverte vers le littoral, la ville a été bâtie sur un site stratégique. Depuis le Moyen Âge, Durango a acquis une réputation de ville rebelle et marginale. Des procès en sorcellerie aux représailles sanglantes des franquistes, la ville a souvent souffert de ses positions radicales. Prolétaire, républicaine puis autonomiste, elle reste une ville ouvrière et laborieuse. Sa visite réserve de belles surprises.

▲ *La croix de Kurutziaga fut érigée après l'hérésie de Mella pour implorer le pardon de Dieu.*

Des sorciers aux républicains

Fondée au XIIe s. par le roi de Navarre Sanche le Sage, la ville passe rapidement sous la coupe du roi de Castille avant de rejoindre le giron du seigneur de Biscaye. Elle conservera cependant une semi-autonomie jusqu'au XVIIe s. Le Moyen Âge marque le début de la singularité de Durango avec l'affaire de l'hérésie d'Alonso Mella, un franciscain prêchant la communauté des biens et des femmes… Condamné par l'Église, le mouvement amène une terrible répression et nombreux sont les « infidèles » qui brûlent sur les bûchers sous prétexte de sorcellerie… La ville en conserva longtemps une sulfureuse réputation de repaire de sorcières.

À l'époque, ses tisserands et ses forgerons sont réputés pour leur compétence. Le fer forgé de Durango est connu dans toute l'Espagne. La mode architecturale du baroque, caractérisée par ses balcons ouvragés, va favoriser cette renommée nationale.

Sur le plan politique, Durango se distingue toujours par ses positions progressistes – libérale durant les guerres carlistes, républicaine contre Franco. Un mois avant Guernica, elle est bombardée à trois reprises, sans que cela ait le même impact international. Sous Franco, elle devient autonomiste et doit encore affronter une dure répression. Aujourd'hui, elle reste un bastion de la lutte ouvrière.

Bonne adresse

Hôtel *Kurutziaga*, Kurutziaga, 52. ☏ 946 20 08 64. Établissement de qualité, un peu cher, mais doté de tout le confort et bien décoré.

■ La vieille ville

Elle a conservé son caractère médiéval et ses belles maisons aux balcons de fer forgé. On peut encore voir la **porte baroque Santa Ana** – derrière les entrées de l'enceinte du XVe s.

- La place et l'**église Santa Ana** gardent le même charme désuet, avec de belles maisons anciennes, un pont et un moulin.

- L'**église Santa María d'Uribarri**, du XIVe s., est bordée d'une magnifique galerie à charpente de bois qui abrite les marchés et constitue le point de rendez-vous de tous les habitants. L'intérieur révèle un opulent retable Renaissance doré figurant la vie de la Vierge et la Passion du Christ.

- Prendre ensuite la calle Kurutziaga où l'on verra la fameuse **croix de Kurutziaga**, réalisation gothique sculptée. Sur le fût est retracée l'histoire du péché originel au jardin d'Éden. Au-dessus, les figures des douze apôtres portent la croix et les symboles de la Passion. Sur l'autre face, on voit la Vierge et l'Enfant sous le soleil, la lune et des anges.

- Enfin, la **plaza Eskurdi**, centre névralgique de la ville, assure la jonction entre le vieux centre et la ville nouvelle et présente la curieuse « **idole de Mikeldi** », réplique d'une représentation d'un animal datant peut-être de l'âge du fer – l'original est au Musée basque de Bilbao.

Le petit musée d'Art et d'Histoire de Durango présente quelques documents historiques et œuvres d'art, ainsi que des costumes d'époque. Ouv. du mar. au ven. de 10 h à 14 h et de 16 h à 20 h, le w.-e. de 12 h à 14 h et de 18 h à 20 h. F. lun. Entrée gratuite.

▲ *La façade baroque de l'élégante mairie de Durango, du* XVIII*e s., est couverte de fresques.*

■ Les environs

Vers le nord par la BI 633 en direction de Markina.

Tout autour de Durango, les nombreuses fermes imposantes – massive base carrée, porche profond et parements de pierre – sont typiques de l'architecture rurale basque.

- En passant de l'autre côté de l'autoroute, au nord, le hameau de **Berriz**, en direction de Markina, possède une belle maison noble du XVIIIe s. et une jolie église.

- Tout près du village, l'**ermitage San Juan de Momoitio** conserve un calvaire inhabituel où la Vierge remplace le Christ.

- Non loin de là, vers l'ouest, **Garay** est un autre village de montagne plein de charme, d'où l'on a une vue sur l'ensemble de la vallée de Durango.

La diaspora basque

Beaucoup de villages de Biscaye (et du reste du Pays basque) ont vu leurs habitants émigrer vers l'Amérique pour fuir la misère des campagnes. Bergers des sierras, paysans appauvris ou ouvriers surexploités ont préféré partir pour le Nouveau Monde. D'autres ont fui la répression politique. Certains ont trouvé le succès ou la fortune et sont revenus au pays construire d'imposantes maisons. Ici, on les appelle les amerikanoa *ou* indianoa*. D'autres ne sont jamais rentrés et ont fait souche au loin, grossissant la diaspora basque particulièrement active et dynamique. La majorité des départs a eu lieu durant les vingt premières années du* XX*e s. – 430 000 Basques ont émigré vers les États-Unis. L'Argentine, le Venezuela et le Chili ont aussi accueilli une grande partie de cette émigration. Les Basques ont exporté leurs traditions, si bien que les plus grands* jai-alai *(frontons couverts) du monde se trouvent aujourd'hui en Floride…*

Elorrio et la sierra d'Urkiola

CARTE P. 333
À 11 km au sud-est de Durango par la BI 632.
Office de tourisme d'Elorrio : Niceto Urkizu, 11. ☏ 946 82 01 64. www.durangaldea.com

Montagne mythique de la déesse Mari, la sierra d'Urkiola occupe le centre géographique de la Communauté autonome basque. Surgissant des bois de hêtres et de chênes, ses austères barrières calcaires culminent avec le mont Amboto, à 1 330 mètres d'altitude. Aux confins des trois provinces de Biscaye, du Guipúzcoa et de l'Álava, la ville d'Elorrio fut officiellement fondée en 1356 et connut son heure de gloire aux XVIIe et XVIIIe siècles.

▼ *L'intérieur de l'église de la Concepción d'Elorrio révèle une belle voûte nervurée.*

■ Elorrio

En partant de la plaza Gernikako Arbola, où se trouve la belle mairie à arcades, on flânera ensuite dans les rues adjacentes pour admirer les palais et les maisons blasonnées. Le vieux centre est classé monument historique
- L'**église Renaissance Santa Ana** (1506) et la porte Santa Ana – il y en avait six dans le rempart d'origine – constituent une visite agréable.
- L'**église de la Concepción**, commencée en 1459 dans le style gothique, qui renferme des éléments Renaissance, fut achevée au XVIIe s. Son clocher baroque attire l'attention. Elle est entourée d'un porche à colonnes. On peut y admirer un retable baroque foisonnant de dorures.

■ San Adrian et la nécropole d'Argiñeta

Suivre les panneaux depuis l'office de tourisme d'Elorrio.

L'**ermitage San Adrian** est célèbre pour son pèlerinage annuel le premier dimanche d'août. Il est situé dans les montagnes à quelques kilomètres de la ville. Une grande sérénité règne à l'ombre des arbres séculaires.
- La **nécropole paléochrétienne d'Argiñeta**, juste à côté, est particulièrement intéressante. Elle regroupe en plein air vingt-trois sarcophages de pierre du IXe s. et plusieurs stèles funéraires païennes. On verra un inhabituel sarcophage à deux places.

Entre Elorrio et Durango, l'église San Agustín de Etxebarria présente des styles composites. Datée du XIe s. mais remaniée aux XIVe et XVIIIe s., elle est sobre et recèle des vestiges de fresques murales et un magnifique retable *(la clef est dans la maison derrière le bar).*

■ La vallée d'Atzondo

À l'ouest d'Elorrio par la BI 632.

Dominée par la masse du **mont Amboto**, elle est l'une des vallées les mieux préservées de Biscaye. On y voit les fermes traditionnelles en pierre.

- L'ancienne voie du chemin de fer des mines a été réaménagée en **sentier pédestre**.
- Pour monter au sommet de l'Amboto, choisir l'autre versant, plus facile.

■ La sierra d'Urkiola

Un petit circuit routier permet de la contourner par le sud. Suivre la BI 632 entre Elorrio et Arrasate. Avant d'arriver dans cette ville, prendre à droite la GI(A) 2620.

Après le village d'Aramaio, on monte au col de la Krutzeta (710 m, belle vue sur la sierra). Une route (A 3841) y bifurque vers le nord, en direction d'Otxandio et son église baroque Santa Marina. Prendre alors la route de Durango vers le nord (BI 623), pour aborder le parc.

- Le **parc naturel d'Urkiola** a été créé en 1989 sur près de 6 000 ha de montagne et de forêt. À cheval sur l'Álava et la Biscaye, son périmètre n'englobe pas la totalité du massif du même nom, et se limite aux zones sauvages et vierges. Il a repris possession des falaises vertigineuses et des vastes prairies dénudées par la déforestation et entamées par les carrières de pierre. Un ambitieux plan de reboisement vise à reconstituer le milieu d'origine.
- Le **col d'Urkiola** (713 m) offre un panorama spectaculaire sur les monts Amboto (1 330 m), Alluitz (1 068 m) et Urkiolamendi (1 009 m). Au col se trouve également le **sanctuaire San Antonio d'Urkiola**, bâti sur le site d'un ermitage du VIIe s. Le chemin de croix adjacent offre de belles vues sur le massif montagneux. Pour la Saint-Antoine, le 13 juin, il est le théâtre d'une grande fête populaire avec procession sacrée et foire agricole. L'**église** présente l'originalité d'être construite exactement sur la ligne de partage des eaux. Lorsqu'il pleut, l'eau qui ruisselle sur l'une des pentes de la toiture s'écoule vers la rivière Nervión et se jette dans l'Atlantique, celle qui ruisselle sur l'autre pente s'écoule vers la rivière Urkiola, elle-même drainée par le bassin de l'Èbre qui se jette en Méditerranée…
- Les amateurs de randonnée peuvent entreprendre l'ascension du **mont Amboto** en partant du sanctuaire *(une demi-journée a.-r.)*. Le sentier rejoint le plateau d'Asuntza et les cabanes des bergers. Il longe la haute muraille de pierre jusqu'au pied de l'Amboto, constitué d'arbres rares et d'éboulis. Le parcours ne présente pas de difficulté technique *(prévoir de bonnes chaussures et de l'eau)*. Du sommet, la vue est époustouflante.

▲ *L'orgue de l'église de la Concepción d'Elorrio est installé sur une vaste tribune.*

À partir du plateau d'Asuntza, des randonnées sont possibles en direction du mont Alluitz ou, à l'opposé de l'Amboto, vers la caverne dite « d'Andra Mari », la dame de l'Amboto.

La dame de l'Amboto

Aussi appelée Andra Mari, cette figure marque l'ancienne mythologie basque. Il s'agit de la puissante déesse de la nature qui gouverne les tempêtes et la foudre, et régit le climat. La légende veut qu'elle réside dans des cavernes près des hauts sommets et qu'elle déménage tous les sept ans, entre le mont Amboto et le mont Oiz. Ses deux fils ont la réputation de se battre éternellement, à l'image de la lutte entre le Bien et le Mal.

Markina et ses environs

Le village de Markina résulte de la fusion de plusieurs paroisses en 1355. La région est l'une des mieux préservées de la Biscaye sur le plan architectural et traditionnel. Veillée par le mont Oiz au sud, c'est une paisible vallée agricole.

CARTE P. 333

À 22 km au nord-est de Durango par la BI 633.

Office de tourisme de Markina : Patrokera jauregia - Xemein etorbidea, 13. ☏ 946 16 90 69.

Une ville protégée

Le territoire de la commune est riche en belles maisons et en tours édifiées pour protéger le pays contre les factieux du Guipúzcoa, mais aussi pour défendre les routes empruntées par les pèlerins. La petite ville fut longtemps déchirée par les guerres féodales qui opposaient les familles des environs.

La capitale de la pelote

La renommée de Markina vient surtout de la pelote basque. Elle possède le plus vieux trinquet de la région (1798), au fronton duquel est écrit : « Université de la Pelote basque ». De fait, l'une des plus célèbres écoles de pelote est à Markina. Il ne s'agit pas d'une formation spécifique à proprement parler, mais d'un centre d'entraînement qui a formé plusieurs grands joueurs. Être admis dans ce trinquet équivaut à la reconnaissance d'un bon niveau. Parmi les champions vénérés dans le village, les frères Edorza, nés à la fin du XIXe s., gardent une réputation inégalée. Le plus jeune des deux est considéré comme le meilleur joueur de tous les temps, battant régulièrement deux joueurs à la fois tout en leur accordant un handicap... Le jeu de pelote, outre un sport physique, est aussi entouré de paris, très populaires au Pays basque. Un spectacle parallèle se déroule alors en même temps que les matchs et implique des sommes d'argent considérables.

▲ *À mi-chemin entre Durango et le littoral, Markina est la capitale de la pelote et la patrie des plus grands joueurs.*

■ Les monuments incontournables

Les édifices religieux sont massifs, comme le **couvent des Carmélites**, érigé au XVIIIe s. Dans l'église, on peut voir un grand nombre de statues et de retables richement décorés, dont celui dédié à sainte Thérèse de Lisieux.

- Le vieux centre de la ville compte plusieurs palais de pierre jaune – appelés *jauregia*, mot basque pour palais. On verra notamment l'**Ansotegi Jauregia** en face du couvent, et l'*ayutamiento* (mairie) à arcades.

Passion chistera

Markina est l'endroit où acheter un chistera. *Juste en face de la galerie couverte de la mairie, un des derniers fabricants artisanaux de pelote officie dans sa maison. Comme il se tient devant sa fenêtre, on peut souvent le voir exécuter sur mesure ce gant de paille et de cuir qui permet de lancer la pelote à plus de 300 km/h. Mais ce luxe cousu main se paye cher, pas moins de 210 euros.*

- L'**église Santa María**, l'une des plus grandes de Biscaye, date du XVIe s., malgré son style gothique.
- À voir, à l'écart du village vers l'est, le curieux **ermitage de San Miguel de Arretxinaga**. À l'intérieur, trois énormes blocs rocheux en équilibre forment une sorte de grotte pour la statuette du saint (XVIe s.). Dans le hameau, le chemin pavé sert aux épreuves de force basque comme le lever de pierre.

■ Bolibar

À 6 km au sud-ouest de Markina par la BI 633, la BI 2224.

Ce village est le berceau de la famille de Simon Bolivar, célèbre libérateur de plusieurs pays d'Amérique du Sud – Venezuela, Bolivie, Équateur, Pérou, Colombie. Bien que né à Caracas, le héros vint en Espagne où il rencontra sa future épouse. Il vécut un an à Bilbao. Un petit **musée Simon-Bolivar** lui est consacré dans le village.
- L'église, fondée par la même famille, abrite sous son auvent une **Vierge de Coromoto** qui serait apparue aux Indiens du Venezuela au XVIIe s. En reconnaissance à Bolivar, le gouvernement vénézuélien a offert la statue à son village…
- À la sortie du village, un **sentier pédestre** autrefois emprunté par les pèlerins de Compostelle monte en 25 mn à l'**abbaye de Zenarruza / Ziortzia**, une étape majeure du pèlerinage. On peut aussi s'y rendre par la route. Cet énorme ensemble conventuel en belle pierre jaune, construit à la manière d'une forteresse, abrite une communauté de moines cisterciens issus du monastère de la Oliva en Navarre. À l'origine, il s'agissait d'un hospice pour les pèlerins, doté d'une collégiale. Redevenu simple monastère, le sanctuaire possède une cour et un cloître (XVe-XVIe s.) agréables. L'**église** a conservé son portail sculpté et sa charpente ouvragée. À l'intérieur, la nef gothique conduit à un splendide retable (XVIe s.) en bois polychrome. À noter, une pietà aux habits délicatement drapés.
- Continuer la route vers Arbatzegi. Là, tourner à gauche vers le sud (BI 3231). La route serpente entre de belles collines, longeant grosses fermes ornées de colliers de piments, hameaux montagnards et forêts d'eucalyptus jusqu'au «**balcon de Biscaye**». Là, un petit promontoire offre une vue exceptionnelle sur les environs.

L'église Santa María de Zenarruza est ouverte aux heures de messe à 10 h 30, 13 h 30, 16 h 30 et 20 h ; messe supplémentaire à 12 h le dim.

Le « balcon de Biscaye » offre une vue superbe sur la ría de Guernica au nord-ouest et sur la réserve d'Urdaibai.

En savoir plus

SOMMAIRE

◀ *Fixés à des bambous et reliés à des flotteurs, ces drapeaux permettent aux pêcheurs de repérer leurs casiers. Chaque bateau a sa ou ses couleurs. Le vert et le rouge sont celles du* Beñate *(Bernard en basque), à Saint-Jean-de-Luz.*

AOC

L'appellation d'origine contrôlée est attribuée à un produit spécifique lié à un terroir strictement déterminé et dont les conditions de production sont définies. Elle relève de l'Institut national des appellations d'origine, lui-même sous la tutelle des ministères de l'Agriculture et des Finances. Les AOC concernent trois secteurs : les produits viticoles (51 % de la production française est en AOC), les produits laitiers et les produits agroalimentaires. En Espagne, DOC : Denominacion de origen calificada.

ARCHITECTURE : PRINCIPAUX ÉLÉMENTS ▼

La voussure (1) est une voûte qui couvre l'embrasement d'une baie. Le tympan (2) est la partie pleine, souvent couverte de motifs sculptés, située sous la voussure ; c'est ainsi que l'on nomme aussi l'espace triangulaire d'un fronton (3). Le trumeau (4) est un élément de maçonnerie pleine situé entre deux baies ou deux portes. Le piédroit (5) est la partie verticale sur laquelle repose la voussure. Un gâble (6) est un élément triangulaire qui coiffe une baie ou un portail. Un pinacle est une petite pyramide ou un cône qui surmonte un contrefort.

ATLANTE

Statue d'homme soutenant un balcon ou un entablement. Le terme évoque le dieu Atlas portant l'univers sur ses épaules.

AZULEJOS

Carreaux de faïence émaillée et décorée, traditionnellement fabriqués au Portugal et en Espagne, mais aussi en Amérique latine.

BASTION

Élément de défense placé en avant d'une fortification, en saillie de l'enceinte.

BÉRET ▼

Couvre-chef rond et plat, en laine souple, fabriqué à l'origine dans le Pays basque et le Béarn.

(→ *encadré p. 188.*)

BODEGA

En espagnol, ce terme désigne la cave ou le cellier ; plus généralement, il s'étend aux bars à vins et aux boutiques spécialisées.

BODYBOARD

Planche plus courte et plus large que la planche de surf, sur laquelle on se tient à plat ventre ou à genoux.

BOLINCHE ►

Type de filet utilisé pour la pêche aux anchois ou aux sardines.

CARIATIDE
Statue de femme servant de colonne ou soutenant un balcon (*→ atlante*).

CAYOLAR
Petite maison de montagne, le plus souvent en pierres sèches, où vivent les bergers pendant l'estivage des troupeaux.

CHISTERA ►
Élément recourbé en osier, en forme de gouttière, utilisé dans les jeux de pelote basque pour lancer et rattraper la pelote.

ECCE HOMO
En latin, « voici l'homme » ; mots prononcés par Ponce Pilate lorsqu'il présenta le Christ coiffé de sa couronne d'épines au peuple juif. Dans les arts, cette expression désigne les représentations du Christ couronné d'épines.

ÉGLISE À GALERIES
À partir du XVIIe s., les églises basques se dotent de galeries sur trois côtés (murs du fond et latéraux), pour accueillir davantage de fidèles. S'élevant souvent sur deux ou trois niveaux, ces galeries de bois sculpté participent à la décoration intérieure de l'édifice.
(*→ Comprendre p. 129.*)

ENCIERRO
En Navarre, notamment lors des fêtes de la Saint-Firmin de Pampelune, les taureaux sont lâchés dans la ville avant la corrida, et suivent un parcours bien précis jusqu'à l'arène. Le long de ce parcours, les plus téméraires défient les bêtes en courant devant elles.
(*→ encadré p. 262.*)

ENTABA
Mouvement nationaliste créé dans le Pays basque nord en 1963.

ESPADRILLES
→ Comprendre p. 176.

ETA
Euskadi ta Askatasuna : « Pays basque et liberté ». Mouvement indépendantiste né en 1959 dans le Pays basque sud. Il se radicalise pendant la répression franquiste et opte pour un combat violent.

EUSKADI
Communauté autonome basque rassemblant les trois provinces de l'Álava, la Biscaye et le Guipúzcoa, fondée en 1979. Elle est régie par un gouvernement autonome ; sa capitale est Vitoria (Álava).

EUSKARA
Langue commune du Pays basque, nord et sud. Elle est parlée par plus de 750 000 personnes des provinces d'Espagne et environ 40 000 Basques de France.

EX-VOTO
Tableau ou maquette de navire offert en remerciement à la Vierge ou à un saint par les marins sauvés d'un naufrage ou d'une tempête ; cette coutume s'est étendue par la suite aux personnes sauvées d'une maladie ou d'un accident.

FRONTON (DE PELOTE)
À l'origine, partie supérieure d'un mur contre lequel on joue à la pelote, puis, par extension, le mur entier et le terrain qui le précède. ▲

FUERO
Sorte de charte ou de contrat qui unissait le roi de Navarre à ses villes et garantissait à celles-ci des privilèges. (→ *p. 70.*)

IKASTOLA
En France, école dans laquelle est enseigné l'*euskara*, et ce dès la maternelle.

JACQUET
Personne participant au pèlerinage de Saint-Jacques-de-Compostelle.

LINTEAU
Partie supérieure de l'encadrement d'une ouverture : poutre de bois, de pierre ou de métal.

MÂCHICOULIS
Encorbellement au sommet d'une tour ou d'une muraille fortifiée. Des trous percés dans le sol permettaient de verser du liquide bouillant sur les assaillants.

MAKHILA OU MAKILA
Bâton traditionnel des bergers basques, fabriqué en bois de néflier selon des techniques et un art ancestraux. (→ *Larressore, p. 138.*)

MENEAU
Traverse verticale qui partage l'ouverture d'une baie ou d'une fenêtre.

OPPIDUM
Ville fortifiée.

ORDRES DE L'ARCHITECTURE ▼
Dans l'architecture antique et classique, la structure et la décoration des colonnes et pilastres **(A)** se réfèrent à des modèles appelés « ordres ». Les quatre ordres principaux sont le dorique, l'ionique, le corinthien et le composite ; ils se différencient surtout au niveau du chapiteau **(B)**. L'ordre dorique **(1)** se caractérise par sa sobriété : le chapiteau ne présente aucune fioriture. L'ordre ionique **(2)** est plus gracieux, plus orné : le chapiteau présente des volutes horizontales. La principale ornementation de l'ordre corinthien **(3)** est

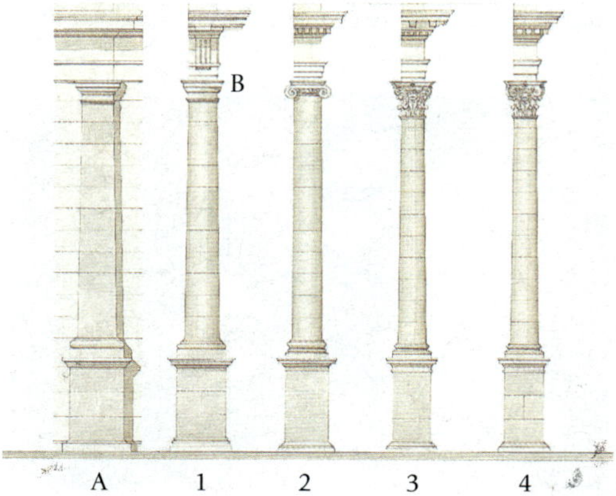

la feuille d'acanthe, qui se mêle aux volutes ioniques dans l'ordre composite (**4**).

ORDRES RELIGIEUX

L'ordre dominicain fut fondé par saint Dominique en 1216 pour lutter contre les cathares. La conduite de l'Inquisition lui est confiée au XIIIe s. Cet ordre mendiant (les moines font le vœu de ne vivre que d'aumônes), qui s'appuie sur l'austérité, joua un rôle missionnaire important et compta de nombreux docteurs et prédicateurs, dont saint Thomas d'Aquin et Savonarole. L'ordre franciscain, également mendiant, fut fondé quant à lui par saint François d'Assise au début du XIIIe s. et compte différents frères mineurs : ceux de l'Observance, les capucins et les conventuels. Au Moyen Âge, les bénédictins, qui suivent la règle édictée par saint Benoît en 529, forment un ordre riche et puissant. Au XIIIe s., l'abbaye de Cîteaux est le lieu d'une importante réforme qui donne naissance à l'ordre cistercien (du nom de l'abbaye), davantage tourné vers l'ascèse et l'humilité. La réforme, qui se poursuit à Clairvaux sous l'influence de saint Bernard, concernera également l'architecture, que l'on veut plus épurée.

PÊCHE

En Pays basque, la pêche demeure l'une des principales activités économiques. Les pêcheurs basques, quant à eux, ont gardé intacte leur réputation qui remonte à l'époque où ils chassaient la baleine au large et s'est confirmée au fil du temps avec la pêche au thon et à la morue. ▼

PÉLAGIQUE

Grand filet traîné par deux bateaux, utilisé notamment pour la pêche au thon. Cette technique, plus rentable mais qui endommage les fonds marins, est interdite en Espagne.
(→ *Comprendre p. 317.*)

PÈLERINAGE

Voyage effectué par les fidèles vers un lieu de piété, en souvenir d'un saint ou d'une apparition divine.

PELOTE

À l'origine, balle utilisée dans le jeu de paume, puis dans la pelote basque à qui elle donne son nom.
(→ *Comprendre p. 170.*)

PILASTRE

Colonne plate faisant saillie sur un mur.

PIMENT

→ *Comprendre p. 139.*

PLAN D'UNE ÉGLISE ▶

Le porche (**1**) est l'espace couvert placé devant l'édifice. La nef (**2**) est la partie centrale du bâtiment, de l'entrée à la croisée du transept (**3**). Le transept est le vaisseau transversal à la nef, qui dessine les bras de la croix ; on appelle « bras nord » et « bras sud » les éléments qui sont situés de part et d'autre de la croisée (**3a, 3b**). Une travée (**4**) est une portion de la nef comprise entre quatre piliers. Le bas-côté (ou collatéral, **5**) est un vaisseau parallèle à la nef. Le chœur (**6**) est la partie de l'église réservée au clergé, où se déroule la liturgie. Le déambulatoire (**7**) est un vaisseau qui tourne autour du chœur et sur lequel s'ouvrent des chapelles rayonnantes (ou absidioles, **8**). On appelle abside (**9**) l'ensemble constitué par le chœur, le déambulatoire et les chapelles rayonnantes ; à l'extérieur, cette partie s'appelle le chevet (**10**). Le contrefort (**11**) est un massif de maçonnerie appliqué contre un mur afin de le renforcer. Les voûtes exerçant une très forte poussée sur les murs, les architectes ont mis au point, pour la neutraliser, un système

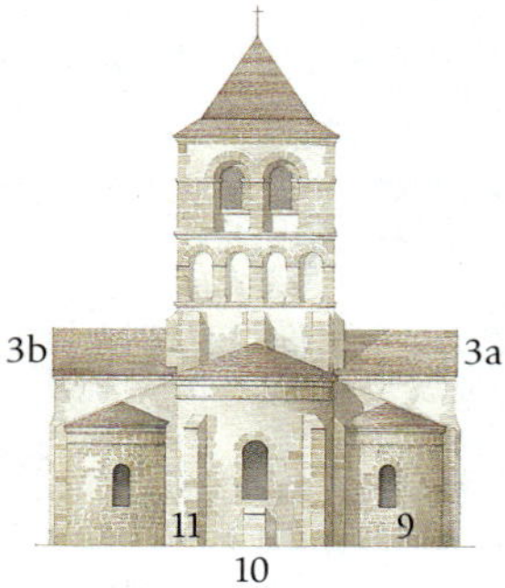

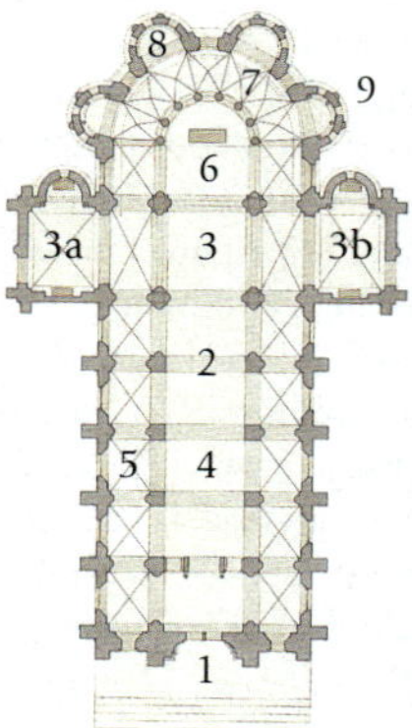

d'arcs-boutants (12). La gargouille (13) sert à l'écoulement des eaux de pluie.

POLYPTYQUE
Peinture à plusieurs volets.

POTTOK ▶
Cheval de petite taille vivant dans les Pyrénées.
(→ *Comprendre p. 152.*)

RETABLE ▼
Panneau vertical richement sculpté, orné ou peint, qui surmonte l'autel.

SAINT-JACQUES-DE-COMPOSTELLE
(En espagnol : Santiago de Compostella). La dépouille de saint Jacques le Majeur, frère aîné de l'apôtre Jean, déposée miraculeusement en ce lieu, a donné naissance à l'un des plus importants pèlerinages de la chrétienté occidentale.
(→ *Comprendre p. 232.*)

SPÉCIALITÉS GASTRONOMIQUES ▼
→ *gastronomie p. 58 ; jambon de Bayonne p. 109 ; gâteau basque p. 156 ; fromage de brebis p. 184.*

STÈLE DISCOÏDALE ▼

Pierre funéraire en forme de disque, gravée de motifs, de symboles ou d'inscriptions. Ces stèles sont souvent disposées autour des églises, et bien sûr dans les cimetières (qui sont eux-mêmes généralement accolés à l'église). On en rencontre beaucoup dans le Pays basque nord, notamment en basse Navarre.

SURF

Sport consistant à se laisser porter sur une planche par les vagues déferlantes, en gardant son équilibre. *(→ Comprendre p. 120.)*

TAPAS

Assortiment de spécialités espagnoles servies à l'apéritif – olives et condiments, *jamon* (jambon) *serrano*, calamars frits, chorizo... *(→ encadré p. 60.)*

TRAÎNIÈRE

Longue chaloupe, à l'origine réalisée en bois, aujourd'hui en fibre de verre, pouvant accueillir douze rameurs et un barreur. Elle est la descendante directe des chaloupes de baleiniers du début du XIXe s. De nombreuses courses de traînières sont organisées pendant les fêtes locales des villes et villages du Pays basque. Celle de Donostia / San Sebastián, en septembre, est parmi les plus prisées : les équipages s'opposent pour décrocher le titre de champion du Pays basque. ▲

TRIPTYQUE

Peinture ou sculpture composée d'un panneau central et de deux volets mobiles.

VENTA

En Espagne, petite auberge ou bistrot où l'on sert des tapas (on prononce « ben'ta »).

VOÛTE D'OGIVES ▶

L'ogive (1) est la nervure d'une voûte gothique ; la voûte d'ogives est constituée de deux ogives qui se recoupent à la clef de voûte (2). L'arc-doubleau (3) sépare deux voûtes d'ogives. Le voûtain (4) est la partie pleine délimitée par les ogives et l'arc-doubleau. Ce type de voûtes représente une innovation capitale des architectes du XIIe s. ; ogives et voûtains pouvant être montés séparément, l'ensemble du bâtiment gagnait alors en poids et en élasticité.

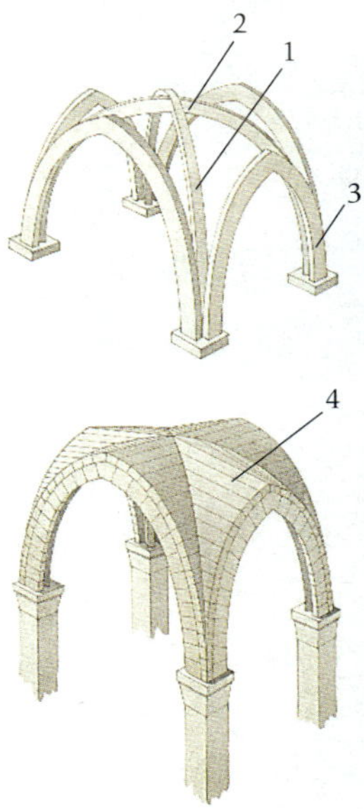

Index